Das Erbrecht des Fiskus

Inauguraldissertation
zur Erlangung der Doktorwürde
der Rechtswissenschaftlichen Fakultät
der Christian-Albrechts-Universität
zu Kiel

vorgelegt von
Martin Maletzky
aus Hamburg

2001

Erstberichterstatter:	Prof. Dr. Jörn Eckert
Zweitberichterstatter:	Prof. Dr. Werner Schubert
Dekan:	Prof. Dr. Jörn Eckert
Tag der mündlichen Prüfung:	04.09.2001

Martin Maletzky

Das Erbrecht des Fiskus

2., unveränderte Auflage

Herbert Utz Verlag · München

Münchner Juristische Beiträge

Herausgegeben von

Prof. Dr. Thomas Küffner
küffner maunz langer zugmaier, München

Band 21

Zugl.: Diss., 2001

Bibliografische Information der Deutschen Nationalbibliothek:
Die Deutsche Nationalbibliothek verzeichnet diese Publikation in der Deutschen Nationalbibliografie; detaillierte bibliografische Daten sind im Internet über http://dnb.d-nb.de abrufbar.

frühere Ausgabe: ISBN 978-3-8316-0064-9

ISBN 978-3-8316-8143-3

Printed in EU
Herbert Utz Verlag GmbH, München
www.utzverlag.de

Valeska
und
meinen lieben Eltern

Vorwort

Die vorliegende Arbeit wurde im Sommersemester 2001 von der juristischen Fakultät der Christian-Albrechts-Universität zu Kiel als Dissertation angenommen.

Mein besonderer Dank gebührt meinem Doktorvater, Herrn Prof. Dr. Jörn Eckert, für die wertvollen Anregungen und Hinweise, die eine Vollendung der Arbeit erst ermöglichten.
Zugleich danke ich Herrn Prof. Dr. Werner Schubert für die zügige Erstellung des Zweitgutachtens.

Für die freundliche Unterstützung bei der Literaturrecherche danke ich den Mitarbeitern des Staatsarchivs Hamburg. Herrn Eric Buchwitz danke ich für die Hilfestellungen im Bereich der lateinischen Zitate. Genauso gilt mein Dank Frau Nicole Arndt im Bereich der Korrektur der Endfassung dieser Arbeit.

Ebenfalls zu Dank verpflichtet bin ich der Kanzlei Dr. Dörfelt, Schumacher und Grützner in Henstedt-Ulzburg für die praktischen Erfahrungen, die ich während der Zeit der Anfertigung der Arbeit im Rahmen der Mitarbeit dort sammeln konnte.

Mein größter Dank gilt allerdings meiner Verlobten Valeska und meinen Eltern, die mich während meiner gesamten Ausbildung in vielerlei Hinsicht unterstützt haben.

Neumünster, im April 2002 Martin Maletzky

Inhaltsverzeichnis

Einleitung....1

1. Kapitel: Das Römische Recht und das gemeine Recht

A. Verwandtenerbfolge....3
B. Die rechtliche Natur des Eintrittsrechts....4
I. Okkupationstheorie....4
II. Universalsukzession des Fiskus....5
III. Praktische Bedeutung des Streits....6
D. Der Erwerb des Nachlasses....7
E. Das Anfallsverfahren....8
F. Das Verhältnis des Fiskus zu Schuldnern und Gläubigern der bona vacantia..9
G. Möglichkeit der Haftungsbeschränkung durch ein Inventarverzeichnis....10
H. Ausnahmen zum Anfall der bona vacantia....11
I. Bona caduca, bona ereptoria, usw....11
J. Vermögenskonfiskation....12
K. Zusammenfassung....12

2. Kapitel: Das Deutsche Recht....13

3. Kapitel: Das Erbrecht des Fiskus in einigen landesrechtlichen Kodifikationen

A. Das Allgemeine Landrecht für die preußischen Staaten von 1794 (ALR)....15
B. Das bürgerliche Gesetzbuch für das Königreich Sachsen aus dem Jahr 1863....16
C. Heimfallsrecht der Stadt Lübeck....17
D. Zusammenfassung....18

4. Kapitel: Das gesetzliche Erbrecht des Fiskus im BGB

A. Die gesetzliche Regelung....19
I. Die Voraussetzungen für die Erbfolge des Fiskus....19
1. Verwandtschaft....20
2. Uneheliche Kinder....20
3. Ehegatte....21
4. Begrenzung der Verwandtenerbfolge....21
II. Das Feststellungsverfahren....25
1. Ermittlungstätigkeit des Nachlaßgerichts....26
2. Formelles Feststellungsverfahren....29
a) Grundsätzliche Regelung innerhalb der ZPO....29
b) Anmeldungsfrist....29

c) Dreimonatsfrist ... 30
d) Inhalt der Aufforderung ... 33
e) Anmeldung ... 33
f) Sonstige Voraussetzungen für die Durchführung des Feststellungsverfahrens ... 34
3. Der Feststellungsbeschluß ... 35
a) Inhalt des Beschlusses ... 35
b) Wirkung des Beschlusses ... 36
c) Unterlassen der Feststellung bei Überschuldung ... 37
4. Auswirkungen von Klageverfahren ... 39
a) Auswirkung auf das Feststellungsverfahren ... 39
aa) Klagemöglichkeit ... 40
bb) Feststellungsklage ... 40
b) Auswirkungen auf das Erbscheinsverfahren ... 41
5. § 1965 Absatz 2 Satz 2 ... 43
6. Widerlegung der Vermutung ... 44
III. Der Berechtigte ... 44
1. Staatsangehörigkeit des Erblassers ... 44
a) Angehörige mehrerer Länderstaaten ... 45
b) Staatsangehörigkeit in den Schutzgebieten ... 46
2. Internationales Privatrecht ... 46
a) Mehrfacher Staatsangehörigkeiten ... 46
b) Staatenlose ... 47
c) Deutscher im Ausland verstorben ... 48
d) Ausländer im Deutschen Reich verstorben ... 48
IV. Der Fiskus als gesetzlicher Erbe ... 50
1. Verpflichtungen ... 51
2. Rechte ... 52
3. Haftung ... 53
V. Der Fiskus als Mit-, Vor- und Nacherbe ... 56
1. Der Fiskus als Miterbe ... 56
2. Der Fiskus als Vor- und Nacherbe ... 57
a) Vorerbe ... 57
b) Nacherbe. ... 57
VI. Die Immaterialgüterrechte ... 59
1. Gesetzliche Regelungen ... 59
2. Motive für die gesetzliche Regelung ... 60
3. Entsprechende Anwendung auf andere Immaterialgüter ... 60
4. Nachteile der Regelungen ... 62
5. Lösungswege ... 63
a) Wolfs Analogie zu Konfusionsregelungen ... 63

b) Die Auffassung Kohlers ... 64
c) Rechtspolitische Ausgangsbasis ... 64
VII. § 167 VVG und § 139 HGB ... 65
VIII. Art. 138 EGBGB ... 65
1. Historische Entwicklung des Art. 138 EGBGB ... 66
2. Bedeutung des Art. 138 EGBGB ... 66
3. Berufung der Heimatgemeinde des Erblassers ... 67
4. Einzelne landesrechtliche Kodifikationen ... 69
5. Bedeutung der Kodifikationen ... 71
IX. Der Anfall des Vermögens juristischer Personen ... 71
1. Anfall des Vereinsvermögens an den Landesfiskus ... 71
2. Anfall des Stiftungsvermögens ... 73
3. Art. 85 EGBGB ... 74
X. Art. 139 EGBGB ... 75
B. Zusammenfassung ... 75
I. Veränderungen gegenüber dem Römischen Recht und den landesrechtlichen Kodifikationen ... 75
1. Universalsukzession ... 75
2. Haftung des Fiskus ... 75
3. Rechte des Fiskus ... 76
4. Feststellung des Fiskalerbrechts ... 76
5. Vor- und Nacherbschaft ... 76
6. Behandlung der bona ereptoria ... 76
7. Anfall des Vereinsvermögens ... 77
II. Verbleibende Probleme ... 77
1. Begrenzung der Verwandtenerbfolge ... 77
a) Befürworter der Begrenzung der Verwandtenerbfolge ... 77
b) Andere Autoren ... 80
c) Grenzziehung ... 81
2. Testierfreiheit ... 82
3. Erbschaftsteuer ... 83
4. Formelle Änderungsvorschläge ... 83

5. Kapitel: Der Gesetzentwurf zur Reform des Staatserbrechts von 1908
A. Amtliche Begründung ... 83
I. Allgemeines ... 83
II. Zu den Regelungen im einzelnen ... 85
1. Zum Artikel I ... 85
2. Zum Artikel II ... 87
III. Veranschlagung der Einnahmen ... 88

B. Reaktionen und Stellungnahmen der Hamburger Verwaltung. 88
I. Stellungnahme der Erbschaftsteuerverwaltung...89
II. Stellungnahme der Justizverwaltung 90
III. Zusammenfassung 92
C. Reaktionen auf den Gesetzentwurf im Vorfeld. 93
I. Grenze des gesetzlichen Erbrechts..93
1. Kritik am Entwurf..93
2. Rechtfertigung der zu ziehenden Erbrechtsgrenze...95
3. Stellungnahme Bambergers..95
II. Testierfreiheit..96
III. Internationales Privatrecht...97
IV. Sonstige Änderungsvorschläge 97
V. Beteiligung des Reiches...98
VI. Erbschaftssteuer...98
D. Diskussion im Reichstag im Rahmen der ersten Beratung 99
I. Erste Beratungen 99
1. Begründung durch die Reichsregierung..100
2. Nationalliberale 100
3. Sozialdemokraten 101
4. Zentrum...102
5. Fortschrittliche Volkspartei..103
6. Deutsch-Konservative 103
7. Freisinnige Vereinigung..103
II. Überweisung des Gesetzentwurfs an eine Kommission..................................104
E. Bericht der 32. Kommission über den Entwurf
eines Gesetzes über das Erbrecht des Staates...105
I. Erste Lesung..105
1. Generaldiskussion..105
2. Anträge zu Artikel I..106
a) Zu Ziffer 1 106
b) Zu Ziffer 6...106
3. Anträge zu Artikel II...107
a) Zu Ziffer 2...107
b) Zu Ziffer 8...107
c) Zu Ziffer 9...107
d) Zu Ziffer 10...108
II. Zweite Lesung...108
F. Diskussion im Reichstag im Rahmen der zweiten Beratung.............................108
I. Nationalliberale 108
II. Fortschrittliche Volkspartei..109
III. Sozialdemokraten...110

IV. Zentrum 112
V. Wirtschaftliche Vereinigung 112
G. Abstimmung 112
H. Mögliche Entscheidungsgründe 113

6. Kapitel: Der Gesetzentwurf zur Reform des Staatserbrechts von 1913

A. Amtliche Begründung 114
I. Allgemeines 114
II. Zu den Regelungen im einzelnen 116
1. Zu § 1 116
2. Zu § 2 117
3. Zu § 3 117
4. Zu den §§ 4 - 7 117
5. Zu den §§ 8 - 17 118
6. Zu den §§ 18 - 20 118
III. Ertragsberechnung 119
B. Stellungnahme der Hamburger Verwaltung 119
C. Reaktionen auf den Gesetzentwurf 119
I. Begrenzung der Verwandtenerbfolge 120
II. Beteiligung des Reiches und Höhe der Einnahmen 123
III. Ausgleich für möglicherweise entstehende Härten 123
IV. Internationales Privatrecht 124
V. Testierfreiheit 124
D. Grundsätzliche Änderungsvorschläge 126
I. Von Blume 126
II. Waldstein 128
E. Diskussion im Reichstag 128
I. Haushaltsdebatte 128
II. Diskussion im Reichstag im Rahmen der ersten Beratung 129
1. Begründung durch die Reichsregierung 129
2. Zentrum 130
3. Nationalliberale 131
4. Konservative 131
5. Sozialdemokraten 131
6. Fortschrittliche Volkspartei 132
7. Reichspartei 132
8. Stellungnahme des Dr. Graf von Posadowsky-Wehner 132
9. Wirtschaftliche Vereinigung 134
10. Deutsche Reformpartei 134
III. Budgetkommission vom 24.06.1913 135
IV. Zusammenfassung der Reichstagsdiskussion 135

F. Stellungnahmen im Bundesrat ... 135
I. Stellungnahmen der Länder ... 136
II. Bericht des hamburgischen Bevollmächtigten Bundesrat im Vorfeld ... 137
G. Zusammenfassung ... 138
H. Erbschaftsteuer ... 138

7. Kapitel: Weimarer Republik 1919 – 1933

A. Beschränkung des Verwandtenerbrechts ... 139
I. Diskussionen im Reichstag ... 139
II. Stellungnahmen in der Literatur ... 140
B. Rechtsstellung des Fiskus ... 143
C. Weimarer Reichsverfassung ... 144

8. Kapitel: Veränderungen im Dritten Reich 1933-1945

A. Verordnung über die deutsche Staatsangehörigkeit ... 147
I. Gesetzliche Regelung ... 147
II. Die Bedeutung der Neuregelung ... 148
1. Niederlassung ... 148
a) Begriff ... 148
b) Indizien für die Absicht dauernden Verweilenwollens ... 149
c) Abgrenzungsmöglichkeiten ... 149
2. Prüfung beim Fehlen einer Niederlassung ... 150
a) Bisherige Landeszugehörigkeit ... 150
b) Vorfahren ... 150
B. Verordnung vom 18.03.1935 ... 149
C. Zeitliche Abfolge der Arbeiten ... 151
I. Einzelgesetzgebung ... 151
1. Grenzen der Testierfreiheit durch das Reichserbhofgesetz vom 29.09.1933 ... 152
2. Gesetz über erbrechtliche Beschränkungen wegen gemeinschaftswidrigen Verhaltens ... 152
3. Einschränkungen durch das Testamentsgesetz ... 152
a) Formelle Betrachtung ... 153
b) Materielle Betrachtung ... 153
4. Einschränkungen durch die Erbregelungsverordnung ... 154
II. Schaffung eines Volksgesetzbuchs ... 155
III. Die Arbeit der Akademie für Deutsches Recht ... 156
D. Erbrechtsausschuß ... 157
I. Erbrechtsreformbestrebungen und deren Auswirkungen auf das Erbrecht des Staates ... 158

1. Sitzung vom 03. – 05.05.1935 in Berlin 159
a) Testamentsformen 159
b) Gesetzliche Erbfolge und Erbrecht des Reiches 161
c) Stellung des Richters 165
2. Sitzung vom 01. - 06.10.1935 in Oberschreiberhau 167
a) Handgeschriebenes Testament 167
b) Gesetzliche Erbfolge 168
c) Rechtsstellung des Fiskus 168
d) Testierfreiheit 169
3. Stellungnahme des Reichsfinanzministeriums vom 17.01.1936 169
4. Sitzung vom 15. – 20.09.1936 in Tutzing 170
a) Fiskalische Interessen 170
b) Das Reich als Erbe 171
c) Noterbrecht des Reiches 171
d) Begrenzung der Verwandtenerbfolge 173
5. Sitzung vom 21.01.1938 174
a) Rechtsstellung des Reiches als Erbe 174
b) § 2067 BGB 175
6. Sonstige Änderungsvorschläge aus der Literatur 175
II. Zusammenfassung der Arbeiten des Erbrechtsausschusses im Hinblick auf das Erbrecht des Fiskus 176
III. Entwurf des Reichsjustizministeriums zu einer Erbrechtsverordnung im Mai 1940 178
IV. Zusammenfassung 178

9. Kapitel: Veränderungen von 1945 – 1949 180

10. Kapitel: Veränderungen ab 1949 in der Bundesrepublik

A. Beseitigung nationalsozialistischer Normen 181
B. Grundgesetz vom 23.05.1949 181
I. Einschränkbarkeit des Erbrechts 183
1. Flankierende Grundrechte 183
2. Einschränkungsmöglichkeiten 184
a) Erbschaftsteuer 184
b) Beschränkung des Verwandtenerbrechts 185
II. Interessenabwägung 186
C. Erbschaftsteuergesetzgebung 187
D. Reformbewegungen im Bereich des Erbrechts des Staates 188
I. Erfolgte Veränderungen 188
1. Ehegattenerbrecht und Erbrecht nichtehelicher Kinder 188
2. Internationales Privatrecht 188

II. Reformvorschläge 189
1. Erbrechtsreformgesetz 189
2. Meinungsumfragen 189
3. Zivilrechtsvergleichung im Jahr 1969 190
4. 49. Deutscher Juristentag 193
a) Gutachten von Coing 193
aa) Gesellschaftspolitische Erwägungen 193
bb) Rechtsvergleichende Untersuchungen 194
α) Begrenzung der Verwandtenerbfolge 194
β) Verwendung der Erbschaften 195
cc) Praktische Erfahrungen mit der vorhandenen Normierung 196
dd) Stellungnahme Coings 196
b) Referat Dieckmanns 197
c) Diskussionsbeiträge im Rahmen des 49. Deutschen Juristentags 197
d) Beschlußfassung des Juristentags 198
5. Beitritt der ehemaligen DDR 199
a) Überblick über das Erbrecht des DDR 199
b) Anpassung ab 1990 202
6. Diskussion in der aktuellen Literatur 203
III. Zusammenfassung und Schlußbemerkungen zu zukünftigen Entwicklungsmöglichkeiten 203
1. Verwandtenerbfolge 205
2. Finanzieller Ertrag 207
3. Der „lachende Erbe" 209
4. Lösungsvorschlag 210
a) Die Grundlagen des Erbrechts 211
b) Berücksichtigung des mutmaßlichen Erblasserwillens 211
c) Ermittlungsmöglichkeit 212
d) Normierungsvorschlag 214

Anlage 1: Entwurf eines Gesetzes über das Erbrecht des Staates vom 03.11.1908 215
Anlage 2: Entwurf eines Gesetzes über das Erbrecht des Staates vom 28.02.1913 222
Anlage 3: Zusammensetzung des Erbrechtsausschusses der Akademie für Deutsches Recht 227
Anlage 4: Auszüge aus dem Entwurf des Reichsjustizministeriums zu einer Erbrechtsverordnung im Mai 1940 227

Anlage 5: Statistik über die Einnahmen des Erbrechts des Fiskus in Schleswig-Holstein von 1946 - 1996 229
Anlage 6: Statistik über die Anzahl der dem Fiskus angefallenen Erbschaften in Schleswig-Holstein von 1969 - 1999 230
Anlage 7: Statistik über die Erstattungen im Zusammenhang mit den Erbschaften des Landes Schleswig-Holstein nach § 1936 von 1986 - 1996 231

Literaturverzeichnis 232

Lebenslauf..........244

Einleitung

„Rasch tritt der Tod den Menschen an,
Es ist ihm keine Frist gegeben,
Es stürzt ihn mitten in der Bahn,
Es reißt ihn fort vom vollen Leben.“[1]

Zu fast jeder Zeit und in jeder modernen Kultur haben sich die Menschen deshalb Gedanken darüber gemacht, wie das Vermögen eines Verstorbenen richtig und gerecht aufzuteilen ist.

Teilweise erfolgte die Verteilung wie selbstverständlich ohne die Hilfe von geschriebenen Normen. In moderneren Kulturen sind dann Gesetze an die Stelle von traditionellen Verteilungsmodi getreten. Diese Gesetze enthielten auch stets Regelungen für den Fall, daß ein Erblasser ganz ohne letztwillige Verfügung und ohne Verwandte oder Ehegatten verstorben ist. Der Staat als Vertreter aller Bürger erhielt in diesen Fällen in der Regel ein Anrecht auf diesen „erblosen Nachlaß“ – die bona vacantia, wie sie im Römischen Recht genannt wurde. Die Form des Anrechts und die Art und Weise seiner Geltendmachung war jedoch häufigen Wandlungen unterworfen.

Teilweise standen dabei die finanziellen Einnahmen im Vordergrund, andererseits spielten auch grundsätzliche gesellschaftspolitische Erwägungen im Bereich des Erbrechts und des Privateigentums für den Stellenwert des Erbrechts des Fiskus eine Rolle.

In dieser Arbeit soll der Weg der Entwicklung der Erbschaft des Staates im deutschen Raum untersucht werden. Besondere Beachtung möchte ich dabei der Diskussion um die Ausgestaltung des Fiskalerbrechts innerhalb des BGB schenken, die zu einigen Änderung seit dem Jahr 1900 führte. Auch der Zusammenhang mit der Testierfreiheit hat immer eine Rolle gespielt. Letztlich gab es auch aufgrund des Vergleichs mit Regelungen in anderen Ländern Änderungsvorschläge für die Regelung des BGB.

Wissenschaftliche Untersuchungen zu den Grundlagen der Entwürfe für eine Neugestaltung des Staatserbrechts aus den Jahren 1908 und 1913 und den Vorschlägen der Nationalsozialisten sollen noch einmal vertieft werden um damit einen Blick auf die Entwicklung des Fiskalerbrechts zu eröffnen und den wissenschaftlichen Einfluß auf die Gesetzgebung zu verdeutlichen.

In rechtspolitischer Hinsicht gilt es vor allem den Diskussionsstand bezüglich der Begrenzung der Verwandtenerbfolge, der Testierfreiheit und der Erbschaftssteuer zu untersuchen und die Bedeutung der Regelung zum jetzigen Zeitpunkt darzulegen.

[1] Schiller, Wilhelm Tell IV, 3 am Schluß.

Aus der Entwicklung der Normen und den verschiedenen Veränderungsversuchen seit 1900 soll sich auch die Sicht für möglicherweise anstehende Neugestaltungen der Regelungen des Erbrechts des Fiskus in heutiger Zeit ergeben.

1. Kapitel: Das Römische und das gemeine Recht

Ein Nachlaß ohne Testaments- oder Intestatserben wurde im Römischen Recht, wie oben beschrieben, als bona vacantia bezeichnet.[2]
Im frühen Römischen Recht waren die erblosen Nachlässe herrenlos und standen somit der Aneignung durch die cives zur Verfügung.[3] Somit waren eine occupatio oder eine pro herede usucapio möglich, ohne daß der Staat ein besonderes Recht am Nachlaß hatte.[4]
Der Usucapient trat dabei in die Erbenstellung ein und erwarb das Eigentum an der Erbschaft, wenn er diese ein Jahr besessen hatte.[5] Zweck dieser Regelung war es, den Erben dazu zu nötigen, die Erbschaft möglichst schnell anzutreten.[6]
Ob er dabei die sacra, also die Familienopfer und die Schulden des Erblassers zu tilgen hatte, war umstritten.[7]
Zumindest war unsicher, ob der Usucapient gegenüber den möglicherweise vorhandenen Nachlaßgläubigern zahlungsfähig war oder nicht.
Dieser weder der Rechtssicherheit, noch der Staatskasse und noch viel weniger den Nachlaßgläubigern dienende Zustand wurde schon zu Beginn der Kaiserzeit durch die lex Julia et Papia Poppaea unter Augustus geändert.[8] Der Staat erhielt nun ein Sukzessionsrecht in den erblosen Nachlaß, so daß zumindest die Nachlaßgläubiger einen neuen Schuldner finden konnten.
Die Nachlässe selbst fielen anfangs an das aerarium populi romani. Dieses stellte zur Zeit der Republik noch eine Kasse für sich dar und stand sogar im Gegensatz zur kaiserlichen Kasse. Die Begriffe verschmolzen dann allerdings und man verstand unter Fiskus das gesamte in der Hand des Kaisers liegende Staatsvermögen.[9] Später bestimmte Kaiser Antonius Caracalla, daß die bona vacantia wie auch die bona caduca an den fiscus principis fließen sollten.[10]

---

[2] Mayer, Das Erbrecht des Fiskus, Seite 2.
[3] Von Rummel, Das Verhältnis des Fiscus zu den bona vacantia, Seite 6; Mayer, Das Erbrecht des Fiskus, Seite 3.
[4] Maresch, Das Erbrecht des Fiskus, Seite 4.
[5] Cicero de leg. II, 19: „tertio loco, si nemo sit heres, is, qui de bonis, quae eius fuerint, cum moritur, usuceperit plurimum possidendo"
– Drittens, wenn es keinen Erben gibt, dann (erbt) der, der von dem Vermögen, das jemandem gehörte, den größten Teil in Besitz nahm, durch Verjährung; Vogt, Das gesetzliche Erbrecht des Fiskus, Seite 2.
[6] Von Rummel, Das Verhältnis des Fiscus zu den bona vacantia, Seite 6.
[7] Mayer, Das Erbrecht des Fiskus, Seite 3; Gaius, Institutiones II, § 55.
[8] Vogt, Das gesetzliche Erbrecht des Fiskus, Seite 3.
[9] Maresch, Das Erbrecht des Fiskus, Seite 4; Mayer, Das Erbrecht des Fiskus, Seite 4.
[10] Sinning, Der Fiskus als gesetzlicher Erbe, Seite 1.

Zu dieser Zeit erhielt der Fiskus dann aber durch das interdictum quorum bonorum ein Ausschlagungsrecht hinsichtlich der bona vacantia, welche vorher, im Fall der Überschuldung, die Staatskasse belasten konnte.[11]
Da der Prätor nun ein Einweisungsrecht in den Nachlaß hatte, stellte sich ein solcher nur noch als bona vacantia dar, wenn auch der Fiskus ausgeschlagen hatte.[12] Im Falle der Ausschlagung wurde allerdings automatisch der Konkurs über den Nachlaß eröffnet, so daß zumindest die Nachlaßgläubiger sich nicht einer unüberschaubaren Anzahl von Usucapienten gegenübersahen.[13]
Allerdings wurde auch anderen Institutionen ein Recht an erblosen Nachlässen eingeräumt, wenn ein Bezug zum Erblasser hergestellt werden konnte.[14] Dementsprechend hatten beispielsweise die Legionen ein Recht auf die bona vacantia ihrer Soldaten.[15]
Im späteren gemeinen Recht wurde den Kirchen und Klöstern das Recht an der bona vacantia ihrer Geistlichen, Mönche und Nonnen eingeräumt. Auch die Armenanstalten konnten ihre verpflegten Menschen und die Universitäten ihre Mitglieder beerben.[16]
Da es sich bei dem Anrecht auf eine bona vacantia um ein Recht des Staates handelte, welches höchstens durch Verleihung eines derartigen Privilegs übergehen konnte, war es den anderen Körperschaften wie z.B. den Städten nicht möglich, sich durch die Bildung von Analogien gleichfalls der bona vacantia ihrer Mitglieder zu bedienen.[17]

A. Verwandtenerbfolge

Die zwölf Tafeln gingen ex intestato von einem Erbrecht der Agnaten und dann der Gentilen aus. Mit dem Inkrafttreten der lex Julia et Papia Poppaea sahen einige Autoren[18] eine Einschränkung der Verwandtenerbfolge für gegeben, da dort zumindest sieben Klassen von Intestaterben aufgezählt wurden, welche mit dem sobrinus natus endeten. Ob hier wirklich eine Einschränkung oder nur eine nicht abschließende Aufzählung vorhanden war, ist umstritten.[19]

---

[11] Vogt, Das gesetzliche Erbrecht des Fiskus, Seite 3.
[12] Von Lübtow, Erbrecht, Seite 87; Endemann, Lehrbuch des bürgerlichen Rechts, 3. Band, Erbrecht, Seite 102; Vogt, Das gesetzliche Erbrecht des Fiskus, Seite 2.
[13] Vogt, Das gesetzliche Erbrecht des Fiskus, Seite 4.
[14] Maresch, Das Erbrecht des Fiskus, Seite 4.
[15] Mayer, Das Erbrecht des Fiskus, Seite 26.
[16] Sinning, Der Fiskus als gesetzlicher Erbe, Seite 2.
[17] l.1. Cod. 10, 10: „nec civitates audiendas"
– den Städten durfte dies nicht zugebilligt werden; Pfützner, Der Fiskus als gesetzlicher Erbe, Seite 4; Mayer, Das Erbrecht des Fiskus, Seite 27; von Rummel, Das Verhältnis des Fiscus zu den bona vacantia, Seite 8.
[18] Bamberger, Erbrechtsreform, Seite 35.
[19] Von Wartenburg, Entwurf eines Gesetzes über das Erbrecht des Staates, Seite 6.

Jedenfalls setzte Justinian bei der Intestaterbfolge das Prinzip des Cognatenerbrechts durch die Novellen 115 und 118 durch und legte so den Grundstein für die unbegrenzte Verwandtenerbfolge.[20] Justinian gilt daher als Begründer des unbegrenzten Verwandtenerbrechts.

B. Die rechtliche Natur des Eintrittsrechts

Schon hinsichtlich des Römischen Rechts war allerdings umstritten, wie das Eintrittsrecht des Fiskus zu qualifizieren sei.[21]

I. Okkupationstheorie

Die Okkupationstheorie sah im Recht des Fiskus ein Privileg desselben, in den erblosen Nachlaß kraft seines Hoheitsrechts eintreten zu können.[22]
Begründet wurde diese Theorie besonders im Hinblick auf die historische Entwicklung dieses Rechts des Fiskus. Zunächst bestand, wie oben erwähnt, im Römischen Recht die usucapio pro herede oder die occupatio, was erst durch die lex Julia et Papia Poppaea zu einem Vorrecht des Fiskus gemacht wurde. Allerdings sei die Okkupation selbst nicht verändert worden. Es handele sich demnach weder um eine Sukzession in den gesamten Nachlaß, noch um ein Erbrecht des Fiskus.[23] Ferner sei der Fiskus auch nie als heres oder bonorum possessor bezeichnet worden, sondern stets mit anderen Begriffen, die nicht auf ein Erbrecht hinwiesen. Nicht einmal die Worte heredis loco est seien gebraucht worden, die sonst bei fingierten Erben üblich seien.[24] Es läge also ein Widerspruch vor, wenn der Fiskus einen „erblosen Nachlaß" erwerben solle.[25]
Auch daß der Fiskus nur einen Anspruch auf den Überschuß hätte, da die Gläubiger des Erblassers nach dem Prinzip „bona non intelleguntur nisi deducto aere alieno" dem Fiskus vorgingen, spreche für ein Sukzessionsrecht des Fiskus.[26] Haftungsbegrenzungen bei der Annahme einer Universalsukzession seien demgegenüber nur Hilfskonstruktionen.
Schließlich sei der Fiskus beim Verkauf des Nachlasses von allen Erbschaftsschulden befreit gewesen, was ebenfalls für eine Okkupation des Nachlasses spreche.[27]
Als Privileg des Fiskus sei es auch zu begreifen, daß der Fiskus in einzelne Rechte des Erblassers eintreten könne und daneben weiterhin die Möglichkeit der Veräußerung des gesamten Nachlasses bestünde, mit der weiteren Folge der

[20] Von Wartenburg, Entwurf eines Gesetzes über das Erbrecht des Staates, Seite 6.
[21] Von Rummel, Das Verhältnis des Fiscus zu den bona vacantia, Seite 12 ff.
[22] Von Blume, Rheinisches Museeum für Jurisprudenz, Seite 212 (212).
[23] Von Blume, Rheinisches Museum für Jurisprudenz, Seite 212 (214).
[24] Von Blume, Rheinisches Museum für Jurisprudenz, Seite 212 (215).
[25] Von Rummel, Das Verhältnis des Fiscus zu den bona vacantia, Seite 15.
[26] Von Blume, Rheinisches Museum für Jurisprudenz, Seite 212 (215).
[27] Von Blume, Rheinisches Museum für Jurisprudenz, Seite 212 (216).

Haftung des Käufers. Dies sei letztlich darauf zurückzuführen, daß der Satz „nemo plus iuris transferre potest, quam ipse haberet" – niemand kann mehr Rechte übertragen, als er selbst hat – für den Fiskus nicht galt.[28]

II. Universalsukzession des Fiskus

Diese Argumentation beweist aber wohl nur, daß der Fiskus nicht wie ein normaler Erbe behandelt wurde.[29] Dies wurde aber Mayer zufolge auch nur selten so vertreten.[30] Es ist schon deshalb fernliegend, da die in der Wortwahl so präzisen römischen Juristen beim Begriff „bona vacantia" - erbloser Nachlaß – den Fiskus sicher nicht als Erben bezeichnet hätten, da dies schon vom Wortlaut her widersprüchlich gewesen wäre.[31] Mayer hielt dem entgegen, daß zumindest an einer Stelle die bona vacantia, die jemand vom Fiskus gekauft habe, als „hereditas nomine fisci vendita" bezeichnet wurde.[32] Jedoch vertrat die überwiegende Zahl der Autoren die Auffassung, daß der Fiskus als Universalsukzessor die Erbschaft entgegennahm, also die Erbschaft als Ganzes beim Erbfall auf den Fiskus übergehen mußte, der Fiskus aber dennoch nicht als Erbe eintrat.[33] In diesem Sinne wurde teilweise von einem dem Erbrecht analogen Recht des Fiskus gesprochen. Wie Mayer aber richtigerweise zusammenfaßt, ging es bei den letzten drei genannten Ansichten nur um das nudum nomen.[34]

Die Universalsukzession wurde vor allem damit begründet, daß der Fiskus, zumindest ab einem bestimmten Zeitpunkt, die Wahl zwischen Annahme und Ausschlagung der Erbschaft hatte, Schulden und Forderungen des Erblassers gleichermaßen im Falle des Fiskalerbrechts auf den Fiskus übergingen, der Fiskus die Erbschaft als Ganzes verkaufen konnte, er Vermächtnisse zu entrichten hatte, selbst wenn diese für rechtsunwirksam erklärt worden waren[35] und ihm die hereditatis petitio[36] zustand.[37] Zudem war schon bei Gaius zu lesen, daß die usu-

---

28 Von Blume, Rheinisches Museum für Jurisprudenz, Seite 212 (218).

29 Von Rummel, Das Verhältnis des Fiscus zu den bona vacantia, Seite 16.

30 Mayer, Das Erbrecht des Fiskus, Seite 8, 9.

31 Maresch, Das Erbrecht des Fiskus, Seite 7, 8.

32 Mayer, Das Erbrecht des Fiskus, Seite 9.

33 Von Schröter, Zeitschrift für Civilrecht und Prozeß X, Seite 89 ff.; Maresch, Das Erbrecht des Fiskus, Seite 8; Pfützner, Der Fiskus als gesetzlicher Erbe, Seite 6; von Rummel, Das Verhältnis des Fiscus zu den bona vacantia, Seite 23.

34 Mayer, Das Erbrecht des Fiskus, Seite 10.

35 Dieses war allerdings streitig: von Rummel, Das Verhältnis des Fiscus zu den bona vacantia, Seite 64 ff. ging von einem passiven Bestandteil des universum ius aus, gleichgültig, ob das Vermächtnis in einem Intestat-Codicill oder nur testamentarisch angeordnet wurde. Beim Universalvermächtnis stand dem Fiskus aber die quarta Trebellianica zu; Maresch, Das Erbrecht des Fiskus, Seite 22, 23; Mayer, Das Erbrecht des Fiskus, Seite 19.

36 Von Rummel, Das Verhältnis des Fiscus zu den bona vacantia, Seite 87 ging dabei allerdings von einer hereditatis petitio utilis aus, da die „directa" nur dem wahren Zivilerben zustehen könne.

capio pro herede eine Sukzession in hereditas – und somit in die Erbschaft als Ganzes war.[38]

Hinsichtlich der Verkaufsmöglichkeit nahmen die Vertreter der Universalsukzession für sich in Anspruch, daß gerade die Befreiung von jeglicher Haftung und der Übergang der gesamten Aktivlegitimation auf den Käufer[39] für die Universalsukzession spreche.[40] Denn der Käufer erhielt infolge des Nachlaßkaufs die hereditatis petitio utilis per quam universa bona persequatur und alle actiones hereditarinae.[41] Der Käufer sei also in die rechtliche Stellung des Erblassers eingetreten. Diese Stellung müßte der Fiskus vorher auch innegehabt haben.[42] Daß der Fiskus nach dem Verkauf keine Haftung mehr für etwaige Erbschaftsschulden übernommen habe, sei als Privileg des Fiskus zu verstehen.[43]

III. Praktische Bedeutung des Streits

Bedeutung erlangte dieser Streit vor allem im Zusammenhang mit der Frage nach dem jeweils anfallsberechtigten Fiskus.

Grundsätzlich wurden die bona vacantia demjenigen Fiskus deferiert, in dessen Territorium sich die bona vacantia befand.[44]

Die unterschiedlichen Auffassungen kamen aber zu abweichenden Ergebnissen, wenn sich in der Erbschaft unbewegliches Vermögen des Erblassers außerhalb seines Wohnsitzstaates befand. Aber auch hinsichtlich der Haftungsfragen war die Vorfrage des Eintrittsrechts zu beantworten.[45]

---

[37] Von Rummel, Das Verhältnis des Fiscus zu den bona vacantia, Seite 18, 19; Maresch, Das Erbrecht des Fiskus, Seite 9; Mayer, Das Erbrecht des Fiskus, Seite 10, 11.

[38] Gaius II, § 54: „... olim rerum hereditarum possessione ut ipsae hereditates usucapi credebantur.“ – Man glaubte von jeher, daß durch die Besitzergreifung des erbschaftlichen Vermögens gleichsam die Erbschaften selbst durch Verjährung erworben werden.

[39] So L. 54 pr. Dig. de hered. pet. 5, 3:
Ei, qui partes hereditarias vel totam a fisco mercatus fuerit, non est iniquum dariactionem, per quam universa bona persequatur.
- Es ist nicht ungerecht, daß demjenigen, der entweder Erbschaftsteile oder die gesamte Erbschaft vom Fiskus erkaufte, eine öffentliche Verhandlung gewährt wird, durch die er das gesamte Vermögen erlangen kann.

[40] Maresch, Das Erbrecht des Fiskus, Seite 18.

[41] Pfützner, Der Fiskus als gesetzlicher Erbe, Seite 7; Mayer, Das Erbrecht des Fiskus, Seite 22.

[42] Mayer, Das Erbrecht des Fiskus, Seite 8; Maresch, Das Erbrecht des Fiskus, Seite 19.

[43] Maresch, Das Erbrecht des Fiskus, Seite 19;
1.1. Cod. de hered. vel. act. vend. 4, 39:
Aes alium hereditate nomine fisci vendita, ad onus emptoris bonorum pertinere nec fiscum creditoribus hereditariis respondere certum et absolutum est:
-Es ist uneingeschränkt sicher, daß Schulden in Bezug auf die im Auftrag des Fiskus verkaufte Erbschaft die Last des Käufers des Vermögens betreffen und daß der Fiskus die Rechnung für die erbschaftlichen Gläubiger nicht ausgleicht.

[44] Von Rummel, Das Verhältnis des Fiscus zu den bona vacantia, Seite 39.

[45] Von Blume, Rheinisches Museum für Jurisprudenz, Seite 212 (213).

Nach Auffassung derjenigen, die im Recht des Staates nur ein der Universalsukzession ähnliches Recht sahen, spielte die Lage des Vermögens zunächst keine Rolle, da der Fiskus in alle Rechte des Erblassers mit dessen Tod einrückte.[46] Der fiscus domicilii hatte ein Recht zur Sukzession hinsichtlich aller Nachlaßgegenstände.

Nach der Okkupationstheorie standen dem fiscus rei sitae demgegenüber zumindest die Immobilien des Erblassers zu, welche sich auf seinem Staatsgebiet befanden.[47]

Die Haftung des Fiskus für Erblasserschulden stellte hingegen für die Vertreter der Okkupationstheorie kein Problem dar, da der Fiskus nur in den Überschuß eintrete und die Eintrittsregeln zumindest nicht dem allgemeinen Erbrecht zu entnehmen seien.

Die Vertreter der Universalsukzession gingen bei der Haftung jedoch auch überwiegend von einer Begrenzung aus, die entweder automatisch stattfand oder durch den Fiskus herbeigeführt werden mußte.[48]

D. Der Erwerb des Nachlasses

Bezüglich des Erwerbs des Nachlasses fand eine Entwicklung statt, welche die Staatsfinanzen zu berücksichtigen hatte.

Zu Anfang der staatlichen Beteiligung am Nachlaß fiel die bona vacantia dem Fiskus ipso iure an.[49] Der Fiskus mußte also auch im Falle der Überschuldung die insolvente bona vacantia übernehmen und die Erbschaftsschulden begleichen.[50] Dieser Zustand wurde durch ein prätorisches Edikt beseitigt, in dem geregelt wurde, daß über insolvente Nachlässe sofort der Konkurs zu eröffnen sei und so zumindest der Fiskus nicht mit den Nachlaßschulden belastet wurde.[51]

---

[46] Strohal § 11 Anmerkung 1, Seite 54; von Rummel, Das Verhältnis des Fiscus zu den bona vacantia, Seite 40, 41; Sinning, Der Fiskus als gesetzlicher Erbe, Seite 3.

[47] Pfützner, Der Fiskus als gesetzlicher Erbe, Seite 7.

[48] Von Rummel, Das Verhältnis des Fiscus zu den bona vacantia, Seite 46 ff.

[49] Von Rummel, Das Verhältnis des Fiscus zu den bona vacantia, Seite 35, 36.

[50] Vogt, Das gesetzliche Erbrecht des Fiskus, Seite 3, 4.

[51] Von Rummel, Das Verhältnis des Fiscus zu den bona vacantia, Seite 36, 47, 48; Maresch, Das Erbrecht des Fiskus, Seite 10;
L. 1 § 1 Dig. de iure fisci 49, 14; Gaius Insitutiones III, § 78:
An bona, quae solvendo non sint, ipso iure ad fiscum pertineant, quaesitum est. Labeo scribit, etiam ea, quae solvendo non sint, ipso iure ad fiscum pertinere. Sed contra sententiam eius edictum perpetuum scriptum est, quod ita bona veneunt, si ex his fisco acquiri nihil possit:
- Es wurde gefragt, ob ein Vermögen, das insolvent ist, durch das Gesetz selbst den Fiskus betrifft. Labeo schreibt, daß auch das Vermögen, welches insolvent ist, durch das Gesetz selbst den Fiskus betrifft. Gegen dessen Meinung aber wurde ein gemeingültiges Edikt geschrieben, wonach das Vermögen verkauft wird, wenn dem Fiskus daraus nichts verschafft werden kann.

Der Prätor konnte somit eine Besitzeinweisung der Nachlaßgläubiger in den gesamten Nachlasses veranlassen, die sogenannte missio in bona.[52] Durch dieses Edikt wurde dem Fiskus ein Wahlrecht eingeräumt, ob der erblose Nachlaß angenommen werden sollte oder nicht.[53] Dieses wurde anfangs von dem Praefectus aerarii entschieden.[54] Vor der Annahme hatte diesbezüglich eine incorporatio zu erfolgen, d.h. eine Untersuchung, ob sich die Annahme als für den Fiskus von Vorteil erweisen würde.[55] Falls der Fiskus dann die Erbschaft ausschlug, konnte eine usucapio pro herede durch jedermann erfolgen, wenn nicht eine missio in bona für die Nachlaßgläubiger durch den Prätor erlassen wurde, welche regelmäßig bei einem insolventen Nachlaß erfolgte.
Unter Hadrian im Jahre 129 nach Christus wurde dann aber zumindest die usucapio pro herede den wirklichen Erben gegenüber für wirkungslos erklärt. Somit konnte diese nicht mehr gegen die hereditatis petitio schützen.[56]

E. Das Anfallsverfahren

Die lex Julia et Papia Poppaea traf hinsichtlich des Anfallsverfahrens nur Bestimmungen bezüglich der bona vacantia innerhalb der Normierung der bona caduca. Zu diesen gehörten die caduca im engeren Sinne und die bona ereptoria, auf die noch einzugehen sein wird.[57] Diesbezüglich war ein ipso iure-Erwerb des Nachlasses geregelt. Erst unter den Kaisern Valens, Gratian, Valentinian II, Theodosius und Valentinianus III wurden für die bona vacantia spezifische Regelungen getroffen, die sowohl die incorporatio als auch das Anfallsverfahren regelten.[58] Vor dem Anfall mußte zunächst geprüft werden, ob sonstige Berechtigte vorhanden waren. Diesbezüglich hatte eine öffentliche Aufforderung (Edictalcitation) zu erfolgen, die von fiskalischen Beamten durchgeführt wurde.[59] Hatte sich in einer bestimmten Frist kein Berechtigter gemeldet, galt der Nachlaß als bona vacantia.[60] Der Fiskus mußte dann innerhalb eines quadriennum continuum – also innerhalb von vier Jahren ab der Feststellung der bona vacantia – erklären, ob er die bona vacantia annehmen möchte.

---

[52] Mayer, Das Erbrecht des Fiskus, Seite 5.
[53] Von Rummel, Das Verhältnis des Fiscus zu den bona vacantia, Seite 36.
[54] Die Entscheidung über die Annahme und Abwicklung der bona vacantia wurde durch mehrfache Gesetzesänderungen verschiedenen Personen und Institutionen überlassen, wobei eine Tendenz zur Entscheidung des Kaisers in allen Bereichen festzustellen war; Weitere Nachweise siehe von Rummel, Das Verhältnis des Fiscus zu den bona vacantia, Seite 37, 38.
[55] Mayer, Das Erbrecht des Fiskus, Seite 12; Maresch, Das Erbrecht des Fiskus, Seite 10.
[56] Gaius Inst. II, § 57; Vogt, Das gesetzliche Erbrecht des Fiskus, Seite 3.
[57] Pfützner, Der Fiskus als gesetzlicher Erbe, Seite 3.
[58] Pfützner, Der Fiskus als gesetzlicher Erbe, Seite 3.
[59] Vogt, Das gesetzliche Erbrecht des Fiskus, Seite 4; Mayer, Das Erbrecht des Fiskus, Seite 12.
[60] Maresch, Das Erbrecht des Fiskus, Seite 11.

Ein ipso iure-Anfall fand somit nicht mehr statt, um den Fiskus nicht mit überschuldeten Nachlässen zu belasten. Wurde nun die Annahme nicht innerhalb dieses Zeitraums erklärt, konnte der pro herede oder pro possessore Besitzende dem Fiskus die quadriennii prae scriptio[61] entgegensetzen. Es handelte sich also um eine Klagverjährung der hereditatis petitio des Fiskus, welche jedoch nur derjenige einredeweise geltend machen konnte, welcher die bona vacantia pro herede oder pro possessore besaß. Ein vierjähriger Besitz wurde dabei allerdings nicht vorausgesetzt.[62]
Wer allerdings nur aufgrund eines Kaufs oder eines ähnlichen singulären Titels das Eigentum übertragen bekam, mußte die normalen Ersitzungszeiten abwarten und konnte der Herausgabeklage des Fiskus vor Ablauf der Ersitzungszeit nichts entgegensetzen.[63]

F. Das Verhältnis des Fiskus zu Schuldnern und Gläubigern der bona vacantia

Der Fiskus trat mit der Sukzession in die bona vacantia in die Forderungen und Schulden des Erblassers ein.
Bezüglich der Forderungen aus der Erbschaft bestand Einigkeit darüber, daß der Fiskus mit dem Anfall der Erbschaft in die Forderungsstellung eintrete.[64]
Hinsichtlich der Schulden herrschte allerdings Streit darüber, ob es eine Haftungsbegrenzung auf das Aktivvermögen des Nachlasses gebe oder der Fiskus nur als Besitzer des Nachlasses haften müsse.[65] Nach dem prätorischen Edikt – dem Edictum perpetuum – gab es für eine generelle beschränkte Haftung eigentlich keinen Grund mehr, da die sorgfältig durchgeführte incorporatio eigentlich dazu führen mußte, daß über den Nachlaß der Konkurs eröffnet wurde.[66] Für die sorgfältige Durchführung der incorporatio hatte der patronus fisci dem Fiskus zu haften.[67]
Der Fiskus hatte somit das Recht, die ihm deferierte bona vacantia auszuschlagen, so daß eine Belastung des Fiskalvermögens bei der Sukzession eigentlich nicht eintreten konnte.[68]
Dennoch konnte man aufgrund bestimmter Digestenstellen vertreten, daß der Fiskus generell nur in den Aktivbestand der bona vacantia eintrete oder zumin-

---

[61] Nach von Rummel, Das Verhältnis des Fiscus zu den bona vacantia, Seite 38: „exceptio praescriptionis".
[62] Mayer, Das Erbrecht des Fiskus, Seite 13.
[63] Maresch, Das Erbrecht des Fiskus, Seite 11.
[64] Von Rummel, Das Verhältnis des Fiscus zu den bona vacantia, Seite 43.
[65] Von Rummel, Das Verhältnis des Fiscus zu den bona vacantia, Seite 46 ff.
[66] Von Rummel, Das Verhältnis des Fiscus zu den bona vacantia, Seite 47.
[67] Mayer, Das Erbrecht des Fiskus, Seite 17.
[68] Maresch, Das Erbrecht des Fiskus, Seite 15.

dest nur in dieser Höhe für die Schulden hafte.[69] Ausgelegt wurde die zitierte Digestenstelle dann aber überwiegend so, daß hier nur formuliert werden sollte, was der Fiskus für sich behalten dürfe, nicht aber, in welcher Höhe der Fiskus den Nachlaßgläubigern hafte.[70]
Von Rummel sah in der Agnitio der Erbschaft nur den Eintritt des Fiskus in die Rechtsstellung des Erblassers gleichsam in Form einer Stellvertretung. Da der Erblasser aber auch nur mit seinem vorhandenen Vermögen den Gläubigern haften könne, müsse auch eine Haftungsbegrenzung auf dieses erworbene Vermögen beim Fiskus bejaht werden.[71]

G. Möglichkeit der Haftungsbeschränkung durch ein Inventarverzeichnis

Ob das zum Zweck der incorporatio angefertigte Verzeichnis zu einer Haftungsbegrenzung führen konnte, war umstritten.[72]
Das Inventarrecht an sich wurde durch Justinian in der Novelle 118 als Haftungsbeschränkung für den Erben geschaffen, da verhindert werden sollte, daß ein Erbe ultra vires hereditatis, d.h. mit seinem gesamten Vermögen haftete, bevor er einen Überblick über den Nachlaß erhalten konnte.[73]
Maresch und von Rummel gingen nicht von einer Haftungsbeschränkung durch die incorporatio aus, da dies nur der Bewertung der bona vacantia für den Fiskus diene.[74] Dieser mußte aufgrund der Bewertung entscheiden, ob er die bona vacantia übernehmen wollte oder nicht.[75] Das von Justinian ins Leben gerufene beneficium inventarii sei gegenüber der Inkorporation der bona vacantia deutlich jünger, da die Inkorporationsvorschriften bereits von den Kaisern Valentianius und Valens im Jahre 369 und den Kaisern Theodosius und Valentinianus im Jahre 435 erlassen worden seien. Die Inventarvorschriften seien von Justinian auch nur für die Erbenhaftungsbegrenzung geschaffen worden und für eine Be-

---

[69] Von Rummel, Das Verhältnis des Fiscus zu den bona vacantia, Seite 50, 51; 1. 11. Dig. de iure fisci 49, 14: Non possunt ulla bona ad fiscum pertinere, nisi quae creditoribus superfutura sunt; id enim bonorum cuiusque esse intellegitur, quod aeri alieno superest.
- Kein Vermögen kann den Fiskus betreffen, wenn nicht irgend etwas für die Gläubiger übrigbleibt; man ist nämlich der Auffassung, daß es der Teil des Vermögens eines jeden ist, der nach den Schulden dem Fiskus zukommt.

[70] Von Rummel, Das Verhältnis des Fiscus zu den bona vacantia, Seite 50, 51 m.w.N.; Mayer, Das Erbrecht des Fiskus, Seite 15; Maresch, Das Erbrecht des Fiskus, Seite 14.

[71] Von Rummel, Das Verhältnis des Fiscus zu den bona vacantia, Seite 58.

[72] Dieses schon deshalb, weil einige Autoren grundsätzlich von einer Haftungsbeschränkung auf den Bestand des Nachlasses ausgingen und es insofern einer weiteren Beschränkungsmöglichkeit nicht bedurfte: Von Rummel, Das Verhältnis des Fiscus zu den bona vacantia, Seite 61.

[73] Endemann, Lehrbuch des bürgerlichen Rechts, 3. Band, Erbrecht, Seite 103.

[74] Von Rummel, Das Verhältnis des Fiscus zu den bona vacantia, Seite 61.

[75] Mayer, Das Erbrecht des Fiskus, Seite 18; Maresch, Das Erbrecht des Fiskus, Seite 16.

grenzung der Haftung des Fiskus ungeeignet und unnötig.[76]
Aufgrund der gleichen Argumentation war allerdings von Schröter der Ansicht, daß durch die Inventarerrichtung eine Haftungsbegrenzung eintrete und zwar sowohl für den Erben, als auch für den Fiskus.[77] Dieses begründete von Schröter damit, daß der Fiskus bei der Sukzession in eine bona vacantia ganz ähnlich wie ein Erbe behandelt würde und ihm deshalb auch dieselben Möglichkeiten der Haftungsbeschränkung zustehen müßten.
Dem wurde entgegengehalten, daß bei einer analogen Anwendung derartiger Vorschriften auch die Formalien der Inventarbildung eingehalten werden müßten, namentlich die Einhaltung der Inventarfristen und die Hinzuziehung von ortsansässigen Gläubigern und einem Notar.[78] Falls diese Formvorschriften auch vom Fiskus eingehalten würden, hielt zumindest Mayer es für möglich, daß auch der Fiskus in dieser Weise seine Haftung beschränken könne. Die bloße Anfertigung der incorporatio führte jedoch nach Auffassung Mayers nicht zu einer Haftungsbeschränkung.[79]

H. Ausnahmen zum Anfall der bona vacantia

Falls der Erblasser eine Schenkung seines Landesherren zusammen mit einem anderen, einem „socius liberalitatis imperialis", erhalten hatte, war der Mitbeschenkte dem Fiskus gegenüber bevorrechtigt, da dieser zu der Schenkung in einem viel näheren Verhältnis stand als der Fiskus oder der Landesherr selbst.[80] Zudem mußte nach der von Marc Aurel eingeführten „bonorum addictio libertatum servandarum" bei einer bona vacantia, falls im Testament die Freilassung der Sklaven erklärt wurde, diesen in jedem Fall ihre Freiheit gewährt werden. Falls der Fiskus die ihm deferierte Erbschaft ausschlug, mußte diese dem oder den Sklaven angeboten werden.[81] Falls die Sklaven direkt durch das Testament als Erben eingesetzt worden waren, hatten sie das Recht zur Ausschlagung der Erbschaft – das beneficium abstinendi – allerdings nicht.[82]

I. Bona ereptoria

Kurz erwähnt sei an dieser Stelle auch die bona ereptoria, welche dem Fiskus zum Teil anfiel, wenn sich ein Erbprätendent als erbunwürdig erwies.[83] Dieses

---

[76] Von Rummel, Das Verhältnis des Fiscus zu den bona vacantia, Seite 61; Maresch, Das Erbrecht des Fiskus, Seite 16, 17.
[77] Von Schröter, Zeitschrift für Civilrecht und Prozeß Band X, Seite 119.
[78] Maresch, Das Erbrecht des Fiskus, Seite 17.
[79] Mayer, Das Erbrecht des Fiskus, Seite 19.
[80] Vogt, Das gesetzliche Erbrecht des Fiskus, Seite 5; Mayer, Das Erbrecht des Fiskus, Seite 27.
[81] Mayer, Das Erbrecht des Fiskus, Seite 28.
[82] Mayer, Das Erbrecht des Fiskus, Seite 50.
[83] Mayer, Das Erbrecht des Fiskus, Seite 28.

konnte vor allem bei gewissen Handlungen oder Unterlassungen gegenüber dem Erblasser geschehen.[84] Ob es sich bei diesem Recht des Fiskus allerdings um ein Erbrecht, oder nur um ein dem Erbrecht analoges Recht handelte, war umstritten.

J. Vermögenskonfiskation

Beachtlich im Zusammenhang mit dem Erbrecht des Fiskus war auch, daß dem Fiskus Vermögen von verurteilten Kapitalverbrechern anfallen konnte. Auch in diesem Fall konnte der Fiskus bei einem überschuldeten Vermögen ausschlagen und dieses den Gläubigern überantworten.[85]

Es gab allerdings zahlreiche Berechtigte, welche dem Fiskus vorgingen. Seit Justinian gingen zumindest die Descendenten und Ascendenten bis zum dritten Grad vor, und auch die Ehefrau konnte zumindest die ihr gemachten Schenkungen behalten und das ihr gewährte Erbrecht geltend machen.[86]

K. Zusammenfassung

Zusammenfassend ist nach dem Überblick über das auf das Römische Recht aufbauende gemeine Recht festzustellen, daß schon im Römischen Recht der Anfall eines erblosen Nachlasses eine bedeutende Rolle gespielt hat und hier die Grundlagen für die nachfolgenden deutschen Regelungen in diesem Bereich zu suchen sind.

Die gesetzliche Erbfolge des Römischen Rechts besonders im Hinblick auf die unbeschränkte Verwandtenerbfolge hat sich bis auf wenige Ausnahmen in Partikularrechten bis zum heutigen Zeitpunkt erhalten, und auch die Haftungsbeschränkungsmöglichkeiten sind in Teilen gleichgeblieben. Zudem wurde einerseits schon damals die Notwendigkeit erkannt, erblose Nachlässe nicht der Aneignung durch jedermann zu überlassen, andererseits aber eine mögliche Belastung des Fiskus durch einen ipso iure-Anfall zu verhindern. Die Haftung für insolvente Nachlässe wurde generell diskutiert und man entschied sich infolgedessen zur Eröffnung einer Ausschlagungsmöglichkeit für den Fiskus in Verbindung mit einer Nachlaßkonkurseröffnung.

Auch das Verfahren zur Feststellung einer bona vacantia hat seinen Ursprung im Römischen Recht. Insbesondere die Möglichkeit der Geltendmachung der verstärkten hereditatis petitio durch den wahren Erben zeigte, daß man nicht nur fiskalische Interessen berücksichtigen, sondern vor allem die Rechtssicherheit und den Rechtsfrieden durch den möglicherweise nur vorübergehenden Anfall des Nachlasses bewahren wollte.

---

[84] Vogt, Das gesetzliche Erbrecht des Fiskus, Seite 10.

[85] Mayer, Das Erbrecht des Fiskus, Seite 31.

[86] Mayer, Das Erbrecht des Fiskus, Seite 32. „dos“ und „donatio propter nuptias“ fordern.

2. Kapitel: Das Deutsche Recht

Das Deutsche Recht kannte ebenfalls ein erbloses Gut, welches in den zahlreichen Volksrechten aber nicht wie selbstverständlich dem Fiskus zugerechnet wurde.

In frühester Periode stand das Heimfallsrecht den Volksgenossen zu. Erst später ging dieses Recht auf den König bzw. Kaiser als Repräsentanten über. Nach der lex Salica stand beispielsweise auch der Gemeinde das Heimfallsrecht zu, falls der Erblasser keine männlichen Söhne hinterließ.[87] Alle anderen waren so von der Erbfolge ausgeschlossen.[88] Teilweise wurden Liegenschaft und Fahrnis unterschiedlich behandelt, wobei nur über die Fahrnis letztwillig verfügt werden konnte.[89] Im Laufe des Mittelalters waren dann meist die Gerichtsherren berechtigt, den erblosen Nachlaß in Beschlag zu nehmen.[90] Der Berechtigte war teilweise auch je nach der Größe des Nachlasses festzustellen. So fiel nach sächsischem Recht der Nachlaß an den König, wenn er über 30 Hufen betrug, an die Grafschaft, wenn er zwischen 3 und 30 Hufen betrug und in den übrigen Fällen an das Schultheisstum.[91]

Einigen Städten wurde im Laufe der Zeit das Recht auf erblose Nachlässe von den Gerichtsherren oder Königen und Kaisern verliehen, wie z.B. Lübeck, Lüneburg, Wolfenbüttel, Berlin, Freiburg, Frankfurt, Köln usw.[92]

Das Deutsche Recht kannte im Gegensatz zur Entwicklung des Römischen Rechts in den verschiedenen Volksrechten Grenzen, ab denen ein Erbrecht für Verwandte des Erblassers hinter dem Recht des Fiskus oder des Königs zurücktreten mußte. Die Erbrechtsgrenzen schwankten hier zwischen der 5. und 7. Ge-

---

[87] Sinning, Der Fiskus als gesetzlicher Erbe, Seite 3; Pfützner, Der Fiskus als gesetzlicher Erbe, Seite 9.

[88] Lex Baivar. tit. XIV cap. 9, § 4:
Quodsi maritus et mulier sine herede mortui fuerint et nullus usque in septimum gradum de propinguis et quibuscumque parentibus invenitur, tunc illas res fiscus adquirat:
- Wenn also Ehemann und Ehefrau ohne Nachwuchs sterben und man bis zum siebten Grad von Verwandtschaft und beliebigen Vorfahren keinen ausfindig macht, dann erwirbt der Fiskus dieses Vermögen; Sinning, Der Fiskus als gesetzlicher Erbe, Seite 3.

[89] Von Blume, Umbau und Ausbau des deutschen Erbrechts, Seite 18.

[90] Pfützner, Der Fiskus als gesetzlicher Erbe, Seite 9.

[91] Sinning, Der Fiskus als gesetzlicher Erbe, Seite 5.

[92] Sinning, Der Fiskus als gesetzlicher Erbe, Seite 6; Vogt, Das gesetzliche Erbrecht des Fiskus, Seite 6.

neration.[93] Andererseits gab es auch Volksrechte, die eine unbegrenzte Verwandtenerbfolge zuließen, wie beispielsweise der Sachsenspiegel.[94] Auch im lübischen Recht gab es nie eine Begrenzung der Verwandtenerbfolge.[95]

In formaler Hinsicht gab es in Bezug auf das Heimfallsrecht sehr unterschiedliche Normierungen.

Im sächsischen Recht hatte beispielsweise der Richter nach dreißig Tagen den Nachlaß in Besitz zu nehmen, wenn sich bis dahin kein Erbe gemeldet hatte. Nach einem weiteren Jahr fiel dann das Eigentum an den Richter.[96]

Zusammenfassend ist zu sagen, daß sich wegen der Zersplitterung der Rechtsgebiete und der Uneinheitlichkeit der Volksrechte im Mittelalter keine wirklichen Fortschritte im Bereich der bona vacantia ergeben haben. Festzustellen ist, daß zumindest die Bedeutung des Rechts auf die erblosen Nachlässe erkannt worden war, da dieses als Privileg von Gerichtsherren oder Königen und Kaisern auch Städten verliehen wurde. Dieses konnte auch damit zusammenhängen, daß sich die Städte räumlich am dichtesten an den erblosen Nachlässen befanden und somit auch den engsten sozialen Kontakt mit den Erblassern hatten. Zudem wurde teilweise der Kreis der Verwandten eingeengt, welche als gesetzliche Erben berufen waren.

3. Kapitel: Das Erbrecht des Fiskus in einigen landesrechtlichen Kodifikationen

Besonders bei der Rezeption des Römischen Rechts bestand bezüglich der Sukzession des Staates weiterhin die Frage, ob es sich bei diesem Recht um ein dem normalen Erbrecht analoges Recht handele oder ob es nur ein privilegiertes Okkupationsrecht des Staates darstelle. Somit gab es auch in den unterschiedlichen landesrechtlichen Kodifikationen dazu verschiedene Normierungen.

Überwiegend wurde das Recht des Fiskus als ein dem normalen Erbrecht sehr ähnliches Recht aufgefaßt, da eine Universalsukzession des Fiskus angenommen

---

[93] Lex Baivar. tit. XIV cap. 9, § 4:
„Quodsi maritus et mulier sine herede mortui fuerint et nullus usque in septimum gradum de propinguis et quibuscumque parentibus invenitur, tunc illas res fiscus adquirat“:
- Wenn also Ehemann und Ehefrau ohne Nachwuchs sterben und man bis zum siebten Grad von Verwandtschaft und beliebigen Vorfahren keinen ausfindig macht, dann erwirbt der Fiskus dieses Vermögen; Sinning, Der Fiskus als gesetzlicher Erbe, Seite 3;
L. Sal. 44 § 19: „usque ad sextum geniculum“ – bis zum sechsten Grad;
Schwabenspiegel Cap. 3. b: „Ez erbet ein iegelich man sinen mag vnz an die sibenden sippezal“;
Lex Anglior et Werin Tit. I §§ 1 – 9: „usque ad quintam generationem“ – bis zur fünften Generation; Sinning, Der Fiskus als gesetzlicher Erbe, Seite 4.

[94] Sachsenspiegel I, 19, § 1.

[95] Kähler, Das Heimfallsrecht des Fiskus und anderer juristischer Personen nach Lübischem Recht und BGB, Seite 8.

[96] Stobbe, Handbuch des Deutschen Privatrechts, § 297.

wurde. Viele Kodifikationen, sowohl landesrechtliche als auch ausländische, folgten der Auffassung, daß das Recht des Fiskus eine Art Erbrecht sei.[97]
Das Verhältnis des Fiskus zur bona ereptoria wurde überwiegend nicht mehr im Sinne des römisch-rechtlichen Anrechts des Fiskus auf den Nachlaß im Falle der Unwürdigkeit des Erben angesehen, sondern es sollte nur ein Fortfall des unwürdigen Erben bei gleichzeitigem Einrücken des Nächstberufenen erfolgen.[98]
Zudem wurden verschiedene Regelungen in Bezug auf die Begrenzung der Verwandtenerbfolge getroffen. So gab es teilweise Begrenzungen auf den zehnten Verwandtschaftsgrad, teilweise wurde aber auch die unbegrenzte Verwandtenerbfolge vorgezogen.[99]

A. Das Allgemeine Landrecht für die preußischen Staaten von 1794 (ALR)

Das ALR regelte „Das Recht des Staates auf erblose Verlassenschaften" unter einem eigenen Titel.[100] Hierbei hatte der Fiskus beispielsweise gemäß ALR II 16 § 25 „alle Rechte und Pflichten eines gemeinen Erben". Es sollten aber gleichzeitig gemäß § 28 unbewegliche Vermögensgegenstände auf mehrere Fiski verteilt werden.[101] So ist dort zu lesen:
„Besaß der Verstorbene Vermögen an verschiedenen Orten, wo verschiedenen Behörden das Recht, erblose Verlassenschaften in Besitz zu nehmen, zukommt: so gebührt jedem Berechtigten das zur Zeit des Todes in seinem Bezirk befindliche bewegliche und unbewegliche Vermögen."
Hier liegt also eine Gratwanderung zwischen Universalsukzession und Okkupationstheorie vor. Kapitalvermögen wurde dabei andererseits dem Fiskus des letzten Wohnortes zugesprochen.[102]
Ferner sah das ALR eine feste Frist für die Durchführung des Ermittlungsverfahrens vor. Danach folgte ein Aufgebotsverfahren bezüglich der unbekannten Erben, welches aufgrund eines Antrags des Nachlaßpflegers durchgeführt wurde. Für die Durchführung des Verfahrens selbst mußte aber eine zumindest die Kosten des Verfahrens deckende Nachlaßmasse vorhanden sein.[103] Bei einer hinsichtlich eines Erbrechts eines Erbprätendenten anhängigen Klage konnte die Feststellung des Fiskalerbrechts unter Vorbehalt erfolgen.[104] Falls es sich bei der

[97] Code Civil, Artikel 769; Preußisches ALR II, 16, § 25; Sächsisches BGB, § 2620; Österreichisches BGB, § 760.
[98] Vogt, Das gesetzliche Erbrecht des Fiskus, Seite 11.
[99] Sinning, Der Fiskus als gesetzlicher Erbe, Seite 6.
[100] ALR II, 16, § 16 ff.
[101] Pfützner, Der Fiskus als gesetzlicher Erbe, Seite 22.
[102] Borcherdt, Das Erbrecht und die Nachlaßbehandlung, Seite 17; Mayer, Das Erbrecht des Fiskus, Seite 34.
[103] Vogt, Das gesetzliche Erbrecht des Fiskus, Seite 7.
[104] Mayer, Das Erbrecht des Fiskus, Seite 46.

Erbschaft um ein überschuldetes Vermögen handelte, konnte der Fiskus, genauso wie eine an Stelle des Fiskus berufene juristische Person, die Erbschaft ausschlagen, so daß diese dann herrenlos werden konnte.[105]

Das ALR stand im Rahmen des gesetzlichen Erbrechts ganz auf dem Boden der Anerkennung der Blutsgemeinschaft der Verwandten, so daß eine Begrenzung der Verwandtenerbfolge nicht bestand.[106] An Stelle des Fiskus konnte gemäß ALR II 19 § 50 ff. auch eine öffentliche Anstalt ein Erbrecht an Erbschaften von unentgeltlich gepflegten Erblassern haben, welches ihr testamentarisch nicht entzogen werden konnte.[107] Abkömmlinge und Ehefrauen hatten aber Anspruch auf einen Pflichtteil. Ähnliche Regelungen gab es auch in Bezug auf Waisenhäuser.[108]

B. Das bürgerliche Gesetzbuch für das Königreich Sachsen aus dem Jahr 1863

Das Sächsische BGB regelte das Erbrecht des Fiskus in den §§ 2618 ff.[109] Beachtlich bei dieser Normierung ist sicherlich § 2619, in dem die Präklusionswirkung des Fiskalerbrechtsbeschlusses normiert war. Ein Erbe, welcher nach dem Beschluß sein Erbrecht geltend machen wollte, ging somit leer aus. So war es schon im Sachsenspiegel geregelt, wo der Nachlaß selbst bereits nach dreißig Tagen dem Richter zur Inbesitznahme zufiel, wenn der Erbe sich nicht innerhalb dieser Zeit gemeldet hatte. Nach „Jahr und Tag"[110] fiel dann auch das Eigentum dem Gerichtsherren an.[111]

§ 42 AG BGB Sachsen gab zudem der Landesirrenanstalt ein Vorrecht auf den Nachlaß längerer Zeit verpflegter Personen.[112] Demnach fiel der Nachlaß zur Hälfte der Anstalt an, wenn weder Erben der ersten noch der zweiten Ordnung oder Großeltern vorhanden waren und der Kranke mindestens seit vier Jahren

---

105 Thöl, Das Erbrecht der an Stelle des Fiskus nach Landesrecht erbberechtigten juristischen Personen, Seite 25; KGE Band 24, Nr. 19, Seite 62; Motive V, Seite 379.

106 Stenographische Berichte über die Verhandlungen des Reichstags, 9. Legislaturperiode, 3. Anlageband 1895/97, Aktenstück 440c, Seite 2096; Baron, Angriffe auf das Erbrecht, Seite 6.

107 Borcherdt, Das Erbrecht und die Nachlaßbehandlung, Seite 121.

108 Borcherdt, Das Erbrecht und die Nachlaßbehandlung, Seite 121, 122.

109 Grützmann ging allerdings davon aus, daß es sich bei dem Recht des Fiskus nur um ein dem Erbrecht ähnliches Anfallsrechts handeln würde: Grützmann, Lehrbuch des königlich sächsischen Privatrechts, Seite 298.

110 Diese Frist bedeutete im sächsischen Recht 1 Jahr, 6 Wochen und 3 Tage: Kähler, Das Heimfallsrecht des Fiskus und anderer juristischer Personen nach Lübischem Recht und BGB, Seite 65.

111 Vogt, Das gesetzliche Erbrecht des Fiskus, Seite 6.

112 Grützmann zufolge gab es derartige Vorrechte auch für Landesversorgungs- und Landesheilanstalten, Ortsarmen-, Ortskranken- und Ortswaisenhäuser und andere Versorgungs- und Heilanstalten: Grützmann, Lehrbuch des königlich sächsischen Privatrechts, Seite 298.

verpflegt wurde. Dieses Vorrecht galt auch gegenüber der Ehefrau des Erblassers.[113] Eine Begrenzung des Verwandtenerbrechts war auch im Sächsischen BGB nicht vorgesehen.[114]

C. Heimfallsrecht der Stadt Lübeck

Bezüglich des lübischen Stadtrechts von 1586 war zunächst umstritten, ob Artikel II, 2 eine Begrenzung der Verwandtenerbfolge enthalte.[115]
„Auf geschehenes Suppliciren, die Auslegung des in Tit. II Lib. II hiesigen Stadtrechts vorkommenden Articuli primi betreffend", hat sodann der lübische Senat am 12. Januar 1759 decretiert, „dass obzwar eine authentische Interpretation zur beregten Articuli dermallen nicht erfolgen könne, dennoch Supplicanti mit dem Attestato nicht zu entstehen sey, dass nach üblicher und in verschiedenen Fällen bewährter praxi forensi, auch andere Personen, welche in gedachtem Articulo wörtlich nicht enthalten, der Erbfolge fähig erkläret und dazu würklich admittiret worden."[116] Hier wurde somit ausdrücklich die unbegrenzte Verwandtenerbfolge befürwortet und später in einem Gesetz vom 10.02.1862 durch Artikel 17, 6 bestätigt.[117] Vor 1862 gab es auch Bestimmungen, die ein Heimfallsrecht der Stadt Lübeck dann vorsahen, wenn der Ehegatte des Verstorbenen nicht innerhalb der Stadt wohnte oder keine Verwandten des Erblassers vorhanden waren, denen grundsätzlich die Hälfte des Nachlasses zustand.[118] Auch hinsichtlich der Erbschaft von Hochverrätern und Mördern bestand ein Heimfallsrecht der Stadt oder des Gerichts.[119]
Für die Ermittlung der Erben war zumindest ab dem 18. Jahrhundert die Veröffentlichung einer Edictal-Citation erforderlich.[120] Die Aufgebotsfrist betrug insofern sechs Wochen.[121]

---

[113] Vogt, Das gesetzliche Erbrecht des Fiskus, Seite 27.
[114] Stenographische Berichte über die Verhandlungen des Reichstags, 9. Legislaturperiode, 3. Anlageband 1895/97, Aktenstück 440c, Seite 2096; Baron, Angriffe auf das Erbrecht, Seite 6.
[115] Kähler, Das Heimfallsrecht des Fiskus und anderer juristischer Personen nach Lübischem Recht und BGB, Seite 10.
[116] Kähler, Das Heimfallsrecht des Fiskus und anderer juristischer Personen nach Lübischem Recht und BGB, Seite 10.
[117] Kähler, Das Heimfallsrecht des Fiskus und anderer juristischer Personen nach Lübischem Recht und BGB, Seite 10, 11.
[118] Kähler, Das Heimfallsrecht des Fiskus und anderer juristischer Personen nach Lübischem Recht und BGB, Seite 22 – 24.
[119] Kähler, Das Heimfallsrecht des Fiskus und anderer juristischer Personen nach Lübischem Recht und BGB, Seite 27, 28.
[120] Kähler, Das Heimfallsrecht des Fiskus und anderer juristischer Personen nach Lübischem Recht und BGB, Seite 63.
[121] Kähler, Das Heimfallsrecht des Fiskus und anderer juristischer Personen nach Lübischem Recht und BGB, Seite 65.

Zwar war „Jahr und Tag" auch hier die regelmäßige Verjährungsfrist, wobei damit allerdings anders als nach sächsischem Recht 366 Tage gemeint waren.[122] Nach erfolgtem Ausschlußurteil konnte ein Erbe jedoch gemäß § 24 des lübischen Gesetzes vom 25.03.1882 nach wie vor seine Ansprüche geltend machen, da es sich bei der Erbloserklärung nur um eine Vermutung handelte.[123] Vom Nachlaß wurden die Kosten des Aufgebotsverfahrens abgezogen und auf Rechnungslegung oder Herausgabe der Nutzungen des Nachlasses hatte der Erbe keinen Anspruch.[124] Schließlich machten auch in Lübeck einige Heilanstalten, Klöster und Armenhäuser Ansprüche auf das Gut der Gepflegten geltend.[125]

D. Zusammenfassung

Allen Kodifikationen ist gemeinsam, daß der Fiskus seine Ansprüche wie auch schon im Römischen und gemeinen Recht mit der Erbschaftsklage geltend machen mußte. Eine Art von „quadriennii praescriptio" wurde jedoch nicht mehr für gut befunden. Es galten vielmehr auch für Klagen des Fiskus die normalen Verjährungsvorschriften. Ebenfalls mußte zur Feststellung eines erblosen Nachlasses zunächst immer eine öffentlichen Aufforderung zur Anmeldung von eventuell bestehenden Erbrechten erfolgen.

Unterschiedliche Regelungen gab es aber nach wie vor bei der Beurteilung des Rechtseintritts des Fiskus, der Grenze der Verwandtenerbfolge und zum Teil auch hinsichtlich der Ausschlußwirkung des Feststellungsbeschlusses in Bezug auf die wirklichen Erben.

---

122 Kähler, Das Heimfallsrecht des Fiskus und anderer juristischer Personen nach Lübischem Recht und BGB, Seite 65, 66.

123 Kähler, Das Heimfallsrecht des Fiskus und anderer juristischer Personen nach Lübischem Recht und BGB, Seite 69, 70.

124 Kähler, Das Heimfallsrecht des Fiskus und anderer juristischer Personen nach Lübischem Recht und BGB, Seite 71.

125 Kähler, Das Heimfallsrecht des Fiskus und anderer juristischer Personen nach Lübischem Recht und BGB, Seite 79, 80.

4. Kapitel: Das gesetzliche Erbrecht des Fiskus im BGB

A. Die gesetzliche Regelung

I. Die Voraussetzungen für die Erbfolge des Fiskus

Das BGB bestimmt in § 1936 BGB, daß der Fiskus[126] gesetzlicher Erbe ist, wenn der Erblasser, ohne seinen Ehegatten oder Verwandte zu hinterlassen, gestorben ist und kein Testament hinterlassen hat.

Die Formulierung des § 1936 wurde vielfach als zu ungenau kritisiert, da dort als Voraussetzung normiert ist, daß „weder ein Verwandter noch ein Ehegatte des Erblassers „vorhanden“ sein müßte. Dieser Fall kann infolge der unbegrenzten Verwandtenerbfolge innerhalb des BGB theoretisch nicht eintreten. Präziser müßte die Formulierung daher die „Nichtermittelbarkeit“ von Verwandten voraussetzen.[127]

Die Formulierung des 1. Entwurfs in § 1974 Abs. 1 lautete demgegenüber: „In Ermangelung anderer Erben wird der Erblasser von dem Fiskus ... beerbt...“[128] Diese Formulierung war insofern passender, als daß ein Mangel auch als schlichte Nichtermittelbarkeit verstanden werden konnte. Obwohl sich also der Wille des Gesetzgebers aus der Entstehungsgeschichte eindeutig entnehmen läßt, ist es bis heute nicht zu einer Änderung des Wortlauts der unklar gefaßten Norm gekommen.

Zum anderen kann der Fiskus gesetzlicher Erbe werden, wenn alle ermittelbaren möglichen Erben die Erbschaft gemäß § 1942 BGB ausschlagen, erbunwürdig gemäß § 2344 BGB sind oder einen Erbverzicht gemäß § 2346 BGB vereinbart haben. Auch im Falle einer Enterbung aller ermittelbaren Verwandten gemäß § 1938 BGB kann es zum Fiskalerbrecht kommen.

Im Falle des Erbverzichts ist der Auslegungsregel des § 1950 Abs. 2 BGB zufolge aber anzunehmen, daß ein Abkömmling nur zugunsten anderer Abkömmlinge oder des Ehegatten des Erblassers wirksam verzichten wollte. Der Fiskus würde also nicht von einer derartigen Verzichtserklärung profitieren können.[129]

Ebenfalls gab es Fälle, in denen Mitglieder eines religiösen Ordens oder einer anderen Glaubensgemeinschaft zum Erwerb von Erbschaften einer staatlichen Genehmigung nach landesrechtlichen Vorschriften gemäß Artikel 86 S. 2, Arti-

---

[126] Der Begriff des Fiskus soll hier nicht weiter problematisiert werden: Mit „Fiskus“ ist grundsätzlich die jedem Staat ipso iure innewohnende Privatrechtssubjekteigenschaft gemeint, wobei noch zwischen Landes- und Reichsfiskus unterschieden wird; für weitere Nachweise siehe Giese, Begriff und Recht des Reichsfiskus, Seite 9 – 12.

[127] So auch: Sinning, Der Fiskus als gesetzlicher Erbe, Seite 13; Ramfeld, Das gesetzliche Erbrecht des Fiskus nach geltendem Reichsrechte, Seite 6; Dillner, Das gesetzliche Erbrecht des Fiskus nach geltendem Reichsrechte, Seite 6.

[128] Protokolle V, Seite 484 – 487.

[129] Dillner, Das gesetzliche Erbrecht des Fiskus nach geltendem Reichsrechte, Seite 7.

kel 87 Abs. 2, S. 2 a.F. EGBGB bedurften.[130] Wurde diese Genehmigung verweigert und waren sonstige Erbberechtigte nicht ermittelbar, wurde ebenfalls der Fiskus gesetzlicher Erbe.

1. Verwandtschaft

Bei einer testamentarischen Einsetzung der gesetzlichen Erben ist der Fiskus erst nach allen anderen Verwandten i.S.d. §§ 1924 – 1930 BGB und dem Ehegatten bedacht. Die Erbfolge beruht somit auf der natürlichen Blutsverwandtschaft der Verwandten und der Familienzusammengehörigkeit.

Personen, die voneinander abstammen, sind gemäß § 1589 S. 1 BGB in gerader Linie verwandt, Personen, die von einer Dritten Person abstammen, gemäß § 1589 S. 2 BGB in der Seitenlinie. Nach den Motiven zum Erbrecht[131] sollen die familienrechtlichen Bestimmungen des BGB auch für das Erbrecht gelten. Ausnahmen gibt es im Falle des nasciturus, welcher gemäß § 1923 Abs. 2 BGB schon Erbe sein kann und im Fall der erst nach dem Tod des Erblassers genehmigten, aber schon zuvor von diesem selbst beantragten Stiftung gemäß § 84 BGB.[132] Auch hier gilt die Stiftung als vor dem Tod entstanden.

2. Uneheliche Kinder

Probleme gab es in dieser Beziehung nur bei unehelichen Kindern und Brautkindern[133], welche gemäß § 1589 Abs. 2 a.F. BGB zum Anfang des Jahrhunderts grundsätzlich keine verwandtschaftliche Beziehung zum Vater hatten.[134] Der Mutter und deren Verwandten gegenüber wurde hingegen kein Unterschied zwischen ehelichen und unehelichen Kindern gemacht.[135] Ging allerdings die Mutter mit dem Vater nach der Geburt die Ehe ein, erfolgte gemäß § 1718 a.F. BGB die Legitimation des Kindes. Diese Wirkung gab es gemäß § 1722 a.F. BGB sogar für Abkömmlinge des Kindes, wenn die Heirat erst nach dem Tod des Kindes erfolgte. Ein Kind konnte auch durch die Staatsgewalt für ehelich erklärt werden, wobei dann allerdings gemäß §§ 1736, 1737 a.F. BGB ein Verwandtschaftverhältnis nur zwischen Vater und Kind, nicht aber zwischen Kind und väterlichen Verwandten begründet wurde.[136]

Kinder aus nichtigen Ehen galten gemäß § 1699 Abs. 1 a.F. BGB als ehelich,

---

[130] Sinning, Der Fiskus als gesetzlicher Erbe, Seite 13; Ramfeld, Das gesetzliche Erbrecht des Fiskus nach geltendem Reichsrechte, Seite 4; Dillner, Das gesetzliche Erbrecht des Fiskus nach geltendem Reichsrechte, Seite 7.

[131] Motive V, Seite 358.

[132] Vogt, Das gesetzliche Erbrecht des Fiskus, Seite 24.

[133] Motive IV, Seite 858.

[134] Dillner, Das gesetzliche Erbrecht des Fiskus nach geltendem Reichsrechte, Seite 4.

[135] Voigt, Das gesetzliche Erbrecht des Fiskus, Seite 23; Leonhard, BGB § 1924, I, B. 1.

[136] Voigt, Das gesetzliche Erbrecht des Fiskus, Seite 23; Sinning, Der Fiskus als gesetzlicher Erbe, Seite 11.

wenn nicht beide Ehegatten die Nichtigkeit gekannt haben.[137] Falls nur der Vater die Nichtigkeit kannte, hatte er dem Kind gegenüber kein Erbrecht, wohl aber die väterlichen Verwandten. Für das Kind bestand in diesem Fall sowohl gegenüber dem Vater als auch gegenüber dessen Verwandten ein Erbrecht. Falls die Ehe auf einem Formmangel beruhte und die Ehe nicht im Heiratsregister eingetragen wurde, galten die gezeugten Kinder allerdings gemäß § 1699 Abs. 2 a.F. BGB als unehelich.
Bei anfechtbaren Ehen galt gemäß § 1704 a.F. BGB das gleiche wie bei nichtigen Ehen. An Stelle des gutgläubigen Ehegatten tritt hier dann der Anfechtungsberechtigte.
Bei angenommenen Kindern normierte § 1757 Abs. 1 a.F. BGB, daß das angenommene Kind in diesem Fall die Stellung eines ehelichen Kindes des Annehmenden und somit ein gesetzliches Erbrecht gegenüber dem Vater erlangte. Das Kind verlor gemäß § 1764 a.F. BGB aber nicht seine Erbansprüche gegenüber seinen bisherigen Verwandten. Der Vater selbst und auch dessen Verwandte erlangten gemäß § 1759 a.F. BGB und § 1763 a.F. BGB aber kein Erbrecht gegenüber dem angenommenen Kind. Auch die Abkömmlinge des Kindes erlangten gemäß § 1762 S. 2 a.F. BGB nicht ohne weiteres ein Verwandtschaftsverhältnis mit den Verwandten des Vaters.
Der Antrag, uneheliche und eheliche Kinder erbrechtlich gleichzustellen, vor allem weil eine Unterhaltspflicht einem entsprechenden Erbrecht gegenüberstehen solle, wurde in der Kommission mit 2 zu 17 Stimmen abgelehnt.[138]

3. Ehegatte

Auch der im Todeszeitpunkt vorhandene Ehegatte schließt den Fiskus von der Erbschaft aus. Es muß aber ein Erbrecht für den Ehegatten bestehen, die Ehe darf also nicht geschieden, nichtig, anfechtbar oder erfolgreich angefochten sein. Gemäß § 1933 a.F. BGB war das Erbrecht des Ehegatten auch ausgeschlossen, wenn der Erblasser zur Zeit seines Todes auf Scheidung wegen Verschuldens zu klagen berechtigt war oder aber die Klage auf Aufhebung der ehelichen Gemeinschaft bereits erhoben hatte.[139] Gleiches galt, wenn die Aufhebung der ehelichen Gemeinschaft rechtskräftig ausgesprochen und bis zum Tod nicht wiederhergestellt wurde[140], oder im Falle der Wiederheirat nach Todeserklärung gemäß § 1348 a.F. BGB.[141] Das Recht des Scheidungsklägers auf sein Erbrecht

[137] Voigt, Das gesetzliche Erbrecht des Fiskus, Seite 23.

[138] Stenographische Berichte über die Verhandlungen des Reichstags, 9. Legislaturperiode, Dritter Anlageband 1895/97, Aktenstück 440c, Seite 2096.

[139] Dillner, Das gesetzliche Erbrecht des Fiskus nach geltendem Reichsrechte, Seite 6.

[140] Planck, Erbrecht, § 1931, Erläuterung 2 a; a.A. Staudinger/Ullmann, 11. Auflage, § 1931, Erläuterung 4 d.

[141] Sinning, Der Fiskus als gesetzlicher Erbe, Seite 12.

gegenüber dem Ehegatten erlosch demgegenüber erst mit rechtskräftiger Scheidung.[142]

4. Begrenzung der Verwandtenerbfolge

Auf welcher Grundlage das Erbrecht der Verwandten stehen sollte, war bei der Schaffung der Normen sehr umstritten.[143]

Für diejenigen, die die Blutszugehörigkeit als Grundlage für das Verwandtenerbrecht ansahen, kam eine Begrenzung an einer willkürlich festgesetzten Stelle nicht in Betracht. Dieses konnte allerdings bedeuten, daß der berufene Erbe so entfernt mit dem Erblasser verwandt war, daß beide sich nie zuvor begegnet waren und sie demzufolge auch keine familiären Beziehungen unterhielten.

Auf der anderen Seite wurde von vielen die Familienzusammengehörigkeit beziehungsweise die Lebensgemeinschaft als maßgebliches Kriterium für die Erbberechtigung angesehen, so daß eine Grenze dort zu ziehen sei, wo die Zusammengehörigkeit oder die Gemeinschaft ende.[144] Bei dieser gedanklichen Grundlage mußte aber ein nicht meßbares Kriterium – die Familienzusammengehörigkeit – den Ausschlag für die Erbberechtigung geben, was zu gesellschaftspolitischen Problemen führen konnte.

Aufgrund der widerstreitenden Grundlagen war die Begrenzung des Erbrechts schon im Entwurf des BGB äußerst umstritten. Der erste Entwurf enthielt in § 1969 keine Beschränkung der Verwandtenerbfolge.[145]

Von Schmidt schlug in seinem Teilentwurf die unbegrenzte Verwandtenerbfolge vor, da er das gesetzliche Erbrecht für ein „Naturgesetz der unmittelbaren und mittelbaren Blutsverwandtschaft“ hielt. Wie die „entferntesten Zweige eines Baumes immer noch Baumzweige“ seien, so gehörten auch die entferntesten Verwandten immer noch zu den Blutsverwandten des Erblassers.[146] Ob die Einschränkung des gesetzlichen Erbrechts zur Beseitigung sozialer Mißstände geeignet sei, wie dies oftmals behauptet wurde[147], hielt die erste Kommission noch nicht für spruchreif.[148]

Inbesondere Otto von Gierke machte in seiner Kritik des ersten Entwurfs deutlich, daß er eine Begrenzung wegen der familienrechtlichen Grundlagen der

---

[142] Sinning, Der Fiskus als gesetzlicher Erbe, Seite 12.

[143] Protokolle V, Seite 470, 471.

[144] Baron, Angriffe auf das Erbrecht, Seite 7; Mertens, Die Entstehung der Vorschriften des BGB über die gesetzliche Erbfolge und das Pflichtteilsrecht, Seite 55; Heymann, Die Grundzüge des gesetzlichen Verwandtenerbrechts, Seite 3.

[145] Dillner, Das gesetzliche Erbrecht des Fiskus nach geltendem Reichsrechte, Seite 3.

[146] Von Schmidt, Erbrecht, Seite 150.

[147] Menger, Das bürgerliche Recht und die besitzlosen Volksklassen, Seite 230.

[148] Mertens, Die Entstehung der Vorschriften des BGB über die gesetzliche Erbfolge und das Pflichtteilsrecht, Seite 57.

Erbfolge für nötig hielt.[149] Die Gesellschaft der damaligen Gegenwart beruhe auf dem Prinzip der Arbeit und stehe somit einem arbeitslosen Erwerb infolge einer Erbschaft von ganz entfernten Verwandten ohnehin feindlich gegenüber.[150] Von Scheel hielt die unbegrenzte Verwandtenerbfolge weder wirtschaftlich noch sittlich für notwendig[151] Dieses vor allem deshalb, weil der Staat viele Aufgaben der näheren Familie übernommen habe und daher mit einer Einschränkung des gesetzlichen Erbrechts auch sozialpolitische Reformen verbunden sein könnten.[152] Menger nahm an, daß die Regelung des ersten Entwurfs nach den Anschauungen der „oberen Zehntausend" geschaffen wurde, welche in der Regel durch Vermögen oder Grundbesitz verbunden seien.[153]

Einigkeit, wo eine Erbrechtsgrenze zu ziehen sei, gab es unter den Kritikern des ersten Entwurfs zwar nicht. Es sollte aber eine Begrenzung ab der zweiten, dritten, vierten oder fünften Ordnung geben.[154]

Der zweite Entwurf und die Reichstagsvorlage enthielten dann aufgrund der fast einhelligen Kritik in diesem Punkt eine Begrenzung der Erbfolge auf die ersten vier Ordnungen und die Voreltern des Erblassers.[155] Die Begrenzung wurde insbesondere mit der bei entfernterer Verwandtschaft schwächer werdenden Familienzusammengehörigkeit begründet, was möglicherweise auch auf die Ausdehnung der Kommunikationsmittel und die daraus folgende Zerstreuung der Familienangehörigen zurückzuführen sei.[156] Die Familienzusammengehörigkeit stelle aber von je her eine weitere Grundlage für das Verwandtenerbrecht dar.[157] Auch der mutmaßliche Wille zur Einsetzung entfernterer Verwandter bestehe aufgrund der veränderten sozialen Verhältnisse nicht mehr.[158]

Viele Juristen und Politiker hielten auch die „extrem individualistische Richtung" des unbegrenzten Verwandtenerbrechts für zu weitgehend, da der Staat schon zu Zeiten des Inkrafttretens des BGB viele Versorgungsaufgaben der

---

[149] Von Gierke, Der Entwurf eines bürgerlichen Gesetzbuches, Seite 506, 532.

[150] Von Gierke, Der Entwurf eines bürgerlichen Gesetzbuchs, Seite 532.

[151] Von Scheel, Erbschaftsteuern und Erbrechtsreform, Seite 38.

[152] Von Gierke hielt die Einstellung des Entwurfs zu dieser Frage für „rein individualistisch", das „soziale Wesen des Erbrechts" komme nicht zum Durchbruch: Von Gierke, Der Entwurf eines bürgerlichen Gesetzbuchs, Seite 505, 506.

[153] Menger, Das bürgerliche Recht und die besitzlosen Volksklassen, Seite 230.

[154] Mertens, Die Entstehung der Vorschriften des BGB über die gesetzliche Erbfolge und das Pflichtteilsrecht, Seite 59.

[155] Protokolle V, Seite 470; Mayer, Das Erbrecht des Fiskus, Seite 36; Sinning, Der Fiskus als gesetzlicher Erbe, Seite 9.

[156] Protokolle V, Seite 470, 471.

[157] Protokolle bei Mugdan, Band V, Seite 398.

[158] Baron, Angriffe auf das Erbrecht, Seite 5.

Kernfamilie übernommen hatte.[159]
Auch dem Argument, mit der unbegrenzten Verwandtenerbfolge dem mutmaßlichen Willen des Erblassers bei der Schaffung der gesetzlichen Erbfolge entsprechen zu wollen, traten viele Verfasser entgegen, da sie den mutmaßlichen Willen eher mit der Einsetzung der Allgemeinheit und damit des Fiskus für erfüllt ansahen. Oft wurde im Falle des Anfalls einer Erbschaft an einen unbekannten entfernten Verwandten vom „lachenden Erben“ gesprochen.[160] Obwohl das Lachen an sich keinen negativen Beiklang hat, sollte mit dem Sinnbild des „lachenden Erben“ auf das unverdiente Glück einiger Bürger hingewiesen werden, denen die Erbschaft eines entfernten Verwandten angefallen war. Möglicherweise konnte auch eine Art Schadenfreude gegenüber dem leer ausgegangenen Fiskus oder gar eine Freude über den Tod des Verwandten in diese Terminologie hineininterpretiert werden.
Auch einige ausländische Kodifikationen schnitten die Verwandtenerbfolge ab einem bestimmten Grad oder einer bestimmten Parentel ab, so z.B. einige Gesetze amerikanischer Staaten ab dem 4. – 8. Grad[161], der Code Civil gemäß Artikel 755 ab dem zwölften, das Österreichische Gesetzbuch in § 751 i.V.m. 731 ab der sechsten Ordnung und das Schweizer Gesetzbuch sogar ab dem Stamm der Großeltern.
Deutschrechtliche Vorläufer einer Begrenzung der Verwandtenerbfolge gab es ebenfalls zahlreiche, welche die Grenze oftmals beim zehnten Verwandtschaftsgrad gezogen hatten.[162] Selbst bei den Germanen, bei denen ein „Sippenerbrecht“ galt, gab es eine Erbrechtsgrenze, die zwischen der 5. und 7. Generation schwankte.[163]
Die Begrenzung der Verwandtenerbfolge, welche im Reichstagsentwurf von 1895[164] in § 1905 enthalten war, wurde von der XII. Kommission[165] dann jedoch mit 11 gegen 8 Stimmen abgelehnt.[166] Dieses geschah vor allem mit Hinweisen auf die landesrechtlichen Kodifikationen Preußens, Sachsens und Bayerns und

---

[159] Ramfeld, Das gesetzliche Erbrecht des Fiskus nach geltendem Reichsrechte, Seite 5; Mertens, Die Entstehung der Vorschriften des BGB über die gesetzliche Erbfolge und das Pflichtteilsrecht, Seite 60.
[160] Ramfeld, Das gesetzliche Erbrecht des Fiskus nach geltendem Reichsrechte, Seite 5; Mertens, Die Entstehung der Vorschriften des BGB über die gesetzliche Erbfolge und das Pflichtteilsrecht, Seite 55; Diese Terminologie ist bis heute bei den Befürwortern einer Begrenzung des Verwandtenerbrechts erhalten geblieben.
[161] Ramfeld, Das gesetzliche Erbrecht des Fiskus nach geltendem Reichsrechte, Seite 5.
[162] Sinning, Der Fiskus als gesetzlicher Erbe, Seite 4.
[163] Sinning, Der Fiskus als gesetzlicher Erbe, Seite 4.
[164] Revidierter Entwurf zweiter Lesung, wie er dem Bundesrat am 22.10.1895 übersandt wurde.
[165] Ablehnung erfolgte im Bericht der XII. Kommission vom 12.06.1896.
[166] Stenographische Berichte über die Verhandlungen des Reichstags, 9. Legislaturperiode, Dritter Anlageband 1895/97, Aktenstück 440c, Seite 2097.

die Anerkennung der Blutszusammengehörigkeit als Grundlage des Erbrechts. Jedes Vermögen stelle sich auch als Stück Arbeit der Voreltern dar, so daß der mutmaßliche Wille des Erblassers zur Einsetzung seiner Blutsverwandten vorhanden sei.[167] Auflösenden Tendenzen innerhalb der Familie müsse der Gesetzgeber zudem entschieden entgegenwirken, anstatt solche schlicht zu akzeptieren und durch eine Begrenzung der Verwandtenerbfolge noch zu statuieren.[168] In der Begrenzung der Verwandtenerbfolge liege eine Verletzung der Prinzipien des Privaterbrechts. Jeder Einschränkung dieses Grundgedankens müsse mit dem „principiis-obsta"-Einwand begegnet werden, da so letztlich selbst das letztwillige Verfügungsrecht des Erblassers in Frage gestellt werden könne.[169]
Rückblickend war es Mertens zufolge vermutlich die Furcht des Gesetzgebers vor den sozialistischen Bestrebungen, dem Staat das gesamte Erbrecht zu überlassen, die eine Begrenzung der Verwandtenerbfolge verhindert hat. Man glaubte wohl, dem Staat keinen zu großen Eingang in das Privatrecht schaffen zu dürfen und folgte so der äußersten liberalen Auffassung, nämlich das Verwandtenerbrecht nicht zu begrenzen.[170]
Letztlich sollte mit dem Inkrafttreten des BGB und der Normierung der unbegrenzten Verwandtenerbfolge eine Diskussion über diesen Punkt des Fiskalerbrechts beginnen, welche auch fast einhundert Jahre später noch nicht verstummt ist, da an dieser Stelle sowohl juristische als auch wirtschafts-, sozial- und gesellschaftspolitische Gesichtspunkte zu stets neuen Gesetzentwürfen und Meinungsäußerungen geführt haben. Mit dem Inkrafttreten der unbegrenzten Verwandtenerbfolge wurde über die zukünftige Bedeutung des Erbrechts des Fiskus entschieden, da die Zahl der dem Fiskus anfallenden Erbschaften davon abhängt, welche Personen vor dem Fiskus berechtigt sind.

II. Das Feststellungsverfahren

Mit Einführung des BGB wurde der Streit über die Erbenstellung des Fiskus endgültig beendet, da die Formulierung in § 1936 BGB keinen Zweifel bezüg-

---

[167] Stenographische Berichte über die Verhandlungen des Reichstags, 9. Legislaturperiode, Dritter Anlageband 1895/97, Aktenstück 440c, Seite 2096;
Zur langjährigen Tradition eines solchen Willens sei auf das Gemälde von Lukas Cranach d. Ä. (1472 – 1553) verwiesen, welches einen Notar am Sterbebett darstellt, welcher notiert: „Testator offert animam deo, corpus terrae, bona proximis.": Strätz, FamRZ 1998, Seite 1553 (1556).

[168] Stenographische Berichte über die Verhandlungen des Reichstags, 9. Legislaturperiode, Dritter Anlageband 1895/97, Aktenstück 440c, Seite 2096.

[169] Stenographische Berichte über die Verhandlungen des Reichstags, 9. Legislaturperiode, Dritter Anlageband 1895/97, Aktenstück 440c, Seite 2096.

[170] Mertens, Die Entstehung der Vorschriften des BGB über die gesetzliche Erbfolge und das Pflichtteilsrecht, Seite 63.

lich Universalsukzession oder Okkupation der Erbschaft entstehen ließ.[171] Nach § 1936 BGB ist der Fiskus gesetzlicher Erbe. Somit sind alle erbrechtlichen Bestimmungen des BGB anwendbar, unter anderem § 1922 BGB, der die Universalsukzession des Erben festlegt. Der altgermanische Rechtsgrundsatz: „Der Tote erbt den Lebendigen“ , der einen ipso iure-Übergang des gesamten privatrechtlich vorhandenen Nachlasses des Erblassers zur Folge hat, gilt somit auch beim Fiskus. Der Fiskus ist aber in Bezug auf die Aktiv- und Passivlegitimation hinsichtlich des Umgangs mit der Erbschaft anders zu behandeln als die übrigen Erben.[172] Grundsätzlich geht mit dem Tod des Erblassers die Erbschaft auf die Erben über, unbeschadet des Rechts, diese auszuschlagen.

Ohne auf das mangelnde Recht des Fiskus zur Ausschlagung an dieser Stelle einzugehen, besteht beim Fiskus die Besonderheit, daß der Legitimation erst der Feststellungsbeschluß bezüglich des Fiskalerbrechts vorangehen muß.[173] Damit ist aber nur die wirtschaftliche Legitimation gemeint, denn juristisch gibt es keinen Nachlaß ohne einen Erben. Also geht auch beim Fiskus im Zeitpunkt des Todes des Erblassers der Nachlaß auf ihn über.[174] Allerdings ist eine Verfügung erst mit der Zustellung des Feststellungsbeschlusses möglich. Dieser drückt dann die Vermutung des Fiskalerbrechts gemäß § 1964 Abs. 2 BGB aus, welche vom wahren Erben jederzeit bis zum Ablauf der gesetzlichen Verjährung widerlegt werden kann.[175]

Das Feststellungsverfahren teilt sich in mehrere Zeitabschnitte auf. Die während dieser Zeiten in das Verfahren eingebundenen Organe sind dabei unterschiedlich stark an den Wortlaut des Gesetzes hinsichtlich der Ausgestaltung des Verfahrens gebunden.

1. Ermittlungstätigkeit des Nachlaßgerichts[176]

Zunächst hat das Nachlaßgericht gemäß § 12 FGG von Amts wegen die Erben zu ermitteln. Sobald das Nachlaßgericht amtlich von einer bona vacantia in seinem Gerichtsbezirk erfährt, muß es tätig werden.[177] Zuständig ist hierbei, falls

---

[171] Stenographische Berichte über die Verhandlungen des Reichstags, 9. Legislaturperiode, Anlageband 1 1895/97, Aktenstück 87, Seite 721.

[172] Rentner, Beiträge zur Erläuterung des Deutschen Rechts 1915, Seite 675 (701).

[173] Rentner, Beiträge zur Erläuterung des Deutschen Rechts 1915, Seite 675 (701).

[174] Dillner, Das gesetzliche Erbrecht des Fiskus nach geltendem Reichsrechte, Seite 27.

[175] Rentner, Beiträge zur Erläuterung des Deutschen Rechts 1915, Seite 675 (683).

[176] Zusammenfassungen der gesamten Tätigkeit der Nachlaßgerichte finden sich bei Frohn, Rechtspfleger 1986, Seite 37 – 44 und Rentner, Beiträge zur Erläuterung des Deutschen Rechts 1915, Seite 675 – 742, wobei Rentner das Verfahren aus der Sicht eines Amtsgerichtsrats schildert.

[177] Rentner, Beiträge zur Erläuterung des Deutschen Rechts 1915, Seite 675 (676); seit 1969 obliegt die Tätigkeit in diesem Bereich dem Rechtspfleger nach dem Rechtspflegergesetz: Frohn, Rechtspfleger 1986, Seite 37 (42).

keine besonderen landesrechtlichen Vorschriften gemäß Artikel 147 EGBGB bestehen, gemäß §§ 72, 73 FGG das Amtsgericht, in dessen Bezirk der Erblasser seinen letzten Wohnsitz hatte.[178] Falls kein inländischer Wohnsitz vorhanden war, wird gemäß § 73 FGG auf den letzten Aufenthaltsort des Erblassers abgestellt. War auch ein solcher im Inland nicht vorhanden, ist auf den letzten inländischen Wohnsitz abzustellen.[179] War schließlich auch ein solcher nicht feststellbar, mußte über die Zuständigkeit die Landesjustizverwaltung, bzw. der Reichskanzler gemäß § 73 Abs. 3 a.F. FGG bestimmen.
Anläßlich der Zuständigkeitsprüfung konnte auch die nötige Staatsangehörigkeitsprüfung des Erblassers erfolgen. Hierbei sollten allerdings „unverhältnismäßige und kostspielige Umfragen und Beweisaufnahmen" tunlichst vermieden werden.[180] Es sollte somit angenommen werden, daß im Zweifel ein Deutscher seine Staatsangehörigkeit nicht verloren hat. Falls der Erblasser ausgewandert war, sollte angenommen werden, daß dieser nach zehn Jahren seine deutsche Staatsangehörigkeit verloren hat.[181] Diese Vermutung konnte jedoch widerlegt werden.
Falls ein Bedürfnis dafür besteht, muß gemäß § 1960 ein Nachlaßpfleger zur Sicherung des Nachlasses bestellt werden. In der Regel wird dies bei besonders großen Nachlässen nötig sein, aber auch, wenn Forderungen gegen den Nachlaß geltend gemacht werden, welche der Nachlaßpfleger erfüllen kann.[182] Auch soll er die ersten Nachforschungen nach möglichen Erben treffen und den gesamten Bestand des Nachlasses erfassen.[183] Die Kosten der Nachlaßpflegschaft hat der Nachlaß zu tragen.[184] Eine Pflegschaft erscheint aber nicht geboten, wenn die Versiegelung, die Hinterlegung oder Verzeichnung des Nachlasses durch den Gerichtsvollzieher ausreichend für die Sicherung ist oder die Kosten der Pflegschaft den Nachlaß zu einem erheblichen Teil aufzehren würden.[185]
Die Art der Ermittlungstätigkeit liegt grundsätzlich im Ermessen des Nachlaßrichters. In der Regel wird aber zunächst festzustellen sein, ob sich ein Testament in den Unterlagen des Erblassers befindet oder ein Hinterlegungsschein

---

[178] Sinning, Der Fiskus als gesetzlicher Erbe, Seite 14.
[179] Seit 1961 ist bei Deutschen Erblassern gemäß § 73 Abs. 2 FGG das Amtsgericht Berlin Schöneberg in solchen Fällen zuständig. Bei Ausländern ist gemäß § 73 Abs. 3 FGG der Standort der Nachlaßgegenstände entscheidend.
[180] Hörle, Das Recht 1904, Seite 369 (371).
[181] Hörle, Das Recht 1904, aaO.
[182] Rentner, Beiträge zur Erläuterung des Deutschen Rechts 1915, Seite 675 (677).
[183] Motive V, Seite 555; Hörle, Das Recht 1904, Seite 369 (371); Rentner, Beiträge zur Erläuterung des Deutschen Rechts 1915, Seite 675 (677).
[184] Dillner, Das gesetzliche Erbrecht des Fiskus nach geltendem Reichsrechte, Seite 19; Ramfeld, Das gesetzliche Erbrecht des Fiskus nach geltendem Reichsrechte, Seite 20.
[185] Rentner, Beiträge zur Erläuterung des Deutschen Rechts 1915, Seite 675 (676); Hörle, Das Recht 1904, Seite 369 (371).

über ein anderswo verwahrtes Testament finden läßt.[186] Zeugen können notfalls auch eidlich vernommen werden, um Erkenntnisse hinsichtlich weiterer Verwandter und auch der Staatsangehörigkeit des Erblassers zu erlangen.[187] Findet sich ein möglicher Erbe, so ist diesem zur Wahrnehmung seiner Rechte Nachricht zu geben. Den Nachweis der Erbberechtigung muß dann dieser führen. Problematisch erscheint dies nur, wenn zwar entfernte Verwandte des Erblassers ausfindig gemacht werden konnten, diese aber nicht in der Lage sind, nachzuweisen, daß Erben näherer Erbordnungen nicht vorhanden sind. In einem solchen Fall kann das formelle Feststellungsverfahren durch das Nachlaßgericht nicht eingeleitet werden.[188] Auch eine Versicherung an Eides Statt, die die entfernten Verwandten zudem ohne Kenntnisse der genauen Familienverhältnisse nicht abgeben könnten, ohne sich strafbar zu machen, wäre für die Erteilung eines Erbscheins nicht ausreichend.[189] Die Nachlaßpflegschaft müßte demnach bestehen bleiben. Findet sich hingegen in einer den Umständen entsprechenden Frist kein Erbe, dann folgt auf das Ermittlungsverfahren das streng formale Feststellungsverfahren.[190]

Im ALR, I, 9 war noch in § 471 normiert, daß die Ermittlungstätigkeit nicht länger als drei Monate ab dem Todestag des Erblassers zu dauern hatte.[191] Eine bestimmte Zeit hat das BGB hingegen für die Ermittlungstätigkeit nicht vorgesehen, weil dieses nicht als ratsam erachtet wurde.[192] Eine Einzelfallregelung ist in jedem Fall flexibler. Das Nachlaßgericht kann somit nach seinem Ermessen entscheiden, wann mit dem formellen Feststellungsverfahren begonnen werden soll. Einen diesbezüglichen Antrag des Nachlaßpflegers oder irgendeines Gläubigers muß das Nachlaßgericht dabei nicht abwarten.[193]

Pfützner sprach diesbezüglich von einem von Amts wegen durchzuführenden Feststellungsverfahren, ging aber andererseits von einem erforderlichen Antrag zumindest des Nachlaßpflegers aus.[194] Dieses ist aber ein Widerspruch in sich.

---

[186] KGZ 31 A, Seite 64 ff.

[187] KG vom 10.06.1905 in: Warneyers Jahrbuch der Entscheidungen, Jahrgang 4, §§ 1954, 1965.

[188] Rentner, Beiträge zur Erläuterung des Deutschen Rechts 1915, Seite 675 (680); RJA, Das Recht 1906, Seite 1401 (1401); BayObLG vom 20.02.1935, in: Warneyers Jahrbuch der Entscheidungen, Jahrgang 34, § 1964.

[189] Rentner, Beiträge zur Erläuterung des Deutschen Rechts 1915, Seite 675 (681, 691, 692); teilweise ging die Rechtsprechung sogar davon aus, daß eine gerichtliche Todeserklärung als Beweismittel nicht ausreiche, da diese nur eine Vermutung für das Ableben darstelle; das Kammergericht entschied dann aber, daß sich der Tod sogar ohne Todeserklärung aus dem Ergebnis der Ermittlungen und Erfahrungstatsachen ergeben könne, KGZ 35, A 352.

[190] Weißler, Das deutsche Nachlaßverfahren, Seite 244.

[191] Maresch, Das Erbrecht des Fiskus, Seite 31.

[192] Motive V, Seite 555.

[193] Motive V, Seite 555, Staudinger/Wolfgang Marotzke, 13. Auflage, § 1964, Rdnr. 2.

[194] Pfützner, Der Fiskus als gesetzlicher Erbe, Seite 21.

2. Formelles Feststellungsverfahren

Der Ermittlungstätigkeit des Nachlaßgerichts folgt das ebenfalls von diesem durchzuführende formelle Feststellungsverfahren. Wenn das Nachlaßgericht also zu der Erkenntnis gekommen ist, daß ein Erbrecht des Fiskus in Frage kommt und weitere Ermittlungen keinen Zweck mehr haben, muß nun der Erbfall öffentlich bekanntgegeben werden. Hierbei sind bestimmte formale Vorgehensweisen bis zur Feststellung zu beachten.[195]

a) Grundsätzliche Regelung innerhalb der ZPO

Gemäß § 1965 BGB muß der Feststellung zunächst eine öffentliche Aufforderung zur Anmeldung vorausgehen. Diese folgt den Regelungen der ZPO über das Aufgebotsverfahren, insbesondere den §§ 948 – 950 und 204 a.F., 205 ZPO:

1. Es hat ein zweiwöchiger Aushang an der Gerichtstafel des zuständigen Nachlaßgerichts zu erfolgen.[196] Gemäß § 949 ZPO ist keine Ungültigkeit dieses Aushangs anzunehmen, wenn das Schriftstück zu früh abgehängt wird.
2. Das Erbengesuch muß in den Deutschen Reichsanzeiger[197] eingerückt werden.
3. Ferner muß die Aufforderung zur Anmeldung zweimal im Amtsblatt des Nachlaßgerichts erscheinen.
4. Weitere Veröffentlichungen stehen im Ermessen des Nachlaßgerichts.

In § 204 a.F., 205 ZPO war zudem das einmalige Einrücken eines Auszugs im Deutschen Reichsanzeiger beschrieben. Da aber die öffentliche Aufforderung an sich schon den gesamten Sachverhalt enthalten mußte, ist eine zusätzliche Einrückung nicht in jedem Fall vonnöten.[198] § 1965 Abs. 1, S. 2 erlaubt auch eine Feststellung ohne eine öffentliche Bekanntmachung, wenn die Kosten gegenüber dem Nachlaß unverhältnismäßig groß wären.[199] Das Kammergericht entschied dazu, daß bei völlig negativ verlaufenen Ermittlungen die Veröffentlichung ebenfalls unterbleiben könne.[200]

---

[195] Rentner, Beiträge zur Erläuterung des Deutschen Rechts 1915, Seite 675 (682).

[196] Dillner, Das gesetzliche Erbrecht des Fiskus nach geltendem Reichsrechte, Seite 18; Ramfeld, Das gesetzliche Erbrecht des Fiskus nach geltendem Reichsrechte, Seite 10; Planck, Erbrecht, §§ 1964/1965, Erläuterung 2 b.

[197] Heute: Bundesanzeiger.

[198] Rentner, Beiträge zur Erläuterung des Deutschen Rechts 1915, Seite 675 (683); Dillner, Das gesetzliche Erbrecht des Fiskus nach geltendem Reichsrechte, Seite 17.

[199] Rentner, Beiträge zur Erläuterung des Deutschen Rechts 1915, Seite 675 (683).

[200] KGZ 36, A 67.

b) Anmeldungsfrist

Die Aufforderung zur Anmeldung muß eine Frist von mindestens sechs Wochen enthalten. Pfützner[201] hält hier wohl eine genaue Sechswochenfrist für erforderlich, was dem Sinn und Zweck der Regelung allerdings nicht zuträglich ist, da nur mögliche Erben vor einer zu schnellen Feststellung des Fiskalerbrechts geschützt werden sollen. Einer Verlängerung der Frist steht also die Teleologie der Norm nicht entgegen.[202]

Die Frist beginnt gemäß § 950 ZPO mit dem Einrücken der Aufforderung im Reichsanzeiger.[203] Gerichtsferien waren für den Lauf der Frist gemäß § 10 FGG a.F. ohne Bedeutung.

Da die Anmeldungsfrist nach den Motiven[204] keine Präklusionsfrist ist, und durch ihre Nichteinhaltung den Erbprätendenten keine Nachteile entstehen sollen, kommt ihr auch nur eine relativ geringe Bedeutung zu. Bedeutsamer ist die durch das Ende der Anmeldungsfrist beginnende Dreimonatsfrist.

c) Dreimonatsfrist

Nach der sechswöchigen Anmeldungsfrist folgt also eine dreimonatige Nachweisfrist. Das Ende der Anmeldungsfrist ist gleichsam der Anfang der Dreimonatsfrist. Für die Berechnung gelten die §§ 187 ff BGB, welche auch in diesem Feststellungsverfahren gemäß § 17 FGG und § 222 ZPO Anwendung finden.[205]

Innerhalb der drei Monate müssen die Erbbewerber gegenüber dem Nachlaßgericht nachweisen, daß sie Erben sind oder den Nachweis über die Klageerhebung erbringen. Dieses wird vor allem dann nötig sein, wenn sich das Nachlaßgericht außerstande sieht, bei mehreren Erben die Sache im Bereich der freiwilligen Gerichtsbarkeit zu entscheiden. Bei einer nachgewiesenen Klage muß das Feststellungsverfahren zweckmäßigerweise ausgesetzt werden, um den Ausgang des Verfahrens nachweisen zu können.[206]

Umstritten war, wann das Nachlaßgericht eine Feststellung treffen konnte, wenn sich innerhalb der Anmeldungsfrist keine Erbprätendenten gemeldet hatten. Einigkeit herrschte insofern, als daß die Feststellung jedenfalls nicht erfolgen konnte, wenn sich die Erbbewerber zwar nach der Anmeldungsfrist, aber vor Ablauf der Dreimonatsfrist und der Feststellung selbst gemeldet hatten. Dann mußte stets das Ende der Dreimonatsfrist für den endgültigen Nachweis abge-

---

[201] Pfützner, Der Fiskus als gesetzlicher Erbe, Seite 22.

[202] Rentner, Beiträge zur Erläuterung des Deutschen Rechts 1915, Seite 675 (682).

[203] Dillner, Das gesetzliche Erbrecht des Fiskus nach geltendem Reichsrechte, Seite 18.

[204] Motive V, Seite 555.

[205] Dillner, Das gesetzliche Erbrecht des Fiskus nach geltendem Reichsrechte, Seite 18.

[206] Ramfeld, Das gesetzliche Erbrecht des Fiskus nach geltendem Reichsrechte, Seite 13; Voigt, Das gesetzliche Erbrecht des Fiskus, Seite 41; Hörle, Das Recht 1904, Seite 369 (374), Pfützner, Der Fiskus als gesetzlicher Erbe, Seite 24; Dillner, Das gesetzliche Erbrecht des Fiskus nach geltendem Reichsrechte, Seite 24.

wartet werden.[207]
Einige Autoren in der juristischen Literatur vertraten aber die Ansicht, daß das Nachlaßgericht diese Dreimonatsfrist nicht einzuhalten habe, wenn sich keine Erbbewerber innerhalb der Sechswochenfrist gemeldet haben.[208]
Hörle hielt ein Abwarten zwar nicht für geboten, sprach sich aber dennoch im Interesse der Vermeidung unnötiger Verwicklungen und Kosten und im Hinblick auf § 1965 Abs. 2 dafür aus, die Dreimonatsfrist stets abzuwarten.[209]
Auf der anderen Seite waren einige Verfasser zu diesem Thema der Meinung, daß eine Feststellung nach erfolgter Aufforderung und Meldungsfristablauf erst nach Ablauf auch der Dreimonatsfrist zu erfolgen hätte. Sei keine Aufforderung aufgrund von § 1965 Abs. 1, S. 2 ergangen, dann müsse eine Dreimonatsfrist ab dem Zeitpunkt der letzten Ermittlungshandlung des Nachlaßgerichts abgewartet werden.[210] Begründet wurde diese Sichtweise damit, daß erst nach Ablauf der Dreimonatsfrist mit einiger Sicherheit davon ausgegangen werden könne, daß ein Erbe außer dem Fiskus nicht vorhanden sei. Das ganze Verfahren verfolge schließlich nur den Zweck, einem etwa vorhandenen Erben möglichst lange die Gelegenheit zu geben, sein Erbrecht anzumelden und nachzuweisen.[211]
Dillner wies insbesondere darauf hin, daß es sich bei der Dreimonatsfrist schon den Motiven nach um die bedeutendere Frist innerhalb des Feststellungsverfahrens handele und es demzufolge sinnwidrig wäre, die „außerordentliche Maßregel“[212] der Dreimonatsfrist aufgrund der „nebensächlichen Anmeldungsfrist“[213] wegfallen zu lassen. Diese Sichtweise war somit historisch ableitbar und konnte zudem durch die nach allgemeiner Meinung nur der Dreimonatsfrist zukommenden Präklusionswirkung untermauert werden.
Die Rechtsprechung ist dieser Ansicht bis zum Jahr 1908 gefolgt.[214]

---

[207] Voigt, Das gesetzliche Erbrecht des Fiskus, Seite 40; Pfützner, Der Fiskus als gesetzlicher Erbe, Seite 23; Mayer, Das Erbrecht des Fiskus, Seite 45.
[208] Boschan, Die Nachlaßsachen in der gerichtlichen Praxis, Seite 136, 137; Weißler, Das deutsche Nachlaßverfahren, Seite 245; Sinning, Der Fiskus als gesetzlicher Erbe, Seite 28; Rentner, Beiträge zur Erläuterung des Deutschen Rechts 1915, Seite 675 (686); Voigt, Das gesetzliche Erbrecht des Fiskus, Seite 40; Kähler, Das Heimfallsrecht des Fiskus und anderer juristischer Personen nach Lübischem Recht und BGB; Seite 98.
[209] Hörle, Das Recht 1904, Seite 369 (375).
[210] Mayer, Juristenwelt 1907, Seite137 (139); Dillner, Das gesetzliche Erbrecht des Fiskus nach geltendem Reichsrechte, Seite 20; Vogt, Das gesetzliche Erbrecht des Fiskus, Seite 17; Pfützner, Der Fiskus als gesetzlicher Erbe, Seite 23; Dernburg, Das bürgerliche Recht Band 5, Seite 54; Planck, Erbrecht, §§ 1964/1965, Erläuterung 3 b; Mayer, Das Erbrecht des Fiskus, Seite 45.
[211] Mayer, Das Erbrecht des Fiskus, Seite 45.
[212] Motive V, Seite 555.
[213] Dillner, Das gesetzliche Erbrecht des Fiskus nach geltendem Reichsrechte, Seite 18.
[214] KG vom 10.06.1905 in: Warneyers Jahrbuch der Entscheidungen, Jahrgang 4, §§ 1954, 1965; KGZ 31, A 64 ff.

Mit Beschluß vom 30.08.1908[215] machte das Kammergericht allerdings deutlich, daß es das Abwarten der Dreimonatsfrist nicht in jedem Fall für geboten hielt. Falls sich keine Erbprätendenten innerhalb der Anmeldungsfrist gemeldet hätten, könne die Feststellung sofort erfolgen, da ansonsten die Dreimonatsfrist gleichsam eine Verlängerung der Anmeldungsmöglichkeit darstelle. Besonders bei unterbliebener Aufforderung, bei der für den Beginn der Dreimonatsfrist auf die letzte Behördenhandlung abzustellen sei, müßte diese Frist sonst zweimal laufen: Einmal nach Abschluß der Ermittlungen und einmal nach Eingang einer Anmeldung nach § 1965 BGB. Das Nachlaßgericht solle somit berechtigt sein, „sofort nach dem Ablaufe der bei der öffentlichen Aufforderung bestimmten Anmeldungsfrist oder, falls keine öffentliche Aufforderung und demgemäß keine Anmeldungsfrist bestimmt ist, sofort nach der im § 1964 Abs. 1 BGB für die Ermittlungen vorgesehenen Frist zu treffen, es sei denn, daß vor dem Erlasse des Feststellungsbeschlusses ein Erbrecht angemeldet ist."
Die Ausführungen des Kammergerichts waren durchaus nachvollziehbar, da eine Verlängerung der Sechswochenfrist nach bereits durchgeführten Ermittlungen durch das Nachlaßgericht auch keinen übermäßigen Erfolg versprach. Jedenfalls konnte man mit dem Zeitargument die Frist auch beliebig verlängern, um eine höhere Wahrscheinlichkeit für das Auffinden neuer Erben zu erhalten.
Das Kammergericht war nun also der Auffassung, daß die Feststellung schon erfolgen könne, wenn die sechswöchige Anmeldungsfrist oder, falls keine Aufforderung erfolgt war, die Ermittlungsfrist des § 1964 BGB verstrichen war. Falls aber vor der Feststellung und noch vor Ablauf der Dreimonatsfrist eine Erbanmeldung erfolgt war, sollte die Frist zum Nachweis in jedem Fall abgewartet werden.
Für eine solche Sichtweise spricht sicherlich die Entstehungsgeschichte des § 1965, da der entsprechende § 2067 Abs. 3 des ersten Entwurfs folgenden Wortlaut hatte:
„Wer vor oder nach Ablauf der Anmeldungsfrist ein Erbrecht in Anspruch nimmt, hat innerhalb dreier Monate nach Ablauf der Anmeldungsfrist dem Nachlaßgericht nachzuweisen, daß er der Erbe sei, oder daß er sein Erbrecht durch Erhebung der Klage gegen den Fiskus geltend gemacht habe."
Die Protokolle der 2. Kommission enthalten dabei auch keine Hinweise darauf, daß sachlich an dieser Fassung hinsichtlich der Fristen etwas geändert werden sollte.[216]

---

[215] KG vom 30.03.1908 in: Warneyers Jahrbuch der Entscheidungen, Jahrgang 7, § 1965; KG in: DJZ 1908, Seite 820 (820).
[216] Protokolle V, Seite 670; Protokolle VI, Seite 338.

d) Inhalt der Aufforderung

Der Inhalt der Aufforderung steht ebenfalls im Ermessen des Gerichts, sollte aber möglichst viele Angaben bezüglich des Erblassers enthalten, möglicherweise sogar die Namen von vorverstorbenen Erben.

§ 947 Abs. 3 a.F. ZPO erklärte zwar ausdrücklich, daß die Androhung des Rechtsnachteils nicht unbedingt erforderlich sei. Diese materielle Vorschrift des Aufgebotsverfahrens war nach der Ansicht Dillners aber wegen der Verweisung auf die formellen Voraussetzungen durch § 1965 BGB nicht anwendbar. Auch Hörle hielt es für unstatthaft, einen Rechtsnachteil in Form der Nichtberücksichtigung des Erbrechts anzudrohen und wollte statt dessen nur auf die Feststellung an sich hinweisen.[217] Andererseits sei ein Hinweis auf § 1965 BGB in jedem Fall sachdienlich.[218] Rentner ging allerdings davon aus, daß die Bekanntmachung „sich jeder Androhung eines Rechtsnachteils für die Unterlassung einer Anmeldung zu enthalten hat."[219]

Anzumerken bleibt, daß nach der Ansicht Dillners zwar § 947 a.F. ZPO nicht anwendbar war, es aber ebenfalls kein Verbot bezüglich der Androhung des Rechtsnachteils gab, wie dies von Rentner vertreten wurde.[220] Sachdienlich sei somit ein Hinweis auf den Erblasser, seinen Wohnort, möglicherweise vorverstorbene Verwandte und die Angabe des Namens des Nachlaßpflegers, falls eine Pflegschaft angeordnet worden ist.[221]

Auch der Termin zur Verhandlung muß nicht mitgeteilt werden, sofern nicht landesrechtliche Vorschriften hier etwas anderes gemäß § 200 FGG bestimmen.[222] Rentner hielt die Angabe sogar für unpraktisch, da die Sache bei einem möglichen Termin vor Ablauf der Dreimonatsfrist ohnehin nicht abschließend entschieden werden könne.[223]

e) Anmeldung

Die Anmeldung von Erbrechten selbst kann entweder schriftlich an das Nachlaßgericht oder zu Protokoll der Geschäftsstelle gemäß § 11 FGG erklärt werden.[224]

Falls das Nachlaßgericht demzufolge das Erbrecht des Prätendenten für erwiesen hielt, gab es unterschiedliche Auffassungen darüber, ob das Nachlaßgericht

---

[217] Hörle, Das Recht 1904, Seite 369 (374).

[218] Dillner, Das gesetzliche Erbrecht des Fiskus nach geltendem Reichsrechte, Seite 18; Pfützner, Der Fiskus als gesetzlicher Erbe, Seite 22; Ramfeld, Das gesetzliche Erbrecht des Fiskus nach geltendem Reichsrechte, Seite 11.

[219] Rentner, Beiträge zur Erläuterung des Deutschen Rechts 1915, Seite 675 (683).

[220] Dillner, Das gesetzliche Erbrecht des Fiskus nach geltendem Reichsrechte, Seite 19.

[221] Rentner, Beiträge zur Erläuterung des Deutschen Rechts 1915, Seite 675 (683).

[222] Planck, Erbrecht, §§ 1964/1965, Erläuterung 3 b.

[223] Rentner, Beiträge zur Erläuterung des Deutschen Rechts 1915, Seite 675 (683).

[224] Dillner, Das gesetzliche Erbrecht des Fiskus nach geltendem Reichsrechte, Seite 21.

darüber durch Beschluß entscheiden mußte oder ob das Feststellungsverfahren einfach eingestellt werden konnte. Rentner, Dillner, Pfützner und Vogt nahmen an, daß dabei ein Beschluß nötig sei, da es sich um eine Verfügung handele, gegen welche dem Fiskus die Rechtsmittel der Beschwerde gemäß §§ 19, 20 FGG und der weiteren Beschwerde gemäß § 27 FGG zustünden.[225]
Weißler meinte demgegenüber, daß nach erfolgtem Nachweis des Erbrechts nichts weiter geschehen müsse.[226] Da mit dem Nachweis aber auch häufig eine Überantwortung des Nachlasses, welcher sich möglicherweise in der Verantwortung eines Nachlaßpflegers befand, erfolgen mußte, war die Entscheidung durch Beschluß in jedem Fall im Sinne der Rechtssicherheit geboten.

f) Sonstige Voraussetzungen für die Durchführung des Feststellungsverfahrens

Falls nicht genügend Erbmasse für das Feststellungsverfahren vorhanden ist, bestimmt § 1965 Abs. 1, S. 2 BGB ausdrücklich, daß eine Aufforderung unterbleiben kann.[227] Planck und Hörle meinten, daß es sich dann sogar um ein Verbot der Aufforderung handele.[228] Obwohl fiskalische Überlegungen diese Ansicht sehr wohl untermauern können, spricht der Wortlaut der Vorschrift selbst klar dagegen.
Bezüglich der Entwicklungsgeschichte kann erneut auf den oben zitierten § 2067 des ersten Entwurfs hingewiesen werden. In seiner Fassung war überhaupt keine Möglichkeit vorgesehen, die Aufforderung aufgrund mangelnder Erbmasse zu unterlassen. Ausweislich der Protokolle[229] sollte diese Vorschrift nur bezüglich der obligatorischen Aufforderung geändert werden, welche von der nötigen Kostendeckung abhängig gemacht werden sollte. Die übrigen Veränderungen wurden nur von der Redaktionskommission vorgenommen.[230] Nach den erfolgten Änderungen kann aber keinesfalls auf ein Verbot der Aufforderung bei mangelnder Erbmasse geschlossen werden, da diesbezüglich nur das Wort „muß" statt der Formulierung „darf ... unterbleiben" hätte gewählt werden können. Da es sich bei den Veröffentlichungskosten zudem nicht um solche handelt, welche den Fiskus wirklich stark belasten können und es nach wie vor im Ermessen des Nachlaßrichters liegt, im Einzelfall nach besonderer Sachlage zu entscheiden, erscheint hier eine Entscheidung gegen den Wortlaut des Geset-

[225] Rentner, Beiträge zur Erläuterung des Deutschen Rechts 1915, Seite 675 (699); Dillner, Das gesetzliche Erbrecht des Fiskus nach geltendem Reichsrechte, Seite 21; Pfützner, Der Fiskus als gesetzlicher Erbe, Seite 24; Vogt, Das gesetzliche Erbrecht des Fiskus, Seite 17.
[226] Weißler, Das deutsche Nachlaßverfahren, Seite 247.
[227] Thöl, Das Erbrecht der an Stelle des Fiskus nach Landesrecht erbberechtigten juristischen Personen, Seite 33.
[228] Planck, Erbrecht, §§ 1964/1965, Erläuterung 2.
[229] Protokolle V, Seite 670.
[230] Ramfeld, Das gesetzliche Erbrecht des Fiskus nach geltendem Reichsrechte, Seite 17.

zes nicht geboten.[231]

3. Der Feststellungsbeschluß

Beachtlich ist auch, daß durch die Feststellung des Fiskalerbrechts nur eine gesetzliche Vermutung für das Erbrecht des Staates geschaffen wird, welche vom wahren Erben bis zum Ablauf der Verjährung nach § 195 BGB, also innerhalb von dreißig Jahren, auf dem Klagewege gemäß § 292 ZPO widerlegt werden kann.[232] Der Feststellungsbeschluß führt also nicht zu einem Ausschluß der nicht ermittelten Erben, wie dies normalerweise beim Aufgebotsverfahren üblich ist, sondern das staatliche Erbrecht stellt nur ein Provisorium dar.[233] Da die ausgesprochene Vermutung also keine praesumtio iuris et de iure bedeutet, ist der Gegenbeweis jederzeit bis zum Ablauf der Verjährungsfrist möglich.[234] Auch diese Eigenart des Fiskalerbrechts läßt die Bedeutung des Abwartens geringer erscheinen, da der entstehende Rechtsnachteil jedenfalls nicht unverhältnismäßig groß wird.

Die Feststellung eröffnet nur die Möglichkeit für den Fiskus, über den Nachlaß zu verfügen und die Möglichkeit für die Nachlaßgläubiger, den Fiskus hinsichtlich der Schulden des Erblassers in Anspruch zu nehmen. Der Fiskus ist also wie jede andere natürliche Person auch im Zeitpunkt des Erbfalls bereits Erbe. Die Geltendmachung von mit dem Nachlaß zusammenhängenden Ansprüchen ist aber mit der Feststellung des Fiskalerbrechts aufschiebend bedingt.[235] Wirksam ist der Beschluß, sobald er dem erbenden Fiskus zugestellt wird.[236]

a) Inhalt des Beschlusses

Der Feststellungsbeschluß muß den in Betracht kommenden Fiskus nennen. Ferner muß er der entsprechenden Behörde und den vorhandenen Erbprätendenten gemäß § 16 FGG bekanntgemacht werden. Gegen den Beschluß steht das Rechtsmittel der Beschwerde und der weiteren Beschwerde zur Verfügung. Auch der Fiskus hat gemäß § 20 FGG das Recht der Beschwerde, da ihm durch den Feststellungsbeschluß erhebliche Pflichten auferlegt werden.[237]

Obwohl gesetzlich im Bereich der freiwilligen Gerichtsbarkeit gemäß § 25 FGG nur die Beschlüsse des Beschwerdegerichts zu begründen sind, waren einige

---

231 Dillner, Das gesetzliche Erbrecht des Fiskus nach geltendem Reichsrechte, Seite 18.

232 Dillner, Das gesetzliche Erbrecht des Fiskus nach geltendem Reichsrechte, Seite 28; Pfützner, Der Fiskus als gesetzlicher Erbe, Seite 26.

233 Motive V, Seite 555; von Lübtow, Erbrecht, Seite 91.

234 Mayer, Das Erbrecht des Fiskus, Seite 48.

235 Dillner, Das gesetzliche Erbrecht des Fiskus nach geltendem Reichsrechte, Seite 28.

236 Mayer, Das Erbrecht des Fiskus, Seite 47.

237 Mayer, Das Erbrecht des Fiskus, Seite 48; KG vom 05.10.1903 in: Warneyers Jahrbuch der Entscheidungen, Jahrgang 3, § 1964; BayObLG vom 29.09.1904 in Warneyers Jahrbuch der Entscheidungen, Jahrgang 3, § 20 FGG, C, 6.

Autoren der Auffassung, daß es im Falle der Feststellung des Fiskalerbrechts wegen der weitreichenden Folgen zweckmäßig wäre, den Beschluß gesondert zu begründen.[238] Möglicherweise können so auch Erbprätendenten von unnützen Prozessen abgehalten werden.[239] Jeder, der ein berechtigtes Interesse daran glaubhaft macht, kann die Einsicht in die Ermittlungsakten gemäß § 78 FGG verlangen. Die Veröffentlichung des Beschlusses in öffentlichen Blättern ist hingegen unnötig.[240]

b) Wirkung des Beschlusses

Der Feststellungsbeschluß und damit die Vermutung des Fiskalerbrechts reicht aber nicht so weit, daß auch der rechtsgeschäftliche Verkehr allein durch den Feststellungsbeschluß schon auf das Erbrecht vertrauen könnte. Diese Eigenart des Feststellungsbeschlusses war schon beim Entwurf des BGB umstritten.

§ 2067 Abs. 4 des ersten Entwurfs enthielt noch ein Recht des Fiskus, auf Antrag einen Erbschein erteilt zu bekommen. In der zweiten Lesung lag ein Antrag vor, daß diesbezüglich in § 2234 a ausdrücklich eine Gleichstellung von Erbschein und Feststellungsbeschluß erfolgen sollte.

Die zweite Kommission lehnte eine solche Gleichstellung dann aber mit der Begründung ab, eine Sonderbestimmung sei für den Fiskus hier nicht angebracht.[241] Daß im BGB eine Bestimmung fehlt, welche diese Problematik regelt, läßt darauf schließen, daß das Nachlaßgericht beim Fiskus genauso wie bei jedem anderen Erben gemäß § 2358 BGB das Erbrecht zu prüfen hat.[242] Dementsprechend ist auch für den Fiskus die Erteilung eines Erbscheins beispielsweise für den Fall erforderlich, daß Grundstücke auf den Fiskus im Grundbuch umgeschrieben werden sollen. Auch der gutgläubige Erwerb der Erbschaft ist erst nach der Erteilung des Erbscheins möglich. Diese gesetzliche Regelung war auch in der Literatur in der Folgezeit umstritten, da die Beantragung eines Erbscheins nach dem förmlichen Feststellungsverfahren bezüglich des Erbrechts des Staates als unnütze Förmelei erscheinen mußte.[243] Mehrere folgende Gesetzentwürfe enthielten dann auch hinsichtlich der Regelung in § 1964 Abs. 2 den Satz: „Der Feststellungsbeschluß gilt als Erbschein".[244] Dies ist allerdings nie

---

[238] Hörle, Das Recht 1904, Seite 369 (375); Dillner, Das gesetzliche Erbrecht des Fiskus nach geltendem Reichsrechte, Seite 27; Ramfeld, Das gesetzliche Erbrecht des Fiskus nach geltendem Reichsrechte, Seite 19.

[239] Rentner, Beiträge zur Erläuterung des Deutschen Rechts 1915, Seite 675 (704).

[240] Rentner, Beiträge zur Erläuterung des Deutschen Rechts 1915, Seite 675 (705).

[241] Protokolle VI, Seite 358.

[242] Dillner, Das gesetzliche Erbrecht des Fiskus nach geltendem Reichsrechte, Seite 30; KG vom 16.03.1908, DJZ 1908, Seite 764 (764).

[243] Rentner, Beiträge zur Erläuterung des Deutschen Rechts 1915, Seite 675 (737).

[244] So in den Entwürfen von 1908 und 1913 und bei Rentner, Beiträge zur Erläuterung des Deutschen Rechts 1915, Seite 675 (737).

Gesetz geworden.
Für die Erteilung des Erbscheins kann aber dennoch Bezug auf den Feststellungsbeschluß genommen werden. Anders wäre auch die Voraussetzung für die Erteilung des Erbscheins, den Wegfall der den Fiskus ausschließenden Personen nachzuweisen, streng genommen nie zu erbringen.[245] Allerdings sind im Erbscheinsverfahren alle Erbprätendenten zu berücksichtigen, auch wenn sie ihr Erbrecht erst nach den für die Anmeldung nötigen Fristen angemeldet haben.
Die direkte Folge der Feststellung ist gemäß § 1966 BGB, daß der Fiskus aktiv und passiv prozeßführungsbefugt wird. Der § 1966 BGB ist dabei dem § 1958 BGB insoweit nachgebildet, als daß bei § 1966 BGB die Feststellung die Annahme der Erbschaft ersetzt.[246]

c) Unterlassen der Feststellung bei Überschuldung
Von Planck und Hörle wurde vertreten, daß der Feststellungsbeschluß bei einer überschuldeten Erbschaft völlig unterbleiben könne.[247] Auch Sinning und Dernburg gingen davon aus, daß das Gesetz nicht etwas „völlig zweckloses" gewollt haben könne.[248]
Zunächst seien die wahren Erben durch den Feststellungsbeschluß nicht vor einer Inanspruchnahme durch die Nachlaßgläubiger sicher, da die Vermutung des § 1964 Abs. 2 BGB auch durch diese widerlegt werden könne.[249] Der Fiskus selbst habe an überschuldeten Nachlässen auch kein Interesse, da diese ihm keinen Nutzen brächten und zudem der „Vermehrung des Schreibwerks"[250] dienten. Die Nachlaßgläubiger erhielten schließlich genügend Schutz im Wege der Bestellung eines Nachlaßpflegers und über die Beantragung des Nachlaßkonkurses.[251]
Sinning schlug deshalb vor, den Wortlaut des § 1964 BGB „...wird der Erbe nicht...ermittelt, so hat das Nachlaßgericht festzustellen..." im Zusammenhang mit § 1960 BGB zu betrachten. Die hier vorhandenen Sicherungsmaßnahmen stünden im engen Zusammenhang mit der Ermittlungstätigkeit nach den wahren Erben. Beachtlich ist aber, daß die Sicherungsmaßnahmen nur dann getroffen werden müßten, wenn dazu „ein Bedürfnis besteht".
Richtig ist, daß schon der § 2067 des ersten Entwurfs, in welchem die Bestimmungen der §§ 1964, 1965 BGB zusammengefaßt waren, innerhalb des vierten

---

[245] Ramfeld, Das gesetzliche Erbrecht des Fiskus nach geltendem Reichsrechte, Seite 22.
[246] Dillner, Das gesetzliche Erbrecht des Fiskus nach geltendem Reichsrechte, Seite 29; Planck, Erbrecht, § 1958, Erläuterung 2.
[247] Planck, Erbrecht, §§ 1964/1965, Erläuterung 2; Hörle, Das Recht 1904, Seite 369 (374).
[248] Dernburg, Das bürgerliche Recht des Deutschen Reichs und Preußens, Seite 55; Sinning, Der Fiskus als gesetzlicher Erbe, Seite 19.
[249] Sinning, Der Fiskus als gesetzlicher Erbe, Seite 17.
[250] Dernburg, Das bürgerliche Recht des Deutschen Reichs und Preußens, Seite 55.
[251] Dernburg, Das bürgerliche Recht des Deutschen Reichs und Preußens, Seite 53.

Titels des sechsten Abschnitts zu finden war, in welchem nur die Fürsorge des Nachlaßgerichts geregelt werden sollte.[252] Auch die Motive würden den engen Zusammenhang zwischen Nachlaßsicherung und möglicherweise anschließendem Staatserbrecht hervorheben.[253] Finde aber die Nachlaßsicherung nur statt, wenn dazu gemäß § 1960 Abs. 1 BGB ein Bedürfnis bestehe, dann müsse ein gleiches für die Feststellung des Fiskalerbrechts gelten.[254] Diese Auslegung des § 1964 Abs. 1 BGB erfolgt aber gegen den Wortlaut. Zudem spricht auch die historische Entwicklung des Erbrechts des Staates gegen eine solche Auslegung, da ein erbloser Nachlaß durch die Normierung des Staatserbrechts wie oben beschrieben gerade verhindert werden sollte. Romberg stellte klar, daß die Ansicht Planck´s zwar aus wirtschaftlichen Gründen gut verständlich sei, dieses aber nichts an der Tatsache ändere, daß das Nachlaßgericht einen Erben festzustellen habe, was rechtlich nichts mit dem Vorhandensein der Erbmasse zu tun habe.[255] Letztlich stellten gerade die Protokolle klar, daß dem Fiskus die Ausschlagungsmöglichkeit unter anderem deshalb entzogen wurde, weil es nicht angehen könne, daß sich der Fiskus seiner Verantwortung für den Nachlaß im Falle der Überschuldung durch die Ausschlagung entziehe und im Falle des Überschusses von den Vorteilen seiner Stellung als gesetzlicher Erbe profitiere.[256] Wenn aber im Falle der Überschuldung schon die Feststellung nicht erfolgen würde, wäre ein eben solches erreicht.[257]

Deshalb wurde den Ausführungen Plancks und Sinnings von der h.M. nicht gefolgt[258], da diese offensichtlich die Berechtigung des Fiskalerbrechts hinsichtlich des Gläubigerschutzes an sich in Frage stellten.[259]

Auch Rentners Vorschlag für die Gerichtspraxis, bei einem zu betreuenden Nachlaß die Aufforderung zur Anmeldung von Erbrechten gänzlich zu unterlassen und damit wegen des Fehlens des formellen Teils des Verfahrens auf einen Feststellungsbeschluß verzichten zu können, entspricht nicht der in den Protokollen geforderten Verantwortung für den Nachlaß.[260]

Schließlich entschied auch das Kammergericht am 02.08.1904[261], daß die Über-

---

[252] Sinning, Der Fiskus als gesetzlicher Erbe, Seite 22.

[253] Motive V, Seite 556.

[254] Sinning, Der Fiskus als gesetzlicher Erbe, Seite 23.

[255] Romberg, DJZ 1909, 1143 (1144).

[256] Protokolle V, Seite 489.

[257] Küntzel, Beiträge zur Erläuterung des Deutschen Rechts 1897, Seite 583 (585).

[258] KG vom 02.08.1904 in: Warneyers Jahrbuch der Entscheidungen, Jahrgang 3, § 1964; Leonhard, BGB, § 1964, III; Romberg, DJZ 1909, Seite 1143 (1144); Voigt, Das gesetzliche Erbrecht des Fiskus, Seite 38; Staudinger/Wolfgang Marotzke, 13. Auflage, § 1964, Rdnr. 3.

[259] Rentner, Beiträge zur Erläuterung des Deutschen Rechts 1915, Seite 675 (698).

[260] Rentner, Beiträge zur Erläuterung des Deutschen Rechts 1915, Seite 675 (698).

[261] KG vom 02.08.1904 in: Warneyers Jahrbuch der Entscheidungen, Jahrgang 3, § 1964.

schuldung des Nachlasses keinesfalls dazu führen würde, daß die Feststellung unterbleiben könne. Begründet wurde dieses folgendermaßen: „Die Ansicht, daß die Ermittlungen der Erben und die Feststellung des fiskalischen Erbrechts unterbleiben dürfe, wenn kein Bedürfnis dazu bestehe, insbesondere, wenn der Nachlaß überschuldet sei, ist mit dem bestehenden Rechtszustande nicht vereinbar. Das Nachlaßgericht hat für die Ermittlung der Erben in einer den Umständen entsprechenden Frist zu sorgen, und ist, falls die Ermittlung der Erben nicht gelingt, verpflichtet, festzustellen, daß ein anderer Erbe als der Fiskus nicht vorhanden ist (§ 1964 BGB). Diese Feststellung erfolgt im Interesse aller Beteiligten, nicht nur des Fiskus allein, und dem Fiskus ist deshalb die Befugnis versagt, sich den aus seiner Stellung als Erbe erfolgenden Verpflichtungen zu entziehen, wennschon sich für die den Fiskus eintretende Behörde Weiterungen und Unbequemlichkeiten ergeben mögen."
Romberg schlug als praktische Lösung dieses Problems vor, daß die Nachlaßrichter den nächsten Verwandten, bevor diese die überschuldete Erbschaft ausschlagen, ein Zeugnis darüber erteilen sollten, daß die Nachlaßverwaltung mangels Maße nicht tunlich sei. Mit diesem Zeugnis würde sich die Ausschlagung durch die weiteren ermittelbaren und gemäß § 1953 Abs. 3 BGB zu benachrichtigenden Verwandten des Erblassers erübrigen und die Erben könnten sich des Zugriffs der Nachlaßgläubiger erwehren.[262] Bewährt hat sich dieses Vorgehen in der Folgezeit wohl nicht, weil den Erben so immer noch die Verwaltung des überschuldeten Nachlasses oblag und sie auf der anderen Seite keinen direkten Nutzen aus diesem hatten. Die Ausschlagung durch alle ermittelbaren Erben und das infolgedessen eintretende Erbrecht des Fiskus muß also nach wie vor als bequemerer Weg gelten.

4. Auswirkungen von Klageverfahren

Es ist den Erbprätendenten unbenommen, ihre Ansprüche sofort im Wege der streitigen Gerichtsbarkeit vorzubringen und nicht zunächst ihr Erbrecht beim Nachlaßgericht anzumelden.

a) Auswirkung auf das Feststellungsverfahren

Falls die Klageeinreichung nachgewiesen wird, ist das Nachlaßgericht zunächst durch § 1965 Abs. 2, S. 1 BGB daran gehindert, das Erbrecht des Fiskus festzustellen. Auch eine Feststellung unter Vorbehalt, wie sie im preußischen ALR möglich war, eröffnet das BGB dem Nachlaßgericht nicht.[263] Nicht gesetzlich geregelt ist allerdings, welche Auswirkungen ein Urteil in einem Verfahren zwischen Fiskus und Erbprätendenten auf das Vorgehen des Nachlaßgerichts hat.

---

[262] Romberg, DJZ 1909, Seite 1143 (1144).

[263] Mayer, Das Erbrecht des Fiskus, Seite 46; Motive V, Seite 556; Sinning, Der Fiskus als gesetzlicher Erbe, Seite 27.

aa) Klagemöglichkeit

Die Möglichkeit zur Klageerhebung muß sowohl dem Fiskus als auch den Erbprätendenten eröffnet sein. Für die Erbbewerber ergibt sich das Interesse an einer Klage grundsätzlich schon aus wirtschaftlichen Beweggründen. Die Klage muß sich aber in jedem Fall gegen den Fiskus selbst und nicht etwa gegen einen möglicherweise bestellten Verwalter richten, denn dieser ist, „da er der Vertreter des wahren Erben ist, nicht sachlich legitimiert“.[264] Auch dem Fiskus muß aber der Klageweg offenstehen, um sein Erbrecht nachzuweisen, wenn es zu einer Ablehnung der Feststellung des Fiskalerbrechts durch das Nachlaßgericht gekommen ist.[265]

Dillner erläuterte sogar an vielfältigen Beispielen, daß Urteile gegen alle Erbprätendenten die Feststellung des Fiskalerbrechts ersetzen müßten, obwohl die Urteile nur inter partes wirken. Denn wenn alle Erbprätendenten auf dem Klagewege unterlegen wären, könnte eine Feststellung nur noch zugunsten des Fiskus erfolgen.[266] Demnach erscheine es teilweise auch für den Fiskus sinnvoller, sofort die negative Feststellungsklage im Wege einer Klage zu erheben, anstatt Rechtsmittel im Rahmen der freiwilligen Gerichtsbarkeit einzulegen.[267] Falls sich während der Ermittlungstätigkeit des Nachlaßgerichts zeigt, daß für die Feststellung des Erbrechts umfangreiche Beweisaufnahmen nötig sind, die nicht in den Rahmen und zu den Formen der nicht streitigen Gerichtsbarkeit passen und eine eigene Ermessensentscheidung des Nachlaßgerichts wegen der unklaren Verhältnisse nicht angebracht erscheint, kann der Erbprätendent auch gleich auf den ordentlichen Rechtsweg verwiesen werden.[268]

Letztlich ist festzustellen, daß es dem Fiskus auch erlaubt sein muß, gegen die Feststellung seines eigenen Erbrechts zu klagen, da ihm mit der Feststellung nicht nur Rechte, sondern auch Pflichten zukommen. Gerade im Falle einer überschuldeten Erbschaft muß es dem Fiskus deshalb auch auf dem Klageweg erlaubt sein, die Feststellung seines Erbrechts zu verhindern.[269] Der Fiskus kann allerdings mit Erfolg die Feststellung seines Erbrechts verhindern, wenn er dem Nachlaßgericht gegenüber das Erbrecht des Erbprätendenten anerkennt. Auch wenn das Nachlaßgericht vom Nichtbestehen des Erbrechts des Erbprätendenten überzeugt ist, wird es in diesem Fall in der Regel die Herausgabe des Nachlasses an den Kläger anordnen, da eine Verweisung des Erbanwärters auf den Klageweg zwecklos sein dürfte. Zwar steht die Entscheidung des Nachlaßgerichts

[264] Motive V, Seite 556; Voigt, Das gesetzliche Erbrecht des Fiskus, Seite 40.

[265] Planck, Erbrecht, §§ 1964, 1965, Erläuterung 5.

[266] Dillner, Das gesetzliche Erbrecht des Fiskus nach geltendem Reichsrechte, Seite 22/23.

[267] Pfützner, Der Fiskus als gesetzlicher Erbe, Seite 24; Dillner, Das gesetzliche Erbrecht des Fiskus nach geltendem Reichsrechte, Seite 23.

[268] Sinning, Der Fiskus als gesetzlicher Erbe, Seite 27; Hörle, Das Recht 1904, Seite 369 (374).

[269] KG vom 05.10.1903, Das Recht 1904, Seite 85.

weiter im Ermessen des Nachlaßrichters, im Prozeß müßte das Gericht gemäß § 307 ZPO aber aufgrund des Anerkenntnisses des Fiskus zugunsten des Erbprätendenten entscheiden.[270]

bb) Feststellungsklage

Die von den Parteien regelmäßig zu erhebende Klage ist die Feststellungsklage gemäß § 256 ZPO, und zwar mit dem Antrag festzustellen, daß das Erbrecht mit dem vorgetragenen Inhalt besteht.[271]

Nur in dem Fall, in dem schon vor der Feststellung Besitz an der Erbschaft aufgrund eines vermeintlich bestehenden Erbrechts ergriffen wurde, kommt eine Herausgabeklage nach § 2018 BGB in Betracht. Nach der Feststellung kann die Erbschaftsklage in jedem Fall gegen den Fiskus erhoben werden, da dieser dann passivlegitimiert ist.[272] Der Fiskus kann diese Klage aber erst nach der Feststellung des Fiskalerbrechts erheben, da er vorher nicht aktivlegitimiert ist.[273]

Bei der Feststellungsklage ergibt sich das Feststellungsinteresse ohne weiteres aus § 1965 Abs. 2 BGB, ohne daß ein Bestreiten des Erbrechts durch die eine oder andere Seite nötig erscheint.[274] Der Fiskus wird deshalb auch als „legitimus contradictor“ bezeichnet.[275] Für die Begründung muß der Kläger zum einen seine verwandtschaftlichen Beziehungen zum Erblasser nachweisen und zum anderen den Beweis erbringen, daß die vorhergehenden Ordnungen weggefallen sind.[276] Dieses mag allerdings, wie oben beschrieben, besonders dann schwerfallen, wenn ein entfernterer Verwandter keine genauen Kenntnisse über die nähere Familie des Erblassers hat. Sollte der Fiskus die Erbschaft daraufhin wieder herausgeben müssen, so haftet der Erbe nicht für die Verfahrenskosten.[277]

b) Auswirkungen auf das Erbscheinsverfahren

Der Rechtsstreit zwischen Fiskus und Erbprätendent unterliegt dem Parteibetrieb und ein Urteil schafft nur zwischen den Parteien Recht.[278] Streng formal gesehen ist das Nachlaßgericht also nicht an das Urteil gebunden und könnte nach eigenen Ermittlungen zu einem divergierenden Ergebnis kommen. Allerdings müß-

---

[270] Hörle, Das Recht 1904, Seite 369 (374); Planck, Erbrecht, §§ 1964/1965, Erläuterung 5.

[271] Pfützner, Der Fiskus als gesetzlicher Erbe, Seite 23; Dillner, Das gesetzliche Erbrecht des Fiskus nach geltendem Reichsrechte, Seite 24.

[272] Voigt, Das gesetzliche Erbrecht des Fiskus, Seite 42.

[273] Motive V, Seite 380; Hörle, Das Recht 1904, Seite 369 (374).

[274] Dillner, Das gesetzliche Erbrecht des Fiskus nach geltendem Reichsrechte, Seite 24.

[275] Dillner, Das gesetzliche Erbrecht des Fiskus nach geltendem Reichsrechte, aaO.

[276] Rentner, Beiträge zur Erläuterung des Deutschen Rechts 1915, Seite 675 (707); Staudinger/Wolfgang Marotzke, 13. Auflage, § 1964, Rdnr. 10.

[277] KG, FamRZ 1997, Seite 969 (969).

[278] Thöl, Das Erbrecht der an Stelle des Fiskus nach Landesrecht erbberechtigten juristischen Personen, Seite 37.

ten sich dann wohl beide Gerichte auf die gleichen Beweismittel stützen, welche zumeist auch wenig rechtlichen Bewertungsspielraum eröffnen dürften. Zudem erklärten schon die Motive, daß das Nachlaßgericht sich in der Regel dem Gewicht des Urteils oder eines im Prozeß erfolgten Anerkenntnisses nicht zu entziehen vermag.[279] Dieses muß sowohl für das Feststellungsverfahren als solches als auch für das Erbscheinsverfahren gelten.

Grundsätzlich ist aber die Erteilung eines Erbscheins während eines laufenden Verfahrens nicht ausgeschlossen.[280] Zwar enthielt der erste Entwurf eine Vorschrift, welche die Erteilung eines Erbscheins während der Dauer des Rechtsstreits ausschloß, da die Ordnung der Verhältnisse in der Zwischenzeit nicht durch das Nachlaßgericht, sondern erforderlichenfalls durch das Prozeßgericht mittels einer einstweiligen Anordnung hergestellt werden sollte. Die zweite Kommission sah in einer solchen Vorschrift aber eine Einladung, die Rechte des wahren Erben böswillig zu bestreiten.[281]

Planck wollte das Nachlaßgericht dann völlig unabhängig von der Prozeßgerichtsentscheidung über die Erteilung des Erbscheins entscheiden lassen.[282] Dernburg hingegen bezeichnete es als nur theoretisch möglich, daß Nachlaßgericht und Prozeßgericht zu unterschiedlichen Entscheidungen kommen könnten. Praktisch wird es schwerlich vorkommen, daß das Nachlaßgericht einem im Prozeß abgewiesenen Erbprätendenten einen Erbschein erteilt.[283] Einige Autoren hielten es jedoch nach wie vor für angebracht, den Ermessensspielraum bei den Ermittlungen des Nachlaßgerichts aufrechtzuerhalten und dem Nachlaßrichter dementsprechend beispielsweise bei einer mangelhaften Prozeßführung, einem voreiligen Anerkenntnis oder einer Verschleppung des Prozesses das Recht zu geben, den Feststellungsbeschluß schon vor dem Urteil zu fällen.[284] Allerdings sollte im Fall der Prozeßverschleppung von Seiten des Gerichts dem Erbanwärter eine Frist gesetzt werden, mit der Androhung, bei fruchtlosem Verstreichen die Feststellung vorzunehmen.[285]

Letztlich ist die Klage auf Feststellung der eigenen Erbberechtigung gegen den Fiskus auch nach ergangenem Feststellungsbeschluß möglich und nötig. Oftmals wird die Feststellungsklage auch das effektivere Mittel gegenüber Beschwerde und weiterer Beschwerde sein, da bei anhängiger Klage zumindest ein Erbschein für den Fiskus schwieriger zu beantragen sein wird.

---

[279] Motive V, Seite 556.

[280] Dernburg, Das bürgerliche Recht Band 5, Seite 450.

[281] Motive V, Seite 556.

[282] Planck, Erbrecht, § 2360, Erläuterung 1.

[283] Dernburg, Das bürgerliche Recht, Band 5, Seite 451.

[284] Ramfeld, Das gesetzliche Erbrecht des Fiskus nach geltendem Reichsrechte, Seite 24.

[285] Mayer, Das Erbrecht des Fiskus, Seite 46; Dillner, Das gesetzliche Erbrecht des Fiskus nach geltendem Reichsrechte, Seite 24.

5. § 1965 Abs. 2, S. 2 BGB

Die Dreimonatsfrist bei unterbliebener öffentlicher Aufforderung beginnt gemäß § 1965 Abs. 2, S. 2 BGB mit der gerichtlichen Aufforderung, das Erbrecht nachzuweisen. Da eine öffentliche Aufforderung in diesem Fall gerade unterblieben ist, kann also nur eine Einzelaufforderung an einen Erbprätendenten gemeint sein.[286] Die Art der Aufforderung steht dabei im Ermessen des Gerichts, wobei die Kostenersparnis im Vordergrund stehen sollte, da wegen unverhältnismäßig großer Kosten schon die öffentliche Aufforderung zu unterbleiben hätte.[287] Da es sich bei der Aufforderung um eine Amtshandlung handelt, welche eine Frist in Gang setzt, muß die Zustellung gemäß § 16 Abs. 2 FGG allerdings von Amts wegen erfolgen. Bei Anwesenden kann gemäß § 16 Abs. 3 FGG die Aufforderung zu Protokoll bekanntgemacht werden. Da somit kein einheitlicher Fristbeginn wie im Falle der öffentlichen Aufforderung gewährleistet ist, müßte bei mehreren Erbprätendenten der fruchtlose Ablauf aller Fristen abgewartet werden, bevor eine Feststellung gemäß § 1965 BGB möglich ist.[288]

Falls eine öffentliche Aufforderung nicht ergangen ist und auch die Ermittlungstätigkeit des Nachlaßgerichts nicht erfolgreich war, stellt sich die Frage, wann die Feststellung des Fiskalerbrechts getroffen werden kann.

Überwiegend wurde hierzu in der Literatur vertreten, daß die Dreimonatsfrist abzuwarten sei, welche von dem Zeitpunkt an zu laufen beginnt, ab welchem das Nachlaßgericht die letzte auf die Ermittlung des Erben gerichtete Amtshandlung vorgenommen hat.[289]

Dieses könnte dazu führen, daß sich kurz vor Ablauf der Dreimonatsfrist ein Erbprätendent meldet, dem eine Nachweisfrist von weiteren drei Monaten einzuräumen wäre.[290] Deshalb war Weißler der Meinung, der Feststellungszeitpunkt liege bei dieser Fallkonstellation allein im Ermessen des Nachlaßgerichts.[291]

Die bereits oben beschriebene Entscheidung des Kammergerichts aus dem Jahr 1908 eröffnete für die Nachlaßgerichte allerdings die Möglichkeit, sofort nach der letzten Ermittlungstätigkeit in Bezug auf die Erben die Feststellung des Erb-

---

[286] Dillner, Das gesetzliche Erbrecht des Fiskus nach geltendem Reichsrechte, Seite 26.

[287] Voigt, Das gesetzliche Erbrecht des Fiskus, Seite 41.

[288] Dillner, Das gesetzliche Erbrecht des Fiskus nach geltendem Reichsrechte, Seite 26.

[289] Dillner, Das gesetzliche Erbrecht des Fiskus nach geltendem Reichsrechte, Seite 26; Pfützner, Der Fiskus als gesetzlicher Erbe, Seite 25; Vogt, Das gesetzliche Erbrecht des Fiskus, Seite 18; Planck, Erbrecht, §§ 1964/1965, Erläuterung 4; Hörle, Das Recht 1904, 369 (374); Mayer, Das Erbrecht des Fiskus, Seite 47; Mayer, Juristenwelt 1907, Seite 137 (139);Dernburg, Das bürgerliche Recht Band 5, Seite 54.

[290] Rentner, Beiträge zur Erläuterung des Deutschen Rechts 1915, Seite 675 (687).

[291] Weißler, Das deutsche Nachlaßverfahren, Seite 245.

rechts des Fiskus zu treffen.[292]

6. Widerlegung der Vermutung

Falls die Vermutung des Erbrechts des Fiskus nach erfolgtem Feststellungsbeschluß widerlegt wird, steht damit fest, daß der Fiskus nie Erbe geworden ist. Der Feststellungsbeschluß hatte nie konstitutive Wirkung hinsichtlich der Erbeneigenschaft des Fiskus, sondern immer nur in Bezug auf die Aktiv- und Passivlegitimation.[293]

Der Anfall der Erbschaft ist somit gemäß §§ 2018 ff BGB rückabzuwickeln. Der Fiskus ist allerdings stets ein gutgläubiger Erbschaftsbesitzer und kann demnach Ersatz seiner Aufwendungen verlangen, falls bereits Nachlaßverbindlichkeiten berichtigt worden sind.[294]

III. Der Berechtigte

Zur Erbschaft berufen war der Fiskus des Bundesstaates, dem der Erblassers zur Zeit seines Todes angehört hat.[295] Diese Rechtsfolge ist auch heute noch aus der Fassung des § 1936 BGB ersichtlich. Im Falle der Todeserklärung mußte das Urteil gemäß § 14 BGB a.F. i.V.m. 970 Abs. 2 a.F. ZPO auch die Staatsangehörigkeit des Erblassers enthalten.[296]

1. Staatsangehörigkeit des Erblassers

Da beim Inkrafttreten des BGB noch unterschiedliche Länderstaatsangehörigkeiten der Bürger gegeben waren und gemäß § 1936 BGB grundsätzlich nur der Landesfiskus gesetzlicher Erbe wurde, mußte demnach beim Tod des Erblassers zunächst dessen Staatsangehörigkeit geprüft werden. Der Wohnsitz und der Aufenthaltsort waren nur subsidiär zu beachten.[297] Die Staatsangehörigkeit bestimmte sich nach dem Reichs- und Staatsangehörigkeitsgesetz vom 01.06.1870 und vom 22.07.1913.

§ 3 des Gesetzes vom 22.07.1913 bestimmte, daß die Landeszugehörigkeit durch Geburt, Legitimation, Eheschließung, Aufnahme und Einbürgerung erworben werden konnte und grundsätzlich durch Erwerb einer ausländischen Staatsangehörigkeit, Nichterfüllung der Wehrpflicht, Ausspruch der Behörde

---

[292] KG vom 30.03.1908 in: Warneyers Jahrbuch der Entscheidungen, Jahrgang 7, § 1965; dieser Meinung war auch Rentner, Beiträge zur Erläuterung des Deutschen Rechts 1915, Seite 675 (687).

[293] Mayer, Das Erbrecht des Fiskus, Seite 47.

[294] Vogt, Das gesetzliche Erbrecht des Fiskus, Seite 19; Dillner, Das gesetzliche Erbrecht des Fiskus nach geltendem Reichsrechte, Seite 42.

[295] Stenographische Berichte über die Verhandlungen des Reichstags, 9. Legislaturperiode, Anlageband 1 1895/97, Aktenstück 87, Seite 721.

[296] Ramfeld, Das gesetzliche Erbrecht des Fiskus nach geltendem Reichsrechte, Seite 40.

[297] Mayer, Das Erbrecht des Fiskus, Seite 67.

oder Eheschließung mit einem Ausländer wieder verloren gehen konnte.[298] Falls es auf die Staatsangehörigkeit der Vorfahren ankam und sich auch diese nicht zweifelsfrei feststellen ließ, ging man bei Fehlen entgegenstehender Umstände davon aus, daß der Vorfahre die Staatsangehörigkeit seines Wohnsitzstaates hatte.[299] Vorfahren waren zwar im Gesetz nicht neu definiert worden, dennoch galten die Abstammungsprinzipien des Familienrechts nicht uneingeschränkt. Grundsätzlich galt zwar, daß diejenigen Personen, von denen der Erblasser abstammte, auch dessen Vorfahren waren. Allerdings zählten die Adoptiveltern des Erblassers nicht, der nichteheliche Vater und dessen Verwandte aber sehr wohl zu seinen Vorfahren. Hier gab es Unterschiede zum BGB[300], da die Familienbindung, die Grund für die Normierung innerhalb des BGB war[301], für die bloße Zuständigkeitsregelung des Reichs- und Staatsangehörigkeitsgesetzes keine Rolle spielte.[302] Sollte es auf die Vorfahren ankommen, entschied die Staatsangehörigkeit des nach dem Parentelsystem des BGB nächsten Vorfahren. Gleichnahe Vorfahren mit unterschiedlichen Staatsangehörigkeiten führten zur Miterbenstellung der verschiedenen Länderfiski.

a) Angehörige mehrerer Länderstaaten

Es war auch möglich, Staatsangehöriger mehrerer Länder gleichzeitig zu sein, beispielsweise gemäß § 7 des Reichs- und Staatsangehörigkeitsgesetzes durch Aufnahme oder durch Anstellung im Staatsdienst, den Dienst in einer Gemeinde oder den Dienst in einer anerkannten Religionsgemeinschaft eines Landes.[303] Durch Geburt, Legitimation oder Eheschließung war die mehrfache Landeszugehörigkeit möglich, wenn die vermittelnde Person mehrere Landeszugehörigkeiten besaß.[304] Zwischen den verschiedenen Fiski der Bundesstaaten entstand dann ebenfalls eine Erbengemeinschaft, wobei jeder Fiskus gemäß § 1936 Abs. 1, S. 2 BGB zu gleichen Teilen beteiligt war.[305] Beachtlich ist, daß im ersten Entwurf eine solche Vorschrift noch fehlte und erst die 2. Kommission die Miterbenproblematik zu lösen versuchte.[306]

---

298 Voigt, Das gesetzliche Erbrecht des Fiskus, Seite 35.

299 OLG Dresden vom 30.09.1916 in: Warneyers Jahrbuch der Entscheidungen, Jahrgang 16, § 1964.

300 Der außereheliche Vater war gemäß § 1589 Abs. 2 a.F. BGB mit dem Kind nicht verwandt, die Adoptiveltern gemäß § 1757 a.F. BGB aber schon.

301 Motive I, Seite 65.

302 Voigt, Das gesetzliche Erbrecht des Fiskus, Seite 36.

303 Voigt, Das gesetzliche Erbrecht des Fiskus, Seite 36.

304 Voigt, Das gesetzliche Erbrecht des Fiskus, Seite 36; Sinning, Der Fiskus als gesetzlicher Erbe, Seite 30.

305 Eine Bestimmung der Erbteile der Fiski war deshalb nach der Ansicht Rentners im Feststellungsbeschluß nicht nötig: Rentner, Beiträge zur Erläuterung des Deutschen Rechts 1915, Seite 675 (699).

306 Protokolle V, Seite 487.

b) Staatsangehörigkeit in den Schutzgebieten

Mit Inkrafttreten des Reichs- und Staatsangehörigkeitsgesetzes von 1913 und dem Schutzgebietsgesetz vom 10.09.1900 konnte man in Schutzgebieten nach § 9 dieses Gesetzes auch eine Reichsangehörigkeit ohne spezielle Staatszugehörigkeit verliehen bekommen[307], so daß gemäß § 1936 Abs. 2 BGB stets der Reichsfiskus gesetzlicher Erbe wurde. Die Ausländer oder Eingeborenen, welche durch Naturalisation Deutsche wurden, waren demnach Reichsangehörige, ohne eine spezielle Staatsangehörigkeit zu besitzen.[308] Auch Elsaß-Lothringen galt gemäß Artikel 5 EGBGB nach einem Reichsgesetz vom 08.01.1873 als Reichsland. Die Elsaß-Lothringer hatten aber keine Staatsangehörigkeit und konnten nur gemäß Artikel 5 EGBGB von ihrem Landesfiskus beerbt werden.[309]

2. Internationales Privatrecht

Probleme bei der Bestimmung des erbberechtigten Fiskus konnten sich auch ergeben, wenn der Erblasser außer der deutschen auch noch eine ausländische Staatsangehörigkeit besaß oder sich das Vermögen des Erblassers im Ausland befand.[310]

a) Mehrfache Staatsangehörigkeiten

Falls ein Erblasser die deutsche und eine ausländische Staatsangehörigkeit besaß, was z.B. in Betracht kam, wenn ein Deutscher ausgewandert war und trotzdem seine deutsche Staatsangehörigkeit beibehalten hatte, was gemäß § 25 Abs. 2 RuStAG auf Antrag möglich war, gab es keine diesen Fall regelnden Kollisionsnormen. Aus dem Sinn der Artikel 7 – 31 a.F. EGBGB und dem Nationalitätsprinzip schloß die h.M. mit Inkrafttreten des BGB jedoch, daß hier stets die deutsche Staatsangehörigkeit die Oberhand gewinnen sollte und demnach der

---

[307] Beachtlich ist, daß beispielsweise Österreichern, Ungarn, Russen, Türken, Persern und Marokkanern die Naturalisation im Deutschen Reiche nur erteilt wurde, wenn sie vorher die Entlassung aus ihrem Staat nachgewiesen hatten: Hörle, Das Recht 1904, Seite 369 (372).

[308] Hörle, Das Recht 1904, Seite 369 (372).

[309] Dillner, Das gesetzliche Erbrecht des Fiskus nach geltendem Reichsrechte, Seite 10.

[310] Gleiche Probleme stellen sich auch heute noch, nur daß es keine Länderstaatsangehörigkeiten mehr gibt, sondern der Länderfiskus der Niederlassung zur Erbschaft berufen ist.

deutsche Fiskus Erbe sei.[311] Nur Kahn nahm hier „gleich begründetes Recht“ der Staaten oder sogar ein Vorrecht des Domizialstaatsfiskus an.[312]
Mayer ging vermittelnd davon aus, daß bei Kollisionen § 1936 Abs. 1, S. 2 BGB analog heranzuziehen sei, wobei jeder Fiskus dann die Hälfte der Erbschaft erwerben sollte.[313]
Rentner wollte den berechtigten Fiskus nach der stärkeren wirtschaftlichen Beziehung bestimmen, wobei diese meist zum letzten Wohnsitzstaat bestehen würde.[314]
Eine Privilegierung der deutschen Staatsangehörigkeit galt aber grundsätzlich nur, wenn keine Staatsverträge derartiges auf andere Weise regelten.[315] Verfassungsmäßig abgeschlossene Staatsverträge waren demnach nichts anderes als Gesetze.[316]

b) Staatenlose
Jemand, der staatenlos geworden war, wurde gemäß Artikel 29 a.F. EGBGB von dem Staat beerbt, dem er zuletzt angehört hatte.[317] War er von Geburt an staatenlos, entschied zunächst der Wohnsitz und dann der gewöhnliche Aufenthaltsort über den erbenden Fiskus.[318] Gleiches galt, wenn er die deutsche Staatsangehörigkeit verloren, aber keine neue Staatsangehörigkeit erworben hatte.[319]

---

[311] Sinning, Der Fiskus als gesetzlicher Erbe, Seite 31; Endemann, Lehrbuch des bürgerlichen Rechts, 3. Band, Erbrecht, Seite 126; Hupp, Das Erbrecht des Staates, seine Rechtsnatur und seine Verwirklichung in einigen europäischen Rechten, Seite 81; Leonhard, BGB, § 1936, II, B.; Planck, Erbrecht, § 1936, Erläuterung 2; Hörle, Das Recht 1904, Seite 369 (372); Dillner, Das gesetzliche Erbrecht des Fiskus nach geltendem Reichsrechte, Seite 11; Pfützner, Der Fiskus als gesetzlicher Erbe, Seite 17; Ramfeld, Das gesetzliche Erbrecht des Fiskus nach geltendem Reichsrechte, Seite 43; in Frankreich beispielsweise galt der Satz: „Les droits du pays de la naissance priment tous les autres.“: Kahn, Iherings Jahrbücher, Band 30, Seite 1 (63) – gleiche Betonung des Geburtslandes bestand durch eine Konsularinstruktion aus dem Jahr 1881in Nordamerika: „If by the laws of the country of their birth, children of American citizens born in such a country are subjects of its government, the legislation of the Unites States will not be construed so, as to interfere with the allegiance, which they owe to the country of their birth, while they continue within its territory.“
[312] Kahn, Iherings Jahrbücher, Band 30, Seite 1 (65, 66).
[313] Mayer, Das Erbrecht des Fiskus, Seite 69.
[314] Rentner, Beiträge zur Erläuterung des Deutschen Rechts 1915, Seite 675 (680).
[315] Vogt, Das gesetzliche Erbrecht des Fiskus, Seite 14; Sinning, Der Fiskus als gesetzlicher Erbe, Seite 32.
[316] Dillner, Das gesetzliche Erbrecht des Fiskus nach geltendem Reichsrechte, Seite 11.
[317] Hörle, Das Recht 1904, Seite 369 (372).
[318] Leonhard, BGB, § 1936, II., C; Dillner, Das gesetzliche Erbrecht des Fiskus nach geltendem Reichsrechte, Seite 12; Mayer, Das Erbrecht des Fiskus, Seite 70.
[319] Neumeyer, Seufferts Blätter für Rechtsanwendung 1908, Band 73, Seite 157 (158).

c) Deutscher im Ausland verstorben
Ein Deutscher, der seinen letzten Wohnsitz im Ausland gehabt hatte, wird gemäß Artikel 24 Abs. 1 EGBGB a.F. ebenfalls vom deutschen Fiskus beerbt.[320] Problematisch in diesem Zusammenhang konnte nur sein, daß der ausländische Wohnsitzfiskus ebenfalls Ansprüche auf die Erbschaft erheben oder die Herausgabe der Erbschaft schlicht verweigern konnte.[321] Kollisionsnormen waren diesbezüglich nicht vorhanden und selbst nach der Haager Erbrechtskonvention aus dem Jahre 1905 hinsichtlich des Erbrechts des Staates nicht vorgesehen.[322] Als Lösungsmöglichkeit sah man nur die Schaffung von Staatsverträgen[323] oder die Anwendung des Artikel 31 a.F. EGBGB an, welcher dem Reichskanzler unter Zustimmung des Bundesrates die Möglichkeit gab, ausländische Staaten und deren Angehörige mit Vergeltungsmaßnahmen zu belegen, welche auf Grund eines Okkupations- oder Souveränitätsrechts in das deutsche Fiskalerbrecht eingriffen.[324]
Da aber der Anteil von Deutschen im Ausland sicherlich größer war als der Anteil von Ausländern in Deutschland, stellte sowohl das eine als auch das andere keine hinreichende Lösung dar.

d) Ausländer im Deutschen Reich verstorben
Falls ein Ausländer im Deutschen Reich verstorben war, wurde er grundsätzlich nach dem Personalstatut gemäß Artikel 25 a.F. EGBGB von seinem Heimatstaat beerbt.[325] Die Ausländer allerdings, die sich in einem deutschen Schutzgebiet niedergelassen hatten oder denen durch Naturalisation die deutsche Reichsangehörigkeit verliehen worden war, konnten durch den Reichsfiskus beerbt werden, ohne daß Normen des IPR zu Hilfe gezogen werden mußten.[326]
In den anderen Fällen mußte zunächst das Heimatstaatsrecht des verstorbenen Ausländers erforscht werden. Einige Staaten beanspruchten schon nach ihrem

---

[320] Dillner, Das gesetzliche Erbrecht des Fiskus nach geltendem Reichsrechte, Seite 11; Hörle, Das Recht 1904, Seite 369 (372).
[321] Mayer, Das Erbrecht des Fiskus, Seite 68.
[322] Neumeyer, Seufferts Blätter für Rechtsanwendung 1908, Band 73, Seite 157 (161); Artikel 2 dieser Vorschrift lautete: Les biens héréditaires ne sont acquis à l´Etat sur le territoire duquel ils se trouvent que s´il n´y a aucun ayant-droit testamentaire ou, abstraction faite de l´Etat étranger, aucun successible ab intestat d´après la loi du défunt.
[323] Zu den damals vom Deutschen Reich geschlossenen Staatsverträgen siehe Endemann, Lehrbuch des bürgerlichen Rechts, 3. Band, Erbrecht, Seite 125, 126.
[324] Dillner, Das gesetzliche Erbrecht des Fiskus nach geltendem Reichsrechte, Seite 13.
[325] Ramfeld, Das gesetzliche Erbrecht des Fiskus nach geltendem Reichsrechte, Seite 42; Dillner, Das gesetzliche Erbrecht des Fiskus nach geltendem Reichsrechte, Seite 11; Hörle, Das Recht 1904, Seite 369 (372).
[326] Pfützner, Der Fiskus als gesetzlicher Erbe, Seite 19.

Heimatrecht die Nachlässe ihrer Staatsangehörigen.[327] Andere ließen stets das Recht des Domizilstaats entscheiden. Gehörte der Ausländer mehreren fremden Staaten gleichzeitig an, dann war gesetzlich nicht geregelt, nach welchem Recht der deutsche Richter entscheiden sollte. Teilweise wurde dabei auf die durch die Abstammung erworbene Staatsangehörigkeit abgestellt.[328] Andere vertraten die Auffassung, daß stets im Einzelfall zu entscheiden sei, zu welchem Staat die engeren wirtschaftlichen und persönlichen Verhältnisse bestanden haben.[329] Wieder andere hielten den Wohnsitz für entscheidend.[330] Im Ergebnis mußte der Richter eine Einzelfallentscheidung treffen und konnte die einzelnen Kriterien unterschiedlich gewichten.

Insbesondere Hörle trat aber für eine starke Gewichtung der persönlichen und wirtschaftlichen Verhältnisse des Erblassers bei der Beurteilung des entsprechenden Rechts ein, da es „willkürlich und unbillig" wäre, „einem Staate den Vorzug zu geben, wenn der Erblasser mit ihm nur durch die Geburt verbunden ist und zu ihm tatsächlich keine rechtlichen und wirtschaftlichen Beziehungen unterhalten" würde.[331] Nur im Zweifel sollte das Wohnsitz-, oder mangels eines solchen, das Aufenthaltsstaatsrecht Anwendung finden.[332] Ausländer konnten von deutschen Fiski gemäß Artikel 27 a.F. EGBGB nur dann beerbt werden, wenn das grundsätzlich anwendbare ausländische Recht auf das deutsche Recht zurückverwies.[333] Dieses konnte beispielsweise im ausländischen Recht dadurch zum Ausdruck gebracht werden, daß der Domizilstaatsfiskus als erbberechtigt normiert wurde.[334] Ein solches war bei Schweizern, Dänen, Norwegern, Balten und den Angehörigen des angloamerikanischen Rechtskreises sowie einiger südamerikanischer Staaten der Fall.[335] Auch gegenüber Franzosen, Belgiern und Niederländern bestand die Möglichkeit zur Anwendung des deutschen Erbrechts gemäß Artikel 25 S. 2 a.F. EGBGB.[336]

Voigt und Dernburg gingen allerdings davon aus, daß ein Ausländer vom deutschen Fiskus niemals beerbt werden könne, da auch im Falle der Rückverweisung gemäß Artikel 27 a.F. EGBGB der Erblasser nicht vom deutschen, sondern

---

327 So beispielsweise Frankreich, Italien, Österreich, Holland, Spanien, Portugal, Griechenland, Rumänien, Schweden, Belgien und Rußland: Hörle, Das Recht 1904, Seite 369 (373).

328 Von Bar, Das Recht 1909, 377 (377).

329 Hörle, Das Recht 1904, Seite 369 (373).

330 Planck, Erbrecht, Artikel 29 EGBGB, Erläuterung 3.

331 Hörle, Das Recht 1904, Seite 369 (373).

332 Hörle, Das Recht 1904, aaO.

333 Eine solche Rückverweisung war beispielsweise vorhanden in den Gesetzen folgender Staaten: USA, England, Dänemark, Norwegen, Argentinien: Hörle, Das Recht 1904, Seite 369 (373).

334 Pfützner, Der Fiskus als gesetzlicher Erbe, Seite 17.

335 Neumeyer, Seufferts Blätter für Rechtsanwendung 1908, Band 73, Seite 157 (158).

336 Neumeyer, Seufferts Blätter für Rechtsanwendung 1908, Band 73, Seite 157 (158).

vom ausländischen Fiskus beerbt werden müsse.[337] Die Rückverweisung auf das deutsche Recht enthalte keine Regelung für die Beerbung eines ausländischen Erblassers. Die h.M. nahm jedoch demgegenüber an, daß im Falle der Rückverweisung eine Berechtigung des Heimatstaatsfiskus gemäß § 1936 BGB, Artikel 29 a.F. EGBGB analog entstehe.[338]
Letztlich konnte auch nach Artikel 28 a.F. EGBGB das deutsche gesetzliche Erbrecht des Fiskus ausgeschlossen sein, wenn Immobilien sich auf dem Gebiet eines Staates befinden, dessen Gesetze nach dem deutschen IPR anwendbar waren und welche besondere Vorschriften über die Erbfolge in diesem Fall enthalten.[339] So erstreckte sich z.B. das Erbrecht des deutschen Fiskus, welcher einen Nordamerikaner gemäß Artikel 25, 27 a.F. EGBGB beerbte, nicht auf dessen Grundstücke in Österreich, da in Österreich die lex rei sitae galt.[340]

IV. Der Fiskus als gesetzlicher Erbe

Mit Inkrafttreten des BGB wurde deutlich, daß der Fiskus als normaler Erbe Universalsukzessor des Erblassers ist, also keine bloße Okkupationsmöglichkeit hat.
Allerdings bestehen für den Fiskus als Erben einige Sonderregelungen in Bezug auf den Anfall der Erbschaft, die Haftung für Nachlaßverbindlichkeiten oder den Umgang mit dem Nachlaß. So ist dem Fiskus gemäß § 1942 Abs. 2 BGB die Möglichkeit der Ausschlagung verwehrt. Er ist damit Zwangserbe, wie der heres necessarius im frühen Römischen Recht, dem die Erbschaft auch ipso iure zufiel.[341] Nach den Normen des preußischen ALR bestand hier noch ein „Recht der Entsagung der Erbschaft" für den Fiskus.[342] Auch das spätere Römische Recht eröffnete dem Fiskus, wie bereits oben beschrieben, die Möglichkeit der Ausschlagung. Die beschriebene Regelung des BGB soll vor allem keinen erblosen Nachlaß entstehen lassen, der infolge seiner Herrenlosigkeit ansonsten zur Aneignung gemäß §§ 958 ff. BGB freistehen würde. Dieses hätte in jedem Fall zur

---

[337] Voigt, Das gesetzliche Erbrecht des Fiskus, Seite 26, 27; Dernburg, Das bürgerliche Recht des Deutschen Reiches und Preußens, Seite 52; Planck, Erbrecht, § 1936, Erläuterung 5; dagegen aber Mayer, Das Erbrecht des Fiskus, Seite 69, der die bestehende Regelung als „ganz unnötige Rücksicht auf die Ausländereigenschaft" des Erblassers kritisierte.

[338] Hörle, Das Recht 1904, Seite 369 (372); Ramfeld, Das gesetzliche Erbrecht des Fiskus nach geltendem Reichsrechte, Seite 42; Vogt, Das gesetzliche Erbrecht des Fiskus, Seite 14; Pfützner, Der Fiskus als gesetzlicher Erbe, Seite 17; Leonhard, BGB, § 1960, II, D.; Sinning, Der Fiskus als gesetzlicher Erbe, Seite, 33.

[339] Hörle, Das Recht 1904, Seite 369 (373).

[340] Dillner, Das gesetzliche Erbrecht des Fiskus nach geltendem Reichsrechte, Seite 12; Hörle, Das Recht 1904, Seite 372; Ramfeld, Das gesetzliche Erbrecht des Fiskus nach geltendem Reichsrechte, Seite 43.

[341] Maresch, Das Erbrecht des Fiskus, Seite 30; Mayer, Das Erbrecht des Fiskus, Seite 40; Dillner, Das gesetzliche Erbrecht des Fiskus nach geltendem Reichsrechte, Seite 31.

[342] ALR I, 9 § 410 Anhang § 9; Motive V, Seite 379, 380.

Folge, daß die Erbmasse zersplittert würde und daher die Nachlaßgläubiger Schwierigkeiten bei der Geltendmachung ihrer Forderungen hätten.[343] Die Regelung diente also in erster Linie der Rechtssicherheit und Rechtsklarheit. Auch kann es nicht angehen, daß sich der Fiskus seiner Verantwortung für den Nachlaß im Falle der Überschuldung durch die Ausschlagung entzieht und im Falle des Überschusses von den Vorteilen seiner Stellung als gesetzlichem Erben profitiert.[344] Der Abschluß eines Erbverzichtsvertrags gemäß § 2346 BGB ist dem Fiskus aus diesem Grunde ebenfalls nicht möglich. Gleiches gilt für einen testamentarischen Ausschluß des Fiskus, welcher gemäß § 1938 BGB nicht möglich ist.

Diese die Nachlaßgläubiger begünstigende Regelung findet ihren Ausgleich in den haftungsrechtlichen Sonderbestimmungen des BGB und der ZPO hinsichtlich des Fiskus. Es sollte zwar eine Sicherheit für die Gläubiger des Erblassers bestehen, wenigstens aus der vorhandenen Erbmasse Befriedigung zu finden[345], jedoch sollte keine Belastung der Staatskasse und somit aller Bürger entstehen. Einen ähnlichen Schutz soll § 1966 BGB gewährleisten, der normiert, daß erst mit der Feststellung des Fiskalerbrechts der Fiskus aktiv und passiv legitimiert ist. Vorher soll der Fiskus vor der Inanspruchnahme durch eventuell vorhandene Nachlaßgläubiger geschützt werden.[346]

1. Verpflichtungen

Verpflichtungen bestehen vor allem hinsichtlich der Erfüllung von Erblasser- und Nachlaßschulden. Der Fiskus muß demnach Nachlaßverbindlichkeiten, Auflagen und Vermächtnisse gemäß § 1967 BGB erfüllen, die Kosten der standesgemäßen Beerdigung gemäß § 1968 BGB tragen und den Familienangehörigen in den ersten dreißig Tagen nach dem Erbfall gemäß § 1969 BGB Unterhalt gewähren. Pflichtteile müssen im Falle der testamentarischen Enterbung der Berechtigen ausgezahlt werden. Allerdings ergibt sich aus einer analogen Anwendung von § 2014 BGB, daß auch dem Fiskus das Recht zusteht, die Berichtigung der Verbindlichkeiten bis zum Ablauf von drei Monaten nach der Feststellung zu verweigern, es sei denn, es wird vorher ein Inventarverzeichnis errichtet.[347]

Im Römischen und gemeinen Recht stand dem Fiskus nach Anfall der bona vacantia zumindest die Quarta Falcidia bzw. Quarta Trebellianica als eine Art Pflichtteil zu. Nach dem BGB hingegen müßte der Fiskus auch die ganze Erb-

---

[343] Stenographische Berichte über die Verhandlungen des Reichstags, 9. Legislaturperiode, Anlageband 1 1895/97, Aktenstück 87, Seite 721; Motive V, Seite 380.

[344] Protokolle V, Seite 489.

[345] Motive V, Seite 380.

[346] Motive V, Seite 380.

[347] Dillner, Das gesetzliche Erbrecht des Fiskus nach geltendem Reichsrechte, Seite 35.

schaft herausgeben, wenn nur so die Erfüllung aller Vermächtnisse, Auflagen und sonstigen Verbindlichkeiten gewährleistet ist.
Falls Nachlaßkonkurs beantragt werden muß, ist der Fiskus den Nachlaßgläubigern für seine bis zu diesem Zeitpunkt erfolgte Verwaltung gemäß § 1978 BGB verantwortlich.
§ 2011 BGB normiert die Verpflichtung des Fiskus, die Nachlaßgläubiger über den Bestand des Nachlasses zu informieren. Allerdings besteht diesbezüglich keine Haftung des Fiskus, wenn ein Inventar nicht errichtet wird.

2. Rechte
Dem Fiskus stehen jedoch auch alle Rechte eines ordnungsgemäßen Erben zu. Nach der Feststellung muß der vorhandene Nachlaß vom Nachlaßgericht an die den Fiskus vertretende Behörde herausgegeben werden. Bestand eine Nachlaßpflegschaft, muß diese beendet werden und der Pfleger hat gemäß §§ 1890, 1915 BGB über seine Verwaltung Rechenschaft abzulegen.[348] Falls der Pfleger die Rechnungslegung verweigert, muß der Fiskus den Rechtsweg beschreiten.[349] Zur Schlußrechnung des Nachlaßpflegers wird dieser grundsätzlich zusammen mit der betroffenen Landesfiskalbehörde beim Nachlaßgericht geladen, um eine Rechnungsprüfung vorzunehmen. Nach Feststellung der ordnungsgemäßen Verwaltung durch den Nachlaßpfleger muß dieses von der Fiskalbehörde anerkannt werden. Die Behörde kann aber auch ohne Termin beim Nachlaßgericht auf die gesonderte Rechnungslegung gemäß § 397 BGB verzichten oder dem Pfleger außergerichtliche Entlastung erteilen.[350] Falls der Pfleger die Rechnungslegung oder die Herausgabe des Nachlasses verweigert, kann das Nachlaßgericht gegen diesen Ordnungsgelder gemäß §§ 1890, 1892, 1915, 1962 BGB verhängen, wenn die Ausführungsgesetze der Länder entsprechende Möglichkeiten eröffneten.[351]
Der Fiskus kann somit alle Ansprüche bezüglich der Erbschaft, insbesondere den Herausgabeanspruch gemäß § 2018 BGB geltend machen. Falls sich der Nachlaßpfleger weigert, die Erbschaft herauszugeben, muß allerdings die Herausgabe gemäß § 985 BGB und nicht nach § 2018 BGB verlangt werden, da der Nachlaßpfleger nicht Erbschaftsbesitzer ist.[352] Zudem ist der Anspruch aus § 2018 BGB nur gegen den Erbschaftsbesitzer gerichtet, also gegen denjenigen, welcher aufgrund eines ihm in Wirklichkeit nicht zustehenden Erbrechts etwas aus der Erbschaft erlangt hat. Die gemeinrechtlich dem Fiskus zustehende here-

[348] Hörle, Das Recht, Seite 369 (375).
[349] Ramfeld, Das gesetzliche Erbrecht des Fiskus nach geltendem Reichsrechte, Seite 20.
[350] Hörle, Das Recht 1904, Seite 369 (376).
[351] So z.B. in Preußen, Artikel 15 – 17 preuß. AG zum RFG; in Hessen, Artikel 31 hessisches AG zum RFG.
[352] Staudinger/Heinrich Lehmann, 11. Auflage, § 2018, Rdnr. 13.

ditatis petitio richtete sich demgegenüber gegen jeden possessor pro possessore, also gegen jeden, der sich für seinen Besitz auf keinen Titel berufen konnte.[353] Allerdings steht gemäß § 2030 BGB derjenige dem Besitzer i.S.d. § 2018 BGB gleich, welcher aufgrund eines Vertrages etwas aus der Erbschaft von einem Erbschaftsbesitzer erlangt hat.
Um eine endgültige Übersicht über den Bestand des Nachlasses zu erhalten, kann auch der Fiskus die Nachlaßgläubiger in einem Aufgebotsverfahren zur Anmeldung ihrer Forderungen auffordern. Falls sich diese in der gegebenen Zeit nicht gemeldet haben, kann der Fiskus nach Maßgabe des § 1973 BGB die Begleichung der Schuld verweigern. Auch ein Verkauf der Erbschaft gemäß § 2371 BGB ist möglich. Das Römische Recht hatte diesbezüglich dem Fiskus jedoch eine vollständige Übertragung des Erbrechts eröffnet, wobei auch die Haftung auf den Käufer überging.[354] Das BGB hingegen behandelt den Fiskus wie jeden anderen Erben und läßt ihn gemäß § 2382 BGB auch im Fall des Erbschaftsverkaufs gegenüber den Nachlaßgläubigern weiter haften.
Dem Fiskus steht auch, wie bereits oben geschildert, die Dreimonatseinrede gemäß § 2014 BGB zu. Das BGB geht hier grundsätzlich von einem Fristbeginn ab der Annahme der Erbschaft aus. Da der Fiskus jedoch seine Rechte als gesetzlicher Erbe erst mit der Feststellung erlangt, kann auch erst ab diesem Zeitpunkt die Frist i.S.d. § 2014 BGB für den Fiskus zu laufen beginnen.[355]

3. Haftung

Haftungsbeschränkungsmöglichkeiten sind dem Fiskus zunächst wie jedem anderen Erben eröffnet. So kann ein Gläubigeraufgebot gemäß § 1970 BGB beantragt und Nachlaßverwaltung oder Nachlaßkonkurs herbeigeführt werden, womit sich gemäß § 1975 BGB die Haftung auf den Bestand des Nachlasses beschränkt.
Die §§ 1960 ff. BGB, welche normieren, daß das Nachlaßgericht zur Sicherung des Nachlasses von Amts wegen zu sorgen hat, falls der oder die Erben zunächst unbekannt sind, eröffnen die Möglichkeit der Bestellung eines Nachlaßpflegers. Dieser Schutz ist aber für den Fiskus noch nicht ausreichend.[356] Ist die Nachlaßverwaltung oder der Nachlaßkonkurs wegen des Mangels einer die Kosten dieser Verfahren deckenden Masse untunlich, so steht auch dem Fiskus die Dürftigkeitseinrede gemäß § 1990 BGB zu. Auch die Berichtigung von Vermächtnissen und Auflagen kann bei der Überschuldung der Erbschaft i.S.d. § 1992 BGB vom Fiskus verweigert werden.[357] Wird die Überschuldung der Erbschaft

[353] Maresch, Das Erbrecht des Fiskus, Seite 36.
[354] Siehe oben Seite 6; Maresch, Das Erbrecht des Fiskus, Seite 36.
[355] Ramfeld, Das gesetzliche Erbrecht des Fiskus nach geltendem Reichsrechte, Seite 27.
[356] Motive V, Seite 380.
[357] Pfützner, Der Fiskus als gesetzlicher Erbe, Seite 28.

festgestellt, macht sich der Fiskus gemäß § 1980 BGB schadensersatzpflichtig, wenn ein Antrag auf Eröffnung des Insolvenzverfahrens nicht rechtzeitig gestellt wird.[358] Die Schadensersatzpflicht im Sinne des § 1980 BGB widerspricht dabei nicht dem grundsätzlich auf Haftungserleichterung des Fiskus ausgerichteten System des BGB, da die Schadensersatzpflicht hier nur eine Folge der unterlassenen Antragstellung ist und nicht allein auf der Stellung des Fiskus als gesetzlichem Erben beruht.[359] Auch der Fiskus muß als Erbe bei der Zwangsvollstreckung in sein Vermögen gemäß § 785 ZPO die Einwendungen im Wege der Vollstreckungsgegenklage gemäß § 767 ZPO geltend machen.[360] Im Falle der Zwangsvollstreckung hat das Gericht aber in jedem Fall gemäß § 15 Ziffer 3 EGZPO zu prüfen, ob nicht nach landesrechtlichen Vorschriften die Zwangsvollstreckung wegen Geldforderungen gegen den Fiskus unzulässig ist.[361]
Als Ausgleich für die Stellung als heres necessarius[362] muß sich der Fiskus aber gemäß § 780 Abs. 2 ZPO seine beschränkte Haftung nicht im Urteil gegen ihn als gesetzlichen Erben vorbehalten lassen und kann so die Beschränkung auf das vorhandene Vermögen des Erblassers nicht verlieren.[363] Diese Regelung soll das Vermögen der Allgemeinheit davor schützen, die Nachlaßschulden der Verstorbenen tragen zu müssen und stellt somit den Ausgleich für die dem Fiskus versagte Ausschlagungsmöglichkeit dar.
Eine weitere Schutzvorschrift ist § 2011 BGB, welcher bestimmt, daß dem Fiskus keine Inventarfrist bestimmt werden kann. Erst bei Ablauf dieser Frist und Nichterrichtung des Inventars verliert der gesetzliche Erbe nämlich gemäß § 1994 BGB seine Haftungsbeschränkungsmöglichkeit. Indem eine solche Frist dem Fiskus nicht gesetzt werden kann, besteht die Gefahr des Verlustes der Haftungsbeschränkungsmöglichkeit für den Fiskus also nicht.[364]
Allerdings wird dem Fiskus gemäß § 2011 S. 2 BGB die Verpflichtung auferlegt, den Nachlaßgläubigern über den Bestand des Nachlasses Auskunft zu erteilen. Dadurch kann der Fiskus auch zur Abgabe eines Offenbarungseides gemäß § 260 Abs. 2 a.F. ZPO hinsichtlich der Vollständigkeit des anzufertigenden Verzeichnisses gezwungen werden. Eine Vollstreckung erfolgt dann gemäß §§ 888,

---

[358] Pfützner, Der Fiskus als gesetzlicher Erbe, Seite 28.
[359] Voigt, Das gesetzliche Erbrecht des Fiskus, Seite 42; Pfützner, Der Fiskus als gesetzlicher Erbe, Seite 28.
[360] Dillner, Das gesetzliche Erbrecht des Fiskus nach geltendem Reichsrechte, Seite 33.
[361] Voigt, Das gesetzliche Erbrecht des Fiskus, Seite 45.
[362] Mayer, Juristenwelt 1907, Seite 137 (140).
[363] Dillner, Das gesetzliche Erbrecht des Fiskus nach geltendem Reichsrechte, Seite 33; Planck, Erbrecht, § 2011, Erläuterung 1; Staudinger/Wolfgang Marotzke, 13. Auflage, § 2011, Rdnr. 4; Mayer, Das Erbrecht des Fiskus, Seite 52.
[364] Stenographische Berichte über die Verhandlungen des Reichstags, 9. Legislaturperiode, Anlageband 1 1895/97, Aktenstück 87, Seite 721.

889 ZPO.[365] Andererseits soll die unbeschränkte Haftung durch Verweigerung des Offenbarungseides[366] gemäß § 2006 Abs. 3 BGB nicht möglich sein, da dies den Haftungsmodellen für den Fiskus widersprechen würde.[367] Der Offenbarungseid des § 260 Abs. 2 a.F. ZPO könne in diesem Zusammenhang nicht dem Offenbarungseid des § 2006 BGB entsprechen.[368] Die Verweigerung des Offenbarungseides führt somit nicht zur unbeschränkten Haftung des Fiskus, sondern nur zu Schadensersatzansprüchen nach allgemeinen Grundsätzen.[369] Eine unbeschränkte Haftung infolge einer Inventaruntreue gemäß § 2005 BGB erscheint auch nur theoretisch möglich. In der Praxis wird dem Fiskus die vom Nachlaßpfleger oder vom sonstigen zur Vermögensbetreuung Berufenen angefertigte Inventarliste ausreichen.[370] Die Vorlage beim Nachlaßgericht wird also in der Praxis nicht erfolgen.[371]

Dillner und Ramfeld halten sogar die rechtliche Anwendbarkeit von §§ 2005 und 2006 BGB im Hinblick auf § 2011 S. 1 BGB für ausgeschlossen. Eine solche Auffassung läßt sich allerdings dem Wortlaut des Gesetzes und auch den Motiven[372] nicht entnehmen.

Letztlich stellt auch § 1966 BGB eine haftungsbegrenzende Norm dar, da sie den Fiskus vor einer zu frühen Inanspruchnahme schützt. Eine echte unbeschränkte Haftung kann beim Fiskus nur dann eintreten, wenn dieser gegenüber den einzelnen Nachlaßgläubigern vertraglich auf seine Haftungsbeschränkung verzichtet.[373] Durch eine allgemeine Erklärung des Haftungsverzichts entsteht hingegen keine unbeschränkte Haftung.[374]

Falls der deutsche Erblasser zur Zeit seines Todes seinen Wohnsitz im Ausland hatte, konnte sich der Fiskus gemäß Artikel 24 Abs. 2 a.F. EGBGB auch auf die haftungsbeschränkenden ausländischen Normen berufen.[375]

---

365 Dillner, Das gesetzliche Erbrecht des Fiskus nach geltendem Reichsrechte, Seite 35.

366 Heute: Eidesstattliche Versicherung.

367 Sinning, Der Fiskus als gesetzlicher Erbe, Seite 38; Ramfeld, Das gesetzliche Erbrecht des Fiskus nach geltendem Reichsrechte, Seite 29.

368 Thöl, Das Erbrecht der an Stelle des Fiskus nach Landesrecht erbberechtigten juristischen Personen, Seite 29; Planck, Erbrecht, § 2011, Erläuterung 3.

369 Pfützner, Der Fiskus als gesetzlicher Erbe, Seite 30; Hörle, Das Recht 1904, Seite 369 (377); Voigt, Das gesetzliche Erbrecht des Fiskus, Seite 44.

370 Motive V, Seite 381.

371 Ramfeld, Das gesetzliche Erbrecht des Fiskus nach geltendem Reichsrechte, Seite 30.

372 Motive V, Seite 380.

373 Planck, Erbrecht, § 2011, Erläuterung 2.

374 Protokolle V, Seite 732.

375 Hörle, Das Recht 1904, Seite 369 (377).

V. Der Fiskus als Mit-, Vor- und Nacherbe

Der Fiskus kann als gesetzlicher Erbe auch nur als Miterbe berufen sein. Bei der Vor- und Nacherbschaft sind dem Fiskus allerdings Grenzen gesetzt.

1. Der Fiskus als Miterbe

Im Römischen Recht galt der Grundsatz: „Nemo pro parte testatus, pro parte intestatus decedere potest".[376] Es konnte also neben vertraglicher oder testamentarischer nicht die gesetzliche Erbfolge zur Anwendung kommen. Anders wurde es dann im BGB geregelt, indem §§ 2088 und 2089 normierten, wann die Erbformen nebeneinander anwendbar sein sollten.[377] Sind gemäß § 2088 Abs. 2 BGB mehrere Erben auf jeweils einen Bruchteil der Erbschaft eingesetzt und erschöpfen die einzelnen Bruchteile zusammen die Erbschaft nicht, so tritt hinsichtlich dieses Restes die gesetzliche Erbfolge ein. Dementsprechend konnte der Fiskus als gesetzlicher Erbe auch neben gewillkürten Erben in Erscheinung treten. Die schon oben erwähnte Formulierung des 1. Entwurfs in § 1974 Abs. 1 bewog aber beispielsweise Pfützner und Voigt dazu, anzunehmen, daß sich der Gesetzgeber erst bei der Änderung des Wortlautes zu einer das Miterbrecht des Fiskus ermöglichenden Regelung entschlossen habe.[378]

Demgegenüber war Dillner der Ansicht, daß die Änderung der Formulierung keinen Einfluß auf die Möglichkeit des Miterbrechts des Fiskus gehabt habe, da auch vorher schon von der „Ermangelung anderer Erben" die Rede gewesen sei. Dies bedeute nicht, daß überhaupt kein Erbe vorhanden sein dürfe, sondern schlicht nur, daß als Voraussetzung für das Erbrecht des Fiskus zunächst festzustellen sei, daß keine anderen Erben vorhanden seien. Nur insoweit, also möglicherweise auch nur hinsichtlich dieses Bruchteils, sei der Fiskus dann auch als Erbe berufen.[379] Die Auslegungsregel des § 2089 BGB beinhaltet aber schon die Möglichkeit, die Erbteile der übrigen eingesetzten Erben zu erhöhen, falls dies dem Willen des Erblassers zu entnehmen ist. Ebenso tritt eine Anwachsung gemäß § 2094 Abs. 1 BGB ein, wenn die eingesetzten Erben erkennbar die gesetzliche Erbfolge ausschließen sollen. Da im Bewußtsein des Erblassers die eingesetzten Erben ihm auf jeden Fall näher stehen als die Allgemeinheit, welche vom Fiskus vertreten wird, ist im Regelfall wohl von einer Erhöhung der Bruchteile oder einer Anwachsung der Erbteile auszugehen, falls nur noch der Fiskus als gesetzlicher Erbe verbleibt. Zu prüfen bleibt aber nach wie vor die Regelung, die der Erblasser im Einzelfall vorgesehen hat.

Hörle betonte insoweit, daß im Falle der Beschränkung der Erbschaft auf Bruch-

---

[376] Kaser, Römisches Privatrecht, Seite 303.

[377] Motive V, Seite 63: „nemo paganus pro parte ... „.

[378] Pfützner, Der Fiskus als gesetzlicher Erbe, Seite 13.

[379] Hörle, Das Recht 1904, Seite 369 (370); Dillner, Das gesetzliche Erbrecht des Fiskus nach geltendem Reichsrechte, Seite 3.

teile grundsätzlich davon auszugehen sei, daß die Erben dann nicht mehr erhalten sollten. Dieses ergebe sich schon aus der Begründung des ersten Entwurfs zu § 1790, wo hervorgehoben werde, daß eine Auslegungsregel nicht in das Gesetz aufgenommen werden müsse, die im Zweifel besagen solle, daß bei der testamentarischen Beifügung von Bruchteilen auch das Erbrecht beschränkt sein solle.[380] Zudem ergebe sich aus § 2088 BGB selbst, daß ein Erbe nicht gesetzlicher und testamentarischer Erbe gleichzeitig sein könne.[381] Im Falle des Bestehens einer Erbengemeinschaft, bei der der Fiskus beteiligt ist, können sich die anderen Erben aber nicht auf die Haftungsprivilegien des Fiskus berufen. So können sie sich bei der Inventarerrichtung beispielsweise nicht darauf berufen, daß der Fiskus zu einer Auskunftserteilung gemäß § 2011 S. 2 BGB nicht verpflichtet sei und sie dementsprechend von einer Inventarerstellung befreit seien.[382] Festzustellen bleibt, daß der Fiskus auch Miterbe neben eingesetzten Erben sein kann.

2. Der Fiskus als Vor- und Nacherbe

Auch der römischrechtliche Grundsatz „semel heres, semper heres“[383] wurde durch die Zulassung von Vor- und Nacherbschaft innerhalb der Normierung des BGB durchbrochen.

a) Vorerbe

Der Fiskus kann dabei Vorerbe gemäß § 2105 BGB werden, wenn der Erblasser einen Erben erst ab einem bestimmten Zeitpunkt oder erst bei Eintritt eines bestimmten Ereignisses eingesetzt, aber keine Bestimmung über den Vorerben getroffen hat.

b) Nacherbe

Gemäß § 2104 S. 2 BGB kann der Fiskus aber nicht Nacherbe als bloßer gesetzlicher Erbe werden. Diese Regelung war schon bei der Gesetzgebung sehr umstritten.

Der 1. Entwurf enthielt noch keine solche den Fiskus benachteiligende Norm, da man eine solche als für „zu kasuistisch und in nicht seltenen Fällen schwerlich dem wirklichen Willen des Erblassers Rechnung tragend“ befand.[384] Die Norm kam dann aber in der 2. Kommission mit nur acht zu sieben Stimmen zur An-

[380] Motive V, Seite 65.

[381] Hörle, Das Recht 1904, Seite 369 (370).

[382] Pfützner, Der Fiskus als gesetzlicher Erbe, Seite 37; Dillner, Das gesetzliche Erbrecht des Fiskus nach geltendem Reichsrechte, Seite 43.

[383] Kaser, Römisches Privatrecht, Seite 303; Mayer, Das Erbrecht des Fiskus, Seite 58.

[384] Motive V, Seite 87.

nahme.[385] Die Protokolle lassen erkennen, daß man es mit der „Denkungsweise der überwiegenden Mehrheit der Bevölkerung“ nicht für vereinbar hielt, daß der Fiskus Nacherbe werden könne, da die Mehrheit der Bevölkerung die „Berufung des Fiskus zur Nacherbfolge als vom Erblasser vermutlich nicht gewollt ablehnen würde“.[386]
Diese Begründung stieß bei vielen Autoren auf Kritik, da zum einen über die Meinungslage der Bevölkerung damals keine genaue Analyse vorlag und zum anderen mit einer solchen Regelung der wirkliche Wille des Erblassers nach Meinung vieler nicht getroffen werde.[387] Der Erblasser könne sich vielmehr infolge der gesetzlichen Regelung nicht darauf verlassen, daß sich der Vorerbe seinen Wünschen beuge, um den Nacherbfall nicht eintreten zu lassen. Besonders im Falle groben Undanks oder gar bei Pietätlosigkeiten würde dem Vorerben als einzig ermittelbarem Verwandten durch die Norm ein diesem nicht gebührender Bonus zuteil, da der Fiskus als Nacherbe nicht zur Verfügung stünde.[388]
Strohal führte zudem fiskalische Argumente an und bezeichnete die gesetzliche Regelung als „eine auf Kosten des Fiskus geübte Großmut, die doch zu weit geht.“[389] Küntzel setzte sich ausführlich mit dieser Argumentation Strohals auseinander und kam zu dem Schluß, daß § 2104 BGB in Form dispositiven Rechts für die Mehrzahl der Fälle die Auffassung der überwiegenden Zahl der Bevölkerung treffe, wobei dem ansonsten familienlosen Erblasser in jedem Fall die Möglichkeit offenstehe, den Fiskus als Nacherben testamentarisch einzusetzen. Jedenfalls könne der Eröffnung der Möglichkeit der Nacherbfolge für den Fiskus mit den gleichen Argumenten begegnet werden, daß nämlich der Erblasser lebzeitig mit dem Fiskus zerstritten gewesen sei und diesem mit dem Tod kein zusätzliches Vermögen anfallen solle.[390]
Teilweise wurde angenommen, daß die Großmut hier angebracht sei, da der eingesetzte Erbe bei allem Unmut über dessen Verhalten dem Erblasser immer noch näher stehe als der Fiskus.[391] Gerade dieses bestritt Ramfeld, der darauf abstellte, daß sich der ungehorsame Vorerbe das in ihn gesetzte Vertrauen des Erblassers verscherzt habe.[392]
Dillner machte den Vorschlag, im Einzelfall den Richter entscheiden zu lassen,

[385] Ramfeld, Das gesetzliche Erbrecht des Fiskus nach geltendem Reichsrechte, Seite 33.
[386] Protokolle V, Seite 79.
[387] Mayer, Das Erbrecht des Fiskus, Seite 59; Ramfeld, Das gesetzliche Erbrecht des Fiskus nach geltendem Reichsrechte, Seite 33; Sinning, Der Fiskus als gesetzlicher Erbe, Seite 41.
[388] Ramfeld, Das gesetzliche Erbrecht des Fiskus nach geltendem Reichsrechte, Seite 33.
[389] Strohal, Das deutsche Erbrecht nach dem bürgerlichen Gesetzbuche, Seite 16.
[390] Küntzel, Beiträge zur Erläuterung des Deutsches Rechts 1897, Seite 583 (585, 586).
[391] So angeführt von: Ramfeld, Das gesetzliche Erbrecht des Fiskus nach geltendem Reichsrechte, Seite 34.
[392] Ramfeld, Das gesetzliche Erbrecht des Fiskus nach geltendem Reichsrechte, Seite 34.

ob der eingesetzte Vorerbe auch nach dessen Verfehlung nach dem Willen des Erblassers noch Erbe sein solle. Diese Entscheidungsmöglichkeit sei keinesfalls zu weitgehend, da auch der Gesetzgeber mit seiner Regelung den „gefährlichen Boden der Kasuistik“ bereits betreten habe.[393]

Eine Änderung dieser Gesetzgebung ist allerdings nicht erfolgt. Aus den gleichen Gründen kann der Fiskus gemäß § 2149 S. 2 BGB kein Vermächtnisnehmer als gesetzlicher Erbe sein[394], denn auch hier wird angenommen, daß der eingesetzte Erbe dem Erblasser nähe stehe als der Fiskus. Auch dem Vermächtnisnehmer soll also ein Erbschaftsgegenstand verbleiben, obwohl dieser den gesetzlichen Erben vermacht wurde. Die Kritik an dieser Vorschrift deckt sich mit der hinsichtlich der Nacherbenstellung des Fiskus vorgebrachten.

In Analogie zu diesen Vorschriften und insbesondere im Hinblick auf die Begründung in den Motiven wird auch angenommen, daß der Fiskus nicht zu den gesetzlichen Erben i.S.d. § 2338 BGB gezählt werden könne. Eine Pflichtteilsbeschränkung in guter Absicht finde nämlich nur zugunsten der Familie statt und nicht zugunsten des Fiskus.[395]

Dillner nahm an, daß im Falle des Versterbens des in guter Absicht enterbten Abkömmlings die gewillkürten Erben dieses Abkömmlings den vorenthaltenen Pflichtteil bekommen sollten.[396]

VI. Die Immaterialgüterrechte

Vom Grundsatz der Universalsukzession des Fiskus gab es im Bereich der Immaterialgüterrechte zwei Ausnahmen, die gleichsam als „privilegium odiosum“ des Fiskus bezeichnet wurden.[397]

1. Gesetzliche Regelungen

Gleichlautend bestimmten § 8 Abs. 2 Gesetz betr. das Urheberrecht an Werken der Literatur und der Tonkunst vom 19.06.1901 und § 10 Abs. 2 Gesetz betr. das Urheberecht an Werken der bildenden Künste und der Photographie vom 09.01.1907 folgendes:

„Ist der Fiskus oder eine andere juristische Person gesetzlicher Erbe, so erlischt das Recht, soweit es dem Erblasser zusteht, mit dessen Tode.“

Demnach sollte der Fiskus durch sein gesetzliches Erbrechts nicht Inhaber derartiger Rechte werden können. Ausgenommen von diesen Regelungen waren nur Urheberrechte, welche der Erblasser schon zu Lebzeiten veräußert oder mit

[393] Dillner, Das gesetzliche Erbrecht des Fiskus nach geltendem Reichsrechte, Seite 45.
[394] Sinning, Der Fiskus als gesetzlicher Erbe, Seite 42.
[395] Dillner, Das gesetzliche Erbrecht des Fiskus nach geltendem Reichsrechte, Seite 45.
[396] Dillner, Das gesetzliche Erbrecht des Fiskus nach geltendem Reichsrechte, Seite 45; Planck, Erbrecht, § 2338, Erläuterung 3 a.
[397] Mayer, Das Erbrecht des Fiskus, Seite 55.

dinglichen Rechten belastet hatte.[398]

2. Motive für die gesetzliche Regelung

Der Grund für die Schaffung von Urheberrechten lag darin, daß der Allgemeinheit die wirtschaftliche Verwertung von bestimmten Werken des Einzelnen verwehrt werden sollte. Wenn aber der Fiskus als wirtschaftlicher Vertreter der Allgemeinheit dieser selbst die Nutzungsrechte vorenthielte, erschien dies zumindest in den Bereichen der Tonkunst, der Photographie, der bildenden Künste und der Literatur als nicht gerechtfertigt.[399] Der Staat als Vertreter der Allgemeinheit sollte also keine dem Interesse der Allgemeinheit zuwiderlaufenden Rechte geltend machen können.[400]

Aus den Motiven zum Reichsgesetz von 1870 war ersichtlich, daß es der Billigkeit widerstrebe, „solchen Personen (dem Fiskus und anderen juristischen Personen des öffentlichen Rechts) pekuniäre Vorteile aus den Geisteserzeugnissen der Urheber zuteil werden zu lassen, indem man der Nation das Recht auf freie Verwendung solcher Erzeugnisse vorenthielte.“

Derartige Regelungen gab es zum Anfang dieses Jahrhunderts auch in Österreich, Ungarn, Dänemark, Norwegen, Venezuela und den USA.[401] In Italien, England, Belgien, Spanien, der Schweiz, Schweden, Rußland, Griechenland und Japan wurden allerdings Urheberrechte nicht anders behandelt als andere Nachlaßgegenstände.[402]

3. Entsprechende Anwendung auf andere Immaterialgüter

Einige Autoren wollten die genannten Beschränkungen des Urheberrechtserwerbs auch auf andere Immaterialgüter wie das gewerbliche Urheberrecht und das Erfinderrecht anwenden.[403] Dieses wurde zum Teil mit der „Gleichheit des Grundes“ zu rechtfertigen versucht[404], andererseits auch damit, daß angenommen wurde, daß „das zwischen Geistesprodukt und Schöpfer bestehende vinculum spirituale hier die Grenze seines Schutzbedürfnisses erreicht“ habe.[405] Allerdings enthielten die betreffenden Gesetze zu diesen Urheberrechten keine

---

[398] Thöl, Das Erbrecht der an Stelle des Fiskus nach Landesrecht erbberechtigten juristischen Personen, Seite 39; Voigt, Das gesetzliche Erbrecht des Fiskus, Seite 46.

[399] Sinning, Der Fiskus als gesetzlicher Erbe, Seite 45.

[400] Dillner, Das gesetzliche Erbrecht des Fiskus nach geltendem Reichsrechte, Seite 39.

[401] Wolf, Iherings Jahrbücher 1902, Seite 331 (333).

[402] Meister, Der Erwerb von Immaterialgüterrechten durch den Fiskus, Seite 46; Wolf, Iherings Jahrbücher 1902, Seite 331 (334).

[403] Mayer, Das Erbrecht des Fiskus, Seite 56 m.w.N.

[404] Mayer, Das Erbrecht des Fiskus, Seite 56.

[405] Weyl, Der Fiskus im gegenwärtigen deutschen Privatrecht, Seite 8.

Hinweise auf die beschränkte Vererbbarkeit hinsichtlich des Fiskus.[406]
Nun konnte vertreten werden, daß diese neuen Gesetze von 1901 und 1907 nur die Vorläufer einer Vielzahl gleichlautender Vorschriften im Bereich des Immaterialgüterrechts seien und deshalb eine entsprechende Anwendung des Regelungsgehaltes auch auf die Bereiche des gewerblichen Urheberrechts und des Erfinderrechts stattfinden müsse. Jedoch gab es im Bereich der Immaterialgüterrechte auch schon Normen aus der Vergangenheit, die den Anfall dieser Rechte für den Fiskus regelten. So lauteten § 17 des Gesetzes betr. das Urheberrecht an Schriftwerken, Abbildungen, musikalischen Kompositionen und dramatischen Werken vom 11.06.1870 und § 15 des Gesetzes betr. das Urheberrecht an Werken der bildenden Künste vom 09.01.1876:
„Ein Heimfallsrecht des Fiskus oder anderer zu herrenlosen Verlassenschaften berechtigter Personen findet auf das ausschließliche Recht des Urhebers und seiner Rechtsnachfolger nicht statt.“
Von einem „Heimfallsrecht“ war an dieser Stelle die Rede, weil in den zahlreichen landesrechtlichen Kodifikationen noch Unterschiede hinsichtlich der rechtlichen Konstruktion des Rechts des Fiskus auf erblose Nachlässe gemacht wurden.[407] Somit waren die Erwägungen bezüglich der Verweigerung des Anfalls derartiger Rechte an den Fiskus keinesfalls neu.[408] Dennoch wurden ähnliche Bestimmungen für den Fiskus in Bezug auf Erfindungen oder gewerbliche Urheberrechte nicht erlassen.[409]
Die analoge Anwendung derartiger Vorschriften wurde zudem von vielen deshalb als unrichtig angesehen, weil schon das gesetzlich normierte Erlöschen derartiger Rechte im Falle des Fiskalerbrechts nicht auf unbeschränkte Zustimmung gestoßen war.[410] Schon damals wurde der wachsende wirtschaftliche Wert von Immaterialgüterrechten erkannt. Dem Nachlaß derartige Werte zu entziehen, mußte also in jedem Fall eine Schlechterstellung der Nachlaßgläubiger zur Folge haben.

---

406 Ramfeld, Das gesetzliche Erbrecht des Fiskus nach geltendem Reichsrechte, Seite 36; Dillner, Das gesetzliche Erbrecht des Fiskus nach geltendem Reichsrechte, Seite 41: so enthalten z.B. das Patentgesetz vom 07.04.1891, das Gesetz betr. das Urheberrecht an Mustern und Modellen vom 11.01.1871, das Gesetz betr. den Schutz von Gebrauchsmustern vom 01.06.1891, das Gesetz zum Schutze der Warenbezeichnungen vom 12.05.1894 keine Klauseln, nach denen das Urheberrecht im Falle des Heimfalls an den Fiskus erlöschen sollte.

407 Dillner, Das gesetzliche Erbrecht des Fiskus nach geltendem Reichsrechte, Seite 37.

408 Thöl, Das Erbrecht der an Stelle des Fiskus nach Landesrecht erbberechtigten juristischen Personen, Seite 40.

409 Ramfeld, Das gesetzliche Erbrecht des Fiskus nach geltendem Reichsrechte, Seite 36.

410 Wolf, Iherings Jahrbücher 1902, Seite 331 (338).

4. Nachteile der Regelungen

Die Regelungen hatten aber nicht nur eine Schlechterstellung der Nachlaßgläubiger zur Folge, auch bezüglich derartiger Rechte begünstigte Vermächtnisnehmer oder Auflagenbegünstigte wurden ihrer Rechte dann verlustig, wenn der Fiskus als gesetzlicher Erbe festgestellt wurde. Bei Pflichtteilsberechtigten verminderte sich ihr Anspruch in Folge des Erlöschens derartiger Rechte. Ein Problem entstand zudem dann, wenn der Fiskus Miterbe wurde und sich im Nachlaß auch ein Urheberrecht befand. Die Erwägungen des Gesetzgebers trafen hier in gleicher Weise zu wie bei der Alleinerbschaft des Fiskus. Ein Erlöschen der Urheberrechte mußte aber zur Benachteiligung der gesamten Erbengemeinschaft führen, da ein teilweises Erlöschen wegen der Natur des Urheberrechts nicht in Betracht kam. Einige Autoren vertraten deshalb die Auffassung, daß im Falle der Bildung einer Erbengemeinschaft unter Mitwirkung des Fiskus dieser auch in den Genuß der Verwertung des Urheberrechts kommen konnte.[411]

Wolf begründete dies damit, daß eine Forderung, welche dem Erblasser gegen einen der Erben zustehe, auch nicht erlöschen würde, sondern auf die Erbengemeinschaft als Ganzes übergehe.[412]

Andere traten dafür ein, daß nur die gewillkürten Erben das Urheberrecht erhalten sollten und es in diesem Sinn zu einer Aufspaltung der Erbengemeinschaft kommen sollte.[413] Das Urheberrecht sollte dann im Verhältnis der Erbanteile der gewillkürten Erben auf diese aufgeteilt werden.[414] Begründet wurde dies wiederum damit, daß der Fiskus als Teil der Erbengemeinschaft ebenso am pekuniären Vorteil des Urheberrechts beteiligt sei als wenn er Alleinerbe wäre. Da dieser Vorteil dem Fiskus im Bereich des Urheberrechts aber gerade nicht zufallen sollte, müsse es zu einer Aufspaltung der Erbengemeinschaft kommen, wobei nur die natürlichen Personen am Urheberrecht beteiligt werden sollten.[415] Falls der Fiskus Alleinerbe eines mehreren Personen zustehenden Urheberrechts werden sollte, würde die Beteiligung des verstorbenen Bruchteilsberechtigten nicht erlöschen, sondern den anderen Beteiligten im Verhältnis ihrer Anteile zufallen.[416]

Im übrigen konnte der Fiskus als Testats- oder Vertragserbe sehr wohl auch In-

---

[411] Pfützner, Der Fiskus als gesetzlicher Erbe, Seite 41; Hörle, Das Recht 1904, Seite 369 (371); Dernburg, Das bürgerliche Recht Band 5, Seite 56; Wolf, aaO; Thöl, Das Erbrecht der an Stelle des Fiskus nach Landesrecht erbberechtigten juristischen Personen, Seite 42; Vogt, Das gesetzliche Erbrecht des Fiskus, Seite 26.

[412] Wolf, Iherings Jahrbücher 1902, Seite 331 (340).

[413] Ramfeld, Das gesetzliche Erbrecht des Fiskus nach geltendem Reichsrechte, Seite 39.

[414] Ramfeld, Das gesetzliche Erbrecht des Fiskus nach geltendem Reichsrechte, Seite 39; Dillner, Das gesetzliche Erbrecht des Fiskus nach geltendem Reichsrechte, Seite 41.

[415] Dillner, Das gesetzliche Erbrecht des Fiskus nach geltendem Reichsrechte, Seite 40.

[416] Dillner, Das gesetzliche Erbrecht des Fiskus nach geltendem Reichsrechte, Seite 41.

haber von Immaterialgüterrechten werden[417], so daß die Motive, welche zum Gesetz von 1870 vorhanden sind, ihre Begründungskraft hinsichtlich der Gesetzesfassung zum Teil einbüßen mußten.

5. Lösungswege

Die beschriebenen Probleme der Nachlaßgläubiger und auch der Vermächtnisnehmer oder Auflagenbegünstigten wurden von einigen Autoren aufgenommen und es wurde nach Lösungsmöglichkeiten gesucht.

a) Wolfs Analogie zu Konfusionsregelungen

Hinsichtlich der Erlöschensproblematik wollten insbesondere Wolf[418],aber auch andere Autoren[419], eine Möglichkeit der analogen Anwendung von §§ 1976, 2143 und 2175 BGB eröffnen.[420] Es sollten somit die Vorschriften über das Erlöschen von Rechten durch Konfusion auch auf das Fiskalerbrecht an Immaterialgütern angewandt werden. Die Ähnlichkeit der Fallkonstellationen besteht darin, daß sowohl beim Zusammentreffen von Recht und Verbindlichkeit in einer Person als auch beim Zusammentreffen von Immaterialgütern und Fiskalerbrecht ein Bedürfnis vorliegen kann, das Erlöschen von Rechten zu verhindern, um dritte Personen nicht zu schädigen. Falls also der Nachlaß zum Begleichen sämtlicher Erbfall- und Erblasserschulden nicht ausreichen sollte und der Fiskus infolgedessen Nachlaßkonkurs oder Nachlaßverwaltung angeordnet hat, blieben nach Wolfs Ansicht die Urheberrechte für den Nachlaß in Analogie zu § 1976 BGB verwertbar.[421]

War das Urheberrecht Gegenstand eines Vermächtnisses, gelte es analog § 2175 BGB dem Vermächtnisnehmer gegenüber als nicht erloschen.[422] Entsprechendes gelte auch für die Auflage gemäß §§ 2192 i.V.m. 2175 BGB analog.[423] Im Falle der Vorerbschaft des Fiskus sollte der Nacherbe durch § 2143 analog BGB geschützt werden, so daß im Fall der Nacherbschaft das Urheberrecht als nicht erloschen gelten würde.[424] Auch bei der Pflichtteilsberechnung müsse demnach

---

417 Dillner, Das gesetzliche Erbrecht des Fiskus nach geltendem Reichsrechte, Seite 37; gerade dieses war für Wolf ein Argument gegen das Erlöschen von Urheberrechten, da so die Urheberrechte bestehen bleiben konnten, wenn ein Erblasser „seine gesetzlichen Erben" und damit auch den Fiskus testamentarisch bedacht hat, obwohl diese Einsetzung wegen der ansonsten eintretenden gesetzlichen Erbfolge sinnlos erscheinen mußte: Wolf, Iherings Jahrbücher 1902, Seite 331 (339).

418 Wolf, Iherings Jahrbücher 1902, Seite 331 – 362.

419 Sinning, Der Fiskus als gesetzlicher Erbe, Seite 45; Mayer, Das Erbrecht des Fiskus, Seite 56.

420 Wolf, Iherings Jahrbücher 1902, Seite 331 (345).

421 Wolf, Iherings Jahrbücher 1902, Seite 331 (349).

422 Wolf, Iherings Jahrbücher 1902, Seite 331 (353).

423 Wolf, Iherings Jahrbücher 1902, Seite 331 (354).

424 Wolf, Iherings Jahrbücher 1902, Seite 331 (357).

das erloschene Urheberrecht in die Berechnung des Pflichtteils miteinbezogen werden.[425]

b) Die Auffassung Kohlers

Kohler hielt schon im Falle einer angeordneten Testamentsvollstreckung, aber auch bei Nachlaßverwaltung und Nachlaßkonkurs die genannten Vorschriften hinsichtlich des Erlöschens von Urheberrechten nicht für einschlägig, da sich in diesen Fällen der Nachlaß vom Erben ablöse und zur eigenständigen juristischen Person werde. Erst wenn der Erbfall abgewickelt sei, also auch alle Schulden des Nachlasses beglichen seien, könnte der Rest an den Fiskus fallen, wobei erst dann die genannten Urheberrechte erlöschen könnten – dieses aber mit rückwirkender Kraft.[426] Das Erlöschen von Urheberrechten sei nach Kohler auch etwa in Frankreich oder Portugal nur unter dem Vorbehalt der Gläubigerrechte so statuiert.[427]

c) Rechtspolitische Ausgangsbasis

Diese rechtlichen Konstruktionen, die zumindest hinsichtlich der Teleologie der Norm gut vertretbar waren und deren wirtschaftliche Berechtigung sicherlich vorhanden war, stießen aber nicht auf allgemeine Zustimmung, da Ansätze für eine derartige Handhabung dem Wortlaut des Gesetzes nicht zu entnehmen waren.[428] Zudem rechtfertigte die historische Entwicklung derartiger Normen eher eine gegenteilige Vorgehensweise. Ramfeld führte z.B. die Entwicklung des Literaturgesetzes ins Feld.[429] Obwohl der Entwurf des Literaturgesetzes von 1901 das Erlöschen von Urheberrechten mit Rücksicht auf die Gläubiger nicht vorsah, waren die Kommissionen und der Reichstag bezüglich der genannten Urheberrechte der Meinung, daß ein Erlöschen im Fall des Fiskalerbrechts gerechtfertigt sei, da der Fiskus keinerlei persönliche Beziehung zum Erblasser habe. Dieses sei aber für ein so wichtiges und persönliches Recht nötig. Andererseits befürchtete man, daß staatliche Organe von politischen oder polizeilichen Erwägungen dermaßen beeinflußt würden, daß ein literarischer Nachlaß möglicherweise Gefahr laufen könne, aus diesen Erwägungen der Bevölkerung vorenthalten zu werden. Demnach enthielt das Literaturgesetz wieder eine Erlöschensklausel im Fall des Fiskalerbrechts.

Im Hinblick auf diese Normentwicklung hielt Ramfeld eine Analogie wie von Wolf angeregt für unzulässig, da nicht etwa eine unbewußte Normlücke vorhanden war, sondern der Gesetzgeber den Übergang von Urheberrechten auf den

[425] Wolf, Iherings Jahrbücher 1902, Seite 331 (357).
[426] Kohler, Urheberrecht an Schriftwerken und Verlagsrecht, § 38 Abs. 1, Seite 248.
[427] Kohler, aaO.
[428] Voigt, Das gesetzliche Erbrecht des Fiskus, Seite 46.
[429] Ramfeld, Das gesetzliche Erbrecht des Fiskus nach geltendem Reichsrechte, Seite 38.

Fiskus nicht für angebracht gehalten habe.[430] Voigt ging sogar davon aus, daß der Gesetzgeber es bewußt abgelehnt habe, diesen Personen Schutz zu gewähren.[431] Da die Urheberrechte mit der Zeit immer mehr sowohl wirtschaftlich als auch kulturell an Bedeutung gewannen, ist seit dem Inkrafttreten des Urhebergesetzes aus dem Jahr 1965 ein Erlöschen dieser Rechte bei Anfall der Erbschaft an den Fiskus nicht mehr vorgesehen.[432]

VII. § 167 a.F. VVG und § 139 HGB

Eine weitere Einschränkung beim Erbrecht des Fiskus hinsichtlich der Erbmasse gab es durch § 167 a.F. VVG. Gemäß § 167 Abs. 2 a.F. VVG hatte der Fiskus kein Bezugsrecht auf die Lebensversicherungssumme, obwohl nach § 167 Abs. 1 a.F. VVG im Zweifel die gesetzlichen Erben als Begünstigte anzusehen waren, wenn die Erben ohne nähere Bezeichnung als Begünstigte eingesetzt wurden.[433] Dieses lag in der Rechtsnatur des Lebensversicherungsvertrags begründet, der grundsätzlich die Hinterbliebenen des Erblassers vor wirtschaftlichen Schwierigkeiten nach dem Tod des Lebensversicherungsnehmers bewahren sollte. Dieser Versicherungszweck paßte für den Fiskus als gesetzlichen Erben aber sicherlich nicht.[434] Dagegen gibt es grundsätzlich keine rechtliche Einschränkung, wenn der Fiskus gemäß § 1936 BGB durch eine Nachfolgeregelung in einem Gesellschaftsvertrag Kommanditist werden soll.[435] Die Auslegung des Gesellschaftsvertrags wird aber meist ergeben, daß die Nachfolge- oder Eintrittsklausel nicht für den Fiskus gelten soll.[436]

VIII. Artikel 138 EGBGB

Grundsätzlich wird, wie oben beschrieben, der Landesfiskus, Ersatzweise der Bundesfiskus gesetzlicher Erbe.

In einigen landesrechtlichen Kodifikationen war allerdings zur Zeit des Inkrafttretens des BGB vorgesehen, daß bestimmte juristische Personen anstelle des Fiskus berufen sein sollten. Dieser Tatsache sollte Artikel 138 EGBGB Rechnung tragen, indem es den landesrechtlichen Vorschriften überlassen bleiben sollte, andere juristische Personen des öffentlichen Rechts an Stelle des Fiskus erben zu lassen. Eine völlige Beseitigung dieser Rechte würde eine „innerlich nicht gerechtfertigte Störung überlieferter Rechtsverhältnisse“[437] bedeutet haben.

---

[430] Ramfeld, Das gesetzliche Erbrecht des Fiskus nach geltendem Reichsrechte, Seite 38.
[431] Voigt, Das gesetzliche Erbrecht des Fiskus, Seite 46.
[432] Kipp/Coing, Erbrecht, Seite 48; Fromm, NJW 1966, Seite 1244 (1245, 1246).
[433] Voigt, Das gesetzliche Erbrecht des Fiskus, Seite 47.
[434] Der Ausschluß des Fiskus vom Bezugsrecht steht heute im § 167 Abs. 3 VVG.
[435] Notfalls muß die Einräumung einer Kommanditistenposition gemäß § 139 HGB vom Fiskus verlangt werden – MüKo/Leipold, § 1936, Rdnr. 21.
[436] Soergel/Stein, § 1936, Rdnr. 7; MüKo/Leipold, § 1936, Rdnr. 21.
[437] Protokolle VI, Seite 448.

1. Historische Entwicklung des Artikel 138 EGBGB

Artikel 82 des Ersten Entwurfs sah sogar die Möglichkeit vor, eine beliebige juristische Person als Erben durch landesrechtliche Vorschriften zu bestimmen. Da aber durch das BGB dem Fiskus als gesetzlichem Erben bestimmte Rechte und Pflichten zugewiesen wurden, welche von einer juristischen Person des Privatrechts zum Teil gar nicht erfüllt werden können[438], wurde dieser Entwurf nicht Gesetz.[439]

Ein anderer Antrag, der den landesrechtlichen Vorbehalt ganz streichen wollte, weil die zum Teil aus dem Mittelalter stammenden landesrechtlichen Vorschriften nicht mehr zeitgemäß seien, wurde ebenfalls abgelehnt.[440]

Somit enthält das BGB einen Kompromiß, welcher zum einen der rechtlichen Durchführbarkeit hinsichtlich der Bestimmungen des BGB Rechnung trug, zum anderen aber die traditionellen landesrechtlichen Vorschriften in diesem Bereich berücksichtigte. Welche Personen als juristische Personen des öffentlichen Rechts gelten konnten, wurde nach dem jeweiligen öffentlichen Reichs- oder Landesrecht, durch welches die Person ins Leben gerufen wurde, bestimmt.[441]

2. Bedeutung des Artikel 138 EGBGB

Die juristische Person, welche nach landesrechtlichen Vorschriften zur Erbschaft berufen ist, wird genauso behandelt wie der Fiskus in der Person als gesetzlicher Erbe. Falls das Nachlaßgericht bei seinen Ermittlungen Kenntnis von der Berechtigung einer juristischen Person des öffentlichen Rechts erlangt, so hat es dieses auch in der zu treffenden Feststellung zu berücksichtigen, um unnötige Verfahrensgänge hinsichtlich der Auseinandersetzung zwischen Fiskus und der betreffenden juristischen Person zu vermeiden.[442] Es tritt durch die Berechtigung der juristischen Person aber keine vorrangige Erbberechtigung in dem Sinne ein, daß man von einer Rangfolge sprechen könnte, sondern die bedachte Person tritt an die Stelle des Fiskus. Auch sie kann nicht ausschlagen und ist in gleicher Art und Weise an die Regelungen bezüglich des Umgangs mit der Erbschaft gebunden wie der Fiskus.[443]

Teilweise wurde eine Feststellung gemäß § 1964 BGB in diesen Fällen für überflüssig gehalten.[444] Es müsse hierbei vielmehr eine analoge Vorschrift durch die

---

[438] Protokolle VI, Seite 448.

[439] Ramfeld, Das gesetzliche Erbrecht des Fiskus nach geltendem Reichsrechte, Seite 45.

[440] Protokolle VI, Seite 447; Kommissionsberichte zum EG bei Mugdan, Band I, Seite 327.

[441] Thöl, Das Erbrecht der an Stelle des Fiskus nach Landesrecht erbberechtigten juristischen Personen, Seite 15.

[442] Thöl, Das Erbrecht der an Stelle des Fiskus nach Landesrecht erbberechtigten juristischen Personen, Seite 34.

[443] Dillner, Das gesetzliche Erbrecht des Fiskus nach geltendem Reichsrechte, Seite 46.

[444] Ramfeld, Das gesetzliche Erbrecht des Fiskus nach geltendem Reichsrechte, Seite 45.

Landesgesetzgebung erlassen werden. Diese Ausführungen stießen aber nicht auf Zustimmung. Die Landesgesetzgebung konnte nämlich nach allgemeiner Auffassung für die Voraussetzung und die Gestaltung des Erbrechts keine Sondervorschriften erlassen. Bereits bestehende Vorschriften dieses Inhalts verloren somit am 01.01.1900 ihre Gültigkeit.[445]
Es können aber neue landesgesetzliche Vorschriften erlassen werden, welche juristische Personen des öffentlichen Rechts an Stelle des Fiskus für berufen erklären. Es können dabei auch mehrere nebeneinander oder hintereinander berufen sein, wobei aber gewährleistet sein muß, daß die an letzter Stelle berufene Person nicht ausschlagen kann.[446] Ob allerdings einer juristischen Person nur ein Vorrecht gegenüber dem Fiskus eingeräumt werden kann und so eine Ausschlagungsbefugnis zu Lasten des Fiskus entstehen könnte, war umstritten. Jedenfalls wurde in der 2. Kommission dem Fiskus das Ausschlagungsrecht unter anderem auch deshalb versagt, da es für legitim gehalten wurde, daß jemand, der die Vorteile eines gesetzlichen Erbrechts genieße, auch mit den möglichen Nachteilen zu leben habe.[447] Gerade dieses könnte in gleicher Weise für die an Stelle des Fiskus berufenen juristischen Personen gelten.[448] Der Teleologie des Gesetzes ist allerdings nur zu entnehmen, daß die Herrenlosigkeit des Nachlasses verhindert werden sollte, was bei einem Vorrecht der juristischen Person durch den an letzter Stelle berufenen Fiskus gewährleistet wäre. Wenn also die Staffelung mehrerer juristischer Personen hinter- oder nebeneinander zulässig sein soll[449], dann muß gleiches auch gelten, wenn eine juristische Person nur ein Vorrecht auf den Nachlaß eingeräumt bekommt.

3. Berufung der Heimatgemeinde des Erblassers

Diskutiert wurde auch der Vorschlag, generell oder zum Teil nicht den Landesfiskus erben zu lassen, sondern die Heimatgemeinde des Erblassers.[450] Dieses spielte auch bei den Gedanken um die Begrenzung der Verwandtenerbfolge stets eine Rolle, da man es wohl nicht für mehrheitsfähig hielt, die Steigerungen bei den Erbschaften des Fiskus infolge einer solchen Veränderung für die allgemei-

[445] Ramfeld, Das gesetzliche Erbrecht des Fiskus nach geltendem Reichsrechte, Seite 46; Dillner, Das gesetzliche Erbrecht des Fiskus nach geltendem Reichsrechte, Seite 47.
[446] Thöl, Das Erbrecht der an Stelle des Fiskus nach Landesrecht erbberechtigten juristischen Personen, Seite 27.
[447] Protokolle V, Seite 489.
[448] Thöl, Das Erbrecht der an Stelle des Fiskus nach Landesrecht erbberechtigten juristischen Personen, Seite 26.
[449] Planken, Gesetzliches Erbrecht des Fiskus und anderer juristischer Personen nach Landesrecht, Seite 14, 15.
[450] Protokolle V, Seite 484.

nen Staatsaufgaben zu verwenden.[451]
Die Einsetzung der Heimatgemeinde des Erblassers wurde aber auch historisch mit dem Ursprung des Rechts des Fiskus auf die bona vacantia im Römischen Recht zu begründen versucht. Die Gemeinden hätten im römischen Rechtssystem kaum eine Bedeutung und insbesondere auch kaum Pflichten im Staatsgefüge gehabt. Deshalb sei es damals der Fiskus gewesen, der das Recht auf die bona vacantia verdient habe.[452] Zur Zeit des Inkrafttretens des BGB aber seien die Gemeinden viel stärker als ein Teil des Staates in Erscheinung getreten und hätten demzufolge diverse Rechte, aber auch Pflichten. Somit bestehe auch ein Anrecht auf einen Teil des Nachlasses von Erblassern, die ohne Verwandte oder Ehegatten und ohne Testament gestorben seien.[453] Die natürliche Reihenfolge sei vielmehr zu damaliger Zeit die, daß zunächst die Familie, dann die Heimatgemeinde und dann der Staat gesetzlicher Erbe werden solle.[454] Ferner sei auch viel eher der Wille des Erblassers vorhanden, seine Heimatgemeinde zu bedenken als den Fiskus.[455] Aus wirtschaftlicher Sicht hätten die Gemeinden zudem wegen ihrer wachsenden Aufgaben ein Anrecht auf „erblose Verlassenschaften".[456]
Trotz dieser guten Argumente wurde im BGB kein Anteil für die Heimatgemeinden im Bereich des § 1936 BGB normiert.[457] Gleichermaßen wurde der Vorschlag Mengers abgelehnt, die Sozialversicherungsanstalten als Erbberechtigte festzulegen.[458]
Auf der einen Seite wurde die Gemeindezugehörigkeit in den verschiedenen Ländern durchaus unterschiedlich gesehen, was unter Umständen zu Rechtsunsicherheiten im Falle des Staatserbrechts hätte führen können. Ferner sei eine stark ungleiche Verteilung der Einnahmen aus diesem Rechtsinstitut für die verschiedenen Gemeinden zu erwarten gewesen, da auf jeden Fall den ohnehin weniger unterstützenswerten Gemeinden mit wohlhabenderen Einwohnern deutlich größere Nachlässe zugesprochen werden würden als den kleinen ärmeren Gemeinden.[459] Die zunehmende Mobilität der Menschen im Rahmen der beginnenden Industrialisierung habe die Verbundenheit des Einzelnen zu seiner Heimat-

---

[451] Mertens, Die Entstehung der Vorschriften des BGB über die gesetzliche Erbfolge und das Pflichtteilsrecht, Seite 59, 60.
[452] Protokolle V, Seite 485; Dillner, Das gesetzliche Erbrecht des Fiskus nach geltendem Reichsrechte, Seite 8.
[453] Ramfeld, Das gesetzliche Erbrecht des Fiskus nach geltendem Reichsrechte, Seite 44.
[454] Dillner, Das gesetzliche Erbrecht des Fiskus nach geltendem Reichsrechte, Seite 8.
[455] Protokolle V, Seite 485.
[456] Dillner, Das gesetzliche Erbrecht des Fiskus nach geltendem Reichsrechte, Seite 8.
[457] Stenographische Berichte über die Verhandlungen des Reichstags, 9. Legislaturperiode, Dritter Anlageband 1895/97, Aktenstück 440c, Seite 2099.
[458] Menger, Das bürgerliche Recht und die besitzlosen Volksklassen , Seite 89-92, 151.
[459] Protokolle V, Seite 486.

gemeinde auch schwinden lassen, da die ländliche Seßhaftigkeit und Gebundenheit der Bevölkerung zum überwiegenden Teil nicht mehr existiere.[460] Auch könne jeder Landesfiskus selbst bestimmen, ob er die Gemeinden an den Einnahmen aus dem Staatserbrecht beteiligt und sogar eine Alleinerbschaft einer Gemeinde wäre im Rahmen des Artikel 138 EGBGB zu bewerkstelligen.[461] Letztlich sei es aber nicht die Aufgabe des BGB, die wirtschaftlichen und sozialpolitischen Probleme der Gemeinden zu lösen.[462] Gleiches galt sicherlich auch für die finanziellen Probleme der Sozialversicherungsanstalten.

4. Einzelne landesrechtliche Kodifikationen[463]

Bei Inkrafttreten des BGB gab es landesrechtliche Vorschriften hinsichtlich des Heimfallsrechts erbloser Hinterlassenschaften beispielsweise in den Ländern Preußen, Bayern, Mecklenburg-Schwerin, Sachsen-Weimar, Braunschweig, Sachsen-Meiningen und Elsaß-Lothringen.[464] Bayern, Sachsen, Württemberg, und Baden haben ihre Sonderregelungen zum Staatserbrecht mit Inkrafttreten des BGB aufgehoben.[465]

Die noch bestehenden Sonderregelungen waren und sind aber durchaus unterschiedlich gestaltet.[466] Teilweise wurde auch juristischen Personen nicht ein volles Erbrecht, sondern nur ein Anrecht auf dieses Recht oder ein Teilerbrecht eingeräumt. Die Quotierung des Erbrechts wird dabei genauso zulässig sein, wie die Miterbenstellung des Fiskus nach oben Ausgeführtem möglich ist.

Anders aber ist es z.B. in Braunschweig, wo ein Vorbehalt für die Stadt Wolfenbüttel in § 112 Abs. 2 Braunschweiger AGBGB zu finden ist. Die hier vorhandene Formulierung: „Fällt dem Fiskus als gesetzlichem Erben eine Erbschaft in der Stadt Wolfenbüttel an, so ist er verpflichtet, dieser die Hälfte des Wertes der Erbschaft herauszugeben." läßt erkennen, daß die Stadt Wolfenbüttel keinesfalls als Erbe „an Stelle des Fiskus", wie es Artikel 138 EGBGB vorsieht, anzusehen war, sondern daß nur eine wirtschaftliche Beteiligung erfolgen sollte. Diese teilweise als „gesetzliches Vermächtnis" bezeichnete Regelung wurde von Thöl als unzulässig erachtet, da ein solcher Fall in Artikel 138 EGBGB nicht vorge-

---

[460] Mertens, Die Entstehung der Vorschriften des BGB über die gesetzliche Erbfolge und das Pflichtteilsrecht, Seite 63.

[461] Ramfeld, Das gesetzliche Erbrecht des Fiskus nach geltendem Reichsrechte, Seite 44.

[462] Protokolle V, Seite 486.

[463] Zusammenfassung bei: Stobbe, Handbuch des Deutschen Privatrechts, § 297, Anmerkung 12 – 16; Planken, Gesetzliches Erbrecht des Fiskus und anderer juristischer Personen nach Landesrecht, Seite 24 ff.

[464] Thöl, Das Erbrecht der an Stelle des Fiskus nach Landesrecht erbberechtigten juristischen Personen, Seite 12.

[465] Dillner, Das gesetzliche Erbrecht des Fiskus nach geltendem Reichsrechte, Seite 48.

[466] Staudinger/Jörg Mayer, 13. Auflage, Artikel 138 EGBGB, Rdnr. 9-11.

sehen sei. [467] Da es sich aber, wie oben dargestellt, nicht um eine das Erbrecht des Fiskus betreffende Regelung handelt, sondern nur um ein Forderungsrecht gegen den erbenden Fiskus[468], ist die Meinung Thöls nicht überzeugend, da die Verwendung der Erbschaft für den Landesfiskus grundsätzlich auch nicht durch das BGB reglementiert wurde und werden konnte.

In Preußen gab es in § 20 Abs. 2, 16 ALR II noch Vorbehalte auch für „moralische" und „andere Privatpersonen". Hier war der Vorbehalt für Privatpersonen durch die Fassung des Artikels 138 EGBGB unwirksam geworden.

In Mecklenburg-Schwerin gab es eine Verordnung zur Ausführung des BGB, welche in § 252 einen Vorbehalt für die Städte Rostock und Wismar normierte. Dabei wurde den Städten ein Anrecht auf die erblosen Hinterlassenschaften derjenigen eröffnet, welche der städtischen Gerichtsbarkeit unterstanden.[469] Gleiches galt für Berlin im Hinblick auf den allgemeinen Gerichtsstand der Einwohner.[470] Hier gab es durch einen Rezeß des Kurfürsten Joachim I. von Brandenburg vom 27.12.1508[471] ein Recht auf erblose Nachlässe, es sei denn, die Erblasser waren „unechte oder fremde Leute".[472] Demnach waren die Nachlässe von Adeligen, Fremden und unehelich Geborenen vom Recht der Stadt Berlin ausgenommen.[473]

Die Stadt Danzig hatte gemäß Artikel 10, § 4 des Gesetzes vom 16.02.1857 betreffend der Einführung des westpreußischen Provinzialrechts ein Anrecht auf die erblosen Nachlässe derjenigen, die ihren letzten Wohnsitz in der Stadt gehabt haben. Dieses Privileg wurde der Stadt schon von König Johann Casimir von Polen am 30.04.1660 verliehen.[474]

In Preußen gab es ähnliche Privilegien für die mit lübischem Recht bewidmeten Städte Alt-, Vor- und Hinterpommerns. Die Städte Schleswig, Flensburg,

---

[467] Thöl, Das Erbrecht der an Stelle des Fiskus nach Landesrecht erbberechtigten juristischen Personen, Seite 22; Staudinger/Jörg Mayer, 13. Auflage, Artikel 138 EGBGB, Rdnr. 8; für die Wirksamkeit noch Staudinger/Keidel, 10./11. Auflage, Artikel 138 EGBGB, Rdnr. 7.

[468] Dillner, Das gesetzliche Erbrecht des Fiskus nach geltendem Reichsrechte, Seite 48.

[469] Thöl, Das Erbrecht der an Stelle des Fiskus nach Landesrecht erbberechtigten juristischen Personen, Seite 17.

[470] Weißler, Das deutsche Nachlaßverfahren, Seite 242.

[471] § 15 des Vertrages lautete: „Abgesehen von diesen Nachlaßeffekten behält sich jedoch die Kommune das ihr judikatmäßig zustehende Recht auf erblose Verlassenschaften im bisherigen Umfang ausdrücklich vor, und wird solches vom Fiskus nicht weiter beansprucht.": Planken, Gesetzliches Erbrecht des Fiskus und anderer juristischer Personen nach Landesrecht, Seite 26.

[472] Holtze, Beiträge zur Erläuterung des Deutschen Rechts Band 37, Seite 323 (331, 332).

[473] Thöl, Das Erbrecht der an Stelle des Fiskus nach Landesrecht erbberechtigten juristischen Personen, Seite 17.

[474] Weißler, Das deutsche Nachlaßverfahren, Seite 243; Sinning, Der Fiskus als gesetzlicher Erbe, Seite 51.

Eckernförde, Apenrade und Hadersleben hatten ein Recht auf die Hälfte der erblosen Nachlässe.[475]

In Elsaß-Lothringen bestand ein Vorbehalt in den §§ 166 – 168 AGBGB für Spitäler und Pflegehäuser unter gewissen Bedingungen.

Die Universität Jena konnte nach § 231 AGBGB von Sachsen-Weimar-Eisenach Erbin ihrer Angehörigen werden, genauso wie die Gemeinden, falls der Erblasser zur Zeit seines Todes in einem gemeindlichen Krankenhaus oder Gemeindearmenhaus aufgenommen war.

5. Bedeutung der Kodifikationen

Der obigen Zusammenfassung und der Normierung des BGB ist zu entnehmen, daß die überwiegende Zahl von Nachlässen im Rahmen des Staatserbrechts nach dem BGB den Landesfiski zufallen wird. Artikel 138 EGBGB enthält aber nicht bloß die Möglichkeit, bestehende landesrechtliche Vorbehalte aufrecht zu erhalten, sondern zusätzlich konnten die Länder auch neue landesrechtliche Normen zur Ausführung des Staatserbrechts schaffen. Dieses ist in der Folgezeit aber bis heute nicht geschehen.[476]

IX. Der Anfall des Vermögens juristischer Personen

Auch bei juristischen Personen stellt sich die Frage, wie nach deren Auflösung oder dem sonstigen Verlust der Rechtsfähigkeit mit dem Vermögen zu verfahren ist. Da bei juristischen Personen, anders als bei natürlichen, bei deren Auflösung nicht automatisch ein Rechtsnachfolger vorhanden ist, besteht hier ein besonders großes Bedürfnis nach gesetzlichen Nachfolgeregelungen.[477]

1. Anfall des Vereinsvermögens an den Landesfiskus

Das BGB hat in den §§ 42 – 46 BGB den Anfall des Vereinsvermögens an den Fiskus geregelt. Dieser Anfall ist zwar kein Erbrecht im engeren Sinne, jedoch erscheint der Fiskus hier genauso wie beim Tod eines Menschen ohne Verwandte als letztes Zuordnungssubjekt des möglicherweise vorhandenen Vermögens. Deshalb erklärt das BGB gemäß § 46 S. 1 BGB auch die Vorschriften über eine dem Fiskus als gesetzlichem Erben angefallene Erbschaft für entsprechend anwendbar. Der 1. Entwurf bestimmte in § 49 Abs. 2 sogar, daß die in das BGB aufzunehmenden Vorschriften hinsichtlich des Anfalls von Vereinsvermögen für

---

[475] Daß das Erbrecht in der Praxis von den Städten Schleswig, Flensburg und Eckernförde noch geltend gemacht wird, wurde von diesen gegenüber Planken bestätigt: Planken, Gesetzliches Erbrecht des Fiskus und anderer juristischer Personen nach Landesrecht, Seite 36; Weißler, Das deutsche Nachlaßverfahren, Seite 243.

[476] Ramfeld, Das gesetzliche Erbrecht des Fiskus nach geltendem Reichsrechte, Seite 48; Staudinger/Jörg Mayer, 13. Auflage, Artikel 138, Rdnr. 11.

[477] Motive I, Seite 109 ff.

alle anfallsberechtigten Personen gelten sollten. Damit wäre auch jeder anderen Person entsprechend der für den Fiskus geltenden Regel das Recht zur Ausschlagung genommen worden. Für eine solche Regelung sah der Gesetzgeber letztlich keine Veranlassung.[478] Zunächst ist es bei einem Verein, welcher sich durch einen Mitgliederbeschluß gemäß § 42 BGB selbst aufgelöst hat, oder welchem gemäß §§ 42, 43 BGB die Rechtsfähigkeit entzogen wurde, möglich, daß die Satzung gemäß § 45 Abs. 1 BGB die Bezeichnung von Personen enthält, welche das Vereinsvermögen nach Auflösung oder Entzug der Rechtsfähigkeit erhalten sollen. Auch kann die Satzung gemäß § 45 Abs. 2 BGB eine Bestimmung enthalten, die regelt, daß die Mitgliederversammlung oder ein anderes Organ des Vereins den Anfallsberechtigten bestimmen kann. Falls der Verein keinen wirtschaftlichen Zweck verfolgt, kann die Mitgliederversammlung in jedem Fall einen Anfallsberechtigten bestimmen.

Falls nun nach den oben genannten Möglichkeiten kein Anfallsberechtigter zu bestimmen ist und der Verein nicht ausschließlich den Interessen seiner Mitglieder diente, fällt das Vermögen dem Fiskus gemäß § 45 Abs. 3 BGB zu. Wenn der Verein ausschließlich seinen Mitgliedern diente, wird das Vermögen hingegen unter diesen aufgeteilt. Es besteht aber auch die Möglichkeit, daß die Satzung selbst den Fiskus als Anfallsberechtigten nennt.[479] Auch dieser Fall wird von der allgemein gehaltenen Bestimmung des § 46 BGB erfaßt.[480] Anfallsberechtigt ist dabei der Landesfiskus, in dessen Zuständigkeitsbereich der Verein seinen Sitz hatte.[481] Sollte der Verein gemäß § 23 BGB keinen Sitz in einem deutschen Bundesstaate gehabt haben, wird der Bundesfiskus Gesamtrechtsnachfolger.[482]

Rechte und Pflichten ergeben sich für den Fiskus grundsätzlich im gleichem Maße wie im Falle der Erbschaft gemäß § 1936 BGB. Allerdings enthält § 46 S. 2 BGB die Aufforderung an den betreffenden Fiskus, das Vereinsvermögen tunlichst in einer den Zwecken des Vereins entsprechenden Weise zu verwenden. Streitfrage war in diesem Zusammenhang, ob hier eine privatrechtlich erzwingbare Pflicht normiert sein soll, eine öffentlich-rechtliche Ordnungsregel oder nur eine schlichte Instruktion.[483]

Oertmann nahm insoweit an, daß es sich nur um „eine rein objektivrechtliche Schranke, die in der Praxis kaum mehr als instruktionelle Bedeutung haben dürfte“ handele.[484] Auch Hölder hielt den in § 46 BGB enthaltenen Satz nicht für

---

[478] Pfützner, Der Fiskus als gesetzlicher Erbe, Seite 32.
[479] Ramfeld, Das gesetzliche Erbrecht des Fiskus nach geltendem Reichsrechte, Seite 50.
[480] Protokolle I, Seite 547.
[481] Pfützner, Der Fiskus als gesetzlicher Erbe, Seite 32.
[482] Ramfeld, Das gesetzliche Erbrecht des Fiskus nach geltendem Reichsrechte, Seite 50.
[483] Weyl, Der Fiskus im gegenwärtigen Deutschen Privatrecht, Seite 10 m.w.N.
[484] Oertmann, § 46, Anmerkung 2 b.

eine die freie Verfügung des Fiskus beschränkende Bestimmung.[485] Planck und einige andere vertraten demgegenüber, daß es sich um eine öffentlich-rechtliche Pflicht handele, die sich zumindest nicht privatrechtlich erzwingen lasse.[486] Auch die Protokolle lassen eher auf eine öffentlich-rechtliche Einordnung der Norm schließen.[487]
Mayer und Weyl hingegen gingen von einer privatrechtlichen Pflicht aus, die von jedem eingeklagt werden könne, der ein berechtigtes Interesse an der Erfüllung dieser Pflicht habe.[488] Insbesondere Weyl hielt das Wort „tunlichst" im Sinne der Vorschrift für objektiv vom Richter nachprüfbar, da hier eine Verwendung im Vereinssinne „wenn möglich" angestrebt werden solle.[489] Jedenfalls wird durch die Fassung des Gesetzes eine moralische Verpflichtung des Fiskus hervorgehoben, die dieser „tunlichst" auch einhalten wird.
Beachtung in gesetzestechnischer Hinsicht bekam der Streit in § 6 des sächsischen AGBGB. Hier wurde festgelegt, daß über die Verwendung des dem Fiskus angefallenen Vereinsvermögens das Innenministerium zu entscheiden habe.[490] Man war sich demnach der Bedeutung der Vorschrift bewußt und wollte die Vermögensmassen, welche dem sächsischen Fiskus im Wege des § 45 BGB zufließen, zumindest gesondert steuern.
Beachtlich ist letztlich, daß gemäß § 47 BGB beim Anfall des Vereinsvermögens an den Fiskus keine Liquidation erfolgen und daß das Sperrjahr gemäß § 51 BGB nicht eingehalten werden muß.[491] Eine Haftungsbegrenzung kann der Fiskus durch die Errichtung eines Inventars erreichen.[492]

2. Anfall des Stiftungsvermögens

Für das Stiftungsvermögen ordnet § 88 BGB an, daß nach Erlöschen der Stiftung das Stiftungsvermögen an die in der Verfassung bestimmten Personen fallen soll. Die Verfassung wiederum bestimmt sich in erster Linie nach dem Stiftungsgeschäft, kann aber auch durch Landes- oder Reichsrecht gemäß § 85 BGB beeinflußt sein.
Wenn nun keine anfallsberechtigte Person bestimmt wurde, dann muß das Landesrecht das weitere Verfahren bezüglich des Stiftungsvermögens regeln, da spezielle reichs- oder bundesrechtliche Vorschriften nicht vorhanden sind und

---

485 Hölder, AcP 80, Seite 1 (20).
486 Planck, § 46, Erläuterung 2; Sinning, Der Fiskus als gesetzlicher Erbe, Seite 49; Dillner, Das gesetzliche Erbrecht des Fiskus nach geltendem Reichsrechte, Seite 50.
487 Protokolle VI, Seite 116.
488 Mayer, Das Erbrecht des Fiskus, Seite 67.
489 Weyl, Der Fiskus im gegenwärtigen Deutschen Privatrecht, Seite 10.
490 Pfützner, Der Fiskus als gesetzlicher Erbe, Seite 33.
491 Mayer, Das Erbrecht des Fiskus, Seite 66.
492 Mayer, Das Erbrecht des Fiskus, Seite 66.

§ 45 BGB gemäß § 88 S. 2 BGB ausdrücklich nicht anwendbar ist.[493] Die analoge Anwendung ist hier wegen des klaren Wortlautes unmöglich.[494] In den meisten Ländern wurde dann auch in entsprechenden Ausführungsgesetzen zum BGB bestimmt, daß der Landesfiskus gesetzlicher Erbe sein sollte. In Sachsen war aber beispielsweise in § 7 Abs. 2 AGBGB vom 06.06.1899 normiert, daß das aufsichtsführende Ministerium, also in der Regel das Kultusministerium, über die Verwendung des Stiftungsvermögens zu entscheiden hatte.
In Preußen war zwar auch grundsätzlich der Landesfiskus anfallsberechtigt, jedoch gab es eine Ausnahme gemäß Artikel 5, § 2 Preuß. AGBGB. Hiernach waren die Gemeinden und sonstigen Körperschaften des öffentlichen Rechts anfallsberechtigt, falls es sich bei der betreffenden Stiftung um eine solche handelte, welche von der entsprechenden juristischen Person errichtet oder verwaltet worden war.[495] In Elsaß-Lothringen bestimmte § 7 AGBGB, daß die Erben des Stifters auch die Erben des Stiftungsvermögens sein sollten.[496]
Beachtlich war aber in jedem Fall, daß das Stiftungsvermögen durch den Verweis in § 88 S. 2 BGB gemäß § 46 BGB in einer dem Stiftungszweck entsprechenden Weise zu verwenden sei.[497]

3. Artikel 85 EGBGB

Artikel 85 EGBGB bestimmt, ähnlich wie Artikel 138 EGBGB, daß landesrechtliche Vorschriften den Anfall des Vereinsvermögens auch für öffentliche Anstalten, Körperschaften und Stiftungen vorsehen können. Sollte eine solche juristische Person an Stelle des Fiskus zum Anfall berufen sein, dann gelten für sie dieselben Grundsätze wie für den Fiskus. Anders werden diese Personen nur behandelt, wenn ihnen das Vereinsvermögen durch die Satzung selbst oder durch einen Mitgliederbeschluß gemäß § 45 Abs. 1 und 2 BGB zugewiesen wird. Dann nämlich gilt für diese zumindest nicht die Beschränkung des § 46 BGB und es können auch keine landesgesetzlichen Bestimmungen erlassen werden, welche diese durch andere juristische Personen ersetzt.[498] Für den Fiskus gilt der Grundsatz der möglichst zweckgebundenen Verwendung der Vereinsvermögens in jedem Fall.[499]

---

[493] Sinning, Der Fiskus als gesetzlicher Erbe, Seite 49.
[494] Pfützner, Der Fiskus als gesetzlicher Erbe, Seite 34; Dillner, Das gesetzliche Erbrecht des Fiskus nach geltendem Reichsrechte, Seite 51.
[495] Sinning, Der Fiskus als gesetzlicher Erbe, Seite 50.
[496] Pfützner, Der Fiskus als gesetzlicher Erbe, Seite 34.
[497] Ramfeld, Das gesetzliche Erbrecht des Fiskus nach geltendem Reichsrechte, Seite 53.
[498] Dillner, Das gesetzliche Erbrecht des Fiskus nach geltendem Reichsrechte, Seite 50.
[499] Ramfeld, Das gesetzliche Erbrecht des Fiskus nach geltendem Reichsrechte, Seite 52.

X. Artikel 139 EGBGB

Artikel 139 EGBGB enthält im Gegensatz zu Artikel 138 EGBGB eine Möglichkeit der Privilegierung des Fiskus und anderer juristischer Personen des öffentlichen Rechts nach landesrechtlichen Vorschriften gegenüber anderen noch vorhandenen Erben, falls der Erblasser eine verpflegte oder unterstützte Person war. Somit kann dem Fiskus oder den anderen juristischen Personen des öffentlichen Rechts eine Erbschaft sogar zustehen, wenn Verwandte, der Ehegatte oder testamentarisch eingesetzte Erben vorhanden sind. Da es sich bei dem darin liegenden Privileg des Fiskus und der anderen juristischen Personen um ein Erbrecht vor anderen möglichen Erben handelt, finden die Grundsätze des BGB für das Staatserbrecht hier auch keine Anwendung.[500]

Der Landesfiskus kann also im Rahmen von Artikel 139 EGBGB auch die Erbschaft ausschlagen. Falls allerdings keine weiteren gesetzlichen Erben vorhanden sind oder diese ihrerseits die Erbschaft ausschlagen, wird der Fiskus wieder gemäß § 1936 BGB Zwangserbe mit allen genannten Folgen.

B. Zusammenfassung

I. Veränderungen gegenüber dem Römischen Recht und den landesrechtlichen Kodifikationen

Bei der Konstruktion der Vorschriften über das Erbrecht des Fiskus mußte man einerseits auf jahrhundertealte Sitten und Gebräuche Rücksicht nehmen, konnte andererseits aber auch von den Erfahrungen in der Vergangenheit profitieren und hat dementsprechend präzise, aber zugleich auch umstrittene Regelungen getroffen.

1. Universalsukzession

Der Fiskus wird im BGB als wahrer Erbe behandelt. Der Streit zwischen Okkupationstheorie und der Universalsukzession des Fiskus, welcher noch zur unterschiedlichen Ausgestaltung der landesrechtlichen deutschen Kodifikationen geführt hatte, wurde somit durch das Inkrafttreten des BGB beendet.

2. Haftung des Fiskus

Haftungsbeschränkungen mußten für den Fiskus eingeführt werden, da ihm die jüngere römischrechtliche Möglichkeit, die Erbschaft auszuschlagen, nicht zur Verfügung stand. Die von Seiten des Gesetzgebers gegebene Begründung für die Zwangserbschaft, daß dadurch Rechtssicherheit und Nachlaßgläubigerschutz gewährleistet werden sollten, wurde allgemein nachvollzogen.

---

[500] Ramfeld, Das gesetzliche Erbrecht des Fiskus nach geltendem Reichsrechte, Seite 49; Dillner, Das gesetzliche Erbrecht des Fiskus nach geltendem Reichsrechte, Seite 51.

3. Rechte des Fiskus
Eine Art Pflichtteilsrecht, wie es im Rahmen der Quarta Falcidia oder Quarta Trebelliancia im Römischen und gemeinen Recht für den Fiskus bestand, ist im BGB nicht vorgesehen. Der Fiskus kann also dazu verpflichtet sein, die gesamte Erbschaft an die Gläubiger herauszugeben, ohne einen Teil für sich behalten zu können. Dieses mag in Bezug auf die Verwaltungskosten, die nicht von einem Nachlaßpfleger geltend gemacht werden können, problematisch sein.

4. Feststellung des Fiskalerbrechts
Der Fiskus wird zwar ipso iure mit dem Erbfall auch Erbe. Jedoch kann der Fiskus erst nach erfolgtem Feststellungsbeschluß mit der Erbschaft wie ein Erbe verfahren, wobei durch den Beschluß auch nur eine Vermutung für das gesetzliche Erbrecht begründet wird, welche durch einen wahren Erben bis zum Ablauf der Verjährungszeit widerlegt werden kann. Mit dem ipso iure-Anfall der Erbschaft wird das Fiskalerbrecht wie im alten Römischen Recht geregelt. Allerdings war damals keine Haftungsbeschränkung vorhanden, was letztlich zu einer Veränderung dieses Verfahrens im Hinblick auf die Staatsfinanzen führen mußte. Das Römische Recht hat dann zwischen Anfall und Erwerb der Erbschaft getrennt, so daß der Fiskus auch eine Ausschlagungsmöglichkeit erhielt. Im BGB hat der Fiskus diese Möglichkeit zwar nicht, allerdings wurden ihm als Ersatz Haftungsprivilegien zu Teil, um die Staatskasse nicht mit überschuldeten Nachlässen zu belasten.

5. Vor- und Nacherbschaft
Der römischrechtliche Grundsatz „semel heres, semper heres“[501] wird im BGB durch die Normierung der Vor- und Nacherbschaft durchbrochen. Der Fiskus kann allerdings nicht Nacherbe werden, da die 2. Kommission dem Erblasser nicht so viel fiskalischen Sinn zutraute, daß er den Fiskus anstatt des eingesetzten Vorerben bedenken würde. Diese Vorschrift stieß auf starken Widerstand in der Literatur, da sie als vom Gesetzgeber auf Kosten des Fiskus geübte Großmut angesehen wurde und zudem keine Untersuchungen hinsichtlich der Volksmeinung angestellt worden waren.

6. Behandlung der bona ereptoria
Im BGB wird auch derjenige zum Erben berufen, welcher sich als erbunwürdig gemäß § 2339 BGB erwiesen hat. Gemäß § 2341 BGB kann aber derjenige, welchem der Wegfall des Unwürdigen zustatten kommen würde, den Anfall anfechten. Als berufen gilt nach der Anfechtung derjenige, der ohne den Unwürdigen berufen sein würde. Dies kann auch der Fiskus sein. Mit dieser Regelung

[501] Maresch, Das Erbrecht des Fiskus, Seite 37; Mayer, Das Erbrecht des Fiskus, Seite 58.

hat das BGB ebenfalls eine sinnvolle Neuerung gegenüber dem Römischen Recht vollzogen, da dort nach dem Wegfall des Unwürdigen der Fiskus in jedem Fall Erbe wurde.

7. Anfall des Vereinsvermögens
Mit der Schaffung des § 45 BGB wurde eine Regelung hinsichtlich des Anfalls von Vereinsvermögen normiert, welche sich von den Regelungen des gemeinen Rechts und auch von denen der Partikularrechte dadurch unterscheidet, daß bei der Auflösung oder der Rechtsentziehung eines Vereins nicht nur der Fiskus als Anfallsberechtigter hinsichtlich des Vermögens in Erscheinung treten kann, sondern auch die Mitglieder oder andere in der Satzung festgelegte Personen.

II. Verbleibende Probleme
Die Bedeutung des Fiskalerbrechts war nach Inkrafttreten des BGB vor allem deshalb so gering, weil die unbegrenzte Verwandtenerbfolge das Erbrecht des Fiskus eher selten ermöglichte.[502] Diese Regelung war, wie bereits oben beschrieben, schon bei der Gesetzgebung umstritten.[503]

1. Begrenzung der Verwandtenerbfolge
Die Begründung für die unbegrenzte Verwandtenerbfolge war hauptsächlich, daß das Erbrecht auf der Blutsbindung der Berechtigten zum Erblasser basieren sollte. Hierbei eine Grenze bei irgendeinem Grad zu finden, mußte als Willkür empfunden werden. Von erheblichem Einfluß waren in diesem Zusammenhang auch die Verhältnisse der Familien mit gebundenem Grundbesitz, für welche das Prinzip der Blutszusammengehörigkeit überlebenswichtige Bedeutung genoß.[504] Da aber dennoch nach Meinung vieler Autoren eine Begrenzung als sinnvoll erachtet wurde, war dieses Thema in vielen juristischen wie auch politischen Schriften zu finden. Bis zum ersten Reformentwurf bezüglich des Erbrechts des Staates im Jahre 1908 nahmen viele Autoren zu diesem Thema Stellung.

a) Befürworter der Begrenzung der Verwandtenerbfolge
In den Entwürfen des BGB sprachen sich verschiedene Redaktoren für eine Begrenzung der Verwandtenerbfolge aus. So trat beispielsweise Gottfried von Schmitt[505] für eine „vorsichtige Begrenzung" ein, Otto Friedrich von Gierke[506] wollte eine Begrenzung ab der vierten Parentel, Friedrich Mommsen[507] nach der

502 Kipp/Coing, Erbrecht, Seite 48.
503 Siehe oben Seite 22 - 25.
504 49. Deutscher Juristentag, Coing, A 38.
505 Vorlage von G. von Schmidt 1876, 1877.
506 Entwurf von v. Gierke 1889.
507 Entwurf von Mommsen 1876.

sechsten.[508]
Nach der Schaffung des BGB war es vor allem der Justizrat Georg Bamberger, der sich in juristischen Zeitschriften vehement für eine Begrenzung der Erbfolge einsetzte.[509] Er versuchte zu begründen, daß weder historisch noch gesellschaftspolitisch und vor allem nicht finanzpolitisch die unbegrenzte Verwandtenerbfolge begründbar sei. Hierbei wurden aber überwiegend nichtjuristische Argumente vorgebracht[510] wie auch der Titel „Vom Recht der lachenden Erben" eines Aufsatzes in der Deutschen Juristenzeitung aus dem Jahr 1907 vermuten läßt.[511] Festzustellen ist aber, daß vor allem Bamberger das Thema der Begrenzung des Verwandtenerbrechts immer wieder aufgriff und in die Diskussion brachte. Selbst in den amtlichen Begründungen der Gesetzentwürfe aus den Jahren 1908 und 1913 fand Bamberger Erwähnung. Seiner Meinung nach war eine Begrenzung dringend geboten. Die entfernten Erben seien häufig schwierig zu ermitteln, würden den Erblasser teilweise nicht kennen und dementsprechend auch in keiner familiären Beziehung zu diesem stehen.[512] Da die familiären Beziehungen generell nachließen und der Staat die Aufgaben der sozialen Fürsorge in vielen Bereichen übernommen habe, sei eher der Fiskus als die entfernte Familie einzusetzen.[513] Historisch wandte Bamberger ein, daß es auch im frühen Römischen Recht eine Zeit gegeben habe, in welcher eine Begrenzung der Verwandtenerbfolge anerkannt gewesen sei. Die unbegrenzte Erbfolge sei erst „eine sinnlose Erfindung Justinians aus dem Jahre 543 nach Christi Geburt".[514] Auch einige deutschen Volksrechte, wie beispielsweise der Sachsenspiegel, hätten eine Begrenzung der Verwandtenerbfolge enthalten.[515] Dies gelte auch für eine Vielzahl von ausländischen Gesetzbüchern.[516]
Mit diesen Feststellungen wollte Bamberger darlegen, daß das unbegrenzte gesetzliche Erbrecht der Blutsverwandten weder historisch gewachsen sei noch zwingendes Recht darstelle, sondern sich immer in der Diskussion und Bewegung befand. Vor allem die Blutsbindung als Rechtfertigung des gesetzlichen Erbrechts stellte Bamberger generell in Frage.[517] Das Gesetz solle eher die Erb-

---

[508] 49. Deutscher Juristentag, Coing, A 38.
[509] Bamberger, Vom Recht der lachenden Erben, DJZ 1907; Bamberger, Erbrechtsreform 1908; Bamberger, Für das Erbrecht des Reiches 1912.
[510] Bamberger stellte im Vorwort zu seinem 1912 erschienenem Werk „Für das Erbrecht des Reiches" klar: „Daß die Arbeiten für die Rechtswissenschaft und Volkswirtschaftslehre wertvoll sind, wage ich kaum zu hoffen".
[511] Bamberger, DJZ 1907, Seite 632 – 636.
[512] Bamberger, Erbrechtsreform, Seite 8.
[513] Bamberger, Erbrechtsreform, Seite 8.
[514] Bamberger, Für das Erbrecht des Reiches, Seite 4; so auch Baron, Angriffe auf das Erbrecht, Seite 5, 6.
[515] Bamberger, DJZ 1907, Seite 632 (632).
[516] Bamberger, Erbrechtsreform, Seite 11.
[517] Bamberger, Erbrechtsreform, Seite 9, 10.

rechtsgrenze dort ziehen, wo der „Familiensinn“ aufhöre.[518] Eine Rechtsvermutung für den Willen des Erblassers, alle seine Blutsverwandten vor dem Fiskus zu bedenken, sei somit nicht geboten. Es müsse eher eine Grenze gefunden werden, welche die Fürsorge des modernen Staats mitbedenke und so zu vermehrten Erbschaften des Staates führe.[519]

Eine Grenze war nach Meinung des Kieler Rechtsgelehrten Max Pappenheim schon deshalb geboten, weil auch in vielen anderen Bereichen des Familienrechts zwar Rechtsfolgen an die Verwandtschaft geknüpft würden, aber stets eine Grenze vorhanden sei, an der diese Berechtigung oder Verpflichtung ihr Ende finde. So sei beispielsweise im Unterhaltsrecht, beim Zeugnisverweigerungsrecht und auch bei Ehehindernissen eine derartige Grenze zu finden, so daß eine solche beim Erbrecht zumindest nicht unbillig erscheinen könne.[520] Schon das BGB selbst habe eine Grenze des Erbrechts der Blutsverwandten gemäß § 1931 Abs. 2 BGB gesetzt, wenn ein Ehegatte mit dort genannten Verwandten zusammentreffe. Eine Einschränkung der Rechte der Blutsverwandten ab einem bestimmten Grad der Verwandtschaft im Verhältnis zum Staat sei somit nicht von vornherein ausgeschlossen.[521]

Die Testierfreiheit hingegen sollte nach Meinung Bambergers und Pappenheims nicht eingeschränkt werden[522], genauso wenig, wie die bisher pflichtteilsberechtigten Verwandten um ihr gesetzliches Erbrecht gebracht werden sollten. Daß eine solche Grenze keine rechtlich besonders einschneidende Maßnahme sei, versuchte Bamberger damit zu begründen, daß in Analogie zu § 928 BGB, welcher bei herrenlosen Grundstücken ein Aneignungsrecht für den Staat begründet, herrenlose Güter sowieso dem Staat oder dem Reich gebührten.[523] Zudem sei die Ausdehnung des Erbrechts des Fiskus anstelle einer weiteren Erhöhung der Erbschaftsteuer vorzunehmen.[524] In den späteren Aufsätzen Bambergers wird noch an das nationale Bewußtsein des deutschen Volkes apelliert, indem das Vaterland als Erbe glorifiziert wurde.[525]

---

[518] Bamberger, DJZ 1907, Seite 632 (634).
[519] Bamberger, DJZ 1907, Seite 632 (643).
[520] Pappenheim, DJZ 1908, Seite 509 (510).
[521] Pappenheim, DJZ 1908, Seite 509 (510).
[522] Bamberger, Erbrechtsreform, Seite 30.
[523] Bamberger, DJZ 1907, Seite 632 (636).
[524] Bamberger, Erbrechtsreform, Seite 16, 17, 44.
[525] Bamberger, Für das Erbrecht des Reiches, Seite 45:
„Wer künftig keine nahen Angehörigen besitzt und kein Testament errichtet, spricht damit aus: „Mein Erbe ist das Vaterland.“ Ein klarer, stolzer Rechtsgedanke für die Angehörigen einer großen Nation.“ – Daß anschließend der Vereinfachungsgedanke des Erbrechts auf fast zwei Seiten dargelegt wurde, da aus Sicht des Autors nach der Reform jederman wisse, daß ab der zweiten Parentel der Staat Erbe sei und aus diesem Grund der Reform eine große Zustimmung im Volk vorauszusagen sei, erscheint als Gipfel eines substanzlosen Populismusses, der juristische wie auch politische Qualität entbehren läßt.

Die aus einer Begrenzung des Erbrechts auf die ersten beiden Parentelen sich ergebenden Einnahmen schätzte Bamberger auf eine halbe Milliarde Reichsmark jährlich.[526] Daß diese Zahlen in den Aufsätzen Bambergers meist ganz am Ende standen oder als Aufhänger des gesamten Textes genutzt wurden und die Argumente gleichsam in einer Art Klimax angeordnet erscheinen mußten, machte allerdings deutlich, daß die zum Teil in populistischer Weise gebrauchten Beispiele aus dem Leben und auch die historischen und juristischen Argumentationshilfen nur einem Ziel dienen sollten, nämlich durch die Begrenzung der Verwandtenerbfolge eine Erhöhung der Staatseinnahmen zu erreichen. Wurden zu Anfang noch die gewachsenen Aufgaben des Staates hervorgehoben, denen die Einnahmen aus dem reformierten Erbrecht des Staates dienen sollten[527], verlagerte sich das Interesse Bambergers mit der Zeit auf die steigenden Kosten für die Flotte[528] und die Kriegskasse.[529]

b) Andere Autoren

Auch zahlreiche andere Literaturstimmen fanden zumindest irgendeine Begrenzung sinnvoll.[530] Deshalb wurde von den Kritikern der unbegrenzten Verwandtenerbfolge auch nicht das Merkmal der Blutszugehörigkeit in den Vordergrund gestellt, sondern stets auf andere Belange, die die Erbfolge tangierten, hingewiesen.

So machte Wilhelm Sinning[531] deutlich, daß eine „Änderung des Erbrechts nur aus Gründen der allgemeinen Rechtspolitik, unter denen das sittliche Volksbewußtsein und die sorgsam zu ermittelnde, allgemeine Rechtsüberzeugung in erster Linie stehen", vorgenommen werden könne.[532] Der bloße Finanzbedarf des Staates dürfe dabei nicht im Vordergrund stehen. Es entspreche aber in keinem Fall dem Volksempfinden, daß vor dem Fiskus weit entfernte Verwandte, welche sich oftmals nur durch langwierige Ermittlungen ausfindig machen ließen, als Erben berufen seien.[533] Ferner wurde auf die Familienzusammengehörigkeit abgestellt, welche auch ein Kriterium für die Berechtigung des Erbrechts darstelle. Dabei könne mit guter Begründung eine Grenze des Verwandtenerbrechts gefordert werden, da mit entfernterer Verwandtschaft in der Regel auch die Familienzusammengehörigkeit abnehme. Auch hätten der Staat und insbesondere die Gemeinde zunehmend die Aufgaben der Großfamilien übernommen und somit zur sozialen Absicherung beigetragen. Dieser Entwicklung müsse

---

[526] Bamberger, Erbrechtsreform, Seite 15, 23.
[527] Bamberger, Erbrechtsreform, Seite 15.
[528] Bamberger, Erbrechtsreform, Seite 53.
[529] Bamberger, Für das Erbrecht des Reiches, Seite 3.
[530] Baron, Angriffe auf das Erbrecht, Seite 5 ff.
[531] Wilhelm Sinning, Der Fiskus als gesetzlicher Erbe, Dissertation Marburg 1914.
[532] Sinning, Der Fiskus als gesetzlicher Erbe, Seite 56.
[533] Sinning, Der Fiskus als gesetzlicher Erbe, Seite 57.

auch das Erbrecht des Fiskus Rechnung tragen.[534] Der Erblasser verdanke letzten Endes sein vorhandenes Vermögen auch dem Gemeinwesen, welches ihn in vielerlei Hinsicht bei der Bildung des Vermögens unterstütze.[535]
Wilhelm von Blume[536] formulierte dazu: „Es (das Gemeinwesen) erzieht ihn, schützt in gegen Feinde und bewahrt ihn vor Not. Auf nicht wenigen Gebieten hat es die Aufgabe übernommen, die einst die Familie zu erfüllen hatte. Man mag das bedauern, muß dem aber Rechnung tragen. Für dieses Gemeinwesen lebt der Einzelne nicht weniger als für sich und die Seinigen. So mag es auch im Tode in die Reihen seiner Erben treten mit gutem Grunde, von Rechts wegen.“[537] Historisch sei die Begrenzung der Erbfolge urgermanisch. Dieser germanische Gesichtspunkt sei in zahlreichen Kodifikationen beachtet worden, und nur das BGB habe durch die Rezeption des Römischen Rechts diesem Gedanken keine Beachtung geschenkt.[538]

c) Grenzziehung
Wo genau eine solche Grenze des Verwandtenerbrechts gezogen werden sollte, war auch unter den Befürwortern einer Reform umstritten. Eine zu enge Begrenzung könne nach Auffassung Pappenheims zur Folge haben, daß das Volk geradezu „zur Errichtung von Testamenten zwecks Ausschließung des Staates erzogen“ werde, was bei Aufrechterhaltung der Testierfreiheit für die Einnahmen des Staates nur negative Auswirkungen habe.[539]
Bamberger forderte deshalb, eine Grenze dort zu ziehen, wo die Unterhaltspflicht des BGB aufhöre, um auch dem Vorwurf der Willkür zu entgehen.[540] Danach wären nur noch die ersten zwei Parentelen, der Ehegatte und die Großeltern gesetzliche Erben gewesen.[541] Unstreitig war das Erbrecht der Abkömmlinge, des Ehegatten und der Eltern des Erblassers aufrecht zu erhalten. Pappenheim befürwortete eine Begrenzung auf die dritte Ordnung, wobei allerdings in dieser Ordnung nur die Großeltern und die Tanten und Onkel des Erblassers berufen sein dürften.[542] Nur bei diesen Verwandten wäre wohl gewährleistet, daß die Familienzusammengehörigkeit in der Regel so groß sei, daß nach dem Willen des Erblassers diese auch testamentarisch zu bedenken seien. Unter Vettern und Basen sei dieses Verhältnis jedoch nicht gegeben.[543] Eine frühere Begren-

[534] Sinning, Der Fiskus als gesetzlicher Erbe, Seite 54.
[535] Sinning, Der Fiskus als gesetzlicher Erbe, Seite 57.
[536] Wilhelm von Blume, Umbau und Ausbau des deutschen Erbrecht, Tübingen 1913.
[537] Von Blume, Umbau und Ausbau des deutschen Erbrechts, Seite 22, 23.
[538] Sinning, Der Fiskus als gesetzlicher Erbe, Seite 53.
[539] Pappenheim, DJZ 1908, Seite 509 (512).
[540] Bamberger, Erbrechtsreform, Seite 12.
[541] Bamberger, Erbrechtsreform, Seite 12.
[542] Pappenheim, DHZ 1908, Seite 509 (513).
[543] Pappenheim, DJZ 1908, Seite 509 (514).

zung sei nach der Meinung Pappenheims schon deshalb nicht geboten, weil dieses insbesondere dort zu unbilligen Ergebnissen führen müsse, wo das Gesetz selbst eine testamentarische Einsetzung zur Umgehung der gesetzlichen Erbfolge verhindere, also in den Fällen, wo der unter sechzehn Jahre alte Erblasser seine Großeltern oder Onkel und Tanten einsetzen müßte, bei denen er möglicherweise aufgewachsen sei. Da dieses aber so einfach nicht möglich sei und auch in der Regel jemand unter sechzehn Jahren noch kein Testament errichte, dennoch aber durchaus eine Berechtigung für das Erbrecht der Großeltern und Onkel und Tanten bestehe, müsse ein Erbrecht des Staates hier als Ungerechtigkeit empfunden werden, da der Staat dann von Zufälligkeiten und eigens gemachten rechtlichen Schranken profitiere.[544]

2. Testierfreiheit

In der Diskussion um die Begrenzung der Verwandtenerbfolge und die damit einhergehende Ausdehnung des Erbrechts des Staates spielte immer auch die Gewährleistung der Testierfreiheit des Erblassers eine Rolle, da auch die Beschränkung des Rechts zu testieren letztlich zu einem Erbrecht des Fiskus führen könnte. Da das BGB jedoch die Testierfreiheit unbeschränkt gewährte, waren selbst die Befürworter einer Begrenzung des Verwandtenerbrechts stets der Auffassung, daß eine gleichzeitige Begrenzung des Rechts, frei zu testieren, nicht erfolgen sollte.[545]

Einzig Otto von Gierke hatte schon im Rahmen seiner Kritik des ersten Entwurfs geschrieben: „Uns erscheint als Urquell des Erbrechts der die Individuen einschließende und verknüpfende organische Zusammenhalt der Geschlechterfolgen und daher vor allem das die einzelnen von Rechts wegen ergreifende und ihrer Willkür entzogene Familienband, so daß uns der nach der festen Ordnung der gegebenen personalrechtlichen Verhältnisse kraft gesetzlicher Regel verwirklichte Eintritt in die leer gewordene Stelle als normaler Typus der Erbfolge gilt, während wir die dem Individuum eingeräumte Testierfreiheit nur als Mittel betrachten, die starre Gesetzesregel der konkreten Sachlage anzupassen oder besonderer Umstände wegen durch eine geeignetere Anordnung zu ersetzen."[546]

Die Grundlage dieses Zitats konnte gleichermaßen zur Begründung der Begrenzung der Verwandtenerbfolge als auch zur Begründung einer Einschränkung der Testierfreiheit herangezogen werden.

[544] Pappenheim, DJZ 1908, Seite 509 (513).
[545] Bamberger, Erbrechtsreform, Seite 55, 63.
[546] Von Gierke, Der Entwurf eines bürgerlichen Gesetzbuchs, Seite 506, 507.

3. Erbschaftsteuer

Besonders bei Bamberger spielte der fiskalische Aspekt eine entscheidende Rolle, so daß auch eine Veränderung der Erbschaftsteuer angedacht wurde. Die Erweiterung des Erbrechts des Staates wurde dabei als gerechterer Ausweg dargestellt, da man im Rahmen des Erbrechts des Staates die Vermögen der Verstorbenen einziehen könne, statt die Lebendigen mit Steuern zu belasten.[547]

4. Formelle Änderungsvorschläge

Formelle Änderungen wurden beispielsweise im Rahmen des Erbscheinverfahrens für den Fiskus gefordert.[548] Auch die Verteilung der Einnahmen aus dem Erbrecht des Fiskus wurde immer wieder zur Diskussion gestellt.[549]

IV. Kapitel Der Gesetzentwurf zur Reform des Staatserbrechts von 1908

Die Reichsregierung legte am 03.11.1908 dem Reichstag einen Gesetzentwurf zur Reform des Erbrechts vor.[550] Dieser hatte umfangreiche Änderungen des Erbrechts des Staates zum Inhalt. Der Antrag fand zwar grundsätzlich die Zustimmung aller Parteien, wurde jedoch in Verbindung mit der Deckungsvorlage des Finanzbedarfs eingebracht.[551] In der Sitzung des Reichstags vom 05.07.1909 wurde der Entwurf mit den Stimmen der Konservativen, der Freikonservativen, der Zentrumspartei und der wirtschaftlichen Vereinigung gegen die Stimmen der Sozialdemokraten, der Nationalliberalen und der Freisinnigen abgelehnt.[552] Bamberger versuchte diese Ablehnung mit einer generellen Politikunzufriedenheit zu begründen.[553] Eine generelle Ablehnung war nämlich im Vorfeld der Verhandlungen nicht erkennbar gewesen.

A. Amtliche Begründung

I. Allgemeines

Die amtliche Begründung stellte zur Rechtfertigung der Beschneidung der unbegrenzten Verwandtenerbfolge, der zentralen Änderung des Entwurfs beim Erbrecht des Fiskus, zunächst auf die Regelungen im Ausland ab. Dort sei

---

[547] Bamberger, Erbrechtsreform, Seite 44.

[548] Siehe oben Seite 41; Rentner, Beiträge zur Erläuterung des Deutschen Rechts 1915, Seite 675 (737).

[549] Siehe oben Seite 67.

[550] Siehe Anlage 1.

[551] Sinning, Der Fiskus als gesetzlicher Erbe, Seite 54.

[552] Akte der Senatskommission für die Justizverwaltung in Hamburg betreffend Abänderungen des Bürgerlichen Gesetzbuchs 1903 - 1912, I A a 2 vol. 1, Abschnitt 19, Hamburger Echo vom 07.10.1913; Ständige Berichte der Verhandlungen des Reichstags, Band 237, Seite 9104.

[553] Bamberger, Für das Erbrecht des Reiches, Seite 1.

überwiegend eine Beschränkung vorhanden. In Südamerika sei meist eine Beschränkung der Erbberechtigung auf die ersten vier bis acht Verwandtschaftsgrade vorhanden, in Frankreich eine Begrenzung ab dem zwölften Grade, in Österreich ab der sechsten Parentel und in der Schweiz ab der vierten, wobei die Schweiz in ihrem neuen Zivilgesetzbuch von 1907 sogar eine Beschränkung auf die ersten drei Parentelen festgelegt hatte.[554] Auch der ungarische Gesetzentwurf enthalte eine Beschränkung der Verwandtenerbfolge auf die ersten vier Parentelen, wobei die Erbschaften des Fiskus in Ungarn allerdings zweckgebunden für Stiftungen zugunsten der Armen, Spitäler und Schulen verwandt werden müßten. Festzustellen war somit, daß eine Beschränkung der gesetzlichen Erbfolge in den ausländischen Kodifikationen überwiegend vorhanden war, nicht jedoch in der mit dem deutschen Entwurf vorgesehenen Intensität und wohl auch nicht mit der Zielrichtung, die Staatskasse aufzubessern.
Ferner wurde in der Begründung des Entwurfs auf die schon bei der Schaffung des BGB vorhanden Streitigkeiten hinsichtlich der Erbrechtsgrenze eingegangen. Die damaligen Argumente der Befürworter des zur Zeit geltenden Fiskalerbrechts, nämlich die Rechtfertigung der unbegrenzten Verwandtenerbfolge mit der Blutsverwandtschaft und dem Bestreben, auflösenden Tendenzen innerhalb der Familie entgegenwirken zu wollen, seien zum heutigen Zeitpunkte noch mehr als damals überholt, da das Bewußtsein der Familienzusammengehörigkeit noch mehr nachgelassen habe und es nicht einmal mehr dem mutmaßlichen Willen des Erblassers entspreche, alle seine Blutsverwandten zu bedenken.[555] Die Stellung des Geschlechterverbandes habe mehr und mehr der Staat übernommen. Diese Entwicklung sei auch durch die Aufrechterhaltung der unbegrenzten Verwandtenerbfolge nicht aufzuhalten.[556] Letztlich sei aber eine Neuregelung des erst vor wenigen Jahren beschlossenen Erbrechts geboten, weil die außerordentlich gestiegenen finanziellen Bedürfnisse des Reiches dies geböten und zusätzlich durch eine sozialpolitisch wünschenswerte Maßnahme neue Einnahmequellen erschlossen werden könnten.[557] Die fiskalischen Erwartungen lägen bei ca. 25 Mio. Mark im Jahr, wobei nur die vorgeschlagene Erbrechtsgrenze einen solchen Betrag möglich mache, welcher bei einer Ausdehnung der Erbberechtigungsgrenze wieder an Bedeutung verliere.[558]

---

[554] Verhandlungen des Reichstags, Anlagen zu den stenographischen Berichten 1909, Band 248, Nr. 998, Seite 8.

[555] Verhandlungen des Reichstags, Anlagen zu den stenographischen Berichten 1909, Band 248, Nr. 998, Seite 10.

[556] Verhandlungen des Reichstags, Anlagen zu den stenographischen Berichten 1909, Band 248, Nr. 998, Seite 12.

[557] Verhandlungen des Reichstags, Anlagen zu den stenographischen Berichten 1909, Band 248, Nr. 998, Seite 10.

[558] Verhandlungen des Reichstags, Anlagen zu den stenographischen Berichten 1909, Band 248, Nr. 998, Seite 11.

Die dritte Ordnung außer den Großeltern habe in der überwiegenden Zahl der Fälle auch keine derart engen Beziehungen mehr zum Erblasser, daß hier ein mutmaßlicher Wille zur Erbeinsetzung vorhanden sei. Zudem werde die Testierfreiheit durch den Entwurf nicht beschränkt, so daß die testamentarische Einsetzung möglich bleibe. Auch die Vorrechte des Adels und der Fideikommisse blieben durch die Regelungen der Artikel 57, 58 und 64 EGBGB erhalten.[559]
Obwohl also die argumentativen Grundlagen Bambergers zum Teil übernommen wurden, kam der Entwurf bei der Einnahmenberechnung zu einem weitaus geringeren Betrag von 25 Mio. Mark gegenüber den 500 Mio. Mark, die von Bamberger veranschlagt worden waren.

II. Zu den Regelungen im einzelnen

1. Zum Artikel I

Problematisiert wurde die Begrenzung der Verwandtenerbfolge im Hinblick auf die Verhältnisse zu ausländischen Staaten. Zwar stünden viele Staaten noch auf dem Boden der Okkupationstheorie, womit ein Einzug der Erbschaften auch bei Deutschen möglich sein müßte, welche im Ausland wohnhaft seien. Es sei aber zumindest zweifelhaft, ob die Okkupationstheorie auch auf dem Gebiet des internationalen Privatrechts Bestand haben werde. So könnten ausländische Staaten von der Neuregelung profitieren, wenn sie sich selbst als erbberechtigte Fiski von dort lebenden Deutschen ansähen.[560]
Ausnahmeregelungen auf diesem Gebiet für die vorhandenen Erben aller Ordnungen seien allerdings nicht geboten, da dann in vielen Fällen eine Aufspaltung des Nachlasses erfolgen müsse, die zu einer Durchbrechung des Grundsatzes des Universalsukzession führe.[561]
Zu der Beschränkung des Erbrechts der Großeltern, die nur ein Vorerbrecht ohne Befreiung gemäß § 2136 BGB erhalten sollten, wurde ausgeführt, daß nur so die Begrenzung der Erbfolge innerhalb der dritten Ordnung durchgeführt werden könne, da sonst nach wenigen Jahren die Erbschaft im Wege der gesetzlichen Erbfolge an die Abkömmlinge der Großeltern gelangen werde.[562] Da nun zum Nacherben zunächst die anderen Großeltern, dann der Ehegatte und schließlich der Fiskus berufen sei, könne ein derartiger Weg der Erbschaft nach dem Entwurf nicht erfolgen. Ein Nießbrauch, wie er für die Urgroßeltern im schweizerischen Zivilgesetzbuch vorgesehen war, wurde von der Kommission

[559] Verhandlungen des Reichstags, Anlagen zu den stenographischen Berichten 1909, Band 248, Nr. 998, Seite 13.
[560] Verhandlungen des Reichstags, Anlagen zu den stenographischen Berichten 1909, Band 248, Nr. 998, Seite 14.
[561] Verhandlungen des Reichstags, Anlagen zu den stenographischen Berichten 1909, Band 248, Nr. 998, Seite 14.
[562] Verhandlungen des Reichstags, Anlagen zu den stenographischen Berichten 1909, Band 248, Nr. 998, Seite 16.

abgelehnt. Um aber ein Miterbenverhältnis zwischen Fiskus und noch lebenden Großelternteilen zu vermeiden, wurde eine Änderung des BGB in der Weise befürwortet, daß der Anteil der anderen Großelternlinie an die überlebenden Großeltern fallen solle.[563]

Die Berechtigung des Bundesstaates sollte sich nicht mehr primär nach dem Angehörigkeitsstatus, sondern vielmehr nach dem letzten Wohnsitz des Erblassers richten. Diese Änderung der Berechtigung sollte wegen der gestiegenen finanziellen Bedeutung des Staatserbrechts vorgenommen werden. Auch Ausländer in Deutschland konnten nach dieser Regelung gemäß Artikel 25 und 27 a.F. EGBGB unproblematisch von einem Bundesstaat beerbt werden.[564]

Ein Miterbenverhältnis sollte es nach Möglichkeit auch nicht zwischen Reichsfiskus und Bundesstaatsfiskus geben, so daß bei einem Zusammentreffen beider Berechtigungen gemäß Nr. 6 stets der Reichsfiskus Alleinerbe sein solle. Bei Meinungsverschiedenheiten solle der Bundesrat entscheiden.[565] Da die Anzahl der in Betracht kommenden Erben mit der Änderung des BGB überschaubarer werde und die Zahl der Erbschaften des Fiskus zunehme, sollte mit dem Inkrafttreten des Gesetzentwurfs der Feststellungsbeschluß den Erbschein ersetzen, was in der Literatur[566] schon im Vorfeld gefordert wurde. Auch eine öffentliche Aufforderung zur Anmeldung der Erbrechte sollte wegen des überschaubaren Berechtigtenkreises in der neuen Fassung des § 1965 Abs. 1 BGB nur noch dann erforderlich sein, wenn das Nachlaßgericht nicht von einem Erbrecht des Fiskus überzeugt sein sollte.[567] Nach dem Entwurf sollte eine Feststellung des Erbrechts des Fiskus in jedem Fall erfolgen, auch wenn es sich um eine möglicherweise überschuldete oder sogar überhaupt nicht vorhandene Erbschaft handeln sollte. Der Gesetzgeber erteile also der Literaturmeinung[568], die ein solches als sinnlos erachtete, eine Absage.[569]

Ansonsten sollte durch den neuen § 1966 BGB keine Änderung der Rechtsstellung des Fiskus erfolgen, sondern es sollte nur klargestellt werden, daß mit dem Feststellungsbeschluß die Rechtswirkungen eintreten, die sonst an die Annahme

---

[563] Verhandlungen des Reichstags, Anlagen zu den stenographischen Berichten 1909, Band 248, Nr. 998, Seite 16.

[564] Verhandlungen des Reichstags, Anlagen zu den stenographischen Berichten 1909, Band 248, Nr. 998, Seite 17.

[565] Verhandlungen des Reichstags, Anlagen zu den stenographischen Berichten 1909, Band 248, Nr. 998, Seite 18.

[566] Rentner, Beiträge zur Erläuterung des Deutschen Rechts 1915, Seite 675 (737).

[567] Verhandlungen des Reichstags, Anlagen zu den stenographischen Berichten 1909, Band 248, Nr. 998, Seite 19.

[568] Siehe oben Seite 37.

[569] Verhandlungen des Reichstags, Anlagen zu den stenographischen Berichten 1909, Band 248, Nr. 998, Seite 20.

der Erbschaft geknüpft werden.[570] Zur Auslegung des mutmaßlichen Willens des Erblassers im Falle des Vorliegens eines Testaments sollte der § 2067 BGB einige Auslegungsregeln enthalten, falls pauschal die „Verwandten" eingesetzt wurden. Sollten jedoch die gesetzlichen Erben eingesetzt worden sein, mußte nach dem Entwurf auf den Zeitpunkt abgestellt werden, in dem das Testament aufgesetzt worden war und es mußte demnach auf die jeweils geltende Fassung des BGB zur Bestimmung der Erben abgestellt werden.[571]

2. Zum Artikel II

Durch den Artikel II, der die verwaltungstechnische Abwicklung der Erbfälle des Fiskus betraf, sollte ein bundeseinheitlicher Vollzug des Erbrechts des Fiskus gewährleistet werden. Hervorzuheben ist, daß gerade wegen der übermäßigen Beteiligung des Reichsfiskus an der Erbschaft die Neuregelung nicht die Erbfälle gemäß Artikel 139 EGBGB betreffen sollte[572], bei denen der finanzielle Aspekt für die betreffenden Institutionen von Bedeutung war.

Gemäß § 3 des Schutzgebietsgesetzes und § 19 des Gesetzes über die Konsulargerichtsbarkeit[573] galten die Vorschriften des BGB zwar auch in den Schutzgebieten. Deren finanzielle Selbständigkeit sollte allerdings aufrechterhalten bleiben, so daß auch die Fiski der Schutzgebiete zumindest von der Abführung des Anteils des Reichsfiskus nicht betroffen sein sollten. Sie sollten vielmehr die Einziehung und Verwertung der Nachlässe selbst übernehmen.[574]

Festgestellt wurde durch den Entwurf auch, daß die Gemeinden nur bei der Verwertung der Nachlässe behilflich sein und dafür eine Quote des Bundesstaatsanteils erhalten sollten, der ohnehin lediglich 25 % betrug.[575] Mit den erwarteten finanziellen Mehreinnahmen für den Reichsfiskus sollten somit die Bestrebungen, die Gemeinden mehr an den Nachlässen zu beteiligen, wie dies von zahlreichen Befürwortern der Ausdehnung des Staatserbrechts gefordert wurde[576], nicht realisiert werden. Da die Grenzen des Verwandtenerbrechts selbst nach der Begründung des Entwurfs sehr eng gezogen wurden, mußte ein neu zu fassendes Gesetz einen Ausgleich für möglicherweise entstehende Härten ent-

---

[570] Verhandlungen des Reichstags, Anlagen zu den stenographischen Berichten 1909, Band 248, Nr. 998, Seite 20.

[571] Verhandlungen des Reichstags, Anlagen zu den stenographischen Berichten 1909, Band 248, Nr. 998, Seite 20.

[572] Verhandlungen des Reichstags, Anlagen zu den stenographischen Berichten 1909, Band 248, Nr. 998, Seite 21.

[573] RGBl. 1900, Seite 813 und 213.

[574] Verhandlungen des Reichstags, Anlagen zu den stenographischen Berichten 1909, Band 248, Nr. 998, Seite 17.

[575] Verhandlungen des Reichstags, Anlagen zu den stenographischen Berichten 1909, Band 248, Nr. 998, Seite 22.

[576] Siehe oben Seite 67.

halten. Dieser sollte in der Überlassung von Familien- und Haushaltsgegenständen und in der Ermäßigung des Kaufpreises für Grundstücke liegen, die sich lange im Familienbesitz befunden hatten.[577]
Auch im Falle der Nichtigkeit von letztwilligen Verfügungen sollte das neu zu fassende Gesetz dem Bundesrat die Möglichkeit eröffnen, Härteausgleichsregelungen zu schaffen.

III. Höhe der erwarteten Einnahmen

Die Höhe der erwarteten Einnahmen wurde anhand einer statistischen Erhebung über die Erbschaftsteuer aus dem Jahr 1906 für Preußen errechnet. Demnach sollte das Gesamtvermögen in Preußen ca. 113 Mrd. Mark betragen. Da dieses Vermögen ca. alle 30 Jahre vererbt wurde und Preußen ca. 3/5 der Bevölkerung Deutschlands umfaßte, konnte die zur Vererbung kommende Vermögensmasse pro Jahr mit ca. 5,7 Mrd. Mark festgelegt werden.
75 % dieses Vermögens gelangte an Ehegatten und Deszendenten. Von den restlichen 25 % gelangten nach der Erbschaftsteuerstatistik für das Jahr 1907 weitere 79 % an solche Verwandte, die auch nach dem vorliegenden Entwurf gesetzliche Erben wären. Weitere 15 % wurden durch Testament vererbt. Die restlichen 6 % entfielen dann auf den Fiskus, was ca. 86 Mio. Mark ausmachen sollte.[578] Da aber mit einer starken Vermehrung der Testamente gerechnet wurde, wurden von dieser Summe nur 1/3, mithin also ca. 28 Mio. Mark veranschlagt. Weitere 3 Mio. Mark seien wegen der Ausfälle bei der Erbschaftsteuer in diesem Bereich abzuziehen, so daß letztlich ein Betrag von ca. 25 Mio. Mark verbleibe. Das Reich könne nach Abführung des Anteils der Länder demnach ca. 19 Mio. Mark an Mehreinnahmen verbuchen.[579]

B. Reaktionen und Stellungnahmen der Hamburger Verwaltung

Beispielhaft für die Reaktionen der Bundesstaaten und der Gemeinden sollen die Stellungnahmen der Hamburger Justizverwaltung ausgewertet werden, da hier Legislativ- und Exekutivinteressen gleichsam Beachtung finden mußten. Bereits am 09.07.1908 wurde der später im Reichstag eingebrachte Entwurf eines Gesetzes über das Erbrecht des Staates dem Hamburger Senat zugesandt mit der Bitte, eine Stellungnahme abzugeben. Sowohl das Gesetz als auch die Begrün-

---

577 Verhandlungen des Reichstags, Anlagen zu den stenographischen Berichten 1909, Band 248, Nr. 998, Seite 23.
578 Verhandlungen des Reichstags, Anlagen zu den stenographischen Berichten 1909, Band 248, Nr. 998, Seite 27.
579 Verhandlungen des Reichstags, Anlagen zu den stenographischen Berichten 1909, Band 248, Nr. 998, Seite 28.

dung stimmten im wesentlichen mit dem eingebrachten Entwurf überein.[580]

I. Stellungnahme der Erbschaftsteuerverwaltung

Der im Auftrag von Senator Sander, dem Chef der Aufsichtsbehörde für die Erbschaftsteuerverwaltung, gefertigte Bericht von Herrn Dr. Geyer, welcher bereits am 19.07.1908 übersandt wurde, enthielt zunächst die Zustimmung zu einer Beschränkung, wobei auf die bereits von Justizrat Bamberger in Aussicht gestellten finanziellen Erwartungen abgestellt wurde. Obwohl in ausländischen Gesetzgebungen die Grenze der Verwandtenerbfolge eher weiter gezogen wurde, erschien es nach Auffassung Geyers geboten, diese Grenze schon nach den Abkömmlingen ersten Grades von Geschwistern zu ziehen. Zur Begründung wurde ausgeführt, „hier, wo es sich nicht in erster Linie um eine Modernisierung des Erbrechts handelt, sondern um die Beschaffung unentbehrlicher Staatseinnahmen, wo also die Erbrechtsänderung nicht Selbstzweck, sondern Mittel zum Zweck ist, darf man bei einer finanziell so wenig wirksamen Grenze der Rechtsänderung (nämlich der vorgeschlagenen) nicht Halt machen“.[581] Darüber hinaus solle ein Repräsentationsrecht des Fiskus für die vorverstorbenen Geschwister des Erblassers eingeführt werden, welches beispielsweise bei sechs vorverstorbenen Geschwistern des Erblassers zur Folge habe, daß der überlebende Geschwisterteil nur zu 1/7, der Fiskus hingegen zu 6/7 zum Erben berufen werde.[582]

Über die zum Teil schmerzlichen Eingriffe in vertraute Familienverhältnisse müsse im Interesse der zu sanierenden Reichsfinanzen hinweggesehen werden.[583] Allzuviel sentimentale Regungen des Herzens seien unangebracht, da ein Erbanfall etwa vom Onkel in der Regel als Glücksfall angesehen werde. Zudem seien durch die Änderung alle Schichten der Gesellschaft betroffen, so daß das Odium der Ungerechtigkeit nicht auf dem Gesetz laste. Für den Gesetzentwurf seien vielmehr nüchterne volkswirtschaftliche Gesichtspunkte maßgebend.[584] Und falls bei Verwandten doch ein enges Band der Verbundenheit bestehen sollte, dann könne man diesem durch die Aufrechterhaltung der unbeschränkten Testierfreiheit gerecht werden.[585]

---

580 Akte der Senatskommission für die Justizverwaltung in Hamburg betreffend Abänderungen des Bürgerlichen Gesetzbuchs 1903 - 1912, I A a 2 vol. 1, Anlage 1 zu Abschnitt 4.

581 Akte der Senatskommission für die Justizverwaltung in Hamburg betreffend Abänderungen des Bürgerlichen Gesetzbuchs 1903 - 1912, I A a 2 vol. 1, Bericht Geyers, Anlage zu Abschnitt 4, Seite 2.

582 Akte der Senatskommission für die Justizverwaltung in Hamburg betreffend Abänderungen des Bürgerlichen Gesetzbuchs 1903 - 1912, I A a 2 vol. 1, Bericht Geyer, Anlage zu Abschnitt 4, Seite 3.

583 AaO.

584 AaO, Seite 4.

585 AaO, Seite 3.

II. Stellungnahme der Justizverwaltung

Am 21. Juli wurde die Justizverwaltung von Senator Sander ersucht, eine Stellungnahme zu dem Entwurf abzugeben. Bereits am 03.08.1908 wurde dem Senat ein Bericht zugesandt, der ebenfalls grundsätzlich zustimmend ausfiel.

Er ging auf die historischen Hintergründe des Verwandtenerbrechts ein. Eine Beschränkung sei bereits im alten deutschen wie auch im klassischen Römischen Recht vor der Novelle 118 Justinians vorhanden gewesen.[586] Wenn in heutiger Zeit auf den mutmaßlichen Willen des Erblassers zur Begründung der Verwandtenerbfolge abzustellen sei, wäre eine Begrenzung aufgrund der veränderten Familienverhältnisse geboten.[587] Über die vorhandenen Familienverhältnisse und somit die Reichweite des mutmaßlichen Willens des Erblassers könne zwar gestritten werden, besonders auch wegen regionaler Unterschiede, es dürfe aber nicht das Ziel des Gesetzentwurfs aus den Augen verloren werden, nämlich dem Reich finanziellen Gewinn zu bescheren.[588]

Den Ausführungen Dr. Geyers trat die Justizverwaltung teilweise entgegen. Es müßten Ungerechtigkeiten entstehen, wenn wegen ihrer Jugend hilfsbedürftige Abkömmlinge vorverstorbener Geschwister durch den Fiskus von der Erbschaft ausgeschlossen würden und die vielleicht in auskömmlichen Verhältnissen lebenden Geschwister nach wie vor zu Erben berufen seien. Zudem trete, wenn das von Dr. Geyer befürwortete Repräsentationsprinzip des Fiskus Gesetz werde, eine Vielzahl von Miterbschaften des Fiskus ein, die nach der Begründung des Gesetzentwurfs gerade verhindert werden sollten. Deshalb sei die Grenze schon bei den Geschwistern selbst zu ziehen, da selbst die Motive und Protokolle[589] eine enge Bindung zwischen Geschwistern nicht im Regelfall für gegeben ansähen und deshalb eine Unterhaltspflicht zwischen Geschwistern auch für nicht geboten gehalten werde.[590] Wenn aber beispielsweise die öffentliche Armenpflege im Gegensatz zu den Geschwistern unterhaltsverpflichtet sei, dann könne in diesem Sinne auch ein Erbrecht des Staates ausgedehnt werden. Die Konsequenz, daß die grundsätzlich nach den Geschwistern erbenden Großeltern dann auch von der Erbfolge ausgeschlossen werden müßten, wollte die Justizverwaltung indessen nicht ziehen, da zum einen die pekuniäre Bedeutung solcher Fälle sehr gering sei und zum anderen die Großeltern den Enkeln unterhaltspflichtig seien. Zudem seien im Falle der Erbberechtigung der Großeltern

---

[586] Akte der Senatskommission für die Justizverwaltung in Hamburg betreffend Abänderungen des Bürgerlichen Gesetzbuchs 1903 - 1912, I A a 2 vol. 1, Abschnitt 6a, Bericht der Justizverwaltung, Seite 1.

[587] AaO, Seite 2.

[588] AaO, Seite 3.

[589] Motive IV, Seite 679; Protokolle IV, Seite 486 – 489.

[590] Akte der Senatskommission für die Justizverwaltung in Hamburg betreffend Abänderungen des Bürgerlichen Gesetzbuchs 1903 - 1912, I A a 2 vol. 1, Abschnitt 6a, Bericht der Justizverwaltung, Seite 4.

die Enkel meist nicht testierfähig, woraus bei einem gesetzlichen Erbrecht des Staates dann Ungerechtigkeiten erwachsen könnten.[591]
Da mit der Errichtungsmöglichkeit eines holographischen Testaments durch das BGB nunmehr der Kostengesichtspunkt bei der Errichtung keine Rolle mehr spiele, sei ein stetiger Anstieg von Testamenten zu verzeichnen. In Hamburg sei die Zahl der eröffneten Testamente von 783 im Jahr 1901 bei 12717 Erbfällen auf 1172 bei 12898 Erbfällen im Jahr 1907 gestiegen.[592] „Es erhebt sich mithin die Frage, ob und eventuell in welcher Weise dieser Erscheinung entgegenzuwirken sein wird.“[593] Denkbar sei hier in Anlehnung an die lex Julia et Pappia Poppaea, den Kreis derjenigen Personen, die überhaupt eingesetzt werden könnten, auf die Verwandten zu beschränken. Da hier ein großer finanzieller Gewinn aber nicht zu erwarten sei und zudem die Gründe für die damalige Gesetzgebung mit den zur Zeit geltenden nicht übereinstimmten, sei ein solcher Weg nicht gangbar. Besser geeignet sei hier eine Gebühr für die Errichtung des Testaments, die mit der Höhe der Erbschaft steige und die grundsätzlich vom Erblasser selbst zu entrichten sei. Falls diese nicht entrichtet werde, solle der Nachlaß die zwei- bis dreifache Gebühr tragen. Diese Gebühr rechtfertige sich aus dem Schutz, welchen der Staat dem Erblasser hinsichtlich der Verwirklichung seines letzten Willens zukommen lasse.[594]
Zur Fassung des Entwurfs selbst nahm die Justizverwaltung ebenfalls explizit Stellung. Es sei nicht gerechtfertigt, das Recht der Großeltern im Verhältnis zum Ehegatten des Erblassers davon abhängig zu machen, ob ein Großelternteil vor oder nach dem Erbfall verstorben sei. Nach dem Gesetzentwurf falle der Erbteil des Großelternteils dann dem Ehegatten zu, wenn diese vorverstorben seien. Im Falle des späteren Versterbens akkreditiere ein solcher Teil aber dem anderen Großelternteil oder -paar und erst bei deren Versterben dem Ehegatten, dann allerdings belastet mit der Nacherbschaft des Fiskus. Diese Regelung sei zwar juristisch korrekt, aber unbillig und kompliziert. Die Justizverwaltung schlug deshalb vor, den § 1936 a zu streichen und in § 1926 den Abs. 6 einzufügen: „Nacherbe ist der Fiskus.“, da zum einen so eine einfachere und klarere Regelung getroffen und zum anderen die Erbschaft noch nicht einmal blutsverwandter Großelternteile vermieden werde.[595] Zudem stehe dann alles, was ein Ehegatte erhalte, zu dessen freier Verfügung.

---

[591] AaO, Seite 5.
[592] Akte der Senatskommission für die Justizverwaltung in Hamburg betreffend Abänderungen des Bürgerlichen Gesetzbuchs 1903 - 1912, I A a 2 vol. 1, Abschnitt 5, Hamburger Statistik zu Testamenten im Verhältnis zu Erbfällen.
[593] Akte der Senatskommission für die Justizverwaltung in Hamburg betreffend Abänderungen des Bürgerlichen Gesetzbuchs 1903 - 1912, I A a 2 vol. 1, Abschnitt 6a, Bericht der Justizverwaltung, Seite 5.
[594] AaO, Seite 6.
[595] AaO. Seite 7.

Die Regelung des Entwurfs, für das Personalstatut den Wohnsitz und nicht die Staatsangehörigkeit entscheiden zu lassen, stieß bei der Justizverwaltung auf Widerspruch, da diese Vorgehensweise schon in den Motiven wegen möglicher Zufallsergebnisse abgelehnt worden sei.[596] Der Wohnsitz solle vielmehr nur für die Verwaltungs- und Verwertungspflicht entscheidend sein.[597]
Ferner solle der § 2067 BGB nur eine Auslegungsregel dafür enthalten, daß die nach dem BGB normierten gesetzlichen Erben bedacht sein sollten, falls die Verwandten im Testament eingesetzt seien, da sonst die alte Erbordnung konserviert werde. Zudem sei der mutmaßliche Wille des Erblassers nur im Sinne der Neuordnung der gesetzlichen Erbfolge zu verstehen.[598] Der § 13 des Entwurfs sei letztlich im Sinne der hamburgischen Staatskasse zu streichen, da sonst auf die Immobilienabgabe verzichtet werden müsse.[599]

III. Zusammenfassung
Für die Hamburger Verwaltung ist festzustellen, daß hier eine grundsätzliche Zustimmung zum Gesetzentwurf vorhanden war und sogar eine Verschärfung der Beschränkung der Verwandtenerbfolge befürwortet wurde. Bezeichnend ist jedoch, daß weniger juristische oder gesellschaftspolitische Gründe für eine solche Verschärfung maßgebend gewesen sind, sondern finanzpolitische Erwägungen im Vordergrund standen. Somit sind auch alle Vorschläge, die zur sonstigen Änderung des Gesetzentwurfs gemacht wurden, unter dieser Prämisse zu betrachten. So sollten Ungerechtigkeiten, die aus der erst durch die Erbschaftsteuerverwaltung vorgeschlagenen mangelnden Berechtigung von Geschwisterabkömmlingen entstehen könnten, dadurch beseitigt werden, daß auch die Geschwister ihr Erbrecht einbüßen sollten. Die Einschränkung der Vererbbarkeit des Vorerbrechts der Großeltern sollte dementsprechend für den Ehegatten hilfreich sein, damit er alles zur freien Verfügung habe, denn das Erbrecht der Großeltern falle ja sofort nach deren Versterben an den Fiskus.
Mit der veränderten Auslegungsregel gemäß § 2067 BGB sollte zudem erreicht werden, daß der Fiskus durch die Unwissenheit des Volkes hinsichtlich der Erbrechtsänderung sogar testamentarisch bedacht werde.
Wenn schließlich Gedankenspiele zur Einschränkung der Testierfreiheit vorgebracht und Gebührenmodelle für die Errichtung von Testamenten vorschlagen wurden, dann wird deutlich, daß von Seiten der Verwaltung ausschließlich fi-

---

[596] Motive V, Seite 379.
[597] Akte der Senatskommission für die Justizverwaltung in Hamburg betreffend Abänderungen des Bürgerlichen Gesetzbuchs 1903 - 1912, I A a 2 vol. 1, Abschnitt 6a, Bericht der Justizverwaltung, Seite 8.
[598] AaO, Seite 9, 10.
[599] AaO, Seite 10.

nanzpolitische Ziele verwirklicht werden sollten, ohne die Folgen solcher gesellschaftspolitisch einschneidenden Änderungen zu bedenken. Die wenigen juristischen Ansätze zielten darauf ab, das Erbrecht dadurch zu vereinfachen, daß der Fiskus möglichst frühzeitig das vollständige Erbrecht erhielt, um so Miterbschaften oder Vor- und Nacherbschaften zu verhindern.

C. Reaktionen auf den Gesetzentwurf im Vorfeld

Der Gesetzentwurf wurde im Vorfeld von den meisten Juristen in der Literatur positiv betrachtet, da er die wesentlichen Änderungen des Erbrechts des Staates enthielt, welche vielfach seit Inkrafttreten des BGB angemahnt wurden.

I. Grenze des gesetzlichen Erbrechts

Die gesetzliche Erbfolge, wie sie das BGB ursprünglich vorsah, wäre gemäß dem neu zu fassenden § 2067 BGB nur noch in dem Fall Grundlage des Erbrechts, in dem der Erblasser „seine Verwandten" testamentarisch eingesetzt habe.[600] In allen anderen Fällen müsse ab der vierten Ordnung der Fiskus gesetzlicher Erbe sein und von der dritten Ordnung wären nur die Großeltern als Vorerben berufen.

1. Kritik am Entwurf

Teilweise wurde kritisiert, daß mit dem Ausschluß der dritten Parentel nun der Neffe den Onkel, nicht aber der Onkel den Neffen beerben könne.[601] Diese Ungereimtheit im System wurde aber von Heinsheimer durch die natürliche Folge der Generationen begründet, wobei das Vermögen der Älteren stets auf die jüngere Generation übertragen werden solle und nicht umgekehrt.[602] Die Begrenzung auf die ersten zwei Ordnungen wurde auch deshalb größtenteils als glücklich erachtet, da nur so gewährleistet sei, daß es nicht von Zufälligkeiten abhänge, ob das Vermögen zur väterlichen oder zur mütterlichen Seite hin verteilt werde, wenn entferntere Verwandte der einen oder der anderen Seite die einzig noch lebenden Erben seien.[603] Vor allem aber sei nur so ein nennenswerter Finanzeffekt spürbar.[604]

Die mögliche Beeinträchtigung des Familiensinns wurde aber auch in der Literatur hervorgehoben. Ferner könnten auch das zunehmende Interesse des Fiskus an der Feststellung der Formungültigkeit von letztwilligen Verfügungen und

---

[600] Heinsheimer, DJZ 1909, Seite 114 (114).

[601] Hemeling, DJZ 1909, Seite 257 (258); Akte der Senatskommission für die Justizverwaltung in Hamburg betreffend Abänderungen des Bürgerlichen Gesetzbuchs 1903 - 1912, I A a 2 vol. 1, Anlage 10, Zeitungsbericht Hamburgischer Correspondent vom 13.06.1909; Von Wartenburg, Entwurf eines Gesetzes über das Erbrecht des Staates, Seite 19.

[602] Heinsheimer, DJZ 1909, Seite 114 (115).

[603] Heinsheimer, DJZ 1909, Seite 114 (115).

[604] Heinsheimer, DJZ 1909, Seite 114 (115).

daraus folgende Erbschaftsprozesse zur Erbitterung der Bevölkerung führen.[605] Dieser Mißmut der Bevölkerung könne sogar noch aufgrund der Privilegierung der Fideikommisse, der Lehen-, Stamm- und Rentengüter steigen.[606]
Einer der wenigen Kritiker in der juristischen Literatur war Graf von Wartenburg. Grundsätzlich stellte er sich als ein Anhänger eines liberalen Wirtschaftsgedankens dar, indem er der Grundidee vieler Befürworter des Gesetzentwurfs widersprach, daß nur der finanziell leitende und lenkende Staat den Rechtszweck der wirtschaftlichen Rechtsordnung erfülle.[607] Er wies auch darauf hin, daß eine Begrenzung des Verwandtenerbrechts keineswegs in allen deutschen Volksrechten vorhanden gewesen sei und besonders ausländische Normierungen, welche eine derartige Grenze enthielten, weitaus vorsichtigere Begrenzungen vorsähen.[608] Der Zusammenhang zwischen Recht und Sittlichkeit dürfe nicht durch die Staatsgewalt beeinflußt werden. „Auch die vor dem Staat liegende Form menschlicher Personengemeinschaft, die Familie, hat vermöge des sittlichen Charakters der Zusammenhänge, als deren äußere Gestaltung sie sich darstellt, einen Anspruch auf rechtliche Anerkennung ihrer Zwecke und es ist eine willkürliche, das eigentliche Wesen jener höchsten menschlichen Beziehung verkennende Konstruktion, wenn die leere Behauptung aufgestellt wird, wo die ökonomische Gemeinschaft erlösche, hörten auch die ethischen Beziehungen auf."[609] Somit stelle die Familie selbst die Begründung für die gesetzliche Erbfolge dar und nicht etwa der mutmaßliche Wille des Erblassers. Das Recht zu testieren sei somit erst eine Folge der Intestaterbfolge. Hegel stelle in seiner Philosophie des Rechts deshalb auch die Erbschaft als das Eintreten in den eigentümlichen Besitz an sich gemeinsamen Vermögens dar.[610] Letztlich sei zwar die durch das BGB aufgestellte Erbrechtsordnung nicht die allein mögliche, es dürfe aber die Neuordnung in keinem Fall von finanziellen Nutzeffekten abhängig gemacht werden, die sich im vorliegenden Fall sogar noch auf so geringem Niveau befänden. Das deutsche Volk habe vielmehr einen Anspruch darauf, daß am BGB nicht gelegentlich aufgrund finanzieller Bedürfnisse herumgeflickt werde.[611] Wirtschaftlich sinnvoller als eine Konfiskation der Erbschaften entfernterer Verwandter sei zudem eine progressive Erbschaftsteuer, da diese neben dem Finanzzweck auch in begrenztem Umfang eine Ausgleichung der Vermö-

605 Akte der Senatskommission für die Justizverwaltung in Hamburg betreffend Abänderungen des Bürgerlichen Gesetzbuchs 1903 - 1912, I A a 2 vol. 1, Hamburgischer Correspondent vom 13.06.1909, „Das Erbrecht des Staates".
606 AaO.
607 Von Wartenburg, Entwurf eines Gesetzes über das Erbrecht des Staates, Seite 13.
608 Von Wartenburg, Entwurf eines Gesetzes über das Erbrecht des Staates, Seite 7.
609 Von Wartenburg, Entwurf eines Gesetzes über das Erbrecht des Staates, Seite 14, 15.
610 Von Wartenburg, Entwurf eines Gesetzes über das Erbrecht des Staates, Seite 16.
611 Von Wartenburg, Entwurf eines Gesetzes über das Erbrecht des Staates, Seite 18.

gensmassen in der Bevölkerung schaffe.[612]

2. Rechtfertigungen der zu ziehenden Erbrechtsgrenze
In der hamburgischen Presse wurde insbesondere von Dr. Moenckeberg darauf hingewiesen, daß ein Erbrecht für Verwandte nur gerechtfertigt sei, wenn diesem Recht eine entsprechende Pflicht, insbesondere eine Unterhaltspflicht, gegenüberstehe. Da eine solche Pflicht jedoch nicht einmal für Geschwister untereinander bestehe, sei auch in diesem Verhältnis kein Erbrecht angebracht.[613] Daß in dieser Beziehung kein hinreichender Familienzusammenhang bestehe, hätten bereits die Motive zum BGB klargestellt.[614] In Anbetracht der pekuniären Vorteile, die Bamberger errechnet habe, sei deshalb sogar eine noch stärkere Einschränkung des Verwandtenerbrechts denkbar.[615] Die bisherige Fassung des Entwurfs sei nur als „Zugeständnis an die Sentimentalität" anzusehen.[616] Die in der hamburgischen Presse gemachten Vorschläge waren somit hinsichtlich der Einschränkung der Verwandtenerbfolge deckungsgleich mit den von der Justizverwaltung angedachten Änderungen.

3. Stellungnahme Bambergers
Auch Bamberger meldete sich erneut zu Wort, da seine Vorschläge in dem Entwurf größtenteils Beachtung gefunden hatten. Eine Stärkung der Reichskasse sei wegen der auf 5 Milliarden Mark gestiegenen Reichsschuld nötiger als je zuvor. Für „Zwecke des Krieges und des Friedens" müsse zudem ein Reichsschatz gebildet werden.[617] Dabei sei die vorgeschlagene Nachlaßsteuer von der Bevölkerung vor allem wegen der Besteuerung des Ehegatten und der Kinder abgelehnt worden.[618] Die Reform des Staatserbrechts biete demgegenüber eine gerechtere Lastenverteilung, weil sie gerade keine Steuer sei[619] und höhere finanzielle Ein-

612 Von Wartenburg, Entwurf eines Gesetzes über das Erbrecht des Staates, Seite 10.
613 Akte der Senatskommission für die Justizverwaltung in Hamburg betreffend Abänderungen des Bürgerlichen Gesetzbuchs 1903 - 1912, I A a 2 vol. 1, Abschnitt 1, Hamburgischer Correspondent vom 02.02.1908, „Reform des Erbrechts" von Dr. Moenckeberg; Abschnitt 2, Hamburger Fremdenblatt vom 04.02.1908.
614 Akte der Senatskommission für die Justizverwaltung in Hamburg betreffend Abänderungen des Bürgerlichen Gesetzbuchs 1903 - 1912, I A a 2 vol. 1, Abschnitt 3, Hamburgischer Correspondent vom 28.02.1909, „Nochmals die Reform des Erbrechts" von Dr. Moenckeberg.
615 AaO.
616 Akte der Senatskommission für die Justizverwaltung in Hamburg betreffend Abänderungen des Bürgerlichen Gesetzbuchs 1903 - 1912, I A a 2 vol. 1, Abschnitt 7, Hamburgischer Correspondent vom 13.08.1908, „Zur Erbrechtsreform".
617 Bamberger, Für das Erbrecht des Reiches, Seite 17.
618 Bamberger, Für das Erbrecht des Reiches, Seite 2.
619 Bamberger, Für das Erbrecht des Reiches, Seite 19.

nahmemöglichkeiten eröffne.[620]
Ein neuer Vorschlag Bambergers beinhaltete dann auch die Begrenzung der gesetzlichen Erbfolge auf die ersten zwei Parentelen, wobei nur noch die Geschwister zu Erben berufen sein sollten. Zudem sollte der Fiskus die Erbschaft ausschlagen können und die Gemeinden sollten nur 5 % des Nachlasses als Verwaltungsvergütung erhalten.[621]
Besonders die Forderung nach einer Ausschlagungsmöglichkeit für den Fiskus, was zu einem Bruch mit dem gesamten System des Staatserbrechts des BGB geführte hätte, läßt den Schluß zu, daß juristische Beweggründe für eine Änderung nicht nur keine Rolle spielten, sondern um des Ziels höherer Staatseinnahmen willen sogar vernachlässigt werden sollten.[622] Der Gedanke, der sich in den späteren Aufsätzen Bambergers durchsetzte, war ein das Erbrecht an sich ablehnender. „Ererbte Millionen seien nur Unglücksquellen" stellte Bamberger im Zusammenspiel mit Theodor Fontane[623] fest, und das „Zinsbewußtsein" sei das schlimmste Erbe, das man Kindern hinterlassen könne.[624] „Im Interesse der Gesellschaft, aber auch der Kinder selbst sei es, wenn ihnen ein mäßiges Vermögen statt eines großen vermacht werde."[625] Daß bei der Sorge um das Lebensglück der Kinder vielmehr die Sorge um die Staatsfinanzen eine Rolle spielte, hatte Bamberger dabei stets unter Beweis gestellt.[626]

II. Testierfreiheit
Die Aufrechterhaltung der Testierfreiheit war in der Literatur stets Voraussetzung für eine etwaige Reform des Erbrechts, da nur so die Vermeidung von etwaigen Unbilligkeiten gewährleistet sei.
Von Wartenburg wies aber darauf hin, daß zwischen gesetzlicher Erbfolge und Testierfreiheit ein derart enger Konnex bestehe, daß eine Änderung des einen auch auf das andere Einfluß haben müsse. Ein Pflichtteilsrecht des Staates sei in dieser Richtung bereits gefordert worden.[627] Eine Rechtsordnung, die durch eine

---

[620] Bamberger, Für das Erbrecht des Reiches, Seite 3.
[621] Bamberger, Für das Erbrecht des Reiches, Seite 4, 8.
[622] Bamberger forderte aber gleichzeitig mit der Ausschlagung die Eröffnung des Nachlaßkonkurses, so daß zumindest keine herrenlosen Erbschaften entstehen würden: Bamberger, Für das Erbrecht des Reiches, Seite 32.
[623] Bamberger, Für das Erbrecht des Reiches, Seite 16.
[624] Bamberger, Für das Erbrecht des Reiches, Seite 33.
[625] Bamberger, Für das Erbrecht des Reiches, Seite 33.
[626] Bamberger verwarf schließlich auch seine Bedenken hinsichtlich einer Nachlaßsteuer und forderte eine bei 2 % einsetzende und dann allmählich bis 5 % ansteigende Besteuerung des Erbanfalls bei Abkömmlingen und Ehegatten – die übrigen Erbschaftsteuersätze sollten dabei verdoppelt werden: Bamberger, Für das Erbrecht des Reiches, Seite 42.
[627] Ein solches war in den sozialistischen Ländern bereits verankert: Bonfils, Gesetzliche Erbfolge, Erbrecht des Staates und Testierfreiheit im Erbrecht der Sowjetunion, der osteuropäischen Länder und der DDR, Seite 246, 247.

nur begrenzte Verwandtenerbfolge einen Zwang zur Errichtung von Testamenten ausübe, sei letztlich nicht im Volk verankert, weil sie nicht der gemeinsamen Vernunft entspreche.[628]

III. Internationales Privatrecht

Kritisiert wurde im Hinblick auf die internationalen Verflechtungen, daß mit einer Ausdehnung des Erbrechts des Staates oftmals das außerhalb der deutschen Grenzen liegende Vermögen deutscher Erblasser nicht erlangt werden könne, weil entweder ausländischen Normierungen zufolge die Gegenstände oder Ländereien dem fiskus domicilii anfielen, wenn diese Anhänger der Okkupationstheorie seien[629], oder der ausländische Staat sich schlicht weigere, die Gegenstände beziehungsweise die Ländereien herauszugeben, auch weil dieses möglicherweise der „öffentlichen Ordnung" widerspreche.[630] In Amerika habe ein Gericht den Nachlaß eines dort ansässigen Deutschen nicht an eine Gläubigerbank herausgegeben, weil dies dem Nationalinteresse zuwiderlaufe. Mit ähnlichen Entscheidungen müßte man wohl hinsichtlich der Forderungen des Fiskus rechnen.[631] Auch die Ergebnisse der Haager Erbrechtskonvention von 1905 führten diesbezüglich nicht zu einer Lösung .[632]

Hemeling wollte dieser Problematik mit einer dem römischen Ereptionsrecht des Fiskus nachgebildeten Vorschrift begegnen, nach welcher Nachlässe beim Anfall an eine bestimmte Erbrechtsordnung herauszugeben seien. Diese Verpflichtung solle bei im Ausland befindlichen Nachlässen jedoch nicht gelten.[633]

Neumeyer forderte schlicht, daß das erweiterte Erbrecht des Fiskus im Falle von im Ausland befindlichem Vermögen nicht gelten solle.[634] Problematisch sei bei solchen Regelungen aber die Haftungsfrage, insbesondere, wenn ein Nachlaß aus inländischen und ausländischen Gegenständen bestehe.

IV. Sonstige Änderungsvorschläge

Heinsheimer kritisierte den Entwurf im Hinblick auf die zu aufwendige Vorerbschaft der Großeltern. Er schlug deshalb ein Erbrecht des Staates schon nach der zweiten Ordnung vor, wobei die Großeltern eine Geldrente in Höhe des Reinertrags des Nachlasses erhalten sollten. Dieses sei zum einen weniger aufwendig und zum anderen auch für die Großeltern einfacher zu handhaben, die mit der

[628] Von Wartenburg, Entwurf eines Gesetzes über das Erbrecht des Staates, Seite 17.

[629] Neumeyer, Seufferts Blätter für Rechtsanwendung 1908, Band 73, Seite 57 (161).

[630] Neumeyer, Seufferts Blätter für Rechtsanwendung 1908, Band 73, Seite 57 (158); Hemeling, DJZ 1909, Seite 257 (258).

[631] Hemeling, DJZ 1909, Seite 257 (258).

[632] Neumeyer, Seufferts Blätter für Rechtsanwendung 1908, Band 73, Seite 57 (161); Endemann, Lehrbuch des bürgerlichen Rechts, 3. Band, Erbrecht, Seite 126.

[633] Hemeling, DJZ 1909, Seite 257 (259).

[634] Neumeyer, Seufferts Blätter für Rechtsanwendung 1908, Band 73, Seite 57 (162).

Verwaltung der Vorerbschaft möglicherweise überfordert sein könnten.[635] Ein Vorkaufsrecht für die Großeltern könne darüber hinaus gewährt werden.

V. Beteiligung des Reiches

Eine höhere Beteiligung des Reiches an den Einnahmen aus dem Erbrecht des Staates wurde vor allem deshalb gefordert, weil das Reich viele Aufgaben der Familie infolge der Sozialgesetzgebung übernommen hatte.[636] Pappenheim forderte aus diesem Grund bereits vor dem Bekanntwerden der Vorlage die ¾-Beteiligung des Reiches, welche dann auch im Entwurf verwirklicht wurde.[637] Eine direkte Erbbeziehung zwischen dem Reich und dem Erblasser solle durch die Beteiligung des Reiches allerdings nicht entstehen.[638] Eine stärkere Beteiligung der Gemeinde wurde hingegen überwiegend abgelehnt, da durch die verschiedenen Staaten für eine ausgewogene Verteilung auf alle Gemeinden besser gesorgt werden könne, als wenn die Verteilung rein zufällig und nach der unterschiedlichen Leistungskraft der Gemeinden selbst geschehe.[639]

Das Viertel der Länder solle vor allem die Verwaltungsausgaben für die Liquidation der Nachlässe vergüten, wobei ein entsprechender Teil an die Gemeinden abgeführt werden müsse, falls die Bearbeitung unter Hinzuziehung der Gemeinden erfolge.[640]

VI. Erbschaftsteuer

Da es sowohl der Verwaltung als auch der Gesetzgebung und vielen Autoren in der Literatur vor allem um eine Verbesserung der Einnahmen des Reiches ging, wurde neben oder anstelle des Entwurfs des Erbrechts des Staates die stärkere Erbschaftsbesteuerung gefordert.[641] Gerade durch eine nach Verwandtschaftsgraden abgestufte Erbschaftsteuer könne der finanzielle Erfolg für das Reich viel eher erreicht werden, ohne in das Erbrechtssystem des BGB eingreifen zu müs-

[635] Heinsheimer, DJZ 1909, Seite 114 (116).

[636] Akte der Senatskommission für die Justizverwaltung in Hamburg betreffend Abänderungen des Bürgerlichen Gesetzbuchs 1903 - 1912, I A a 2 vol. 1, Abschnitt 3, Hamburgischer Correspondent vom 23.02.1908, „Nochmals Reform des Erbrechts" von Dr. Moenckeberg; Pappenheim, DJZ 1908, Seite 509 (514).

[637] Pappenheim, DJZ 1908, Seite 509 (514).

[638] Heinsheimer, DJZ 1909, Seite 114 (117).

[639] Pappenheim, DJZ 1908, Seite 509 (514).

[640] Heinsheimer, DJZ 1909, Seite 114 (117).

[641] Akte der Senatskommission für die Justizverwaltung in Hamburg betreffend Abänderungen des Bürgerlichen Gesetzbuchs 1903 - 1912, I A a 2 vol. 1, Abschnitt 10, Hamburgischer Correspondent vom 13.06.1909, Das Erbrecht des Staates.

sen.[642]
Ein Reichserbschaftsteuergesetz war bereits im Jahr 1906 im Reichstag verabschiedet worden, welches allerdings nicht den Erbanfall an die Deszendenten und den Ehegatten des Erblassers erfaßte.[643] Dieses sollte erst später durch ein nicht verabschiedetes Nachlaßsteuergesetz geschehen. Die übrigen Steuerpflichtigen wurden in vier Klassen eingeteilt, wobei die Mindestsätze 4, 6, 8 und 10 % und die Höchstsätze 10, 15, 20 und 25 % betrugen.[644]

D. Diskussion im Reichstag im Rahmen der ersten Beratung
Zunächst ist festzustellen, daß der Entwurf über ein Erbrecht des Staates im Reichstag nicht Gegenstand einer einzelnen ersten Beratung war, sondern stets nur Teil eines Gesamtpaketes, welches Änderungen im Finanzwesen zur Folge haben sollte. Innerhalb dieses Gesamtpaketes wurden die ersten Beratungen eines Gesetzes über den Zwischenhandel mit Branntwein, eines Gesetzes über die Tabaksteuer, eines Brausteuer-, eines Wein-, eines Nachlaßsteuer-, eines Erbschaftsteuer-, eines Elektrizitäts- und Gassteuer-, sowie eines Anzeigensteuergesetzes zusammengefaßt.
Die Beratungen zu den einzelnen Gesetzen waren entsprechend uneinheitlich. Sie erstreckten sich über einen längeren Zeitraum, wobei die erste Beratung am 19.11.1908[645] begann und die Schlußabstimmung erst am 05.07.1909 erfolgte. Im Rahmen des Gesamtpakets war der Entwurf über die Reform des Erbrechts des Staates somit nur ein Gesetz unter vielen, welches die Reichsfinanzen aufbessern sollte. Alle vorgeschlagenen Gesetze sollten dabei staatliche Mehreinnahmen in einer Höhe von 500 Mio. Mark ergeben, die zum Ausgleich kurzfristiger Anleihen des Reiches genutzt werden sollten.[646]

I. Erste Beratungen
In der 163. Sitzung der XII. Wahlperiode des Reichstags begannen die ersten Beratungen zu den oben genannten Gesetzentwürfen mit einer Einleitung durch den Staatssekretär des Reichsschatzamtes Sydow, der die Entwürfe für die Regierungsseite zu begründen versuchte.

---

642 Von Wartenburg, Entwurf eines Gesetzes über das Erbrecht des Staates, Seite 10; Akte der Senatskommission für die Justizverwaltung in Hamburg betreffend Abänderungen des Bürgerlichen Gesetzbuchs 1903 - 1912, I A a 2 vol. 1, Abschnitt 10, Hamburgischer Correspondent vom 13.06.1909, Das Erbrecht des Staates.
643 Leipold, AcP 180, Seite 160 (166).
644 RGBl. 1906, Seite 654.
645 Das Gesetz über das Erbrecht des Staates war unter anderem Thema in den folgenden Sitzungen des Reichstags: Stenographische Berichte über die Verhandlungen des Reichstags, Band 233, Sitzungen 163 – 166, 169 – 171 und Band 237, Sitzung 275.
646 Stenographische Berichte über die Verhandlungen des Reichstages, Band 233, Seite 5545.

1. Begründung durch die Reichsregierung

Zunächst nahm Sydow Bezug auf die historische Entwicklung der bona vacantia. Im Römischen Recht sei diesbezüglich, wie auch in einigen späteren Volksrechten des Mittelalters, das Erbrecht der Verwandten auf den siebten Grad beschränkt gewesen. Erst Justinian habe eine unbegrenzte Verwandtenerbfolge eingeführt, welche dann als Vorbild des Römischen Rechts im Rahmen der Rezeption in viele Gesetze Einzug genommen habe.[647] Es habe infolge der Fassung des BGB, die die unbegrenzte Verwandtenerbfolge beinhalte, jedoch viele Fälle gegeben, bei denen Erblasser und Erbe in keiner so engen Beziehung gestanden hätten, daß die Bevorzugung des Erben vor der Allgemeinheit zu rechtfertigen sei. Auch Sydow stellte damit die Familienzusammengehörigkeit als Begründung für die gesetzliche Erbfolge in den Vordergrund und mußte so bei schwindendem Familienbewußtsein und einer größeren sozialen Verpflichtung des Staates zu einer Begrenzung der Verwandtenerbfolge kommen.

Sydow warnte aber vor zu großen Hoffnungen in finanzieller Hinsicht und gab zu bedenken, daß auch die Reform des Erbrechts des Staates nicht zu den finanziellen Erfolgen führen könne, welche eine nach seiner Meinung notwendige Besteuerung der Erbanfälle der Ehegatten und der Deszendenten zur Folge habe.[648] Ferner befürwortete Sydow eine Grenze der gesetzlichen Erbfolge ab der dritten Parentel, wobei die Großeltern nur ein Nießbrauchsrecht am Nachlaß bis zu ihrem Tode erhalten sollten, da sonst der finanzielle Erfolg gänzlich in Frage stehe.[649] Bäuerlichen Verhältnissen sollte durch Erleichterungen beim Erwerb von Grundstücken durch entferntere Verwandte Rechnung getragen werden.

Der Anteil der Landesfiski in Höhe von ¼ des Nachlasses sei gerade so hoch bemessen, daß sich die Kosten der Landesbehörden dadurch decken ließen. Die gesamten zusätzlichen Einnahmen, die man sich aus der Ausdehnung des Staatserbrechts erhoffe, beliefen sich auf ungefähr 19 Mio. Mark. Diese Zahl entstand, hochgerechnet für das Reich, aus Erhebungen in Sachsen und Hessen, wo man ein bzw. drei Jahre die Nachlässe in einer Weise aufgeführt hatte, daß man die Auswirkungen von Erbrechtsänderungen absehen konnte. Man ging weiter davon aus, daß 1/3 aller Erbschaften ohne Testament übergehen würde.[650]

2. Nationalliberale

In der 164. Sitzung machte Freiherr von Richthofen-Damsdorf für die Nationalliberalen deutlich, daß die Gesetzentwürfe nur deshalb weitere Einnahmequellen

---

[647] Stenographische Berichte über die Verhandlungen des Reichstages, Band 233, Seite 5559; diese Einschätzung der Arbeit Justinians wurde wie oben bereits beschrieben, von einigen Befürwortern einer Begrenzung der Verwandtenerbfolge bestritten.

[648] Stenographische Berichte über die Verhandlungen des Reichstages, Band 233, Seite 5559.

[649] Stenographische Berichte über die Verhandlungen des Reichstages, Band 233, Seite 5560.

[650] Stenographische Berichte über die Verhandlungen des Reichstages, Band 233, Seite 5560.

des Staates eröffnen müßten, weil in der Vergangenheit zu wenig gespart worden sei. Es sei zudem bedenklich, wenn ein Parteiprogramm in Gesetze gefaßt werden solle.[651]
Von Richthofen-Damsdorf machte ferner deutlich, daß das Rütteln am BGB zur Erlangung einer Einnahmequelle für das Reich grundsätzlich bedenklich sei und auch die eng gezogenen Grenzen des gesetzlichen Erbrechts zu einer Schädigung des Familiensinns führen könnten.[652]
Dr. Paasche machte in der 165. Sitzung deutlich, daß er sich von der Reform des Erbrechts des Staates keine großen Einnahmen erhoffe, da bei großen Vermögen regelmäßig ein Testament vorhanden sei, welches nicht zugunsten des Staates verfaßt werde und bei kleineren Vermögen der Aufwand der Verwertung häufig die Vorteile der Erbschaft zunichte machen könne. Eine Begrenzung der Verwandtenerbfolge hielt er aber dennoch für richtig, da eine gerichtliche Suche nach möglicherweise sogar dem Erblasser unbekannten Erben nicht sinnvoll sei. Da man aber letztlich nur mit sehr unregelmäßigen Einnahmen rechnen könne, hielt Dr. Paasche die haushaltstechnische Einordnung der Erbschaften des Staates als stetige Einnahmequelle für verfehlt. Vielmehr sollten diese Erbschaften als jeweils einmalige Einnahmequellen zur Schuldentilgung genutzt werden.[653]
Der Abgeordnete Zimmermann machte in seiner Rede während der 166. Sitzung deutlich, daß er zwar grundsätzlich für die Ausdehnung des Erbrechts des Staates sei, aber die Besorgnis aus Teilen der Bevölkerung vernommen habe, daß sich der Fiskus bei Inkrafttreten der neuen Gesetzeslage versucht fühlen könne, Prozesse über die Unwirksamkeit von letztwilligen Verfügungen zu führen, um selber in den Genuß der Erbschaft zu kommen. Solche Bestrebungen des Fiskus dürfe es selbstverständlich nicht geben.[654]

3. Sozialdemokraten

Der Abgeordnete Geyer stellte für seine Fraktion der Sozialdemokraten in der 164. Sitzung die gesamte Finanzreform in Frage, da weder höhere Steuern noch die geplanten Kürzungen der Ausgaben des Reiches wirtschaftlich sinnvoll seien. Gerade die Vergrößerung des Heeres führe zudem zu neuen Haushaltslöchern in den kommenden Jahren.[655] In den Ausführungen wurde ferner deutlich, daß Geyer größere Umverteilungen und deshalb höhere Steuern für Vermögende für sinnvoll hielt.

---

[651] Stenographische Berichte über die Verhandlungen des Reichstages, Band 233, Seite 5568.
[652] Stenographische Berichte über die Verhandlungen des Reichstages, Band 233, Seite 5572.
[653] Stenographische Berichte über die Verhandlungen des Reichstages, Band 233, Seite 5625.
[654] Stenographische Berichte über die Verhandlungen des Reichstages, Band 233, Seite 5644.
[655] Stenographische Berichte über die Verhandlungen des Reichstages, Band 233, Seite 5576.

4. Zentrum

Dr. Spahn vom Zentrum hielt in seiner Rede in der 165. Sitzung des Reichstags die Wehrsteuer, die Nachlaßsteuer und die Änderung des Gesetzes hinsichtlich des Erbrechts des Staates für nicht mehrheitsfähig. Vor allem aber habe der Gesetzgeber beim gesetzlichen Erbrecht des Staates die Blutszusammengehörigkeit als das grundlegende Kriterium für die Normierung erachtet. Da keine großen fiskalischen Einnahmen aus einer Erweiterung des Erbrechts des Fiskus zu erwarten seien, sei es aus seiner Sicht übertrieben, grundlegende Prinzipien des BGB zu ändern.[656] Mit der Änderung werde auch schlagartig die Errichtung von Testamenten zunehmen, was zu einer Aushöhlung der Erweiterung des Erbrechts des Fiskus führen dürfte. Zudem seien der autonome Adel und alle Stamm-, Lehen- und Fideikommissgüter von einer derartigen Änderung des BGB nicht betroffen, da die entscheidenden Vorschriften des EGBGB in dem betreffenden Gesetz zur Reform des gesetzlichen Erbrechts des Staates nicht geändert würden.[657]

Der Abgeordnete Speck vertrat für seine Fraktion in der 169. Sitzung die Unannehmbarkeit der Entwürfe hinsichtlich des Branntweinmonopols, des Erbrechts des Staates und der Elektrizitätsbesteuerung aus nicht näher erläuterten Gründen. Auch Speck hielt das gesamte Paket für unausgeglichen, da es zu stark den Konsum und zu wenig den Besitz besteuere.[658]

Graf von Schwerin-Löwitz befürwortete hingegen in derselben Sitzung die vorgeschlagene Ausdehnung des Erbrechts des Staates, lehnte aber eine Ausdehnung der Erbschaftsteuer auf den Ehegatten und die Deszendenten ab.[659] Er kritisierte zudem, daß einige Parteien ihre gesamte Zustimmung zu dem Finanzreformpaket von Zugeständnissen der Regierung zu parteipolitischen Wünschen abhängig machten, welche mit dem Projekt als solchem nichts zu tun hätten. Eine solche Haltung einiger Parteien wurde durch die erfolgten Zurufe während dieser Rede untermauert.[660]

Der als Hospitant für die Fraktion des Zentrums in der 169. Sitzung anwesende Dr. Weber machte ebenfalls seine Zustimmung zu dem Entwurf über das Erbrecht des Staates deutlich und nannte es „den grünen Tannenzweig, in dem an und für sich nicht sehr wohlriechenden Steuerbukett".[661] Mit der Ausdehnung des Erbrechts des Staates könnten zum einen langwierige Prozesse zwischen den möglichen Erbanwärtern vermieden werden und zum anderen entspreche es nicht mehr dem deutschen Volksempfinden, das gesetzliche Erbrecht allein auf-

[656] Stenographische Berichte über die Verhandlungen des Reichstages, Band 233, Seite 5610.
[657] Stenographische Berichte über die Verhandlungen des Reichstages, Band 233, Seite 5610.
[658] Stenographische Berichte über die Verhandlungen des Reichstages, Band 233, Seite 5752.
[659] Stenographische Berichte über die Verhandlungen des Reichstages, Band 233, Seite 5757.
[660] Stenographische Berichte über die Verhandlungen des Reichstages, Band 233, Seite 5758.
[661] Stenographische Berichte über die Verhandlungen des Reichstages, Band 233, Seite 5763.

grund der Blutszusammengehörigkeit zu gewähren. Von den Einnahmen solle man sich allerdings nicht allzuviel versprechen und demzufolge keine stabilen Ausgaben mit dem Erbrecht des Fiskus verknüpfen.[662]
In der 170. Sitzung kritisierte Dr. Müller in seiner Stellungnahme zum Entwurf des Erbrechts des Staates, die massive Veränderung des Rechts der Seitenverwandten hinsichtlich der Erbschaft und die damit erforderliche einschneidende Änderung des Zivilrechts stehe in keinem Verhältnis zu den erwarteten Einnahmen aus der Erweiterung des Erbrechts des Fiskus. Auch die Ausnahmen für den Adel, die Standes-, Lehens- und Fideikommissgüter seien nicht gerechtfertigt. Es sei zudem nicht einzusehen, warum ausländische Staaten vom veränderten deutschen Erbrecht des Fiskus profitieren sollten, was auch durch Artikel 31 EGBGB nicht zu verhindern sei.[663] Im übrigen sei die Beteiligung der Landesfiski mit 25 % der Einnahmen deutlich zu hoch, da eine solche Summe die Entschädigung beispielsweise eines Nachlaßverwalters deutlich übersteige.

5. Fortschrittliche Volkspartei
In der 166. Sitzung stellte der Abgeordnete von Payer in seiner Rede hinsichtlich des Erbrechts des Staates klar, daß er das Zustandekommen dieses Entwurfs nicht für wahrscheinlich halte, da das gesamte Entwürfepaket unausgeglichen sei. Als einzige „Besitzsteuern" seien nur die Nachlaßsteuer und der Entwurf über das Erbrecht des Staates vorhanden, was zu einem starken Übergewicht der Verbrauchssteuern und somit zu einer ungerechten Lastenverteilung führe.[664]

6. Deutsch-Konservative
Der Abgeordnete Vogt vertrat in der 170. Sitzung für seine Partei den Standpunkt, die Erbschaft des Staates sei zumindest dort sinnvoll, wo Erbe und Erblasser sich überhaupt nicht gekannt hätten. Eine genaue Erbrechtsgrenze schlug Vogt allerdings nicht vor.[665]

7. Freisinnige Vereinigung
Der Abgeordnete für die Fraktion der Freisinnigen Vereinigung, Mommsen, stellte in seiner Rede während der 170. Sitzung ebenfalls seine Ablehnung gegen die Erweiterung des Erbrechts des Fiskus klar. Zum einen sei auch seiner Meinung nach der massive Eingriff in Prinzipien des BGB keinesfalls durch die geringen zu erwartetenden Einnahmen des Fiskus zu rechtfertigen. Zum anderen seien wirklich bedeutende Erbschaften wohl nur dort zu erwarten, wo aufgrund eines Unglücksfalls oder ähnlichem der betreffende Erblasser zur Errichtung

[662] Stenographische Berichte über die Verhandlungen des Reichstages, Band 233, Seite 5764.
[663] Stenographische Berichte über die Verhandlungen des Reichstages, Band 233, Seite 5782.
[664] Stenographische Berichte über die Verhandlungen des Reichstages, Band 233, Seite 5665.
[665] Stenographische Berichte über die Verhandlungen des Reichstages, Band 233, Seite 5806.

eines Testaments nicht mehr rechtzeitig in der Lage gewesen sei. In solchen Fällen sei es jedoch mit einem „kleinen Raub“ des Fiskus zu vergleichen, wenn das Reich von derartigen Unglücksfällen auch noch profitieren wolle.[666] Die Erwartungen, die Justizrat Bamberger durch seine Schätzung der Einnahmen des Fiskus in einer Höhe von bis zu 500 Mio. Mark im Jahr geweckt habe, seien völlig übertrieben. Zudem seien nur wenige Einnahmen in barem Geld zu erwarten. Es handele sich vielmehr oftmals um einzelne Vermögensgegenstände, die erst verwertet werden müßten, was zusätzliche Kosten verursache. Die einzige positive Folge, die Mommsen beim Inkrafttreten prognostizierte, sei die wohl zunehmende Bereitschaft, ein Testament zu errichten. Dieses habe hinsichtlich des Erbrechts des Fiskus aber negative Folgen.[667]

II. Überweisung des Gesetzentwurfs an eine Kommission

In der 171. Sitzung wurde schließlich durch den Reichstag beschlossen, den Gesetzentwurf über das Erbrecht des Staates zur weiteren Beratung einer Kommission zu überweisen. Dort sollte in einem kleineren Kreis von Abgeordneten festgestellt werden, ob und in welcher Fassung der Entwurf dem Reichstag zur Abstimmung vorgelegt werden sollte. Die Kommission bestand unter Vorsitz des nationalliberalen Abgeordneten Freiherr von Richthofen-Damsdorf aus 28 Mitgliedern.[668] Darunter waren zum einen Vertreter aller Parteien des Reichstags, zum anderen aber auch Mitglieder des Bundesrats und des Reichsschatzamtes, da die Entscheidung über die Gestaltung des Erbrechts des Staates auch finanzielle Auswirkungen auf Länder- und Reichshaushalte hatte.

Im Rahmen der bisherigen Debatte war zumindest deutlich geworden, daß der größte Teil der Abgeordneten in der Sache mit dem Entwurf und somit dem zentralen Anliegen, die gesetzliche Erbfolge der Verwandten zu begrenzen, einverstanden war. Nur zum Teil wurde im Hinblick auf die nur geringen Einnahmesteigerungen eine Änderung zentraler Prinzipien des BGB abgelehnt. Festzustellen war dabei auch, daß die Fraktionen des Zentrums und der Nationalliberalen keine einheitliche Meinung zu diesem Thema vertraten.

Ein Teil der Abgeordneten stand auch dem gesamten Projekt der Finanzreform negativ gegenüber, da das genze Paket unausgewogen sei und in zu hohem Maße den Konsum und in zu geringem Maße den Besitz betreffe. Diese Kritik konnte jedoch grundsätzlich auf die Reform des Erbrechts des Staates nicht zu-

---

[666] Stenographische Berichte über die Verhandlungen des Reichstages, Band 233, Seite 5799.
[667] Stenographische Berichte über die Verhandlungen des Reichstages, Band 233, Seite 5799.
[668] Die Mitglieder waren: Freiherr v. Richthofen-Damsdorf (Vorsitzender); Erzberger (Berichterstatter); Bindewald; Dr. Fleischer; Furhmann; Freiherr v. Gamp-Massaunen; Geyer; Gröber; Herold; Hormann (Bremen); Klose; Kreth; Graf v. Brudzewo-Mielzynski; Mommsen; Müller (Fulda); Napieralski; Rehbel; Dr. Paasche; Raab; Dr. Roesicke; Dr. Schaedler; Schultz; Sieg; Stücklen; Dr. Südekum; Dr. Weber; Dr. Wiemer; Dr. Zehnter.

treffen, da es sich hierbei zum einen nicht um eine Steuer handelte und zum anderen gerade nicht der Konsum betroffen gewesen wäre.

E. Bericht der 32. Kommission über den Entwurf eines Gesetzes über das Erbrecht des Staates

Die Kommission beriet über den Entwurf am 22., 28. und 29. Januar 1909 in erster Lesung. Die zweite Lesung fand in der 65. Sitzung vom 22.05.1909 statt.[669]

I. Erste Lesung

1. Generaldiskussion

In der zunächst geführten Generaldiskussion wurden die grundsätzlichen Argumente für und gegen den Entwurf vorgebracht.[670]
Gegen den Entwurf wurde eingewandt, daß in keinem anderen Staat bei der Begrenzung der Verwandtenerbfolge so weit gegangen werde wie in dem Entwurf vorgesehen. Besonders die Beschränkung der Erbfolge der Großeltern auf ein bloßes Vorerbrecht werde vom Volk nicht verstanden werden und müsse als Art „Expropriation" zu den sozialdemokratischen Ideen gezählt werden. Dieses könne den Familiensinn schädigen und wurde von einigen Abgeordneten als „Erbraub des Staates" bezeichnet.[671] Es sei auch nicht einzusehen, daß mit der verkürzten Verwandtenerbfolge auch die Fiski des Auslands privilegiert würden, wenn es um die Erbfolge im Ausland lebender Deutscher gehe. Zudem sei die Differenzierung zwischen gebundenem und nicht gebundenem Grundbesitz (hierbei war wohl die Regelung für den Adel und die lehen- oder fideikommissgebundenen Grundstücke gemeint) nicht angebracht. Auch im Falle der mangelnden Testierfähigkeit müßten anders geartete Ausnahmebestimmungen gefunden werden. Vor allem auf dem Lande, wo man mit den Gesetzesvorschriften nicht so vertraut sei und demzufolge auf ein Testament verzichte und auf die sinnvolle Ausgestaltung der gesetzlichen Erbfolge hoffe, sei im Falle der Änderung der Erbfolgeregelungen die Wut dieser Bevölkerungsschichten auf die Abgeordneten vorprogrammiert. Solche einschneidenden Änderungen könnten sich zudem nicht allein dadurch rechtfertigen, daß man sich daraus 25 Mio. Mark als Mehreinnahmen verspreche.[672] Dieses allein war nach den Worten des Reichsschatzsekretärs aber die Begründung für die Ziehung der Grenze.
Die Sozialdemokraten gestanden in der Diskussion zu, daß sie sich sogar mit

[669] Anlagen zu den stenographischen Berichten, Band 256, Aktenstück 1448, Seite 9068.
[670] Anlagen zu den stenographischen Berichten, Band 256, Aktenstück 1448, Seite 9068: hierbei enthält das Aktenstück keine namentliche Bezeichnung der einzelnen Abgeordneten.
[671] Anlagen zu den stenographischen Berichten, Band 256, Aktenstück 1448, Seite 9068.
[672] Anlagen zu den stenographischen Berichten, Band 256, Aktenstück 1448, Seite 9068.

einer noch engeren Grenze einverstanden erklären würden.
Der Reichsschatzsekretär wies noch auf die grundsätzlich vorhandene Strömung in der Bevölkerung hin, nur diejenigen in den Genuß der gesetzlichen Erbfolge kommen zu lassen, welche der Erblasser auch von sich aus bedacht hätte. Hier sei nach Auffassung der Bevölkerung sogar eine noch engere Grenze denkbar, wie sich schon aus den Forschungen des Justizrats Bamberger ergebe. Die finanziellen Erwartungen Bambergers seien allerdings stark überzogen. Letztlich seien die gewünschten finanzielle Erfolge nur zu verwirklichen, wenn die dritte Ordnung von der Erbschaft ausgeschlossen sei oder die Großeltern zumindest nur ein Vorerbrecht erhielten. Hinsichtlich der Bedenken, die sich im Umgang mit ausländischen Staaten ergäben, wurde auf die Möglichkeit der Unterzeichnung von Abkommen hingewiesen. Mit Expropriation habe der Entwurf schließlich nichts zu tun, da keine bestehenden Rechtspositionen, sondern nur vorhandene Hoffnungen entfernterer Verwandter beschränkt würden.[673] Aus der gesamten Diskussion wurde deutlich, daß dem Entwurf im ganzen im Gegensatz zum Reichstag nicht zugestimmt wurde.

2. Anträge zu Artikel I

a) Zu Ziffer 1

Der Antrag, die Beschränkung der Erbfolge der Großeltern auf die Vorerbfolge aufzuheben, wurde mit großer Mehrheit angenommen. Eine Abstimmung über den insoweit veränderten Entwurf führte allerdings mit 14 zu 14 Stimmen zur Ablehnung. Man entschloß sich dann, weitere Veränderungen vorzunehmen.

b) Zu Ziffer 6

Bezüglich der Ziffer 6 wurde beantragt, den Reichsfiskus als Erben vorzusehen, wobei die Verwaltung weiterhin den Ländern obliegen sollte. Dieses wurde vor allem damit begründet, daß der Anteil der Länder von 25 % deutlich zu hoch ausfalle. Auch die Einheitlichkeit der Vorgehensweise sei besser gewährleistet, wenn der Reichsfiskus sofort als Erbe angesehen werde.
Diesem Antrag traten mehrere Abgeordnete entgegen, da nach ihrer Auffassung sonst starke Probleme hinsichtlich der Vertretungsmacht der einzelnen Staaten für das Reich auftreten würden. Neue Behörden des Reiches seien hier unangebracht. Zudem verfahre man hier nicht anders, als bei Zöllen und Reichssteuern auch. Der Antrag wurde daraufhin mit Mehrheit abgelehnt.[674]

---

[673] Anlagen zu den stenographischen Berichten, Band 256, Aktenstück 1448, Seite 9069.
[674] Anlagen zu den stenographischen Berichten, Band 256, Aktenstück 1448, Seite 9070.

3. Anträge zu Artikel II

a) Zu Ziffer 2

Hinsichtlich der Ziffer 2 wurde diskutiert, ob die Gemeinden zwangsweise die Verwaltung der erblosen Nachlässe übernehmen müßten, und wenn ja, wie hoch dann deren Vergütung ausfallen solle. Es wurde von einigen Abgeordneten hier die Gefahr gesehen, daß das Land den Gemeinden gerade die Abwicklung der überschuldeten Nachlässe überlassen könne.

Vom Reichsschatzamt wurde hierzu angemerkt, die Ziffer 2 sei so zu verstehen, daß die Abwicklung von erblosen Nachlässen generell auf die Gemeinde übertragen werden könne und nicht nur in Einzelfällen. Die Vergütung sei zudem Ländersache.[675] Angenommen wurde dann schließlich eine Fassung, welche es von der Entscheidung der Gemeinden abhängig machte, ob sie gegen Vergütung die Verwaltung der erblosen Erbschaften übernehmen wollten.

b) Zu Ziffer 8

Hinsichtlich der persönlichen Gegenstände wurde entschieden, diese den Abkömmlingen der Großeltern auf Antrag unentgeltlich zu überlassen. Die Antragsfrist sollte auf sechs Monate verlängert werden. Zudem wurde in den Entwurf eingefügt, daß eine unentgeltliche Überlassung zu unterbleiben habe, wenn dadurch Gläubigerrechte berührt würden.[676]

c) Zu Ziffer 9

Hinsichtlich der Ziffer 9 wurden insgesamt sieben Anträge gestellt. Diese sollten Härten abfedern, die im Falle der Formnichtigkeit der letztwilligen Verfügung oder des überraschenden Versterbens des Erblassers eintreten könnten.[677] Es wurde als unbillig erachtet, denjenigen Personen, die den Erblasser bis zu dessen Tod versorgt hätten, keinen festen Anspruch auf eine Erbbeteiligung zu gewähren, wenn gesetzliche Erben nicht vorhanden seien.

Von den Befürwortern des Gesetzes wurden die Anträge kritisiert, da hierdurch zahlreiche rechtliche Unklarheiten und Rechtsunsicherheiten entstünden und zudem die finanzielle Einträglichkeit gefährdet werde.[678] Die Antragsteller selbst gestanden aber ein, es dürfe kein Anschein von Willkür bei der Beurteilung formnichtiger Testamente durch die Verwaltung auftreten und es müsse hier bindendes Recht geschaffen werden. Der Vertreter des Reichsjustizamtes verteidigte die vorhandene Regelung, da sie Einzelfallgerechtigkeit garantieren könne. Jede absolute Regelung werde dieser nicht gerecht.

---

675 Anlagen zu den stenographischen Berichten, Band 256, Aktenstück 1448, Seite 9071.

676 Anlagen zu den stenographischen Berichten, Band 256, Aktenstück 1448, Seite 9071.

677 Anlagen zu den stenographischen Berichten, Band 256, Aktenstück 1448, Seite 9071.

678 Anlagen zu den stenographischen Berichten, Band 256, Aktenstück 1448, Seite 9072, 9073.

Es wurde schließlich mit großer Mehrheit entschieden, den Entwurf dahin zu ändern, daß der Bundesrat in Fällen der Formnichtigkeit des Testaments Bestimmungen treffen solle, die die zwingende Herausgabe der Erbschaft vorsähen, wenn dieser Wille des Erblassers klar hervortrete. Gleiches solle dann gelten, wenn der Erblasser testierunfähig gewesen sei. Dann sollten diejenigen Personen bedacht sein, die den Erblasser bis zu dessen Tode gepflegt, erzogen oder aufgenommen hätten.[679]

d) Zu Ziffer 10

Es wurde zu Ziffer 10 beantragt, den Anteil der Bundesstaaten auf 1/6 zu kürzen, um die finanziellen Einnahmen des Reiches zu vergrößern. Dieses wurde aber mehrheitlich abgelehnt, da die Verwaltung und Liquidierung von Nachlässen grundsätzlich eines hohen Verwaltungsaufwandes bedürfe.[680]

II. Zweite Lesung

Im Rahmen der zweiten Lesung fand eine Gesamtabstimmung statt, bei der der gesamte geänderte Entwurf mit 18 zu 10 Stimmen abgelehnt wurde. Dem Reichstag wurde somit der Antrag zugeleitet, den Entwurf über das Erbrecht des Staates abzulehnen.[681]

F. Diskussion im Reichstag im Rahmen der zweiten Beratung

Die zweite Beratung im Reichstag fand am 05.07.1909 als 275. Sitzung statt.

I. Nationalliberale

Der Abgeordnete Junck machte zunächst deutlich, daß seine Fraktion der Nationalliberalen dem Entwurf entgegen der Empfehlung der Kommission zustimmen werde, da eine Begrenzung des Verwandtenerbrechts geboten sei. Eine solche Begrenzung führe zum einen dem Reich in gerechter Weise Mittel zu und entspreche zum anderen urdeutscher Tradition, da das ältere sächsische und fränkische Recht eine ähnliche Regelung in Bezug auf Grundbesitz schon beim Fehlen von Kindern des Erblassers vorsah. Der Gedanke des Erbrechts des Staates fuße auch auf dem Grundsatz, daß der Staat die Schaffung von Vermögen erst ermögliche und somit auch in gerechter Weise beim Tod zu beteiligen sei, wie dies bei der Erbanfallsteuer schon erfolge. Der Familiensinn sei zudem von dem Gesetzentwurf nicht betroffen, da die Grenze dort gezogen werde, wo der Wille, daß das „Vermögen der Familie unbedingt erhalten werde, aufzuhören pflegt".[682] Von „Expropriation" im Rahmen dieses Gesetzes könne schon deshalb nicht die

[679] Anlagen zu den stenographischen Berichten, Band 256, Aktenstück 1448, Seite 9073.
[680] Anlagen zu den stenographischen Berichten, Band 256, Aktenstück 1448, Seite 9074.
[681] Anlagen zu den stenographischen Berichten, Band 256, Aktenstück 1448, Seite 9074.
[682] Stenographische Berichte über die Verhandlungen des Reichstags, Band 237, Seite 9067.

Rede sein, weil das Recht zur Testamentserrichtung nicht berührt werde und somit ein Testament das Erbrecht des Staates in jedem Falle ausschließen könne.[683]

Freiherr von Richthofen-Damsdorf stellte dann allerdings klar, daß er als Nationalliberaler den Entwurf ablehne, da die Veränderungen des BGB zu gravierend seien und hier möglicherweise ein gefährlicher Anfang gemacht werde.[684]

II. Fortschrittliche Volkspartei

Der Abgeordnete Dove machte für die fortschrittliche Volkspartei deutlich, daß deren Fraktion für den Gesetzentwurf stimmen werde, da der Inhalt des Gesetzes ein gesunder und sozialer sei. Vor allem gegenüber den Argumenten hinsichtlich der Beeinträchtigung des Familiensinns durch die Einschränkung der unbegrenzten Verwandtenerbfolge hob Dove hervor, daß dem Familiensinn der Staatssinn gegenüberzustellen sei, da der Staat oftmals mehr Wohltaten für den Erblasser gebracht habe als entfernte Verwandte. Die Schweiz habe zudem bei einer weit stärkeren Einschränkung der gesetzlichen Erbfolge auch keine Beeinträchtigungen des Familiensinns erlebt. Diese Argumentation des Abgeordneten war aber ebensowenig sachkundig wie die weiteren Ausführungen zur Testierfreiheit, die seiner Meinung nach im BGB nicht bestehe. Zum einen gab es im schweizerischen Recht auch nur eine Beschränkung der Verwandtenerbfolge auf die ersten drei Parentelen[685], was auch schon in der Begründung des Entwurfs zu lesen war, und zum anderen verkannte der Abgeordnete Dove offensichtlich die Grenzen des Pflichtteilsrechts. Seiner Meinung nach sollte wohl ein Pflichtteilsrecht auch für den entferntesten Verwandten bestehen und so die Testierfreiheit des Erblassers einschränken.[686]

Dr. Ablaß versuchte hingegen in seiner Rede, die Argumente der Anhänger des Zentrums zu entkräften. Es sei nur die Schonung der Besitzenden und die Ausbeutung der Minderbemittelten, welche die Gegner des Gesetzentwurfs antreibe. Er stellte klar: „Der Gedanke des Gesetzes ist gut, weil die Besitzenden getroffen werden...".[687] Man habe im übrigen bei der Tierhalterhaftung schon wegen deutlich geringerer Anlässe das BGB geändert. Auf die Beispiele der Begrenzung der Verwandtenerbfolge in der Schweiz, die von seinem Parteikollegen Dove genannt worden seien, könne er nicht näher eingehen, jedenfalls seien derartige Regelungen in Frankreich und Österreich bereits vorhanden.[688] Auch die-

683 Stenographische Berichte über die Verhandlungen des Reichstags, Band 237, Seite 9068.
684 Stenographische Berichte über die Verhandlungen des Reichstags, Band 237, Seite 9080.
685 Hupp, Das Erbrecht des Staates, seine Rechtsnatur und seine Verwirklichung in einigen europäischen Rechten, Seite 94, 95.
686 Stenographische Berichte über die Verhandlungen des Reichstags, Band 237, Seite 9068.
687 Stenographische Berichte über die Verhandlungen des Reichstags, Band 237, Seite 9075.
688 Stenographische Berichte über die Verhandlungen des Reichstags, Band 237, Seite 9075.

se Beispiele trafen nicht zu, denn in Österreich war durch § 751 ABGB lediglich eine Begrenzung auf die ersten vier Parentelen vorhanden, wobei innerhalb der vierten Parentel nur die Stammeltern als Erben berufen waren. Es war also keinesfalls eine so starke Begrenzung wie im vorgelegten deutschen Entwurf vorhanden.[689] Für Frankreich regelte Artikel 768 des Code Civil, daß die Erbberechtigung erst nach dem sechsten Grad, beziehungsweise bei einem testierunfähigen Erblasser nach dem zwölften Grad endete.

Die vom Abgeordneten Dr. Ablaß vorgenommenen Vergleiche mit dem Ausland waren demnach erneut nachweislich fehlerhaft, wie schon die seines Kollegen Dove.[690]

Ablaß machte ferner deutlich, daß er Beeinträchtigungen des Familiensinns nicht für möglich halte, da auch bei der Nachlaßsteuer der SteuErsatz progressiv mit der verwandtschaftlichen Entfernung zum Erblasser steige und hierbei auch keine Schädigung des Familiensinns eingetreten sei. Die Rechtfertigung der unbegrenzten Verwandtenerbfolge mit dem Blutsverwandtschaftsgesichtspunkt müsse ansonsten eigentlich zu einer völligen Einschränkung der Testierfreiheit und zu einer festen gesetzlichen Erbfolge führen.

Auch hierbei verkannte der Abgeordnete die Bedeutung des Pflichtteilsrechts als Kompromiß zwischen Testierfreiheit und gesetzlicher Erbfolge.

III. Sozialdemokraten

Der Abgeordnete Ulrich machte im Namen der Sozialdemokraten zunächst deutlich, daß Grundlage der Diskussion das Vermögen des Einzelnen sein müsse, welches dieser im Zusammenspiel aller gesellschaftlichen Faktoren erworben habe. Die Gesellschaft habe somit eine soziale und gesellschaftliche Berechtigung auch hinsichtlich der Erbschaft. Darauf aufbauend seien die Sozialdemokraten auch noch zu größeren Einschnitten in das Erbrecht des Einzelnen zugunsten des Staates bereit, was im übrigen auch größere Einnahmen des Reiches zur Folge habe. Deshalb müßten nicht nur die ärmeren Klassen, sondern auch die Besitzenden ausreichend belastet werden. Der Entwurf zum Erbrecht des Staates sei diesbezüglich ein Schritt in die richtige Richtung.[691] Andere Länder hätten längst ein solches Erbrecht geschaffen, wobei dies dort auch auf die Zustimmung des Volkes treffe. Auch die Ausnahmen für die allerreichsten Leute (damit waren wohl die Adeligen und die übrigen grundbesitzgebundenen Erblasser gemeint) müßten beseitigt werden.[692]

---

[689] Hupp, Das Erbrecht des Staates, seine Rechtsnatur und seine Verwirklichung in einigen europäischen Rechten, Seite 142.

[690] Hupp, Das Erbrecht des Staates, seine Rechtsnatur und seine Verwirklichung in einigen europäischen Rechten, Seite 256, 259.

[691] Stenographische Berichte über die Verhandlungen des Reichstags, Band 237, Seite 9069.

[692] Stenographische Berichte über die Verhandlungen des Reichstags, Band 237, Seite 9070.

Auf Zuruf aus den Reihen des Reichstags, daß bei Erweiterung des Erbrechts des Staates durch die Sozialdemokraten wohl für die Erben nicht viel übrig bliebe, antwortete Ulrich: „Dann bleibt noch so viel übrig, wie Sie berechtigt sind als Teil der Gesellschaft zu erhalten und zu haben ... wir würden wissen, daß wir mehr zu bekommen hätten.“[693] Diese Äußerungen verdeutlichten, daß hier eine grundsätzliche Abneigung gegen Privateigentum und Erbrecht vorhanden war und die Sozialdemokraten den Entwurf des Erbrechts des Staates als Einfallstor für ihre gesellschaftlichen Ideen ansahen.[694] Die Rede lieferte somit den letzten Unentschlossenen eher Argumente für eine Ablehnung als für eine Zustimmung, da die Zustimmung zum Gesetzentwurf von Ulrich als eine Art Richtungsentscheidung in gesellschaftspolitischer Hinsicht hingestellt wurde.
Dieses nötigte Staatssekretär Sydow dazu, sich von diesen Argumenten im Anschluß an die Rede im Namen der Regierung zu distanzieren.[695]
Der Abgeordnete Stadthagen pflichtete seinem sozialdemokratischen Vorredner Ulrich bei und nutzte seine Rede, um die ideologische Bedeutung des Entwurfs erneut hervorzuheben. Der Familiensinn werde in Wahrheit durch die Ausnahmen im Erbrecht im Rahmen des Fideikommissrechts, des Lehenrechts und des Anerbenrechts geschädigt.[696] Es sei zudem nicht einzusehen, warum die Grenzen des Unterhaltsrechts, bei dem die Schranken der Verpflichtung zur Unterhaltsleistung weit enger gezogen seien, nicht in ähnlicher Weise beim Erbrecht gezogen würden.[697] Der erste Entwurf zum BGB enthalte zudem eine Beschränkung auf die ersten fünf Parentelen, wobei dies deutschrechtlichen Traditionen entspreche.[698] Hinsichtlich der Vergleiche mit dem schweizerischen und dem österreichischen Recht gab Stadthagen zu, daß diese eine geringere Beschränkung der Verwandtenerbfolge enthielten. Allerdings sei hier ein viel sozialerer Zweck vorhanden, da die Einnahmen dort für die Fürsorgeerziehung, die Sozialversicherung und für gemeinnützige Zwecke verwendet würden.[699] Der Rest seiner Rede enthielt nur noch klassenkämpferische Vorhalte. Durch den Entwurf solle ein Anfang gemacht werden, den Besitz, den die arbeitende Klasse geschaffen habe, an den Staat zurückzuführen.

---

[693] Stenographische Berichte über die Verhandlungen des Reichstags, Band 237, Seite 9071.
[694] Stenographische Berichte über die Verhandlungen des Reichstags, Band 237, Seite 9072.
[695] Stenographische Berichte über die Verhandlungen des Reichstags, Band 237, Seite 9072.
[696] Stenographische Berichte über die Verhandlungen des Reichstags, Band 237, Seite 9077.
[697] Stenographische Berichte über die Verhandlungen des Reichstags, Band 237, Seite 9078.
[698] In Wahrheit war es der zweite Entwurf von 1895, der eine solche Begrenzung enthalten hatte: Protokolle V, Seite 470; Mayer, Das Erbrecht des Fiskus, Seite 36; Sinning, Der Fiskus als gesetzlicher Erbe, Seite 9.
[699] Stenographische Berichte über die Verhandlungen des Reichstags, Band 237, Seite 9077.

IV. Zentrum

Der Abgeordnete Gröber machte für seine Fraktion deutlich, daß diese den Entwurf nicht befürworten könne. Zum einen werde der finanzielle Erfolg des Entwurfs durch die prognostizierte Vermehrung der Testamente in Frage gestellt. Zum anderen aber sei hier keine Steuer vorhanden, sondern ein Eingriff in hochbedeutsame Prinzipien des BGB, nämlich des privaten Erbrechts.[700] Wenn erst der Anfang bei der Beschränkung des privaten Erbrechts gemacht sei, dann „ist schließlich der Umfang des Privaterbrechts nur noch eine Zweckmäßigkeitsfrage, über die die wechselnden Mehrheiten und Mehrheitsbildungen des Reichstags und des Bundesrats eine Bestimmung treffen können".[701] Daß dieses Einfallstor hier gebildet werden sollte, wurde vom Abgeordneten Ulrich hinreichend deutlich gemacht.

Gröber stellte ferner klar, daß andere Staaten wie die Schweiz, Ungarn oder Österreich gerade keine so weitreichenden Regelungen getroffen hätten und dies völlig zu Recht. Im mittelalterlichen sächsischen Recht habe die Weitervererbung nur auf die Kinder des Erblasser etwas mit der Verteidigungsfähigkeit des Landes zu tun gehabt und nicht etwa mit juristischen oder gesellschaftspolitischen Ideen. Ihm sei in den wenigen Fällen, die sich in diesem Bereich ereigneten, ein lachender Erbe jedenfalls lieber als ein lachender Bureaukrat. Letztlich stamme das Vermögen zu einem geringen Teil immer auch aus der Vorleistung der Vorfahren, so daß das Blutserbrecht seine Rechtfertigung habe, was schon in den Beratungen der Kommissionen zur Schaffung des BGB so gesehen worden sei.[702]

V. Wirtschaftliche Vereinigung

Der Abgeordnete Raab machte für seine Fraktion deutlich, daß die Vorlage die Zustimmung seiner Fraktion nicht erhalten werde, da die Grenzen zu eng gezogen seien.[703]

G. Abstimmung

Vor der Abstimmung wurde noch ein Antrag auf Aussetzung gestellt, da offenbar die Reihen der Gegner des Entwurfs nicht voll besetzt waren. Dieser Antrag stieß aber auf starken Widerstand der Befürworter des Entwurfs, so daß er vor der Abstimmung zurückgezogen wurde.[704] Um so verwunderlicher mußte es erscheinen, daß der Gesetzentwurf betreffend das Erbrecht des Staates in der 275. Sitzung am 05.07.1909 mit 191 zu 136 Stimmen abgelehnt wurde. Im Bundesrat

[700] Stenographische Berichte über die Verhandlungen des Reichstags, Band 237, Seite 9072.
[701] Stenographische Berichte über die Verhandlungen des Reichstags, Band 237, Seite 9074.
[702] Stenographische Berichte über die Verhandlungen des Reichstags, Band 237, Seite 9073.
[703] Stenographische Berichte über die Verhandlungen des Reichstags, Band 237, Seite 9080.
[704] Stenographische Berichte über die Verhandlungen des Reichstags, Band 237, Seite 9080.

war demgegenüber vorher in erster und zweiter Lesung beschlossen worden, dem von den Ausschüssen unveränderten Entwurf[705] die Zustimmung zu erteilen.[706]

H. Mögliche Entscheidungsgründe

Zu fragen ist, wie diese sehr deutliche Ablehnung, die nach den Reaktionen auch außerhalb des Reichstags im Vorfeld nicht erwartet werden konnte, zu erklären ist. Die Bevölkerung war jedenfalls zu dieser Zeit unter starker Betonung des Staatsgedankens im Kaiserreich dazu bereit, auf individuelle Freiheiten zugunsten des finanziellen Bedarfs des Reiches zu verzichten. Dem Aussetzungsantrag der Gegner des Entwurfs zufolge waren auch diese vor der Abstimmung davon ausgegangen, daß dem Entwurf die Zustimmung erteilt werde.

Als starker Befürworter des Gesetzentwurfs in der Literatur hielt Bamberger die Ablehnung des Entwurfs für einen strategischen Schachzug von Konservativen und Zentrumsanhängern, um den Fürsten Bülow zu stürzen.[707] Festzustellen ist aber, daß die Zahl der Befürworter von 136 nicht einmal der Zahl der Sozialdemokraten, der Nationalliberalen und der Anhänger der Fortschrittlichen Volkspartei entsprach.

Vor allem der klassenkämpferische Hintergrund, der dem Entwurf von den Sozialdemokraten gegeben wurde, hat möglicherweise eine sachliche Auseinandersetzung verhindert. Die Sozialdemokraten stellten den im Vorfeld der Diskussion zumindest annahmefähigen Entwurf als eine Art Wegweiser in eine andere Gesellschaftsform in Bezug auf Erbrecht und Eigentum dar. Der „principiis obsta“-Einwand[708], der zeitweise gegen den Entwurf vorgebracht wurde, fand in derartigen Thesen seine volle Bestätigung. Zudem verhalfen die vielen von den Befürwortern eingebrachten zweifelhaften historischen Hintergründe und falschen Hinweise auf Rechte anderer Staaten der Diskussion nicht zu einer Versachlichung, denn viele dieser Argumente ließen sich schon durch das Lesen der Entwurfsbegründung entkräften, welche offensichtlich von einigen Rednern unbeachtet geblieben war. Da eine Richtungsentscheidung bei den gegebenen Mehrheiten im Reichstag nicht in anderer Weise zu erwarten war, mußte der Entwurf bei der eingeschlagenen Richtung der Befürworter scheitern, obwohl der juristische Hintergrund möglicherweise von vielen anerkannt wurde.

---

[705] Drucksachen zu den Verhandlungen des Bundesrats des Deutschen Reichs 1908, Band III, Nr. 158.

[706] Protokolle über die Verhandlungen des Bundesrats des Deutschen Reichs 1908, § 753.

[707] Bamberger, Für das Erbrecht des Reiches, Seite 1, 15.

[708] Dieser Einwand ist mit der Warnung: „Wehret den Anfängen!“ zu übersetzen.

6. Kapitel: Der Gesetzentwurf zur Reform des Staatserbrechts von 1913

Am 28.03.1913 wurde ein neuer Entwurf bezüglich der Änderung des Reichserbrechts von der Reichsregierung vorgelegt.[709]
Veranlaßt wurde die Einbringung des Entwurfs auch von dem nach wie vor bestehenden öffentlichen Druck hinsichtlich der Änderung des Erbrechts des Staates. So unterschrieben auf Initiative des Justizrats Bamberger 75 honorige Persönlichkeiten des öffentlichen Lebens im Jahr 1912 einen Aufruf „Für das Erbrecht des Staates", welcher im Grenzboten am 27.11.1912[710] veröffentlicht wurde.[711] Auch dieser Entwurf wurde grundsätzlich im Rahmen der Deckung der Kosten für die Wehrvorlage eingebracht, später jedoch von der Budgetkommission wieder aus der Vorlage gestrichen.[712]

A. Amtliche Begründung

I. Allgemeines

Der Gesetzentwurf enthielt wie schon der Entwurf aus dem Jahr 1908 eine Beschränkung der unbegrenzten Verwandtenerbfolge und Folgeregelungen, die sich auf die gesteigerten Erbschaften des Fiskus beziehen sollten. Es fand zwar im Vergleich zum Entwurf aus dem Jahr 1908 eine Abschwächung der Beschneidung der bisher geltenden gesetzlichen Erbfolge statt, aber auch dieser Entwurf sollte dazu dienen, Gelder für den außerordentlichen Bedarf des Reichsfiskus zu beschaffen. Im Jahr 1913 ging es insbesondere um steigende Kosten der Wehrmacht.[713] Die Begründung stimmte in weiten Teilen mit derjenigen des Entwurfs aus dem Jahr 1908 überein. Zwischenzeitlich war die Begrenzung im schweizerischen Gesetzbuch in Kraft getreten, in welchem das Verwandtenerbrecht mit dem Stamme der Großeltern aufhören sollte und den Urgroßeltern nur noch ein Nießbrauchsrecht an der Erbschaft eingeräumt wurde.[714] Auch auf die historischen Grundlagen des deutschen Verwandtenerbrechts im Gegensatz zum Römischen Recht wurde erneut hingewiesen sowie auf die Diskussionen, die es bei der Schaffung des BGB zur gesetzlichen Erbfolge gegeben hatte.[715] Die finanziellen Erwartungen wurden jedoch im Vergleich zu

[709] Siehe Anlage 2.
[710] Grenzboten 1912, IV. Halbjahr, Seite 389 ff.
[711] Akademie für Deutsches Recht 1933 - 1945, Protokolle der Ausschüsse, Erbrechtsausschuß, Seite XXII.
[712] Sinning, Der Fiskus als gesetzlicher Erbe, Seite 55.
[713] Verhandlungen des Reichstags, Anlagen zu den stenographischen Berichten 1913, Band 301, Nr. 874, Seite 9.
[714] Verhandlungen des Reichstags, Anlagen zu den stenographischen Berichten 1913, Band 301, Nr. 874, Seite 9.
[715] Verhandlungen des Reichstags, Anlagen zu den stenographischen Berichten 1913, Band 301, Nr. 874, Seite 11.

1908 etwas gedämpft, zum einen weil in diesem Entwurf die Großeltern noch erbberechtigt sein sollten und zum anderen, weil die neuesten Erbschaftsteuerstatistiken dazu Anlaß gaben. Es wurde insgesamt somit nur noch mit Mehreinnahmen von ca. 15 Mio. Mark gerechnet.[716]
Zur Begründung der mit diesem Entwurf aufrechterhaltenen Erbberechtigung der Großeltern wurde ausgeführt, daß diese schon nach der Systematik des BGB eine rechtlich engere Bindung zum Erblasser hätten, weil sie zumindest ihm gegenüber unterhaltsberechtigt gemäß § 1601 BGB seien. Ferner seien die Großeltern häufig in den Fällen zu Erben berufen, bei denen der Erblasser zur Errichtung eines Testaments nicht in der Lage gewesen sei.[717] Eine Begrenzung nach den Großeltern sei aber sinnvoll und geboten, da die Tatsache der Blutsverwandtschaft für die Begründung der unbegrenzten Verwandtenerbfolge nicht mehr ausreiche. Es sei vielmehr auch auf die Familienzusammengehörigkeit abzustellen, welche regelmäßig mit zunehmender verwandtschaftlicher Entfernung abnehme. An die Stelle des Geschlechterverbandes sei in finanzieller Hinsicht auch vielfach der Staat getreten, der somit auch berechtigterweise vor entfernteren Verwandten zur Erbschaft berufen sein solle.[718] Dem mutmaßlichen Willen entspreche es jedenfalls nicht mehr, jeden noch so entfernten Blutsverwandten zu bedenken. Da aber die Möglichkeit zur Testamentserrichtung erhalten bleibe, werde der Familiensinn durch die geplante Änderung des BGB nicht betroffen. Sollte die Errichtung eines Testaments allerdings für den Erblasser nicht möglich gewesen oder die Errichtung aus formellen Gründen nichtig sein, so müsse im Wege der Billigkeit ein Ausgleich gesucht werden.[719] Von der Neuregelung des Erbrechts des Fiskus sollten allerdings solche Geschlechterverbände nicht betroffen sein, die ihre Familienzusammengehörigkeit auf gebundenem Grundbesitz gründeten, da die oben genannten Grundsätze der Zusammengehörigkeit und der neuen Aufgabenverteilung hier auch nicht zuträfen.[720]
Bei der Verwaltung der dem Fiskus anfallenden Erbschaften gab es keine wesentlichen Änderung zum Entwurf aus dem Jahr 1908, so daß hinsichtlich der Begründung auf das bereits oben erwähnte verwiesen werden kann.

---

[716] Verhandlungen des Reichstags, Anlagen zu den stenographischen Berichten 1913, Band 301, Nr. 874, Seite 11.
[717] Verhandlungen des Reichstags, Anlagen zu den stenographischen Berichten 1913, Band 301, Nr. 874, Seite 11.
[718] Verhandlungen des Reichstags, Anlagen zu den stenographischen Berichten 1913, Band 301, Nr. 874, Seite 12.
[719] Verhandlungen des Reichstags, Anlagen zu den stenographischen Berichten 1913, Band 301, Nr. 874, Seite 13.
[720] Verhandlungen des Reichstags, Anlagen zu den stenographischen Berichten 1913, Band 301, Nr. 874, Seite 12.

II. Zu den Regelungen im einzelnen

1. Zu § 1

Zunächst enthielt § 1 Abs. 1 S. 1 eine Begrenzung der Erbfolge auf die ersten drei Parentelen, wobei aber die Erbfolge der dritten Ordnung schon bei den Großeltern enden solle. Bei im Ausland verstorbenen Deutschen sollten dem Entwurf zufolge möglichst Staatsverträge mit den ausländischen Staaten geschlossen werden, die das Erbrecht des deutschen Fiskus gewährleisten müßten. Dieses könne vor allem deshalb sinnvoll und erfolgsversprechend sein, weil die Beschneidung der Verwandtenerbfolge in vielen Staaten an Boden gewinne und so auch der Einzug der betreffenden Erbschaften für die Vertragspartner gewährleistet sei.[721] Nach dem Entwurf sollte der Fiskus aber zumindest nicht zu den Erben im Sinne des § 2066 BGB gehören, welcher Auslegungsregeln für den Fall enthält, daß der Erblasser pauschal seine „gesetzlichen Erben" testamentarisch bedacht hatte.

Hier war eine Änderung zum Entwurf aus dem Jahr 1908 erkennbar, da dort der Fiskus nur nicht erben sollte, wenn pauschal „die Verwandten" bedacht waren, ein Erbrecht bei Einsetzung der „gesetzlichen Erben" aber für den Fiskus nach der zur Zeit der Errichtung des Testaments geltenden Fassung des BGB erfolgen sollte. So konnte der Fiskus möglicherweise von der Unkenntnis des Erblassers über die Änderung der gesetzlichen Regelung hinsichtlich der Verwandtenerbfolge profitieren. Diese Regelung wurde schon beim damaligen Entwurf kritisiert. Die in diesem Entwurf vorhandene Regelung sollte somit derartige Umgehungen des letzten Willens des Erblassers nicht enthalten.

Eine weitere Änderung zum alten Entwurf ergab sich daraus, daß der Fiskus als Miterbe neben einem Großelternpaar berufen sein sollte, wenn die andere Linie der Großeltern vorverstorben war. Im Entwurf aus dem Jahr 1908 wurde hier die Alleinvorerbschaft des überlebenden Großelternpaares angenommen, da ein Miterbenverhältnis mit dem Fiskus verhindert werden sollte.[722] Da die Fälle der Berufung von Großeltern nach der damals jüngsten Erbschaftsteuerstatistik aber äußerst selten waren, sollte eine derartige formelle Änderung der Erbanfallregeln des BGB hier nicht vorgenommen werden.[723]

Hinsichtlich der Erbberechtigung des betreffenden Fiskus sollte, wie schon im Entwurf aus dem Jahr 1908, nicht mehr auf die Staatsangehörigkeit, sondern auf den letzten Wohnsitz des Erblassers abzustellen sein. Die Begründung entsprach

---

[721] Verhandlungen des Reichstags, Anlagen zu den stenographischen Berichten 1913, Band 301, Nr. 874, Seite 14.

[722] Verhandlungen des Reichstags, Anlagen zu den stenographischen Berichten 1909, Band 248, Nr. 998, Seite 16.

[723] Verhandlungen des Reichstags, Anlagen zu den stenographischen Berichten 1913, Band 301, Nr. 874, Seite 15.

hierbei der des damaligen Entwurfs.[724]

2. Zu § 2

In § 2 Abs. 2 wurde der Feststellungsbeschluß mit dem Erbschein gleichgestellt. Nach § 2 Abs. 3, S. 2 wurde dem Nachlaßgericht die Befugnis eingeräumt, die öffentlichen Aufforderung zu unterlassen, wenn es das Erbrecht des Fiskus für nachgewiesen erachtet. Mit der Gleichsetzung von Erbschein und Feststellungsbeschluß sollte eine Forderung erfüllt werden, die schon bei den Verhandlungen des Gesetzgebers eine Rolle spielte und auch schon im Entwurf aus dem Jahre 1908 vorhanden war. Hier sollte auch der erwarteten erheblich größeren Bedeutung des Erbrechts des Fiskus Rechnung getragen werden, die eine einfachere Legitimation des Fiskus bei Grundbuchsachen wünschenswert machte.[725]
Die Erweiterung des Ermessens im Bereich der öffentlichen Aufforderung ging zwar zu Lasten der Rechtssicherheit, stellte aber die logische Fortführung der Begrenzung der Verwandtenerbfolge dar, da der Kreis der erbberechtigten Verwandten bei den Ermittlungen des Nachlaßgerichts nun überschaubarer geworden wäre. Eine öffentliche Aufforderung bei offenbar vorverstorbenen Erbberechtigten wurde als sinnlos erachtet.

3. Zu § 3

Die Veränderungen innerhalb des § 1966 BGB, welche durch den § 3 des Entwurfs verwirklicht werden sollten, bezogen sich wie beim Vorentwurf aus dem Jahr 1908 auf die Aktiv- und Passivlegitimation des Fiskus durch den Feststellungsbeschluß. Hier sollte klargestellt werden, daß erst mit dem Feststellungsbeschluß irgendwelche Rechte für und gegen den Fiskus geltend gemacht werden können.[726]

4. Zu den §§ 4 – 7

Durch die §§ 4 – 6 sollten Härten, welche durch das Erbrecht des Fiskus entstehen könnten, abgemildert werden, indem Haushaltsgegenstände an nichterbberechtigte Abkömmlinge der Großeltern des Erblassers unentgeltlich abgegeben oder Ansprüche auf Abfindung des Fiskus festgestellt werden sollten. Im Falle der Testierunfähigkeit des Erblassers bis zu seinem Tode oder der Formungültigkeit des Testaments sollte der Bundesrat befugt sein, Zuwendungen an die betreffenden Personen bewilligen zu können. Gleiches sollte gelten, wenn be-

[724] Verhandlungen des Reichstags, Anlagen zu den stenographischen Berichten 1913, Band 301, Nr. 874, Seite 16, 17.

[725] Verhandlungen des Reichstags, Anlagen zu den stenographischen Berichten 1913, Band 301, Nr. 874, Seite 18.

[726] Verhandlungen des Reichstags, Anlagen zu den stenographischen Berichten 1913, Band 301, Nr. 874, Seite 19.

stimmte Personen den Erblasser bis zu dessen Tode umsorgt hätten.[727] Hier war eine Änderung zumindest in Bezug auf die Haushaltsgegenstände zum Entwurf aus dem Jahre 1908 erkennbar, da diese nach dem jetzigen Entwurf in jedem Fall unentgeltlich an die Abkömmlinge der Großeltern abgegeben werden sollten. Diese Änderung trug der Kritik am Entwurf aus dem Jahr 1908 Rechnung, sich an den Nachlässen der Verstorbenen bereichern zu wollen, obwohl bei Familiengegenständen der mutmaßliche Wille des Erblassers vorhanden sei, diese in jedem Fall in Familienbesitz zu halten.

5. Zu den §§ 8 - 17

Bei der Abwicklung der Erbschaften des Fiskus wurden im Entwurf keine entscheidenden Veränderungen im Vergleich zum Entwurf aus dem Jahr 1908 vorgenommen. Die Gemeinden sollten nach wie vor nur die Verwertung der Nachlässe gegen Vergütung übernehmen, wenn die Landesverwaltung dieses so vorsehe. Der Anteil der Gemeinden am Ertrag der Erbschaften konnte dabei allerdings den Gesamtanteil der Länder von ¼ nicht übersteigen.[728]

6. Zu den §§ 18 - 20

Die Erbschaftsteuern und etwaige Landes- oder Gemeindeabgaben sollten auf die Erbschaften des Fiskus nicht erhoben werden, da nur so gewährleistet werden konnte, daß dem Reich neue Mittel infolge der Gesetzesänderung zuflössen. Erbschaften gemäß Artikel 139 EGBGB sollten von allen Änderungen des BGB durch diesen Entwurf unberührt bleiben.[729] Artikel 138 EGBGB sollte hingegen nach der Bestimmung des § 19 aufgehoben werden. Den Ländern würde so die Bestimmung von erbberechtigten juristischen Personen des öffentlichen Rechts verwehrt. Dieses resultierte aus den Erwartungen, die man hinsichtlich der Mehreinnahmen für den Fiskus hatte. Traditionen, die mit Artikel 138 EGBGB eigentlich aufrecht erhalten werden sollten, mußten im Hinblick auf die zu erwartenden Einnahmeverbesserungen aufgegeben werden.

Wie schon im Entwurf aus dem Jahre 1908 sollte die Neuregelung der Einnahmenverteilung aber formell keinen Einfluß auf die Finanzverwaltung der Fiski in den Schutzgebieten haben, so daß hier die Fiski selbst die Einziehung und Verwertung der Nachlässe übernehmen sollten, ohne etwas an den Reichsfiskus abführen zu müssen.[730]

[727] Verhandlungen des Reichstags, Anlagen zu den stenographischen Berichten 1913, Band 301, Nr. 874, Seite 19.

[728] Verhandlungen des Reichstags, Anlagen zu den stenographischen Berichten 1913, Band 301, Nr. 874, Seite 22.

[729] Verhandlungen des Reichstags, Anlagen zu den stenographischen Berichten 1913, Band 301, Nr. 874, Seite 22.

[730] Verhandlungen des Reichstags, Anlagen zu den stenographischen Berichten 1913, Band 301, Nr. 874, Seite 16.

III. Ertragsberechnung

Die Erweiterung des Erbrechts der Großeltern im Hinblick auf die Regelungen innerhalb des Entwurfs aus dem Jahr 1908 wurde vor allem deshalb nicht als einschneidend bezüglich des finanziellen Ertrags angesehen, da nach der vorhandenen Erbschaftsteuerstatistik aus dem Jahr 1908 kein Fall des Erbantritts von Großeltern, im Jahr 1909 nur einer und im Jahr 1910 nur zwei solcher Fälle vorgekommen seien.[731] Für die vererbten Nachlässe an Geschwister der Eltern wurde im Jahr 1910 ein Betrag von 3,3 Mio. Mark festgestellt.

Für die darüber hinausgehenden Nachlässe an noch entferntere Verwandte oder Nichtverwandte wurde ein Betrag von 136,6 Mio. Mark veranschlagt. Da man hier allerdings eine starke Steigerung feststellte und in der Erbschaftsteuerstatistik Erbschaften unter 500 Mark nicht aufgeführt waren, wurde dieser Betrag um 15 % erhöht. Dieser Betrag wurde dann zunächst um 50 % gemindert, da dies dem Anteil der Nichtverwandten innerhalb der Steuerklasse IV entsprach, welche generell nur durch letztwillige Verfügungen erben konnten. Der Restbetrag wurde um weitere 75 % gemindert, da davon auszugehen war, daß nur 25 % der verbleibenden Erbfälle nach der gesetzlichen Erbfolge abgewickelt würden und 75 % durch letztwillige Verfügungen. Letztlich kam man so auf einen Betrag von rund 20 Mio. Mark, von denen 25 % an die Bundesstaaten abgegeben werden mußten, so daß für das Reich 15 Mio. Mark verblieben.[732]

B. Stellungnahme der Hamburger Verwaltung

Die Stellungnahme der Justizverwaltung fiel ähnlich aus wie die zum Entwurf aus dem Jahr 1908, insbesondere wurde weiterhin eine drastische Einschränkung des gesetzlichen Erbrechts gefordert. Man solle demnach mit dem „Erbrecht der Geschwister selbst aufräumen".[733] Insgesamt fiel die Stellungnahme aber sehr viel kürzer aus als noch 1908, da sich die Rechtsauffassung kaum verändert hatte und somit der Verweis auf die damalige Stellungnahme angebracht war.

C. Reaktionen auf den Gesetzentwurf im Vorfeld

Die Reaktionen auf diesen Gesetzentwurf waren im Vorfeld grundsätzlich positiv, wie schon beim Entwurf aus dem Jahr 1908.

---

[731] Verhandlungen des Reichstags, Anlagen zu den stenographischen Berichten 1913, Band 301, Nr. 874, Seite 15.

[732] Verhandlungen des Reichstags, Anlagen zu den stenographischen Berichten 1913, Band 301, Nr. 874, Seite 24.

[733] Akte der Senatskommission für die Justizverwaltung in Hamburg betreffend Abänderungen des Bürgerlichen Gesetzbuchs 1903 - 1912, I A a 2 vol. 1, Abschnitt 14, Referat der Justizverwaltung, Seite 11.

I. Begrenzung der Verwandtenerbfolge

Die Begrenzung der Verwandtenerbfolge wurde in mehrerlei Hinsicht zu begründen versucht, wobei die Argumente im wesentlichen mit denen zum Entwurf aus dem Jahr 1908 übereinstimmten: Zum einen versprachen sich die Vertreter dieser Begrenzung von der Gesetzesänderung höhere Staatseinnahmen, die das Reich insbesondere für die Aufstockung der Kriegskasse benötigte.[734] Hinsichtlich der Kriegskosten wurde das finanzielle Argument somit verstärkt wahrgenommen.

Zum anderen wurde erneut die bisherige Rechtfertigung der unbegrenzten Verwandtenerbfolge durch die Blutsverwandtschaft in Frage gestellt. Es wurde auf die Familienzusammengehörigkeit als Grund für das gesetzliche Erbrecht abgestellt, wobei der Staat durch zunehmende Leistungen ein der Familie ähnliches Recht hinsichtlich der Beteiligung an der Erbschaft erwerben müsse.[735]

Ferner wurde die Begrenzung auch durch die historische Herleitung des Erbrechts des Fiskus zu begründen versucht, da die unbegrenzte Verwandtenerbfolge zwar römisch-rechtlichen, die Begrenzung jedoch urgermanischen Ursprungs sei.[736]

Heim stellte die Rechtfertigung des Erbrechts aus der Blutsgemeinschaft generell in Frage, da aus den erwachsenen Rechten keine Verpflichtungen von ähnlicher Kraft hervorgingen.[737] Vielmehr seien die wirtschaftlichen Beziehungen vorrangig zu betrachten, wie es der Gesetzgeber bei der Bemessung der Rechtspflichten auch normiert habe.[738] Beispielsweise sei es nicht einzusehen, daß Verwandte zwar nicht uneingeschränkt unterhaltspflichtig, aber unbeschränkt erbberechtigt seien. Da der Staat aber in jedem Fall unterstützungspflichtig sei, wenn ein Verwandter unterhaltsverpflichtet, aber nicht unterhaltsfähig sei, müsse der Staat zumindest dort stärker am Nachlaß beteiligt werden, wo eine Familienbande nicht mehr bestehe. Dieses rechtfertige sich auch aus allen anderen Aufgaben, die dem Staat im Laufe der Zeit zugewachsen seien.[739] Blume stellte dazu fest, daß das Gemeinwesen eine immer wichtigere Rolle im Leben des Einzelnen spiele:

„Es erzieht ihn, schützt ihn gegen Feinde und bewahrt ihn vor Not. Auf nicht wenigen Gebieten hat es Aufgaben übernommen, die einst die Familie zu erfüllen hatte. Man mag dies bedauern, muß dem aber Rechnung tragen. Für dieses Gemeinwesen lebt der Einzelne nicht weniger als für sich und die seinigen. So

---

[734] Levis, DJZ 1915, Seite 406 (406).

[735] Akte der Senatskommission für die Justizverwaltung in Hamburg betreffend Abänderungen des Bürgerlichen Gesetzbuchs 1903 - 1912, I A a 2 vol. 1, Abschnitt 22, „Das Erbrecht des Staates“, Hamburger Echo vom 07.10.1913.

[736] Sinning, Der Fiskus als gesetzlicher Erbe, Seite 53.

[737] Heim, DJZ 1916, Seite 296 (296).

[738] Heim, DJZ 1916, Seite 296 (297).

[739] Von Blume, Umbau und Ausbau des Deutschen Erbrechts, Seite 23.

mag es auch im Tode in die Reihen seiner Erben treten mit gutem Grunde, von Rechts wegen."[740]

Diese Stellungnahme Blumes wurde zum Teil von den Befürwortern auch für die Beurteilung des mutmaßlichen Willens des Erblassers herangezogen.

Dem wurde jedoch von Hermes entgegnet, daß der Erbschaftsteuerstatistik des Jahres 1912 für Preußen, welche besonders von Bamberger zur Ertragsberechnung benutzt wurde, zu entnehmen sei, daß für die relevanten Verwandtengruppen überwiegend testamentarische Verfügungen vorlagen. Für die Abkömmlinge von Geschwistern lagen demgemäß bei 5060 Erbanfällen 3729 letztwillige Verfügungen vor, bei Abkömmlingen zweiten Grades von Geschwistern waren sogar bei 2938 Erbanfällen 2670 testamentarische Einsetzungen vorhanden. Dies spreche im Sinne eines mutmaßlichen Willens des Erblassers aber eher für die Bestätigung der vorhandenen gesetzlichen Erbfolge als für deren Abänderung.[741] Teilweise wurde es auch für gut befunden, wie schon in der Diskussion zum Gesetzentwurf aus dem Jahr 1908, mit der Grenze der Unterhaltsverpflichtung auch die Grenze der Erbberechtigung zu ziehen. Dies sei zumindest im Hinblick auf die wirtschaftliche Argumentationsweise konsequent. Heim befand diese Vorgehensweise allerdings als zu weitgehend, da man neben der wirtschaftlichen Verflechtung auch die familiäre Zusammengehörigkeit bei der Grenzziehung des gesetzlichen Erbrechts beachten müsse. Hier seien aber im Normalfall zumindest zu den Onkeln und Tanten und Neffen und Basen noch familiäre Beziehungen zu vermuten, so daß die Grenze erst nach diesen innerhalb der dritten Ordnung gezogen werden müsse. Eine frühere Grenze sei eine Schwäche beider Gesetzentwürfe zur Reform des Erbrechts und könne zu Schäden des Familiensinns führen.[742] Dieser Meinung wurde von vielen Seiten innerhalb der Literatur beigepflichtet, obwohl man mit der Grundlinie des Entwurfs einverstanden war.[743]

Sinning hielt die familiäre Beziehung zwischen Oheim und Neffen grundsätzlich noch für so eng, daß ein Ausschluß des Erbrechts nicht gerechtfertigt sei.[744]

Schierlinger trat gleichsam für ein Begrenzung ein, die er schon aus der Gesetzgebung selbst ableitete, da zwar nur eine Minderheit der Kommission für die Herleitung des Verwandtenerbrechts aus der Familienbande votiert habe, gleichsam aber eine Mehrheit für die Begrenzung der Erbfolge der Seitenlinien eingetreten sei.[745] Wenn aber die Familienbeziehung die entscheidende Rolle spiele, dann solle auch der dem Erblasser am nächsten stehende Hoheitsträger, nämlich

---

740 Von Blume, Umbau und Ausbau des Deutschen Erbrechts, Seite 22, 23.
741 Hermes, Der Gesetzentwurf über das Erbrecht des Staates, Seite 23.
742 Heim, DJZ 1916, Seite 296 (298, 299).
743 Fitting, DJZ 1913, Seite 796 (797); Sinning, Der Fiskus als gesetzlicher Erbe, Seite 58.
744 Sinning, Der Fiskus als gesetzlicher Erbe, Seite 58.
745 Schierlinger, DJZ 1916, Seite 587 (588); Protokolle bei Mugdan, Seite 391, 392.

seine Heimatgemeinde, vor dem Reichsfiskus und den Ländern berufen sein.[746] Dieses entspreche auch eher dem Willen des Erblassers, da im Gemeindeverband letztlich seine Existenz wurzele.[747] Sinning nahm weiter an, daß die Begrenzung zwar einige Härten für die Verwandten des Erblassers enthalten könne. Die Bedenken würden jedoch bei Betrachtung des Gesamtkonzepts fortfallen.[748] Insbesondere wegen des seit Inkrafttreten des BGB geänderten Rechtsempfindens der Bevölkerung, die ein Recht der entferntesten „lachenden Erben" auf den Nachlaß als ungerecht empfinde, sei eine Reform aus Gründen der „allgemeinen Rechtspolitik" geboten.[749] Finanzpolitische Erwägungen hätten dabei im Hintergrund zu bleiben, was die Reichstagskommission mit der Herausnahme des Gesetzentwurfs aus der allgemeinen Deckungsvorlage für den Wehretat richtig gesehen habe.[750] Letztlich seien so viele Aufgaben der Familie an den Sozialstaat delegiert worden, daß eine Erweiterung des Erbrechts nur befürwortet werde könne.[751]

Stellungnahmen gegen den Gesetzentwurf gab es in der Literatur nur einige wenige, die sich aber um so umfangreicher und intensiver mit der Materie befaßten. Besonders hervorzuheben ist hier der Ministerialrat a.D. Hermes. Er hielt zunächst den gesamten finanziellen Zusammenhang, in welchen eine solche gravierende Änderung des BGB gestellt werde, für äußerst bedenklich, da insbesondere das Erbrecht und das Eigentum nur aus dem Rechtsempfinden des Volkes heraus beurteilt werden dürften, nicht aber aus der Sicht der finanziellen Bedürfnisse des Reichsschatzamtes.[752] Die Rechtsordnung sei „sich selbst Zweck, wenn sie auch als Ganzes im Dienste einer höheren Idee"[753] stehe. Die Finanzgesetzgebung sei hingegen nur Mittel zum Zweck. Auch Hermes stellte diesbezüglich auf den „principiis obsta"-Einwand ab und verwies auf die schon von Wartenburg vorgebrachten historischen Vergleiche mit Frankreich, wo die Nationalversammlung 1848 eine weitere Einschränkung des Verwandtenerbrechts mit dem S.: „car où se fût on arrêté dans cette voie?" abgelehnt hatte.[754] Historisch sei die unbegrenzte Verwandtenerbfolge zwar nicht Teil einiger deutscher Volksrechte gewesen, die Einrichtung des Testaments sei es aber genauso wenig gewesen, welches nunmehr aber eine völlig unstreitige Einrichtung des BGB sei.[755] Letztlich habe sich die Kommission des BGB auch aus guten Gründen für

---

[746] Schierlinger, DJZ 1916, Seite 587 (589).
[747] Schierlinger, DJZ 1916, Seite 587 (588).
[748] Sinning, Der Fiskus als gesetzlicher Erbe, Seite 56.
[749] Sinning, Der Fiskus als gesetzlicher Erbe, Seite 56.
[750] Sinning, Der Fiskus als gesetzlicher Erbe, Seite 56.
[751] Von Blume, Umbau und Ausbau des Deutschen Erbrechts, Seite 22.
[752] Hermes, Der Gesetzentwurf über das Erbrecht des Staates, Seite 5.
[753] Hermes, Der Gesetzentwurf über das Erbrecht des Staates, Seite 7.
[754] Hermes, Der Gesetzentwurf über das Erbrecht des Staates, Seite 9.
[755] Hermes, Der Gesetzentwurf über das Erbrecht des Staates, Seite 11.

die Blutsgemeinschaft als das entscheidende Merkmal für die Erbberechtigung entschieden[756] und nicht für die Familienzusammengehörigkeit, weil diesbezüglich sozialpolitische Erwägungen noch nicht spruchreif gewesen seien.[757]

II. Beteiligung des Reiches und Höhe der Einnahmen

Die Höhe der zu erwartenden Einnahmen wurden von keiner Seite, von Justizrat Bamberger abgesehen, besonders hoch eingeschätzt. Bei einer Diskussion Hamburger Juristen am 13.11.1913 in Altona wurde vielmehr festgestellt, daß hier „theoretischer Radikalismus ... mit praktischer Wirkungslosigkeit Hand in Hand" gehe.[758] Daß die Einschränkungen vornehmlich kleinere Vermögen treffen würden, wurde von Teilen der Literatur wie auch von Teilen der Reichstagsfraktionen vertreten.[759] Besonders durch die Möglichkeit zur Errichtung von Testamenten sei auch die Höhe der Einnahmen nicht genau zu veranschlagen.[760]

III. Ausgleich für möglicherweise entstehende Härten

Der Gesetzentwurf sah diesbezüglich ein Entscheidungsrecht des Bundesrates vor. Dieses wurde wegen der Verbundenheit des Bundesrates mit den Landesfiski schon im Reichstag für bedenklich gehalten. Auch in der Literatur wurde diese Regelung selbst von Befürwortern des Entwurfs in Frage gestellt.[761]
Hermes stellte im Gleichklang mit von Wartenburg die Seriosität der Landesfiski in Frage, wenn diese nach den Worten des Gesetzentwurfs auf der Suche nach Formfehlern in Zukunft handschriftliche Testamente zu untersuchen hätten, um noch die eine oder andere Erbschaft für den Fiskus zu ermöglichen.[762]
Auch die Regelung im Falle des Versterbens eines testierunfähigen Erblassers offenbare die Schwäche des Gesetzentwurfs, da bindende Rechtsgrundsätze hier nämlich schwerlich möglich seien.[763]
Von anderer Seite wurden die Ausnahmeregelungen in derartigen Fällen für zu kasuistisch gehalten und dementsprechend eine Generalklausel für den Bundesrat zur Härtenmilderung gefordert, ohne einzelne Fälle im Gesetz selbst aufzuführen.[764] Die Bestimmungen hinsichtlich der Testierunfähigkeit oder der Formnichtigkeit zeugten Heinitz zufolge von einer gewissen Voreingenommenheit hinsichtlich des Grundgedankens des Entwurfs.[765]

---

756 Hermes, Der Gesetzentwurf über das Erbrecht des Staates, Seite 16.
757 Hermes, Der Gesetzentwurf über das Erbrecht des Staates, Seite 12.
758 Leo, DJZ 1914, Seite 155 (156).
759 Hermes, Der Gesetzentwurf über das Erbrecht des Staates, Seite 25.
760 Hermes, Der Gesetzentwurf über das Erbrecht des Staates, Seite 24.
761 Leo, DJZ 1914, Seite 155 (156).
762 Hermes, Der Gesetzentwurf über das Erbrecht des Staates, Seite 20.
763 Hermes, Der Gesetzentwurf über das Erbrecht des Staates, Seite 20.
764 Heinitz, DJZ 1913, Seite 559 (663).
765 Heinitz, DJZ 1913, Seite 559 (663).

IV. Internationales Privatrecht

Im internationalen Zusammenhang bestand stets die Frage, ob ein erweitertes Erbrecht des Staates auch im Ausland durchgesetzt werden könne, wenn sich etwa Grundstücke auf ausländischem Boden befinden. Die Schaffung internationaler Abkommen sollte hier als Abhilfe dienen. Ein Interesse an solchen Gegenseitigkeitsabkommen konnte aber nur bei solchen Staaten erwartet werden, die zumindest ähnlich viele Fälle von Erbschaften des Fiskus mit Auslandsbeteiligung hatten. Durch die Größe Deutschlands innerhalb Europas war zum einen ein Gleichgewicht schon bei der bestehenden Gesetzeslage nicht zu erwarten, zum anderen standen viele ausländische Gesetzgebungen noch auf dem Boden der unbegrenzten Verwandtenerbfolge, wie beispielsweise Dänemark, England, Griechenland, Italien, die Niederlande, Rußland und Schweden.[766] Auch in Frankreich und Belgien, wo die Erbrechtsgrenze erst beim zwölften Grad gezogen wurde und in Portugal, wo ab dem zehnten Grad der Fiskus zum Erben berufen war, konnten ähnlich große finanzielle Erträge wie beim vorgelegten Gesetzentwurf nicht erwartet werden.[767] Auch das Instrument der Vergeltung gemäß Artikel 31 EGBGB konnte nur dort seine volle Wirksamkeit entfalten, wo der ausländische Staat zumindest in etwa so hohe Erträge aus dem Erbrecht des Fiskus erhielt wie das Deutsche Reich. Nach der Reformierung des Staatserbrechts durch den bestehenden Entwurf war demnach in einzelnen Fällen auch eine Besserstellung der ausländischen Fiski zu erwarten.

V. Testierfreiheit

Anläßlich der Gesetzentwürfe wurde auch erneut über eine Begrenzung der Testierfreiheit nachgedacht, obwohl eine Beschränkung zunächst nicht in den Entwürfen enthalten war. Dieses lag vor allem daran, daß eine Begrenzung der Verwandtenerbfolge ohne eine Einschränkung der Testierfreiheit das Ziel der Einnahmenverbesserung verfehlen konnte, indem das Bestreben zur Testamentserrichtung bei familienlosen Menschen verstärkt werde, und so das Staatserbrecht trotz der Begrenzung der Erbfolge nicht zum Tragen käme.[768] Heim nahm an, der Staat werde verstärkt Erbschaften von Menschen erhalten, welche entweder von ihrem Tod überrascht würden oder denen die gesetzliche Erbfolge nicht geläufig sei, sowie von Menschen, deren Nachlaß so geringfügig sei, daß ein Interesse an einer letztwilligen Verfügung nicht bestehe.[769] Für die Einnah-

766 Akte der Senatskommission für die Justizverwaltung in Hamburg betreffend Abänderungen des Bürgerlichen Gesetzbuchs 1903 - 1912, I A a 2 vol. 1, Abschnitt 19, Zeitungsbericht vom 11.08.1913.

767 Akte der Senatskommission für die Justizverwaltung in Hamburg betreffend Abänderungen des Bürgerlichen Gesetzbuchs 1903 - 1912, I A a 2 vol. 1, Abschnitt 19, Zeitungsbericht vom 11.08.1913.

768 Buck, DJZ 1915, Seite 226 (226).

769 Heim, DJZ 1916, Seite 296 (299).

menverbesserung des Fiskus seien aber die großen Erbschaften entscheidend, bei denen jedoch regelmäßig von der Errichtung eines Testaments auszugehen sei. Deshalb sei es die Pflicht der Gesetzgebung, den letzten Willen des Erblassers „aus höheren Gesichtspunkten zu korrigieren", in dem Sinne, daß auch dem Staat ein dem engeren Kreis der Familie vergleichbares Pflichtteilsrecht eingeräumt werde.[770] Dieses solle etwa in Höhe eines Drittels der Erbschaft bestehen. So würden die Ansprüche des Staates auf ein höheres Fundament gehoben, „von wo aus sie gebieterisch Anerkennung fordern".[771]

Die höheren Gesichtspunkte waren hier allerdings wohl die wirtschaftlichen Gesichtspunkte hinsichtlich der Einnahmenverbesserung des Staates. Dieses wurde besonders dadurch deutlich, daß gleichzeitig eine höhere Erbschaftsteuer gefordert wurde, die gleichsam als Grundlage der Fortbildung des Erbrechts des Staates gelten sollte.[772]

Obwohl aber bei der Begründung zur Begrenzung der Testierfreiheit gerade der Wille des Erblassers vorgebracht wurde, keinesfalls den Staat erben zu lassen[773] und deshalb in jedem Fall zu testieren, womit die Begrenzung der Verwandtenerbfolge an Wirkung verliere, kam Heim zu dem Schluß, daß eine höhere Erbschaftsteuer, die frühere erbrechtliche Beteiligung des Fiskus und die Begrenzung der Testierfreiheit auf eine gewaltige Zustimmung des Volkes träfen.[774] Diese Argumentation ist in sich allerdings keinesfalls schlüssig und macht deutlich, daß gemessen am Ziel, die Staatseinnahmen zu verbessern, nahezu jede Begründung recht war.

Schierlinger nahm deshalb an, ein „Pflichtteilsrecht" des Staates sei nicht geboten, da dieses grundsätzlich darauf beruhe, daß das Bedenken der engsten Familienmitglieder einer sittlichen Pflicht des Erblassers entspringe. Nur falls der Erblasser diese Pflicht mißachtet habe, sei ein Pflichtteilsanspruch geboten. Eine Pflicht, von sich aus den Staat zu bedenken, erschien Schierlinger als zu weitgehend.[775] Als Lösung schlug dieser dem durch Kriegsnöte strapazierten Fiskus die erneute Erhöhung der Erbschaftsteuer vor, da diese gewillkürte und gesetzliche Erbfolge gleichermaßen treffe und somit in sich gerechter sei.[776] Wenn noch zusätzlich die Verwandtenerbfolge begrenzt werden solle, dann müsse die Beteiligung der Gemeinden in den Vordergrund gestellt werden. Eine Aufteilung der Erbschaften zu 75 % an das Reich und zu 25 % an die Länder, wie dies in den Gesetzentwürfen vorgesehen sei, gehe an den Erfordernissen vorbei. Die Ge-

---

[770] Heim, DJZ 1916, Seite 296 (301).
[771] Heim, DJZ 1916, Seite 296 (301).
[772] Heim, DJZ 1916, Seite 296 (302).
[773] Heim, DJZ 1916, Seite 296 (299).
[774] Heim, DJZ 1916, Seite 296 (302).
[775] Schierlinger, DJZ 1916, Seite 587 (589).
[776] Schierlinger, DJZ 1916, Seite 587 (590).

meinden müßten zumindest zu einem Teil direkt an den Erbschaften beteiligt werden.[777]
Schöler, der gleichfalls eine Replik auf die Ausführungen von Heim für nötig hielt, machte deutlich, daß er den moralischen Ansatz Heims für verfehlt hielt, da es dem Staat letztlich nicht um Moral, sondern um Geld gehe.[778] Diesbezüglich sei ein Pflichtteilsrecht des Staates der falsche Weg, da dieses „notwendig zum Spielball des sozialen Neides und im übrigen in ihrer Entwicklung abhängig werde von dem jeweiligen Geldbedürfnis des Staates.“[779] Der Weg zur Alleinerbschaft des Staates sei so eröffnet.
Bedenklich waren hingegen die Ausführungen Schölers hinsichtlich der Ausgestaltung des Anspruchs des Staates auf erblose Nachlässe. Aus seiner Sicht sei der Staat schon kraft seines Hoheitsrechts berechtigter Okkupant der „erblosen“ Nachlässe[780], und eine Reform des „Erbrechts des Staates“ sei deshalb nicht nötig, da in sinngemäßer Anwendung des § 928 Abs. 2 BGB hier ein Erbrecht nicht notwendig erscheine.
So nachvollziehbar also die Kritikpunkte in Bezug auf das einzuführende Pflichtteilsrecht des Staates sein mochten, so fernliegend waren die Anmerkungen hinsichtlich des Okkupationsrechts des Staates, da der Wortlaut des BGB und die historische Entwicklung in diesem Bereich zu einer erneuten Diskussion keinerlei Anlaß boten.

D. Grundsätzliche Änderungsvorschläge

Außer den genannten Vorschlägen zur Veränderung der Erbrechtsgrenze und zur Einschränkung der Testierfreiheit oder der Einführung eines Pflichtteilsrechts gab es in der Literatur auch Vorschläge zur grundsätzlich veränderten Erbrechtsgestaltung.

I. Von Blume

So trat von Blume grundsätzlich für eine Beschränkung der Verwandtenerbfolge ein, teilte den Nachlaß aber ferner in unterschiedliche Wertigkeiten ein, die dann unterschiedlichen Verteilungsmodi unterliegen sollten. Obwohl von Blume das Erbrecht für die „Krönung des Privateigentums“ hielt[781], waren seiner Meinung nach bestimmte Reformen nötig, da auf Dauer nur ein solches Recht den Eigennutz der Menschen bändigen und beugen könne, welches als gerecht empfunden werde.[782] Die Erbschaft sollte demnach in Gebrauchs-, Geschäfts- und Gewinn-

[777] Schierlinger, DJZ 1916, Seite 587 (591).
[778] Schöler, DJZ 1917, Seite 646 (650).
[779] Schöler, DJZ 1917, Seite 646 (651).
[780] Schöler, DJZ 1917, Seite 646 (649).
[781] Von Blume, Umbau und Ausbau des deutschen Erbrechts, Seite 7.
[782] Von Blume, Umbau und Ausbau des deutschen Erbrechts, Seite 5.

vermögen aufgeteilt werden.
Das Gewinnvermögen sei dabei das für den Kapitalisten arbeitende Kapital, also beispielsweise das unbebaute städtische Grundstück, welches Spekulationszwecken diene.[783] Hinsichtlich dieses Teils des Nachlasses sollte nach den Vorstellungen von Blumes eine einschneidende Reform des Erbrechts erfolgen, die einerseits die gesetzliche Erbfolge, aber auch die Testierfreiheit betreffe. Ein volles Erbrecht stünde so nur noch der ersten und zweiten Parentel und dem Ehegatten zu. Das Erbrecht der Großeltern hinsichtlich des Gewinnvermögens solle nur noch in einem Nießbrauchsrecht bestehen. Das Erbrecht der Urgroßeltern hingegen müsse sich im gesamten Umfang auf ein Nießbrauchsrecht beschränken.[784] Das gesetzliche Erbrecht der übrigen Verwandten der dritten Ordnung solle sich nur noch auf das Gebrauchs- und Geschäftsvermögen beziehen. Ein Pflichtteilsrecht könne dieser Gruppe generell nicht mehr zustehen. Zudem sei eine letztwillige Verfügung über das Gewinnvermögen, außer zugunsten der ersten zwei Parentelen und des Ehegatten, nicht mehr möglich.[785]
Ausnahmen sollte es nach Ansicht von Blumes dabei für den Fiskus selbst und ihm gleichgestellte öffentlich-rechtliche Verbände geben.[786] Hinsichtlich der Form von Testamenten solle zudem eine Verfügung zugunsten anderer als der gesetzlichen Erben nur noch wirksam sein, wenn diese gerichtlich oder notariell beurkundet worden sei.
Im Bereich der testamentarischen Erbfolge lag somit der zentrale Unterschied zu den sonstigen Vorschlägen, die sich nur mit der Beschränkung der gesetzlichen Erbfolge beschäftigten. Zur Begründung führte Blume aus, daß es auch in älteren deutschen Normierungen bereits mit Recht die Trennung zwischen Liegenschaft und Fahrnis gegeben habe. Im BGB seien derartige Trennungen nur bei Haushaltsgegenständen und bestimmten persönlichen Gegenständen vorhanden. Durch das EGBGB seien noch einige landesrechtliche Vorbehalte aufrecht erhalten worden, welche das Fideikommissrecht, das Anerbenrecht oder ähnliche Rechtseinrichtungen enthielten.[787] Im übrigen hätten bereits die Römer Versuche unternommen, die Testierfreiheit zu beschränken, allerdings ohne Erfolg.[788] Um das Gemeinwesen zu stärken und das Erbrecht nicht zu einem Lotteriespiel verkommen zu lassen, sei eine Reform des Erbrechts notwendig, damit „Vernunft nicht Unsinn, Wohltat nicht Plage werde“.[789]
Die Arbeit von Blumes in diesem Bereich fand zwar in vielen Aufsätzen Beach-

---

[783] Von Blume, Umbau und Ausbau des deutschen Erbrechts, Seite 19.
[784] Von Blume, Umbau und Ausbau des deutschen Erbrechts, Seite 25.
[785] Von Blume, Umbau und Ausbau des deutschen Erbrechts, Seite 26.
[786] Von Blume, Umbau und Ausbau des deutschen Erbrechts, Seite 26.
[787] Von Blume, Umbau und Ausbau des deutschen Erbrechts, Seite 18.
[788] Von Blume, Umbau und Ausbau des deutschen Erbrechts, Seite 21.
[789] Von Blume, Umbau und Ausbau des deutschen Erbrechts, Seite 25.

tung, aber wenig Zustimmung. Die praktische Durchführung derartiger Erbschaftsaufteilungen erschien wohl als zu aufwendig und wenig rechtssicher. Zudem war bereits die Zustimmung zu einer Reform der gesetzlichen Erbfolge nicht einheitlich, so daß eine Forderung zur Einschränkung der Testierfreiheit in dieser Phase den Gegnern des Gesetzentwurfs zugute kommen mußte, wenn diese „principiis obsta“ anmahnten.

II. Waldstein

Waldstein vertrat ebenso wie Heim die Auffassung, daß derjenige, der keine pflichtteilsberechtigten Erben hinterlasse, deshalb keine erweiterten Testierrechte haben dürfe und daher der Staat grundsätzlich ein Pflichtteilsrecht bekommen solle, wenn keine sonstigen Berechtigten vorhanden seien. Im übrigen solle dann aber die dritte Parentel erbberechtigt bleiben.[790]

E. Diskussion im Reichstag

Zunächst ist festzustellen, daß auch dieser Entwurf über das Erbrecht des Staates im Reichstag nicht Gegenstand einer besonderen ersten Beratung, sondern nur Teil eines Gesamtpakets war, welches auf Änderungen im Finanzwesen abzielte. Im Jahr 1913 ging es hier insbesondere um Steigerungen der Einnahmen für die Kriegskasse.

I. Haushaltsdebatte

Das Erbrecht des Staates und dessen Veränderung war aber bereits Thema bei den ersten Haushaltsdebatten im Jahre 1912. In der 6. Sitzung des neuen Reichstags wurde vom Abgeordneten Dr. Junck von den Nationalliberalen das Erbrecht des Reiches erneut auf die Tagesordnung gerufen. Er hielt den Reichstag für ethisch verantwortlich, eine Begrenzung der Verwandtenerbfolge durchzusetzen, da die Blutsverbindung als Begründung der bestehenden Verwandtenerbfolge nicht mehr zeitgemäß sei. Die gelockerten familiären Bindungen rechtfertigten es, das Vermögen zum Teil an das Gemeinwesen zurückfallen zu lassen. Zudem könnten die Einnahmen aus einem erweiterten Erbrecht des Reiches zur Schuldentilgung genutzt werden.[791]

Der Abgeordnete Gröber vom Zentrum machte in der 8. Sitzung des Reichstags am 17.02.1912 hingegen deutlich, daß seine Fraktion nach wie vor einer Erweiterung des Erbrechts des Fiskus nicht zustimmen werde. Die Argumente entsprachen hier denen, die Gröber bereits bei der zweiten Beratung zum Gesetzentwurf aus dem Jahr 1908 am 05.07.1909 vorgebracht hatte.[792]

Dem Abgeordneten Junck entgegnete Gröber, daß es mit Ethik nicht viel zu tun

---

[790] Leo, DJZ 1914, Seite 155 (156).

[791] Stenographische Berichte über die Verhandlungen des Reichstags, Band 283, Seite 50.

[792] Siehe oben Seite 112.

habe, wenn der Staat einen größeren Anteil an fremdem Geld bekomme. Auch müsse man praktische Bedenken gegen die Durchführung der Ausdehnung des Erbrechts des Fiskus haben, wenn wirklich große Vermögen von hochangesehenen Familien infolge der geplanten Veränderung des BGB ohne natürliche gesetzliche Erben blieben und so an den Fiskus fielen, weil beispielsweise der letzte Abkömmling zu jung verstorben sei, um ein Testament zu errichten. An dem Unglück einer solchen Familie solle sich der Fiskus nicht auch noch bereichern. Die gleiche Problematik trete bei formungültigen Testamenten auf.[793]

Im übrigen falle der zu erwartende finanzielle Ertrag derart gering aus, daß eine Änderung der Prinzipien des BGB nicht gerechtfertigt sei. Letztlich sei durch eine Einschränkung des unbegrenzten Verwandtenerbrechts der erste Schritt zur weiteren Beschränkung eröffnet, welche nach Meinung der Sozialdemokraten wohl zu einer Abschaffung des gesamten Erbrechts führen solle. Diesbezüglich müsse also der Satz gelten: „Principiis obsta!".[794] Die praktischen Bedenken, die der Abgeordnete Gröber hier zu den formungültigen Testamenten und den testierunfähigen Erblassern vorbrachte, waren zwar grundsätzlich nachvollziehbar. Sie fanden aber Berücksichtigung im Entwurf des Gesetzes, indem der Bundesrat Ausgleichsregelungen für derartige Fälle schaffen sollte. Gerade derartige Unbilligkeiten hätten die Akzeptanz des Gesetzentwurfs im Reichstag sonst wohl gänzlich schwinden lassen. Zum Zeitpunkt der Rede des Abgeordneten Gröber war der neue Entwurf des Gesetzes sicherlich noch nicht bekannt. Aber auch der Entwurf aus dem Jahr 1908 enthielt schon derartige Ausgleichsmöglichkeiten nach der Bestimmung des Bundesrats.[795]

II. Diskussion im Reichstag im Rahmen der ersten Beratung

Die erste Beratung des Entwurfs eines Gesetzes über das Erbrecht des Staates fand in Verbindung mit den Beratungen über den Entwurf eines Gesetzes hinsichtlich eines einmaligen außerordentlichen Wehrbeitrags in der 135. – 138. Sitzung des Reichstags statt.

1. Begründung durch die Reichsregierung

Der sozialdemokratische Staatssekretär des Reichsschatzamtes Kühn machte zunächst deutlich, daß für die Heeresvorlage der Jahre 1913 – 1915 insgesamt 1,3 Mrd. Mark aufgebracht werden müßten, was in der Summe etwa den Kosten für die Heeresvorlage der letzten 40 Jahre entspreche. Für diese riesige Summe

---

[793] Stenographische Berichte über die Verhandlungen des Reichstags, Band 283, Seite 111.

[794] Stenographische Berichte über die Verhandlungen des Reichstags, Band 283, Seite 111.

[795] Siehe dort Artikel II, § 9, Verhandlungen des Reichstags, Anlagen zu den stenographischen Berichten 1908, Nr. 998, Seite 6.

müßten neue Einnahmequellen des Staates aufgetan werden.[796] Hierzu komme auch die Ausdehnung des Erbrechts des Staates in Betracht. Der jetzige Entwurf sei gegenüber dem Entwurf aus dem Jahre 1908 etwas abgemildert worden. Der Gedanke, die Verwandtenerbfolge einzuschränken, um zum Teil langwierige Nachforschungen und Rechtsstreitigkeiten zu verhindern und dem mutmaßlichen Willen des Erblassers zu entsprechen, sei aber nach wie vor in Wissenschaft und Politik lebhaft vorhanden.[797] Mit dem Entwurf sei ein Ausgleich zwischen der Berücksichtigung der Billigkeit bei der Beschränkung der Verwandtenerbfolge und dem erwünschten finanziellen Effekt für den Fiskus geschaffen worden.[798]

2. Zentrum

Der Abgeordnete Speck stellte in der 136. Sitzung klar, daß seine Fraktion dem vorgelegten Gesetzentwurf nach wie vor nicht zustimmen könne, weil ein zu starker Eingriff in das Privateigentum vorgenommen werde, der immer dann richtig erscheine, wenn der Staat Geld brauche.[799] Von den Änderungen seien zudem nicht die großen Vermögen betroffen, sondern die Nachlässe der kleinen Leute, welche es nicht für nötig hielten, ein Testament zu verfassen oder welche schlicht über die Gesetzgebung nicht informiert seien.[800]

Zudem entspreche es nie dem mutmaßlichen Willen des Erblassers, den Staat vor seinen eigenen Blutsverwandten zu seinem Erben einzusetzen.[801] Auch die Aufforderung an den Bundesrat, Ausgleichsregelungen zu schaffen, welche in den Fällen Anwendung finden sollten, bei denen durch das neue Erbrecht des Staates Unbilligkeiten auftreten könnten, hielt Speck nicht für ausreichend, weil nicht gewährleistet sei, daß der Bundesrat in jedem Fall den Wünschen des Volkes und nicht den Wünschen des bureaukratischen Fiskalismus entspreche.[802] Letztlich seien es beim Entwurf aus dem Jahr 1908 auch die Gemeinden gewesen, die scharfen Protest geübt hätten, weil ihnen die Verwertung der Nachlässe zugemutet werden sollte, was in den meisten Fällen ein undankbares Geschäft sei. Die veranschlagten Erträge in Höhe von 15 Mio. Mark seien zudem zu hoch angesetzt, da in jedem Fall die Bereitschaft zur Errichtung von Testamenten infolge einer solchen Gesetzesänderung zunehmen werde. Jede Einschränkung des gesetzlichen Erbrechts sei ein Schritt in Richtung auf die Abschaffung des Erb-

[796] Stenographische Berichte über die Verhandlungen des Reichstags, Band 289, Seite 4610, 4611.

[797] Stenographische Berichte über die Verhandlungen des Reichstags, Band 289, Seite 4614.

[798] Stenographische Berichte über die Verhandlungen des Reichstags, Band 289, Seite 4615.

[799] Stenographische Berichte über die Verhandlungen des Reichstags, Band 289, Seite 4636, 4637.

[800] Stenographische Berichte über die Verhandlungen des Reichstags, Band 289, Seite 4636.

[801] Stenographische Berichte über die Verhandlungen des Reichstags, Band 289, Seite 4637.

[802] Stenographische Berichte über die Verhandlungen des Reichstags, Band 289, Seite 4637.

rechts, was in dieser Konsequenz nur von den Sozialdemokraten, keinesfalls aber vom Zentrum gefordert werde.[803]

3. Nationalliberale

Für die Nationalliberalen machte der Abgeordnete Paasche deutlich, daß diese sich von dem Gesetzentwurf zwar keine großen finanziellen Einnahmen erhofften, der Grundgedanke aber richtig sei, die „lachenden Erben“ von der Erbfolge auszuschließen, um das Erbrecht des Staates zu stärken. Zudem sei die Grenze bei der Abwägung zwischen den finanziellen Interessen des Reiches einerseits und dem Familienbewußtsein des Volkes andererseits richtig getroffen, so daß die Nationalliberalen dem Entwurf grundsätzlich zustimmen könnten.[804]

Der Abgeordnete Roland Lücke sprach sich während der 137. Sitzung im Namen der Nationalliberalen noch einmal für die Annahme des Gesetzentwurfs aus, da der Staat, der die große Gemeinschaft des Volkes bilde, auch eine Erbberechtigung vor einigen entfernteren Verwandten erhalten solle.[805]

4. Konservative

Graf von Westarp hielt für seine Fraktion den Entwurf nicht für zustimmungsfähig, da zwar eine langwierige aufwendige Suche nach den Erben beklagenswert sei, der Eingriff des Staates in das wohldurchdachte System des BGB bloß zum Zwecke der Erschließung neuer Einnahmequellen aber noch schlimmere Folgen habe. Ein Miterbenverhältnis zwischen Großelternteilen und dem Fiskus, wie es nach dem vorliegenden Gesetzentwurf möglich werden solle, führe zudem zu höchst wundersamen Ergebnissen und leiste der Auflösung des Familienzusammenhangs eher noch Vorschub, obwohl der Gesetzgeber auf das Gegenteil hinwirken solle. Letztlich würden die Einnahmen des Staates durch die stärkere Bereitschaft zur Errichtung von Testamenten und die höheren Kosten für die Verwertung der meist kleinen anfallenden Vermögen derartig gering ausfallen, daß eine Änderung in dieser Hinsicht nicht gerechtfertigt erscheine.[806]

5. Sozialdemokraten

Der Abgeordnete Segitz stellte sich in der 138. Sitzung hinter den Entwurf, gerade weil der „principiis obsta“- Einwand, der von zahlreichen Vorrednern vorgebracht wurde, seiner Meinung nach berechtigt sei und so der erste Schritt zur Verwirklichung des Kommunistischen Manifests gemacht werden könne, nach welchem das Erbrecht zu beseitigen sei.[807] In der Kommission werde man zu-

[803] Stenographische Berichte über die Verhandlungen des Reichstags, Band 289, Seite 4637.
[804] Stenographische Berichte über die Verhandlungen des Reichstags, Band 289, Seite 4646.
[805] Stenographische Berichte über die Verhandlungen des Reichstags, Band 289, Seite 4691.
[806] Stenographische Berichte über die Verhandlungen des Reichstags, Band 289, Seite 4656.
[807] Stenographische Berichte über die Verhandlungen des Reichstags, Band 289, Seite 4715.

dem beantragen, den hinsichtlich der Beschränkung des Verwandtenerbrechts strengeren Entwurf aus dem Jahr 1908 Gesetz werden zu lassen. Der Verteilungsschlüssel für die erwarteten Mehreinnahmen sei dann aber in der Form zu ändern, daß die Gemeinden einen größeren Anteil erhielten. Diese würden mit der Verstärkung der Garnisonen auf ihren Gebieten finanziell stark belastet. Vorstellbar sei hierbei ein Verteilungsmaßstab von 50 % für das Reich, 10 % für den Bundesstaat und 40 % für die Gemeinde.[808]

6. Fortschrittliche Volkspartei

Der Abgeordnete von Payer stellte in der 137. Sitzung klar, daß sich seine Fraktion dem Gesetzentwurf nicht verschließen werde, obwohl er keine großen finanziellen Erwartungen bei der geplanten Änderung hege. Eine stärkere Erbschaftsbesteuerung erbringe seiner Meinung nach viel höhere Einnahmen für den Fiskus.[809]

7. Reichspartei

Der Abgeordnete Freiherr von Gamp-Massaunen von der Reichspartei machte in seinen Ausführungen darauf aufmerksam, daß er eine Ausdehnung des Erbrechts des Staates zwar schon im Jahre 1896 befürwortet habe, der jetzige Entwurf aber nicht seine volle Zustimmung erhalten könne. Zum einen seien die Gemeinden die geeigneten Stellen für die Verwertung der Nachlässe und so erscheine es als angemessen, daß diese den Anteil der Einzelstaaten bei der Verwertung erhielten. Zum anderen sei es nicht ausreichend, dem Bundesrat die Entscheidung in den Fällen zu überlassen, bei denen durch ein formungültiges Testament oder einen testierunfähigen Erblasser der Fiskus zum Erben berufen sei. Letztlich sei die Erbrechtsgrenze zu eng gezogen, da sehr wohl bei Vettern und Cousinen ein ausreichendes Familienbewußtsein vermutet werden könne. Gerade wenn Grundbesitz in der Familie vorhanden sei, dürfe die Erbrechtsgrenze nicht zu eng gezogen werden.[810]

8. Stellungnahme des Dr. Graf von Posadowsky-Wehner

Anschließend machte der parteilose Abgeordnete Dr. Graf von Posadowsky-Wehner in seinen Ausführungen seine Ablehnung des Gesetzentwurfs deutlich.[811] Insbesondere der Familiensinn werde durch derartige Änderungen beschädigt. Die Regierung sei so an der Lockerung des Familienzusammenlebens

---

[808] Stenographische Berichte über die Verhandlungen des Reichstags, Band 289, Seite 4718.

[809] Stenographische Berichte über die Verhandlungen des Reichstags, Band 289, Seite 4660, 4661.

[810] Stenographische Berichte über die Verhandlungen des Reichstags, Band 289, Seite 4675.

[811] Stenographische Berichte über die Verhandlungen des Reichstags, Band 289, Seite 4676, 4677.

beteiligt, obwohl es doch ihre Pflicht sei, dem entgegenzuwirken. Gerade das Ausland müsse durch einen solchen Gesetzentwurf einen ungünstigen Eindruck vom deutschen Volkscharakter bekommen.[812]

Hier wurde von dem Abgeordneten ein neues Argument gegen den Gesetzentwurf eingebracht, dessen Gewicht nur zeitgeschichtlich zu bewerten ist, da das Bild des deutschen Volkscharakters für die Wehrfähigkeit Deutschlands von Bedeutung war. Im Hinblick auf die starke Ausdehnung des Wehretats und die erwarteten Auseinandersetzungen sollte für das Ausland eher ein starker Familienzusammenhalt und somit eine starke Volksgemeinschaft suggeriert werden. Aus diesem Grunde nahm nach der Rede des Abgeordneten der Staatssekretär des Reichsschatzamts zu diesem Punkt Stellung.

Im übrigen stellte der Abgeordnete klar, daß die Beispiele aus der Erbrechtspraxis, die zur Begründung des Gesetzentwurf herhalten müßten, die krassen Ausnahmen zu den normalen Erbfällen darstellen würden. Vergleichbar sei dieses mit Lottogewinnen, die die insoweit "lachenden Erben“ erhielten. Im Bereich der Lotterie sei dies jedoch nicht so negativ besetzt wie im Bereich der Erbfälle.[813]

Durch die Aufrechterhaltung der Testierfreiheit sei auch keine allgemeine Abmilderung der Folgen des Gesetzentwurfs zu erwarten, da die Abneigung, an den eigenen Tod zu denken, viele Menschen davon abhalte, Testamente zu errichten. Im Falle der Testierunfähigkeit seien die Lösungsmöglichkeiten noch unbefriedigender, da hier der Bundesrat über den Ausgleich von möglicherweise eintretenden Unbilligkeiten entscheiden solle, der selbst mit den fiskalischen Behörden verquickt sei. Auch daß man Regelungen in den Entwurf eingefügt habe, mittels derer für nunmehr ausgeschlossene Verwandte ein Erwerbsrecht statuiert werden solle, widerspreche der Begründung des Gesetzentwurfs, denn durch ein solches Recht werde ein bestehender Familiensinn für entferntere Ordnungen vermutet und dennoch solle der Fiskus die Erbschaft erhalten.[814]

Als besonders problematisch sah Graf von Posadowsky-Wehner das entstehende Anfechtungsrecht des Fiskus an, welches durch die neue Erbenstellung des Fiskus an Bedeutung gewinnen werde, da die Justiziare der Finanzbehörden schon im Hinblick auf ihre eigene Regreßpflicht die Testamente auf Fehler sehr genau prüfen müßten, wenn ohne ein solches der Fiskus als Erbe berufen sei. Besonders betroffen von einer derartigen Vorgehensweise seien vornehmlich die rechtsunkundigen unteren Volksklassen. Ob es bei der teilweisen Erbberechtigung der dritten Parentel bleiben werde, stellten der Abgeordnete wie auch einige seiner Vorredner in Frage, da der Finanzbedarf des Reiches noch steigen werde und mit einer ersten Einschränkung der Weg zu weiteren Einschränkun-

[812] Stenographische Berichte über die Verhandlungen des Reichstags, Band 289, Seite 4676.
[813] Stenographische Berichte über die Verhandlungen des Reichstags, Band 289, Seite 4676.
[814] Stenographische Berichte über die Verhandlungen des Reichstags, Band 289, Seite 4676.

gen geebnet sei. Die geänderte Sichtweise im Hinblick auf die Erbberechtigung werde schon im Vergleich mit den Verhandlungen der Kommission des BGB und diesem Entwurf deutlich.[815] Wer nach den Worten des Abgeordneten diesem Gesetzentwurf zustimme, baue „das deutsche Familienrecht auf politischem und finanziellem Flugsand auf".[816]
Diese umfangreiche Rede, die ausschließlich eine Stellungnahme zum Erbrecht des Fiskus enthielt, lieferte insbesondere neue Argumente, um den Familiensinn der Regierung in Abrede zu stellen, was in Zeiten zunehmender Kriegsbereitschaft ein starkes Argument gegen die Annahme eines solches Gesetzentwurfs war.
Der Staatssekretär des Reichsschatzamtes Kühn antwortete auf diese Vorwürfe, daß es eine Tatsache sei, daß die Familienzusammengehörigkeit sich „über die nächsten Verwandtschaftsgrade hinaus außerordentlich rasch verflüchtige und ... auch ein schrankenloses Verwandtenerbrecht diese Entwicklung nicht aufzuhalten vermöge".[817] Im übrigen seien hinsichtlich der Einschränkung der Verwandtenerbfolge rückläufige Tendenzen zum Entwurf aus dem Jahr 1908 erkennbar, so daß es ganz unwahrscheinlich sei, daß es in nächster Zeit zu einer Verschärfung komme.[818]

9. Wirtschaftliche Vereinigung

Der Abgeordnete der Wirtschaftlichen Vereinigung, Behrens, machte mit seiner Rede während der 138. Sitzung deutlich, daß seine Fraktion dem Gesetzentwurf zustimmen werde, da das Reich „an Stelle der sogenannten lachenden Erben" treten müsse[819], obwohl keine großen Einnahmen von dem Gesetz zu erwarten seien.

10. Deutsche Reformpartei

Der Abgeordnete Bruhn stellte hingegen klar, daß er gegen den Entwurf im Prinzip nichts einzuwenden habe, die Einschränkung aber zu weit gehe, wenn der Onkel den Neffen nicht mehr beerben könne. Auf dem Lande sei es beispielsweise in der Regel so, daß nur der älteste Sohn den elterlichen Hof übernehme, um diesen rentabel zu halten. Wenn nun aber überraschend dieser Sohn sterbe und nach ihm sein einziger Sohn, dann bestünde die Möglichkeit, daß die übrigen Geschwister des ersten Erblassers leer ausgingen, obwohl sie schon im allerersten Erbfall auf den kleineren Erbteil verwiesen wurden.[820]

[815] Stenographische Berichte über die Verhandlungen des Reichstags, Band 289, Seite 4677.
[816] Stenographische Berichte über die Verhandlungen des Reichstags, Band 289, Seite 4677.
[817] Stenographische Berichte über die Verhandlungen des Reichstags, Band 289, Seite 4679.
[818] Stenographische Berichte über die Verhandlungen des Reichstags, Band 289, Seite 4679.
[819] Stenographische Berichte über die Verhandlungen des Reichstags, Band 289, Seite 4708.
[820] Stenographische Berichte über die Verhandlungen des Reichstags, Band 289, Seite 4713.

III. Budgetkommission vom 24.06.1913

In der Kommission, die sich unter anderem mit dem Entwurf zum Erbrecht des Staates zu beschäftigen hatte, wurde in erster Lesung gegen die Stimmen der Konservativen und des Zentrums der grundlegende § 1 des Entwurfs angenommen[821], welcher vom Wortlaut her dem § 1 der Vorlage entsprach.[822] In der zweiten Lesung wurde die Frage der Erbrechtsreform aus der Deckungsvorlage genommen und die Erörterung vertagt.[823] Die weitere Beratung sollte erst mit dem Zusammentritt des neuen Reichstags fortgesetzt werden.[824] Zu einer weiteren Abstimmung im Reichstag kam es dann jedoch nicht mehr.

IV. Zusammenfassung der Reichstagsdiskussionen

Die Argumente der Abgeordneten hatten sich etwa fünf Jahre nach den letzten Verhandlungen kaum geändert und auch die leichten Änderungen der Vorlage beim Erbrecht der Großeltern konnten die Skeptiker im Reichstag nicht überzeugen. Die klaren Forderungen der Sozialdemokraten nach einer noch stärkeren Einschränkung des Erbrechts, welche schließlich in einer Abschaffung des Erbrechts enden sollte, führte erneut zu einer Polarisierung, die der Reform nicht zuträglich war.

Der Familiensinn, der einen möglichen Rückhalt für die Soldaten und das gesamte Volk bilden konnte, mußte somit in Zeiten zunehmender Kriegsbereitschaft argumentativ an Bedeutung gewinnen, so daß jeder Angriff auf die Zusammengehörigkeit der Verwandten auch als Schwächung der Kriegsfähigkeit empfunden werden mußte.

Die Voraussetzungen für eine Annahme des Reformentwurfs waren also im Vergleich zur Lage im Jahre 1908 keinesfalls besser geworden. Dementsprechend wurde auch nach Kriegsbeginn und Zusammentritt des neuen Reichstags keine Abstimmung mehr vorgenommen. In finanzieller Hinsicht entdeckte man die Erbschaftsteuer als wesentlich einträglichere und effektivere Einnahmequelle.

F. Stellungnahmen im Bundesrat

Der Bundesrat bekam den Entwurf vor den Diskussionen als Drucksache Nr. 37 im Jahr 1913 zur Abstimmung vorgelegt.

---

[821] Akte der Senatskommission für die Justizverwaltung in Hamburg betreffend Abänderungen des Bürgerlichen Gesetzbuchs 1903 - 1912, I A a 2 vol. 1, Abschnitt 19, Hamburger Echo vom 07.10.1913.

[822] Siehe Anlage 2, § 1.

[823] Strunck, Der Gedanke der Erbrechtsreform seit dem 18. Jahrhundert, Seite 35.

[824] Akte der Senatskommission für die Justizverwaltung in Hamburg betreffend Abänderungen des Bürgerlichen Gesetzbuchs 1903 - 1912, I A a 2 vol. 1, Abschnitt 19, Hamburger Echo vom 07.10.1913.

I. Stellungnahmen der Länder

Der geheime Staatsrat Dr. Paulsen stellte für Baden am 23.03.1913 den Antrag, in § 4 des Entwurfs einen Absatz 3 einzufügen, der die Anwendung der Absätze 1 und 2 dann ausschließe, wenn die Befriedigung der Nachlaßgläubiger gefährdet sei.[825] Zur Begründung wurde auf § 5 Abs. 5 verwiesen, der eine unentgeltliche Überlassung von Erbgegenständen an die Angehörigen der dritten Ordnung in gleicher Weise verbiete.

Ministerialrat Dr. Wolf stellte für Bayern am 24.03.1913 den Antrag[826], den § 6 Abs. 3 wie folgt abzuändern: „Nach näherer Bestimmung des Bundesrats kann ferner der Nachlaß eines Erblassers, der nicht fähig war, ein Testament zu errichten, ganz oder teilweise den von der Erbfolge ausgeschlossenen Verwandten oder solchen Personen zugewendet werden, die den Erblasser erzogen, gepflegt oder in ihre häusliche Gemeinschaft aufgenommen oder dem Erblasser sonst unentgeltlich Dienste geleistet haben.“ Als Begründung wurde angeführt, daß die Begrenzungen zu einschneidend seien, um den Bundesrat allein damit zu belasten, die möglicherweise entstehenden Unbilligkeiten auszuräumen.

Folgende Anträge wurden ferner von Bayern gestellt:

- Der Anteil der Bundesstaaten gemäß § 15 bleibt bei 25 %.
- § 16 Abs. wird gestrichen.
- § 18 a: In Ansehung der Landesherren und der Mitglieder der landesherrlichen Familien finden die Vorschriften des gegenwärtigen Gesetzes nur Anwendung, wenn nicht besondere Vorschriften der Hausverfassungen oder der Landesgesetze abweichende Bestimmungen enthalten.

Die Einfügung des § 18 a sei nötig, da der Entwurf nicht nur Veränderungen des BGB enthalte, sondern allgemeine Änderungspläne ohne Rücksicht auf Artikel 57 EGBGB. Dies sei aber besonders hinsichtlich des noch testierunfähigen Königs Otto Allerhöchst von Bayern bedenklich, da der Nachlaß nach der veränderten Fassung des BGB möglicherweise an den Fiskus fallen könne. Der Referent Schaefer beantragte zu § 2066 des BGB den Satz aufzunehmen: „Er gehört nicht zu den gesetzlichen Erben im Sinne des § 2066.“[827]

Der Entwurf wurde dann vom Bundesrat in der dem Reichstag vorgelegten Weise beschlossen.[828]

In einer nichtamtlichen Drucksache des Magistrats der königlichen Haupt- und Residenzstadt Berlin vom 20.06.1913 forderte von Wermuth, daß die Stadt Ber-

---

[825] Akte der Senatskommission für die Justizverwaltung in Hamburg betreffend Abänderungen des Bürgerlichen Gesetzbuchs 1903 - 1912, I A a 2 vol. 1, Abschnitt 12.

[826] Akte der Senatskommission für die Justizverwaltung in Hamburg betreffend Abänderungen des Bürgerlichen Gesetzbuchs 1903 - 1912, I A a 2 vol. 1, Abschnitt 13.

[827] Akte der Senatskommission für die Justizverwaltung in Hamburg betreffend Abänderungen des Bürgerlichen Gesetzbuchs 1903 - 1912, I A a 2 vol. 1, Abschnitt 16.

[828] Drucksachen des Reichstags 1912/13, Band 301, Nr. 874.

lin, welche nach einem am 27.12.1508 mit Kurfürst Joachim I. von Brandenburg geschlossenen Vertrag ein Anrecht auf die erblosen Nachlässe der Einwohner mit einigen Ausnahmen zu beanspruchen habe, einen Ausgleich für die Streichung des Privilegs erhalten sollte, da dieses mit der Streichung des Artikels 138 EGBGB einhergehen werde.[829] Die Einnahmen der Stadt Berlin beliefen sich von 1888 bis 1912 auf ca. 183.000 Mark. Diese Summe hielt von Wermuth als Entschädigung für das zu streichende Privileg für angemessen.[830]

II. Bericht des hamburgischen Bevollmächtigten zum Bundesrat

Der hamburgische Bevollmächtigte zum Bundesrat Sthamer berichtete Bürgermeister Dr. Predöhl am 26.03.1913 von der Sitzung des Bundesrats vom gleichen Tage.[831] Er hielt es für möglich, daß der Reichsschatzsekretär den Gesetzentwurf nur eingebracht habe, um unbequemere Vorschläge für die Deckung seines Finanzbedarfs zu vermeiden. Der Referent des Entwurfs habe auch zum einen große Bedenken gegen den Entwurf vorgetragen und zum anderen auch erhebliche Zweifel an der Durchsetzbarkeit im Reichstag geäußert.[832] Der Mehrbedarf des Reiches betrage nach den Feststellungen im Bundesrat 1913 54 Mio., 1914 153 Mio. und 1915 185 Mio. Mark. Zwar seien diese Summen teilweise von Steuervorlagen gedeckt, es seien aber noch Fehlbeträge vorhanden. Prinzipiell gegen den Entwurf wende sich nur Mecklenburg-Schwerin, wobei allerdings Württemberg auf eine Erweiterung des Erbrechts auf die Verwandten der dritten und vierten Ordnung bestehe. Das Schatzamt habe jedoch deutlich gemacht, daß bei einer solchen Ausdehnung der finanzielle Effekt für das Reich nahezu entfalle.

Auch der hamburgische Bevollmächtigte Sthamer trat für eine Ausdehnung des Erbrechts ein, obwohl finanzielle Erwägungen nicht ausschlaggebend sein dürften. Auch bei Ausnahmen zugunsten testierunfähiger Personen solle eine großzügige Regelung getroffen werden.[833] Der Anteil des Reiches solle nach den Entscheidungen des Bundesrats von 85 auf 75 % heruntergesetzt werden. § 19 solle im Hinblick auf die Fideikommisse und den sonstigen gebundenen Grundbesitz einen Zusatz erhalten, der die Aufrechterhaltung der Vorschriften des EGBGB festlege.[834]

---

[829] Akte der Senatskommission für die Justizverwaltung in Hamburg betreffend Abänderungen des Bürgerlichen Gesetzbuchs 1903 - 1912, I A a 2 vol. 1.
[830] AaO.
[831] Akte der Senatskommission für die Justizverwaltung in Hamburg betreffend Abänderungen des Bürgerlichen Gesetzbuchs 1903 - 1912, I A a 2 vol. 1, Abschnitt 15.
[832] Akte der Senatskommission für die Justizverwaltung in Hamburg betreffend Abänderungen des Bürgerlichen Gesetzbuchs 1903 - 1912, I A a 2 vol. 1, Abschnitt 15, Seite 1.
[833] AaO, Seite 3.
[834] AaO, Seite 3.

G. Zusammenfassung

Zusammenfassend ist zum Entwurf des Jahres 1913 festzustellen, daß kaum neue Gesichtspunkte für oder gegen das Erbrecht des Staates vorgebracht werden konnten und die finanziellen Erwartungen durch die Erbschaftsteuerstatistiken und die leichte Erweiterung des Erbberechtigtenkreises im Vergleich zum Entwurf des Jahres 1908 eher noch gedämpft wurden. Aus Regierungskreisen in der Budgetkommission erfuhr man nach der Zurückstellung des Entwurfs, daß „das Erbrecht des Staates nur als Steuerquelle in Betracht" kam und nach erneutem Scheitern diese Frage auf „absehbare Zeit ... aus der Finanzpolitik des Reiches ausscheiden" werde.[835]

Aus einiger zeitlicher Entfernung heraus kritisierten auch die Nationalsozialisten die Gesetzentwürfe später als reine „Erweiterung des fiskalischen Erbrechts" ohne sozialen Hintergrund[836], obwohl die damalige „Ausgestaltung des Erbrechts des Staates wertvolle Anregungen" für eine Rechtserneuerung im nationalsozialistischen Sinne enthalten habe.[837] Da im neuen Reichstag die Erbschaftsteuer als viel effektivere und für das Reich einfachere Einnahmequelle aus dem Bereich des Erbrechts entdeckt wurde, deren Erhöhung bereits in der Literatur[838] und von einzelnen Reichstagsabgeordneten anstelle der Erweiterung des Erbrechts vorgeschlagen worden war, sollte sich die Feststellung der Reichsregierung bewahrheiten.

H. Erbschaftsteuer

Nachdem im Jahre 1913 die Erbanfallsteuersätze leicht erhöht wurden, brachte erst das Erbschaftsteuergesetz vom 10.09.1919 eine spürbare Erhöhung der Steuersätze infolge der wirtschaftlichen Probleme nach dem Krieg.[839] In die sechs Steuerklassen waren dann auch die Deszendenten und der Ehegatte eingegliedert, wobei die Eingangssätze 4 – 15 % und die Höchstsätze 35 – 70 % betrugen.[840]

Zu der Erbanfallsteuer kam allerdings auch noch die Nachlaßsteuer in Höhe von 1 – 5 % und ein Zuschlag für das bereits beim Erwerber vorhandene Vermögen.

---

[835] Akte der Senatskommission für die Justizverwaltung in Hamburg betreffend Abänderungen des Bürgerlichen Gesetzbuchs 1903 - 1912, I A a 2 vol. 1, Abschnitt 21, Das Erbrecht des Staates, Hamburger Echo vom 22.08.1913.

[836] So Eichler, Vom alten zum neuen Erbrecht, DR 1936, Seite 270 (270).

[837] Lange, Die Ordnung der gesetzlichen Erbfolge, 2. Denkschrift des Erbrechtsausschusses der Akademie für Deutsches Recht, Seite 61.

[838] Akte der Senatskommission für die Justizverwaltung in Hamburg betreffend Abänderungen des Bürgerlichen Gesetzbuchs 1903 - 1912, I A a 2 vol. 1, Erbrecht des Reichs, Neue Hamburger Zeitung vom 14.02.1917.

[839] RGBl. 1919, Seite 1543 ff.

[840] Akademie für Deutsches Recht 1933 - 1945, Protokolle der Ausschüsse, Erbrechtsausschuß, Seite XIX.

So mußte bei einem vorhandenen Vermögen von bis zu 200.000 Mark je 1 % pro angefangenen 10.000 Mark und ab 200.000 Mark je 1 % pro angefangenen 20.000 Mark bezahlt werden. So mußte ein Erbe mit 500.000 Mark 25 % der Erbschaft bereits als „Zuschlag" bezahlen.[841] Da der Besitz bereits durch Vermögens- und Vermögenszusatzsteuern stark belastet war, machte sich die kapitalzerstörende Wirkung dieser Zusatzsteuer bald bemerkbar und es wuchs der Unmut innerhalb der ohnehin durch die Geldentwertung geplagten Bevölkerung, die mit der geplanten Sozialisierung nicht einverstanden war.[842] Deshalb erfolgten bereits 1922 Änderungen der Steuergesetzgebung.[843] Die hohen Steuersätze wurden im nachhinein als indirekter Schlag der Sozialdemokratischen Partei gegen das Privaterbrecht angesehen.[844]

7. Kapitel: Weimarer Republik: 1919 – 1933

In der Weimarer Zeit gab es auf dem Gebiet des Erbrechts des Fiskus nur wenige Diskussionen und finanzpolitisch auch wenig Anlaß dazu, da man mit der Erhöhung und der Erweiterung der Erbschaftsteuer eine neue Einnahmequelle aus dem Bereich des Erbrechts aufgetan hatte.

A. Beschränkung des Verwandtenerbrechts

Im Reichstag wurde nur von den Sozialdemokraten erneut eine Beschränkung des Verwandtenerbrechts in Verbindung mit einem allgemeinen Pflichtteil des Reichs gefordert.

I. Diskussionen im Reichstag

Nach den Vorstellungen des sozialdemokratischen Abgeordneten Keil sollte dieser Pflichtteil schon dann an das Reich gezahlt werden, wenn die Erbschaft zwei oder weniger Erben anfiele.[845] „Entfernte Verwandte, Vettern und Basen und

---

[841] Strunck, Der Gedanke der Erbrechtsreform seit dem 18. Jahrhundert, Seite 37.

[842] Strunck, Der Gedanke der Erbrechtsreform seit dem 18. Jahrhundert, Seite 37.

[843] Erbschaftsteuergesetz vom 20.07.1922, RGBl. I, Seite 610; Die Steuersätze betrugen ab diesem Zeitpunkt nur noch 3,5 – 14 %, erhöhten sich aber gemäß § 10 entsprechend dem Vermögen des Erwerbers um 10 % pro 100.000 Mark. Zusätzlich wurde aber für die ersten vier Steuerklassen grundsätzlich ein Freibetrag von 50.000 Mark Erbschaftssumme pro Erwerber normiert. Gemeinden und sonstige gemeinnützige Einrichtungen wurden gemäß § 23 mit einem SteuErsatz von 5 % belegt; weitere Novellierungen folgten 1923 durch die 2. Steuer-NotVO vom 19.12.1923, RGBl. I, Seite 1205 und im Gesetz über die Vermögens- und Erbschaftsteuer vom 10.08.1925, RGBl. I, Seite 233.

[844] Strunck, Der Gedanke der Erbrechtsreform seit dem 18. Jahrhundert, Seite 36; Die Wegbesteuerung des Kapitals in Verbindung mit einer hohen Sachwertbesteuerung bot für die Sozialdemokraten einen Weg zur „organischen Sozialisierung".

[845] Stenographische Berichte über die Verhandlungen der verfassungsgebenden Deutschen Nationalversammlung, Band 327, Seite 1390.

blutfremde Personen müssen auf das Erbglück verzichten, weil das Lebensrecht des Deutschen Reiches es verlangt."[846] Dieses Zitat im Zusammenspiel mit der Rede des Sozialdemokraten Keil, welcher „dem einzelnen Menschen über seinen Tod hinaus ein unbeschränktes Verfügungsrecht über große Vermögenswerte" nicht mehr zubilligen wollte[847], machte erneut deutlich, daß es nicht nur um eine Ausweitung des Erbrechts des Staates ging, sondern um eine Beschränkung der Testierfreiheit und damit eine Infragestellung der bisherigen Grundsätze des Erbrechts des BGB.[848] Da derartige Umstrukturierungen aber von keiner anderen Partei befürwortet wurden, nahm auch einzig der Abgeordnete Schiffer vom Zentrum zu den Ausführungen der Sozialdemokraten Stellung und gab diesbezüglich zu bedenken, daß die finanziellen Erträge hierbei zweifelhaft seien und zudem juristische Rechtsbegriffe von denen der Steuergesetzgebung streng zu trennen seien.[849]

II. Stellungnahmen in der Literatur

In der Literatur engagierte sich vor allem Endemann in seinem Lehrbuch des Bürgerlichen Rechts für eine Ausweitung des Erbrechts des Staates.[850] Das BGB stehe „sozialen Forderungen der neueren Zeit ... kalt und fremd gegenüber".[851] Die Ausdehnung der gesetzlichen Erbfolge ins unendliche folge der „törichten Vorstellung, daß damit eine Befestigung und Erhaltung der Familienverbände erreicht würde".[852]

Endemann forderte ein „Miterbrecht der Volksgemeinschaft", wobei er auch die Testierfreiheit des BGB eher als Last denn als „kostbare Gabe" ansah.[853] Auch bei Endemann war allerdings erkennbar, daß rechtliche Grundlagen und soziale Erfordernisse stets verquickt und so Forderungen nach gesetzlichen Reformen im Bereich des Staatserbrechts vor allem im Zusammenhang mit dem „sozialen Verständnis" des BGB aufgestellt wurden.[854]

Im Rahmen der sozialdemokratischen Propaganda wurde eine „Deutsche Gesellschaft für Reichserbrecht" gegründet, die Herausgeber der Zeitschrift „Finanz-

---

846 AaO.

847 Stenographische Berichte über die Verhandlungen der verfassungsgebenden Deutschen Nationalversammlung, Band 329, Seite 2655.

848 Die sozialdemokratische Partei hatte bereits auf ihrem Parteitag in Görlitz im Jahr 1921 derartige Forderungen nach einem Pflichtteilsrecht des Reiches in ihr Parteiprogramm aufgenommen: Strunck, Der Gedanke der Erbrechtsreform seit dem 18. Jahrhundert, Seite 37.

849 Stenographische Berichte über die Verhandlungen der verfassungsgebenden Deutschen Nationalversammlung, Band 327, Seite 1403.

850 Endemann, Lehrbuch des Bürgerlichen Rechts, 3. Band, Erbrecht, Seite 108 ff.

851 Endemann, Lehrbuch des Bürgerlichen Rechts, 3. Band, Erbrecht, Seite 108.

852 Endemann, Lehrbuch des Bürgerlichen Rechts, 3. Band, Erbrecht, Seite 108.

853 Endemann, Lehrbuch des Bürgerlichen Rechts, 3. Band, Erbrecht, Seite 108; „der Fehler liege in der Übertreibung des Willensmoments": aaO, Seite 9.

854 Endemann, Lehrbuch des Bürgerlichen Rechts, 3. Band, Erbrecht, Seite 10.

politische Zeitfragen“ wurde.[855]
Kraus machte sich Gedanken über eine Reform des Staatserbrechtssystems im Zusammenhang mit der wirtschaftlichen Lage Deutschlands nach dem ersten Weltkrieg und den zu leistenden Reparationszahlungen.[856] Der Weg zur Gesundung führe dabei nur über eine Sozialisierung der Wirtschaft, welche durch Artikel 151 und 156 der Reichsverfassung ermöglicht werde.[857] Volks- und Staatsvermögen müßten identische Begriffe darstellen und zur Verwirklichung dieser Einheit könne das Staatserbrecht dienlich sein.[858] Kraus hielt es dabei für besser, den Staat als Eigentümer der gesamten Wirtschaft die Reparationen zahlen zu lassen als diese Gelder durch Steuern und Abgaben einzutreiben.[859] Der von Kraus und Tissot gleichermaßen vorgelegte Gesetzentwurf enthielt deshalb auch als § 1: „Der Staat ist der Universalerbe seiner Bürger.“[860] Hier wurde nun also deutlich, wie der Weg der Ausdehnung des Erbrechts des Fiskus enden konnte, nämlich in einer Nutzung des Erbrechts als Wegbereiter einer neuen Wirtschaftsform. Wegen des politischen Hintergrunds spielten die juristischen Ausgestaltungen dieses Entwurfs eine untergeordnete Rolle und waren deshalb eher grobschnitzig und wenig diskussionswürdig.
In ähnlicher Weise gestalteten sich die Aufsätze der Schriftenreihe der Deutschen Gesellschaft für Reichserbrecht, die in einer Zusammenfassung „Was ist Staatserbrecht?“ im Jahre 1922 erschienen sind.[861] Die Kriegsfolgen und die starken Geldentwertungen der laufenden Jahre waren auch hier Anlaß für Forderungen nach einer Ausdehnung des Staatserbrechts.[862] Der allgemeine Deutsche Gewerkschaftsbund, der allgemeine freie Angestelltenbund, die SPD und die USP legten einen in einer Kommission zum Studium der Steuerfragen erarbeiteten Gesetzentwurf vor, nach dem das Erbrecht des Fiskus bereits ab der dritten Parentel einsetzen sollte. Darüber hinaus sollten letztwillige Verfügungen nur noch zugunsten des Ehegatten oder Verwandter der ersten zwei Ordnungen zu-

[855] Strunck, Der Gedanke der Erbrechtsreform seit dem 18. Jahrhundert, Seite 38; Die Gesellschaft ging allerdings mangels Beteiligung bald wieder ein.
[856] Kraus, Die Bedeutung des Staatserbrecht-Systems für das gegenwärtige Deutschland.
[857] Kraus, Die Bedeutung des Staatserbrecht-Systems für das gegenwärtige Deutschland, Seite 14.
[858] Kraus, Die Bedeutung des Staatserbrecht-Systems für das gegenwärtige Deutschland, Seite 20.
[859] Kraus, Die Bedeutung des Staatserbrecht-Systems für das gegenwärtige Deutschland, Seite 36.
[860] Kraus, Die Bedeutung des Staatserbrecht-Systems für das gegenwärtige Deutschland, Seite 46; Tissot, Was ist Staatserbrecht?, Seite 16.
[861] Bemerkenswert an allen Aufsätzen war, daß die Worte Staatserbrecht oder Scheckobligation fast nie ausgeschrieben, sondern nur mit RER oder StE. oder SchO. abgekürzt wurden. Möglicherweise war die Nennung der Worte den Autoren unangenehm oder man hoffte, daß die Leser so den Sinn der Reformen nicht genau durchschauen würden.
[862] Reichsminister a.D. Wissel, Was ist Staatserbrecht, Seite 4.

lässig sein. Das zu vererbende Vermögen müsse zudem auf 100.000 Goldmark begrenzt werden.[863]
Kuczynski schätzte die aus einer derartigen Gesetzesänderung dem Reich zufließenden Einnahmen auf ca. 100 Mio. Goldmark.[864] Er forderte darüber hinaus aber die Begrenzung der Erbschaftshöhe auf 5.000 Goldmark und erhoffte sich damit entscheidende Einnahmesteigerungen.[865]
Auch von Blume befürwortete den Entwurf dieser Kommission und verfeinerte diesen, indem er anregte, auch Schenkungen an Verwandte außerhalb der ersten zwei Ordnungen oder der Ehegatten insofern unmöglich zu machen, als diese an den Fiskus über die Vorschriften der Herausgabe einer ungerechtfertigten Bereicherung herauszugeben wären, wenn sie innerhalb der letzten zehn Jahre vor dem Tod des Erblassers erfolgt wären.[866]
Insgesamt sollte nach den Entwürfen also die Gemeinwirtschaft „in den Grenzen des sich stetig vermehrenden Vermögensanfalls“[867] durch das Staatserbrecht erreicht werden.[868] Von der bloßen Beseitigung des „Rechts der lachenden Erben“ oder der Sorge um die „durch Erbschaften unglücklich gewordenen Abkömmlinge“ war in keinem der Aufsätze mehr die Rede. Deshalb sprach sich insbesondere Hauptvogel für eine Beibehaltung der bestehenden Regelungen aus. Für die Ausdehnung des Erbrechts des Staates sei kein vernünftiger Grund denkbar. Da die gestiegenen sozialen Fürsorgetätigkeiten des Staates zum größten Teil von den Steuern derjenigen bezahlt würden, die die geschaffenen Einrichtungen meist nie im Leben in Anspruch nähmen, könne der Staat auch gerade hinsichtlich derer Nachlässe keine gesteigerte Berechtigung geltend machen.[869] Der Staat sei hier genauso „lachender Erbe“ wie entfernte Verwandte auch. Im übrigen seien Unterstützung und Erbrecht keine Gegenstücke, wie dies häufig be-

---

863 Was ist Staatserbrecht?, Seite 9, 10.
864 Kuczynski, Was ist Staatserbrecht?, Seite 10.
865 Kuczynski, Was ist Staatserbrecht?, Seite 10; Kucynski war zusammen mit Mansfeld bereits 1917 mit einem Erbrechtsreformvorschlag an die Öffentlichkeit getreten, der Regelungen enthielt, daß das Reich dann pflichtteilsberechtigt sein sollte, wenn der Erblasser nicht mindestens drei Nachkommen habe. An die Stelle jedes fehlenden Nachkommen sollte der Anspruch des Staates treten.: Strunck, Der Gedanke der Erbrechtsreform seit dem 18. Jahrhundert, Seite 30; Sollte das Erbrecht damals in bevölkerungspolitischer Hinsicht mißbraucht werden, so liegen bei dem hier erörterten Vorschlag ausschließlich finanz- und gesellschaftspolitische Erwägungen vor.
866 Von Blume, Was ist Staatserbrecht?, Seite 11, 12.
867 Was ist Staatserbrecht?, Seite 25.
868 Das Deutsche Erbrecht hätte sich nach Ansicht Struncks dann nur noch um weniges von dem sowjetischen unterschieden, wo der Erbrechtshöchstbetrag bei 10.000 Goldrubeln pro Gesamterbschaft lag: Strunck, Der Gedanke der Erbrechtsreform seit dem 18. Jahrhundert, Seite 38; Bonfils, Gesetzliche Erbfolge, Erbrecht des Staates und Testierfreiheit im Erbrecht der Sowjetunion, der osteuropäischen Länder und der DDR, Seite 243.
869 Hauptvogel, Zentralblatt für FG, Notariat und ZV 1921, Seite 161 (161).

hauptet werde, sondern eine Seite derselben Medaille, denn meist erbe der jüngere Unterstützte noch von den älteren Unterstützern, wobei diese durch das Erbrecht also nichts zurückerhielten.[870] Dem mutmaßlichen Willen des Erblassers entspreche es schließlich nicht, sein im Leben erspartes Vermögen dem Fiskus zu überlassen, sondern eher sein gesamten Verwandten von der Abhängigkeit des Wohlwollens des Staates zu befreien.[871] Die Blutsverbundenheit sei dabei ein Band, welches stärker sei als das „künstliche Gebilde Staat".[872]

B. Rechtsstellung des Fiskus

Auf dem Gebiet des internationalen Rechts entschied der Deutsch-Englisch Gemischte Schiedsgerichtshof, daß der deutsche Fiskus nicht als Erbe angesehen werden könne, wenn ihm die Erbschaft gemäß § 1936 BGB zufalle.[873] Derartige Schiedsgerichte waren auf dem Gebiet des Völkerrechts in Streitschlichtungsverfahren an die „objektive Idee des Rechts" und die übereinstimmenden staatlichen Rechtsordnungen gebunden.[874] Aus den nationalen Rechtsordnungen entnommene Normierungen wurden so auf dem Weg der Analogie auf die Völkerrechtsebene transportiert.[875] Hier mußte also § 1936 BGB in wirtschaftlicher Hinsicht auf völkerrechtlicher Ebene interpretiert werden.

Dabei wurde der Fiskus nicht als Erbe angesehen. Dieses wurde damit begründet, daß ein Erbe nur freiwillig in die Rechtsstellung als Gesamtnachfolger des Erblassers einrücken könne und diese Freiwilligkeit beim deutschen Fiskus wegen der fehlenden Ausschlagungsmöglichkeit nicht vorhanden sei.[876] Es sei demnach eine öffentliche Pflicht, den Nachlaß zu liquidieren, welche nicht im Sinne eines Erbrechts zu verstehen sei.[877] Eine derartige Interpretation trug weder der geschichtlichen Entwicklung noch der Systematik des BGB oder dem Wortlaut der Norm Rechnung, so daß die Entscheidung des Gerichtshofs ihre Bedeutung wohl nur hinsichtlich des grundsätzlichen Verhältnisses des Erbrechts des Fiskus zum internationalen Privatrecht entfalten konnte.[878]

Zum gleichen Ergebnis, daß nämlich der englische Gläubiger den preußischen Staat nicht in Anspruch nehmen konnte, welcher nach der Ausschlagung der Erbschaft durch alle ermittelbaren Verwandten des Erblassers Erbe des überschuldeten Nachlasses geworden war, wäre man auch durch die Anwendung der

---

[870] Hauptvogel, Zentralblatt für FG, Notariat und ZV 1921, Seite 161 (162).
[871] Hauptvogel, Zentralblatt für FG, Notariat und ZV 1921, Seite 161 (164).
[872] Hauptvogel, Zentralblatt für FG, Notariat und ZV 1921, Seite 161 (164).
[873] Deutsch-Englisch Gemischter Schiedsgerichtshof, JW 1926, 2. Halbjahresband, Seite 2018 (2018) und JW 1926, 1. Halbjahresband, Seite 415 (415).
[874] Jacoby, Allgemeine Rechtsgrundsätze, Seite 179, 180.
[875] Jacoby, Allgemeine Rechtsgrundsätze, Seite 183.
[876] AaO.
[877] AaO.
[878] RGRK/Kregel, § 1936, Rdnr. 7 hielt die Entscheidung im übrigen für falsch.

haftungsbegrenzenden Normen des BGB gekommen[879], so daß zumindest von einer grundsätzlichen Bedeutung der Entscheidung auch nicht ausgegangen werden kann.

C. Weimarer Reichsverfassung

In Artikel 154 Weimarer Reichsverfassung (WRV) wurde das Institut des Erbrechts und damit auch die Testierfreiheit zunächst nüchtern gewährt, indem das "Erbrecht ... nach Maßgabe des BGB gewährleistet" wurde. Dabei sollte allerdings gemäß Artikel 154 Abs. 2 WRV der Anteil des Staates am Erbgut durch die Gesetze bestimmt werden.[880] Mit dieser Formulierung sollte vornehmlich die Zulässigkeit einer Erbschaftsteuer unterlegt werden[881], wobei die Einschränkung aber ein Einfallstor für staatliche Manipulationen des Erbrechts darstellte.[882] War beim Abs. 1 noch der Gedanke des Individualismus hervorgetreten, indem das Erbrecht als Voraussetzung für zukünftiges Eigentum festgeschrieben wurde, konnte der Abs. 2 schon als Zugeständnis hinsichtlich sozialistischer Forderungen auf eine größere Staatsbeteiligung angesehen werden.[883]

Im Reichstag wurde darauf hingewiesen, daß die Eigentums- und Erbrechtsgarantien keine unmittelbare rechtliche Wirkung entfalten sollten[884] und somit der Gesetzesvorbehalt in Artikel 154 Abs. 2 WRV das Primäre und die Gewährleistung nur das Sekundäre sei.[885]

Schulze-Arning wies demgegenüber darauf hin, daß der Gedanke des Absatzes 1 nicht durch eine zu starke Betonung des Absatzes 2 illusorisch gemacht werden dürfe, was dadurch erreicht werde, daß sich das Reich durch eine Erbschaftsteuer von bis zu 60 % zum „materiellen Miterben“ mache.[886]

Auch aufgrund dieser Vorgaben fiel es den Nationalsozialisten einige Zeit später leicht, das Erbrecht zur Verwirklichung ihrer Ideologie zu mißbrauchen, indem sie zahlreiche Gesetze zur Einschränkung der Testierfreiheit erließen.[887] Dieses

---

879 Für die Bewertung der Grundsätzlichkeit der Bedeutung der Entscheidung im Bereich des BGB kann dahingestellt bleiben, ob die haftungsbeschränkenden Normen des BGB im zu behandelnden Fall des Artikel 296 Versailler Vertrag Anwendung hätten finden können.

880 Hattenhauer, Grundbegriffe, Seite 206.

881 Akademie für Deutsches Recht 1933 - 1945, Protokolle der Ausschüsse, Erbrechtsausschuß, Seite XXII.

882 Schulze-Arning, Die Haupteigentümlichkeiten der Grundrechte der Weimarer Reichsverfassung, Seite 49.

883 Schulze-Arning, Die Haupteigentümlichkeiten der Grundrechte der Weimarer Reichsverfassung, Seite 49.

884 Sinzheimer (Sozialdemokraten), Protokoll der 62. Sitzung am 21.06.1919 in: Stöcker, WM 1979, 214 (215).

885 Stöcker, WM 1979, Seite 214 (215).

886 Schulze-Arning, Die Haupteigentümlichkeiten der Grundrechte der Weimarer Reichsverfassung, Seite 49, 50.

887 Hattenhauer, Grundbegriffe, Seite 206.

war unter anderem möglich, weil das in Artikel 154 WRV gewährte Erbrecht keine Verbindung zum Eigentumsbegriff aufwies, wie es beispielsweise später in der Garantie des Artikel 14 GG bei „Eigentum und Erbrecht" der Fall war. Dieses machte deutlich, daß das Erbrecht zumindest bezüglich der Einschränkbarkeit keinen so hohen Stellenwert wie das Eigentum besaß.[888]
Gustav Boehmer ging allerdings schon in einem 1930 veröffentlichtem Aufsatz davon aus, daß durch Artikel 154 WRV eine Institutsgarantie gegeben sei, durch welche Privaterbrecht, Testierfreiheit und ein Anspruch der nächsten Familienangehörigen auf Teilhabe am Nachlaß gewährleistet werde.[889]
Als Vorläufer nationalsozialistischen Gedankenguts am Ende der Weimarer Republik kamen indessen auch aus nicht-sozialistischen Kreisen Forderungen auf, den Fiskus früher als durch das BGB bestimmt zum Alleinerben zu machen, weil der Staat bei fehlendem Testament „näher am Erbrecht" stehe als entfernte Verwandte.[890] Man stellte so die Versorgung der Familie in den Vordergrund und proklamierte schon einen „Sieg des Familienrechts über die formell bestehende Testierfreiheit".[891]

8. Kapitel: Veränderungen im Dritten Reich 1933-1945

Die Nationalsozialisten beschäftigten sich mit dem Erbrecht schon aus ideologischen Gründen[892], da die Grundpfeiler des Erbrechts immer auch gesellschaftspolitisch verwurzelt waren[893] und, wie Oswald Spengler sagte, sich im Erbrecht die „charakteristische Einstellung eines Volkes zu seiner Tradition und zur Aufrechterhaltung der Werte seines tiefsten Seins" zeige.[894] Das Erbrecht gehe im BGB nach nationalsozialistischer Anschauung am stärksten auf römischrechtliches und damit individualistisch-materialistisches Denken zurück, welches einer Reform bedürfe.[895] Da die Vaterlands- und Volksbezogenheit bei den Nationalsozialisten besonders groß war, mußten in dieser Richtung auch Änderungen des Erbrechts erfolgen, die vor allem das Verhältnis zwischen individueller und gesetzlicher Erbfolge betreffen sollten. In der Literatur wurde hier beispielsweise eine „Gebundenheit des Erbes an die Gemeinschaft der Familie und

---

888 MD-Papier, GG, Artikel 14, Rdnr. 289.
889 So herausgearbeitet von Stöcker, WM 1979, Seite 214 (215).
890 Boehmer, Einführung in das Bürgerliche Recht, Seite 49.
891 Boehmer, Einführung in das Bürgerliche Recht, Seite 47.
892 Stoll, DJZ 1933, Seite 1229 (1234): „Mit dem Gemeinschaftsrecht ist das Boden- und Erbrecht auf das engste verbunden.".
893 So Lange in einer Rede anläßlich des Deutschen Juristentages 1936, 5. Reichstagung des Bundes National-Sozialistischer Juristen, Seite 109.
894 Schubert, ADR 1933 - 1945, Band III, 8, Erbrechtsausschuß, Seite 12.
895 Schmitz, Das Problem der Beschränkung der Testierfreiheit, Seite 1.

des Volkes gefordert."[896] Im Entwurf des Volksgesetzbuchs erfolgten zwar die gravierendsten Änderungen im Bereich der Testierfreiheit, es wurden aber auch Veränderungen der gesetzlichen Erbfolge vorgenommen. Das Volksgesetzbuch blieb aber bloßer Entwurf und wurde letztlich nicht mehr fertiggestellt.

Für den Entwurf eines Volksgesetzbuchs war unter anderem die Akademie für Deutsches Recht zuständig, welche im Jahr 1933 von einem ehemaligen Mitkämpfer Adolf Hitlers, dem späteren Präsidenten der Akademie, Dr. Hans Frank, gegründet wurde.[897] Durch ein Reichsgesetz vom 11.07.1934 erhielt die Akadamie zwar eine zusätzliche Legitimation[898], ihre politischen Bedeutung war aber stets hinter der des Reichsjustizministeriums angesiedelt.[899] Im Zuge der Machtfestigung Hitlers brach sein Juristen- und Rechtshaß zudem immer deutlicher hervor[900], was auch zu einer sehr kritischen Betrachtung der Arbeiten der Akademie für Deutsches Rechts führte.[901] Frank erreichte zwar die wissenschaftliche Anerkennung der Akademie besonders auch im Ausland, die rechtspolitische Einflußnahme gelang allerdings aufgrund der starken Position des Reichsjustizministeriums, dessen Aufsicht die Akademie dem Gesetz nach unterstellt war, nur wenig.[902] Für Hitler war eine neue Institution im Bereich der Schaffung von Gesetzen auch völlig unnötig, da er erkannt hatte, daß die Ministerialbürokratie seine politischen Ziele gefügiger und routinierter in Gesetzesform bracht.[903]

Im Reichsgesetz wurde der Wirkungsbereich der Akademie wie folgt beschrieben: „Die Akademie für Deutsches Recht hat nach dem Gesetz die Aufgabe, die Neugestaltung des deutschen Rechtslebens zu fördern und in enger dauernder Verbindung mit den für die Gesetzgebung zuständigen Stellen das nationalsozialistische Programm auf dem gesamten Gebiete des Rechts zu verwirklichen."[904] Dabei sollte keine selbständige Gesetzgebungsinstanz ins Leben gerufen werden, sondern „ein beratender Körper von besonderer geistiger Höhe" [905], der in

---

[896] Eichler, DR 1936, Seite 270 (270).

[897] Hattenhauer, JuS 1986, Seite 680(681): Die Gründung fand am 26.06.1933 im Bayerischen Justizministerium statt. Die Akademie hatte ihren Sitz zunächst in München, die Geschäftsstelle wechselte dann 1934 nach Berlin, ohne den Münchner Sitz aufzugeben.

[898] RGBl. I, 1934, Nr. 78, Seite 605 ff.

[899] Pichinot, Die Akademie für Deutsches Recht, Seite 151; Hattenhauer, JuS 1986, Seite 680(681).

[900] Hattenhauer, Vom Reichsjustizamt zum Bundesministerium der Justiz, Seite 83.

[901] Hattenhauer, JuS 1986, Seite 680(682).

[902] Hattenhauer, JuS 1986, Seite 680(683).

[903] Pichinot, Die Akademie für Deutsches Recht, Seite 151.

[904] So § 1 der Satzung, RGBl. I, 1934, Seite 605, Anlage zu Nr. 78; ähnlich auch die gesetzliche Legitimation in § 2 des Gesetzes über die Akademie für Deutsches Recht, RGBl. I, 1934, Nr. 78, Seite 605.

[905] Hedemann, Volksgesetzbuch der Deutschen, Seite 2.

Form einer öffentlich-rechtlichen Körperschaft organisiert war.[906] Das weiterhin von Nationalsozialisten geführte Justizministerium brachte aus diesem Grund häufig auch von denen der Akademie abweichende Gesetzentwürfe hervor. Deutlich wurde aus der Zusammensetzung der einzelnen Akademieausschüsse und dem Mitwirken des direkt vom Führer und Reichskanzler bestimmten Präsidenten der Akademie Hans Frank[907], daß hier nationalsozialistisches Gedankengut Eingang in das Rechtsleben und die Gesetzgebung finden sollte.[908] Bemerkenswert war aber auch, daß durch die Begrenzung der Anzahl der Mitglieder im Kuratorium zur Unterstützung des „Führers der Akademie" auf 49 eine Art von Elitebewußtsein bei den Mitgliedern entstand und sich so tatsächlich ein Kreis von motivierten und befähigten Mitarbeitern bildete.[909]
Die maßgeblichen Entwürfe, Sitzungsprotokolle, Denkschriften und Anmerkungen von Rechtsgelehrten und Politikern befinden sich in der Schriftenreihe der Akademie für Deutsches Recht 1933 – 1945, auf welche sich die Zusammenfassungen im Hinblick auf das Erbrecht des Fiskus fokussieren werden.[910] Dabei ist aber darauf hinzuweisen, daß die Überlieferung der Protokolle des Erbrechtsausschusses nicht vollständig ist.[911] In formeller Hinsicht gab es zunächst in den Jahren 1934 und 1935 Änderungen des Erbrechts des Fiskus, die mit der Neugestaltung der Länderstaatsangehörigkeit im Zusammenhang standen.

A. Verordnung über die deutsche Staatsangehörigkeit[912]

Am 05.02.1934 erließ der Reichsminister des Inneren Frick die Verordnung über die deutsche Staatsangehörigkeit.

I. Gesetzlichen Regelung

Diese enthielt in § 1 Abs. 1 die Bestimmung: „Die Staatsangehörigkeit in den deutschen Ländern fällt fort." Abs. 2: „Es gibt nur noch eine deutsche Staatsangehörigkeit (Reichsangehörigkeit)"
Die Verordnung resultierte aus dem Gesetz über den Neuaufbau des Reiches

---

906 So § 1 des Gesetzes über die Akademie für Deutsches Recht, RGBl. I, 1934, Nr. 78, Seite 605.
907 So § 4 des oben genannten Gesetzes.
908 Dazu Frank in einer Feierstunde der Akademie für Deutsches Recht: „Wir haben uns daher in dieser Akademie ein Instrument der freien Durchsetzung des nationalsozialistischen Programms geschaffen. ... Der Nationalsozialismus ist die tragende und einzige Weltanschauung des deutschen Gemeinschaftslebens. Die Methode unserer Arbeit ist die wissenschaftliche, die an Hand einer fachlichen Überprüfung des Möglichen und in vollbewußter Zweckeinstellung der bisherigen Erfahrungen das Richtige zu erkennen trachtet." in: ZADR 1934/35, Seite 877 (881).
909 Pichinot, Die Akademie für Deutsches Recht, Seite 8.
910 Werner Schubert (Herausgeber), Akademie für Deutsches Recht 1933 – 1945, Band III.
911 Schubert, ADR 1933 - 1945, Band III, 8, Erbrechtsausschuß, Seite V.
912 RGBl. 1934, Seite 85.

vom 30.01.1934, durch welches die deutschen Länder als Staaten beseitigt worden waren.[913]

Zusätzlich bestimmte aber § 4 dieser Verordnung:

1. Soweit es nach geltenden Gesetzen rechtserheblich ist, welche deutsche Landesangehörigkeit ein Reichsangehöriger besitzt, ist fortan maßgebend, in welchem Lande der Reichsangehörige seine Niederlassung hat.
2. Fehlt dieses Merkmal, so treten an seine Stelle der Reihe nach:
   a) die bisherige Landesangehörigkeit,
   b) die letzte Niederlassung im Inlande,
   c) die bisherige Landeszugehörigkeit der Vorfahren,
   d) die letzte Niederlassung der Vorfahren im Inlande.
3. Im Zweifel entscheidet der Reichsminister des Inneren.[914]

II. Die Bedeutung der Neuregelung

Da § 1936 BGB vom Wortlaut her weiterhin auf die Staatsangehörigkeit abstellte, waren nunmehr für die Bestimmung des erbberechtigten Fiskus die in § 4 der Verordnung aufgezählten Kriterien maßgebend.[915]

Die Kriterien gelten auch für die Fälle des § 1936 Abs. 2 BGB, obwohl der Wortlaut des § 4 der Verordnung nicht darauf schließen läßt, da bei § 1936 Abs. 2 BGB gerade entscheidend ist, daß der Erblasser keine Staatsangehörigkeit besaß. Eine Anwendung der Kriterien muß aber schon deshalb erfolgen, da die nach dem Inkrafttreten der Verordnung Geborenen keine Länderstaatsangehörigkeit mehr haben und dennoch in diesen Fällen nicht stets der Reichsfiskus gemäß § 1936 Abs. 2 BGB Erbe werden soll.[916]

1. Niederlassung

Mit dem Inkrafttreten der Verordnung über die deutsche Staatsangehörigkeit wurde gemäß § 4 Nr. 1 die Niederlassung des Erblassers das entscheidende Merkmal zur Festlegung des erbberechtigten Landesfiskus.

a) Begriff

Der Begriff der Niederlassung stammt aus dem öffentlichen Recht und war schon in dem Gesetz über die Freizügigkeit vom 01.11.1867 und den Staatsangehörigkeitsgesetzen vom 01.06.1870 und 22.07.1913 normiert. Eine Niederlassung hatte der Erblasser demnach dort, wo er sich eine Wohnung oder ein Un-

---

[913] Voigt, Das gesetzliche Erbrecht des Fiskus, Seite 29.

[914] Diese Vorschrift ist heute allerdings nicht in dem Sinne zu lesen, daß der Bundesinnenminister zu entscheiden hätte, sondern entscheidungsbefugt sind hier ausschließlich die ordentlichen Gerichte.: MüKo/Leipold, § 1936, Rdnr. 14.

[915] RGRK/Kregel, § 1936, Rdnr. 2; Voigt, Das gesetzliche Erbrecht des Fiskus, Seite 30.

[916] RGRK/Kregel, § 1936, Rdnr. 2;Voigt, Das gesetzliche Erbrecht des Fiskus, Seite 31.

terkommen „in der Absicht verschafft hat, dauernd in diesem Orte Aufenthalt zu nehmen.“[917] Ein Unterkommen ist mithin für die Bildung einer Niederlassung völlig ausreichend, so daß auch beispielsweise Dienstboten in ihrem Arbeitshaushalt eine Niederlassung haben können, selbst wenn an diesem Ort keine eigene Wohnung des Dienstboten besteht.[918] Die Absicht des dauernden Aufenthalts muß zudem nur darauf abzielen, zumindest vorläufig bis zur Änderung der äußeren Umstände, etwa des Arbeitsplatzes, an diesem Ort zu verweilen. Eine Erklärung hinsichtlich dieser Absicht ist weder erforderlich noch wäre sie entscheidend, wenn sich aus den äußeren Umständen ein anderes ergebe.[919]

b) Indizien für die Absicht dauernden Verweilenwollens

Die Beschaffung eines Arbeitsplatzes oder einer eigenen Wohnung am Aufenthaltsort kann beispielsweise ein Indiz für die Absicht dauerhaften Aufenthalts sein.[920]

Bei wirtschaftlicher Unselbständigkeit, wie beispielsweise bei Schülern, Studenten oder Referendaren, kann man allerdings nicht davon ausgehen, daß diese die Absicht hatten, an ihrem momentanen Tätigkeitsort dauerhaft zu verbleiben.[921]

Auch die Anmeldung des Wohnsitzes ist ein Indiz für die Niederlassung des Erblassers.

c) Abgrenzungsmöglichkeiten

Die Begründung einer Niederlassung ist eine rein tatsächliche Handlung und kein Rechtsgeschäft. Es kommt demnach auf den natürlichen Willen des Erblassers an, ob eine Niederlassung begründet werden sollte oder nicht.[922] Dadurch unterscheidet sie sich vom Wohnsitz, welcher auch an einem Ort bestehen kann, an dem sich der Betreffende nur selten aufhält, da sich der Wohnsitz nach rechtlichen Gesichtspunkten und nicht nach tatsächlichen Gesichtspunkten bestimmen lassen kann.[923] Beim gewillkürten Wohnsitz gemäß § 7 BGB stimmen allerdings Wohnsitz und Niederlassung überein.[924] Die Ehefrau konnte jedoch keinen gewillkürten Wohnsitz ohne ihren Ehegatten bilden.[925] Ihr gesetzlicher Wohnort war so gemäß § 10 Abs. 1 a.F. BGB der Wohnsitz ihres Ehemannes,

[917] Voigt, Das gesetzliche Erbrecht des Fiskus, Seite 32; Hellfritz, DJZ 1931, Seite 794 (795).

[918] Von Keller/Trautmann, Kommentar zum Reichs- und Staatsangehörigkeitsgesetz, Seite 92; Voigt, Das gesetzliche Erbrecht des Fiskus, Seite 32.

[919] Voigt, Das gesetzliche Erbrecht des Fiskus, Seite 32.

[920] Von Keller/Trautmann, Kommentar zum Reichs- und Staatsangehörigkeitsgesetz, Seite 92.

[921] Voigt, Das gesetzliche Erbrecht des Fiskus, Seite 33.

[922] Voigt, Das gesetzliche Erbrecht des Fiskus, Seite 33.

[923] Voigt, Das gesetzliche Erbrecht des Fiskus, Seite 33.

[924] Voigt, Das gesetzliche Erbrecht des Fiskus, Seite 34.

[925] Voigt, Das gesetzliche Erbrecht des Fiskus, Seite 34.

auch wenn sie an einem anderen Ort ihre Niederlassung hatte.[926] Wenn eine minderjährige Person, deren Wohnsitz gemäß § 8 BGB nicht von den gesetzlichen Vertretern aufgehoben oder verändert worden war, sich an einem vom Wohnsitz verschiedenen Aufenthaltsort eine Wohnung oder eine Unterkommen in der Absicht besorgt, dort dauerhaft zu verweilen, dann ist an diesem Ort seine Niederlassung und nicht an seinem Wohnsitzort. Bei Soldaten entstehen Verschiedenheiten zwischen Wohnsitz und Niederlassung häufig dann, wenn sie sich an einem anderen Ort als ihrem Stationierungsort niedergelassen hatten. Dann ist gemäß § 9 BGB der gesetzliche Wohnort der Ort der Stationierung, der dauerhafte Aufenthaltsort aber die Niederlassung.[927]
Vom bloßen Aufenthaltsort unterscheidet sich die Niederlassung durch die bei dieser zusätzlich vorhandenen Absicht des dauernden Verweilenwollens. Da nach § 7 Abs. 2 BGB auch mehrere gesetzliche Wohnsitze bestehen können, wird angenommen, daß auch mehrere Niederlassungen bestehen können. Es gibt also bei der Definition der Niederlassung keine Voraussetzung des überwiegenden und somit des ausschließlichen Aufenthalts.[928]

2. Prüfung beim Fehlen einer Niederlassung
Falls keine Niederlassung im Inland zu ermitteln ist, muß auf die in § 4 Abs. 2 der Verordnung genannten Prüfungspunkte eingegangen werden.

a) Bisherige Landeszugehörigkeit
Bei der bisherigen Landeszugehörigkeit kommt es auf die Bestimmungen des Reichs- und Staatsangehörigkeitsgesetzes vom 22.07.1913 an.[929]

b) Vorfahren
Bei den Vorfahren sind diejenigen Personen gemeint, von denen der Erblasser abstammte.[930] Hierbei kommt es auf die rein biologische Abstammung an, wobei die Sonderregelungen des Familienrechts keine Anwendung finden sollen. Demnach stammt das außereheliche Kind vom Vater ab, keine Abstammung ist jedoch bei Adoptivkindern vorhanden.[931] Dem Sinn und Zweck des Gesetzes, die Nachlaßverteilung jedenfalls nicht zu erschweren, entspricht es, jeweils auf die nächsten Verwandten im Sinne der Parentelordnung des BGB abzustellen.[932]

---

[926] Voigt, Das gesetzliche Erbrecht des Fiskus, Seite 34.
[927] Von Keller/Trautmann, Kommentar zum Reichs- und Staatsangehörigkeitsgesetz, Seite 93; Voigt, Das gesetzliche Erbrecht des Fiskus, Seite 35.
[928] Voigt, Das gesetzliche Erbrecht des Fiskus, Seite 35.
[929] Siehe oben Seite 44.
[930] Voigt, Das gesetzliche Erbrecht des Fiskus, Seite 36.
[931] Voigt, Das gesetzliche Erbrecht des Fiskus, Seite 36.
[932] Voigt, Das gesetzliche Erbrecht des Fiskus, Seite 37.

B. Verordnung vom 18.03.1935

Am 18.03.1935 erließ der Reichsminister der Justiz eine Verordnung zur Durchführung des Dritten Gesetzes zur Überleitung der Rechtspflege auf das Reich. Hier wurde in Artikel 2 die Verfügung über erblose Nachlässe von den Landesjustizbehörden auf die entsprechenden Landesregierungen übertragen.

C. Zeitliche Abfolge der materiellen Arbeiten

Besonders im Hinblick auf die unbeschränkte Verwandtenerbfolge und die grundsätzlich unbeschränkte Testierfreiheit begannen zahlreiche Rechtsgelehrte schon kurz nach der Machtergreifung durch die Nationalsozialisten damit, notwendige Veränderungen des „liberalen Zivilrechts" im Bereich des Erbrechts anzumahnen.[933]

I. Einzelgesetzgebung

Zunächst sollten zahlreiche Einzelgesetze im Bereich des Erbrechts für die nötigen Änderungen sorgen, wobei Dr. Franz Schlegelberger im Januar 1937 für das Reichsjustizministerium den „Abschied vom BGB" angekündigte.[934] An Stelle eines neuen Gesetzbuchs sollten der Verschiedenheit der Lebensgüter entsprechende Gesetze vom Reichsjustizministerium verabschiedet werden.[935] Hierbei sollten Blöcke an Stelle eines Gesamtgesetzbuches gebildet werden, welche die bisher vorhandene Rechtsmaterie beinhalten mußten und dabei rechtlich selbständig nebeneinander existieren würden.[936] Die im Bereich des Erbrechts erlassenen Einzelgesetze betrafen vor allem die Testierfreiheit und somit mittelbar auch das Erbrecht des Staates.

1. Grenzen der Testierfreiheit durch das Reichserbhofgesetz vom 29.09.1933

§ 20 des Reichserbhofgesetzes[937](RErbHofG) normierte, daß nur männliche Personen Erben von Höfen bestimmter Größe werden konnten. Zudem mußten diese gemäß § 21 RErbHofG „bauernfähig" sein. Erben der ersten Ordnung waren damit stets die Söhne des Erblassers, danach erbte der Vater. Der Erblasser konnte gemäß § 25 RErbHofG nur aus wichtigem Grund und mit Zustimmung des Anerbengerichts den Erblasser testamentarisch bestimmen. Für einen Hof mußte allerdings gemäß § 55 RErbHofG keine Erbschaftsteuer bezahlt werden. Die Nationalsozialisten kehrten mit dem RErbHofG im Bereich der landwirt-

933 Sehr ausführlich dazu Palandt, DGWR 1936, Seite 33 (36).

934 Veröffentlicht wurde diese Rede unter dem Titel: „Abschied vom BGB": Hattenhauer, FS für Gmür, Seite 255 ff; Schubert, ADR 1933 - 1945, Band III, 1, Volksgesetzbuch, Seite 6.

935 Schubert, ADR 1933 - 1945, Band III, 1, Volksgesetzbuch, Seite 7.

936 Hedemann, Volksgesetzbuch der Deutschen, Seite 19, 20.

937 RGBl. I 1933, Seite 685 – 692.

schaftlichen Güter somit ganz zum germanischen „Sippenerbrecht“ zurück, weil sie die Auffassung vertraten, daß der Landbesitz die Lebensgrundlage für die Familie und das Volk darstelle und deshalb nicht zur freien Verfügung des Einzelnen stehe.[938] Deshalb konnte auch ein Hof nicht zu Lebzeiten verschenkt und in der Regel auch nicht aufgeteilt werden.[939] Grund dieser Regelung war die Aufrechterhaltung großer landwirtschaftlicher Einheiten, die nach dem Vorspruch des Gesetzes „den Blutsquell des deutschen Volkes darstellen“.[940]

2. Gesetz über erbrechtliche Beschränkungen
wegen gemeinschaftswidrigen Verhaltens

In dem Gesetz über die erbrechtlichen Beschränkungen wegen gemeinschaftswidrigen Verhaltens vom 05.11.1937[941] wurden zunächst Personen von der Erbfolge ausgeschlossen, denen nach ihrer politischen Emigration die deutsche Staatsangehörigkeit aberkannt worden war.[942] Weiterhin sah es die Möglichkeit vor, jedem Verwandten den Pflichtteil zu entziehen, wenn eine Heirat mit einem Juden oder einem jüdischen Mischling erfolgt war.[943]
Die 11.[944] und 13.[945] Durchführungsverordnung zum Reichsbürgergesetz bestimmten zudem, daß staatenlosen Juden der Erwerb von Todes wegen versagt werde beziehungsweise das Reich Erbe nach einem verstorbenen Juden werden solle.

3. Einschränkungen durch das Testamentsgesetz

Besonders starke Einschränkungen der Testierfreiheit wurden durch das Gesetz über die Errichtung von Testamenten und Erbverträgen (TestG) vom 31.07.1938 durchgesetzt.[946] Dem Vorwort zufolge solle es Ziel des Erbrechts sein, das Gut des Erblassers zum Wohle von Familie und Sippe weiterzuleiten und über seinen Tod hinaus wirken zu lassen.[947] Auch dieses bedeutete schon vom Wortlaut her eine Abkehr von der auf der Privatautonomie basierenden römischrechtlichen Testierfreiheit, hin zu einem mehr germanisch zu verstehenden Sippenerbrecht.

---

[938] Schneble, Höfeordnung, Seite 27.
[939] AaO, Seite 45, 60.
[940] Martens, DR 1936, Seite 293 (293).
[941] RGBl. I 1937, Seite 1101.
[942] Hattenhauer, Grundbegriffe, Seite 206.
[943] AaO.
[944] RGBl. I 1941, Seite 722 vom 25.11.1941.
[945] RGBl. I 1943, Seite 372 vom 01.07.1943.
[946] RGBl. I 1938, Seite 973 – 980.
[947] AaO, Seite 973.

a) formelle Betrachtung

In formeller Hinsicht solle es dem Vorwort zufolge Erleichterungen geben, da „unnötige Formstrenge vermieden“ werden müsse[948], was z.B. in § 21 TestG dadurch verwirklicht worden war, daß Orts- und Zeitangaben nicht zwingend in der letztwilligen Verfügung niedergeschrieben werden mußten. Eine derartige Gesetzesfassung war vor allem deshalb beachtlich, weil die Errichtung des eigenhändigen Testaments an sich in der Zeit bis 1938 sehr umstritten war. Es sollte nach Meinung einiger Juristen aufgrund von „gemeinschaftswidrigen eigenhändigen Testamenten“ die Möglichkeit des „heimlichen Testierens“ nicht mehr geben, um den Richtern und Notaren mehr Einwirkungsmöglichkeiten zu eröffnen.[949] Das Schlagwort des „heimlichen Testaments“ war somit in fast jeder erbrechtlichen Diskussion zu hören.

Die Streichung der Paragraphen über das eigenhändige Testament hätte wohl schon wegen der Unkenntnis vieler Bürger zu einer Ausdehnung des Erbrechts des Staates wegen des Fehlens eines formwirksamen Testaments geführt.

Durch das Testamentsgesetz wurden nun aber die formellen Grenzen, die das BGB im Rahmen des Erbrechts vorsah, sogar entkräftet, indem der § 50 Abs. 3 TestG die §§ 2064, 2229 – 2262, 2272 – 2277, 2300 BGB und Artikel 149, 150 EGBGB entfallen lassen sollte.[950]

b) Materielle Betrachtung

Materiell wurde die Testierfreiheit hingegen massiv eingeschränkt. Zum einen konnte der Richter, der ein Testament zur mündlichen Errichtung bekam, gemäß § 15 TestG seine Bedenken eintragen lassen.[951] Hierbei wurde dem Richter die Möglichkeit gegeben, den letzten Willen des Erblassers derart „zurechtzustutzen“, daß er dem „gesunden Volksempfinden“ entsprach.[952] Der § 138 BGB, welcher bei den Nationalsozialisten als „Einbruchsstelle“ des Privatrechts für nationalsozialistische Rechtsgedanken galt[953], wurde nun durch § 48 Abs. 2 TestG[954] verstärkt.[955] Im Vergleich zu § 138 BGB war für § 48 Abs. 2 TestG nur

---

948 AaO, Seite 973.

949 Singer, DNotZ 1934, Seite 482 (482); Weyer, DNotZ 1935, Seite 348 (351); Hawlitzky, DNotZ 1935, Seite 715 (719); Palandt, DGWR 1936, Seite 33 (37).

950 Rosenthal, BGB, Anhang zu § 2229, Rdnr. 5869; RGBl. I 1938, Seite 980.

951 RGBl. I 1938, Seite 975.

952 Husmann, NJW 1971, Seite 404 (404).

953 Jungmichel, Teilnichtigkeit, Seite 59; Boehmer forderte insofern eine „zeitgemäße Auslegung des § 138“: Boehmer, Festgabe für Jung, Beiträge zur Neugestaltung des Deutschen Rechts, Seite 51.

954 § 48 Abs. 2 TestG: „Eine Verfügung von Todes wegen ist nichtig, soweit sie in einer dem gesundem Volksempfinden gröblich widersprechenden Weise gegen die Rücksichten verstößt, die ein verantwortungsbewußter Erblasser gegen Familie und Volksgemeinschaft zu nehmen hat.“

955 Gernhuber, FamRZ 60, Seite 326 (328).

die objektive Sachlage entscheidend, so daß es auf Kenntnis oder gar Zuwiderhandeln des Erblassers der Rechtsprechung zufolge nicht ankam.[956] Dieser Paragraph sollte gewährleisten, daß die durch das TestG eingetretenen formellen Erleichterungen in materieller Hinsicht durch eine „verschärfte sachliche Pflichtgemäßheit“ aufgefangen würden.[957] Darüber hinaus wurde diskutiert, ob § 48 Abs. 2 TestG zu einer Ausdehnung der Pflichtteilsberechtigung führen könne, da auch Geschwister und sonstige Verwandte zu dem Personenkreis zählen würden, die dem gesunden Volksempfinden nach bei einer Erbschaft förderungswürdig erschienen.[958] Durch die Fassung des TestG wurde somit deutlich, daß es den Nationalsozialisten mehr auf den Versorgungscharakter der letztwilligen Verfügung ankam als auf die Aufrechterhaltung der Testierfreiheit, da die durch eine letztwillige Verfügung zu verteilende Erbmasse durch einen größer werdenden Kreis an Pflichtteilsberechtigten weiter geschmälert würde.[959]
Schließlich wurde diskutiert, ob § 48 Abs. 2 TestG dem Erblasser die Möglichkeit geben solle, sich von Erbverträgen oder gemeinschaftlichen Testamenten zu lösen, soweit sie dem Inhalt nach nicht mit § 48 Abs. 2 TestG vereinbar seien oder ob zumindest ein Anfechtungsrecht gemäß § 2078 bestehe.[960] Die den Richtern und Notaren durch das TestG eingeräumten Gestaltungsmöglichkeiten bezüglich der letztwilligen Verfügungen führten letztlich zu starken Einbußen der materiellen Testierfreiheit im Sinne der nationalsozialistischen Ideologie.[961] Die Verringerung der Testierfreiheit und die Zunahme der Nichtigkeit letztwilliger Verfügungen hätte so insbesondere im Zusammenspiel mit einer angedachten Begrenzung der Verwandtenerbfolge zu einer starken Ausdehnung der Erbanfälle des Fiskus führen können.

4. Einschränkungen durch die Erbregelungsverordnung

Ein letztes Instrumentarium zur Durchsetzung des nationalsozialistischen Gedankengutes war die Erbregelungsverordnung vom 04.10.1944[962], die den am Nachlaßgericht tätigen Richtern noch mehr Möglichkeiten zur Überprüfung des Erblasserwillens gab, als dies bereits durch das TestG möglich geworden war.[963] Auch hier sollte eine richterliche Kontrolle des Erblasserwillens bezüglich des „gesunden Volksempfindens“ stattfinden, zusätzlich konnte nun aber noch sein Wille fingiert werden, im Sinne eines Erblassers, der „...seinen Pflich-

---

[956] RG, DNotZ 1941, Seite 421 (422).
[957] Boehmer, DNotZ 1940, Seite 97 (98).
[958] Boehmer, DNotZ 1940, Seite 97 (101).
[959] Boehmer, Einführung in das Bürgerliche Recht, Seite 47.
[960] Boehmer, DNotZ 1940, Seite 97 (106).
[961] Jungmichel, Teilnichtigkeit, Seite 17; Husmann, NJW 1971, Seite 404 (404).
[962] RGBl. I, 1944, Seite 242 - 243.
[963] Gernhuber, FamRZ 60, Seite 326 (327).

ten gegen Familie und Volksgemeinschaft...“[964] nachkommt. § 4 DurchführungsVO[965] zur ErbRegVO lautete wörtlich:
„Bei der Regelung des Nachlasses kann das Nachlaßgericht nach pflichtgemäßem Ermessen alle zur Verwirklichung des Willens des Erblassers erforderlichen Maßnahmen treffen. Es kann insbesondere andere Erben aus dem Kreise der Beteiligten einsetzen, einzelne Nachlaßgegenstände einem Beteiligten unmittelbar zuweisen oder Verpflichtungen zur Übertragung des Nachlasses oder einzelner Gegenstände, zur Zahlung von Geld oder Bewirkung anderer Leistungen begründen und die sich daraus ergebenden weiteren Rechtsbeziehungen der Beteiligten unter tunlichster Anlehnung an die im bürgerlichen Recht vorgesehenen Gestaltungsmöglichkeiten ordnen.“[966]
Damit war es den Nationalsozialisten gelungen, im Bereich der letztwilligen Verfügungen jedes gewünschte Ergebnis zu erhalten[967], denn durch die Korrektur des bestehenden Testaments im Sinne des „gesunden Volksempfindens“ und durch die Annahme eines fingierten Willens des Erblassers konnten die Richter im Sinne der nationalsozialistischen Ideologie und Führung die letztwilligen Verfügungen direkt beeinflussen[968] und sogar die gesetzliche Erbfolge abändern.[969]

II. Die Schaffung eines Volksgesetzbuchs

Allerdings wurden insbesondere nach der Aufnahme Österreichs ins Deutsche Reich und der damit einhergehenden Anerkennung des österreichischen ABGB Forderungen nach „Reichseinheit durch Rechtseinheit“ laut.[970] Anläßlich der Jahrestagung der Akademie für Deutsches Recht im Jahre 1937 wurde von Professor Justus Wilhelm Hedemann die Sitzung vom 30.10.37 dahingehend zusammengefaßt, daß „ein erstaunlicher Wunsch aller Richtungen hervorgetreten ist – man könnte sagen: entgegen den Vorschlägen des Herrn Staatssekretärs (des Reichsjustizministeriums) Schlegelberger – ein allgemeines Gesetzbuch im Auge zu behalten.“[971] Insbesondere Lange und Nipperdey traten für die einheitliche Kodifizierung eines Volksgesetzbuchs ein[972], um das Recht nicht nach dem Vorbild des Ehe- und Testamentsgesetzes zu zergliedern.[973]

---

964 RGBl. I 1944, Seite 242.
965 RGBl. I 1944, Seite 243.
966 AaO.
967 Insbesondere war hier wohl daran gedacht worden, den jüdischen Ehegatten des Erblassers von der gesetzlichen Erbfolge auszuschließen: so Lange/Kuchinke, Erbrecht, Seite 17.
968 Gernhuber, FamRZ 60, 326 (327).
969 Jungmichel, Teilnichtigkeit, Seite 69.
970 Schubert, ADR 1933 - 1945, Band III, 1, Volksgesetzbuch, Seite 6.
971 Schubert, ADR 1933 - 1945, Band III, 1, Volksgesetzbuch, Seite 301 ff.
972 Lange, Deutsche Rechtswissenschaft 1939, Seite 222 (239, 240).
973 Schubert, ADR 1933 - 1945, Band III, 1, Volksgesetzbuch, Seite 9.

Am 13.05.1939 wurde dann von Reichsminister Dr. Frank im Rahmen der Akademie für Deutsches Recht die Schaffung eines Volksgesetzbuches angekündigt.[974] „Wie alle Revolutionen weltgeschichtlichen Ranges kann auch die nationalsozialistische nicht darauf verzichten, den Inhalt ihres ideologischen Programms in der gesetzlichen Ordnung zur Verwirklichung zu bringen.“[975]

III. Die Arbeit der Akademie für Deutsches Recht

Schon seit 1935 waren im Bereich des Erbrechts Beratungen zu einer Reform innerhalb der Akademie für Deutsches Recht erfolgt. In einem Hauptausschuß sollten die Arbeiten der verschiedenen bürgerlich-rechtlichen und handelsrechtlichen Ausschüsse zusammengefaßt werden.

Unter Reichsminister Frank[976], dem Präsidenten der Akademie für Deutsches Recht, war es bereits 1938 zur Ausweitung der Arbeiten an einer Neukodifizierung gekommen, wobei Unter- und Sonderausschüsse gebildet wurden. Alle Ausschüsse wurden schließlich in einer Kommission zur Schaffung eines Volksgesetzbuchs zusammengefaßt.[977] Die Arbeiten der Akademie für Deutsches Recht und die des Reichsjustizministeriums verliefen dennoch weiterhin parallel, wobei Lange, der maßgeblich an der Idee einer einheitlichen Kodifikation beteiligt war, in einem vertraulichen Schreiben an Frank die oft unbefriedigende Zusammenarbeit kritisierte.[978] Es gab dann auch im Bereich des Erbrechts eigene Entwürfe des Reichsjustizministeriums, die von den Vorschlägen der Akademie für Deutsches Recht abwichen.[979] Hitler selbst war von der Idee einer Gesamtkodifizierung seit 1938 nicht mehr überzeugt, was unter anderem auch zum Scheitern der Strafrechtsreform führte.[980] Insgesamt sollte das neue Gesetzbuch nach Aussage Franks die „völkische Lebensordnung“ regeln, wobei die „völkische Gemeinschaft“ und der Schutz jedes Volksgenossen im Vordergrund stehen sollte.[981] Im Gegensatz zum „liberalistischen und individualistischen“ BGB müsse auch die Sprache volkstümlich und allgemeinverständlich sein.[982]
Hedemann, der die Koordinierung der verschiedenen Ausschüsse ab Herbst

[974] Schubert, ADR 1933 - 1945, Band III, 1, Volksgesetzbuch, Seite 6.

[975] Dr. Frank bei der Ansprache zur Eröffnung der Arbeiten am Volksgesetzbuch am 13.05.1939; Hedemann, Volksgesetzbuch der Deutschen, Seite 3.

[976] Frank war von Hitler im Dezember 1934 zum Reichsminister ohne Geschäftsbereich benannt worden. Pichinot, Die Akademie für Deutsches Recht, Seite 46, 47.

[977] Schubert, ADR 1933 - 1945, Band III, 1, Volksgesetzbuch, Seite 11.

[978] Schubert, ADR 1933 - 1945, Band III, 1, Volksgesetzbuch, Seite 9.

[979] Schubert, ADR 1933 - 1945, Band III, 1, Volksgesetzbuch, Seite 3.

[980] Hattenhauer, FS für Gmür, Seite 270; Schubert, ADR 1933 - 1945, Band III, 1, Volksgesetzbuch, Seite 11.

[981] Frankfurter Zeitung vom 16.05.1939: „Das Volksgesetzbuch als Aufgabe“; Schubert, ADR 1933 - 1945, Band III, 1, Volksgesetzbuch, Seite 12.

[982] Schubert, ADR 1933 - 1945, Band III, 1, Volksgesetzbuch, Seite 12.

1939 übernahm, stellte im Juni 1940 das Gesamtsystem im Geschäftsordnungsausschuß zur Abstimmung und ließ es im Juli 1940 den Ausschußvorsitzenden mitteilen. Im Herbst 1940 wurde der Geschäftsordnungsausschuß aufgelöst und in den Hauptausschuß umgewandelt. Im Mai 1941 wurden den Mitgliedern dieses Ausschusses dann die Teilentwürfe zugesandt. Daraufhin konnten die Arbeiten bis Mitte 1942 intensiviert werden, kamen nach 1942 aber beinahe zum Erliegen. Frank, mittlerweile von Hitler zum Generalgouverneur in Polen ernannt, nahm sein Präsidentenamt auch von Krakau aus wahr. Er wurde jedoch aufgrund der Einschränkungen der Akademie durch das Justizministerium und der zunehmenden justizfeindliche Stimmung Hitlers dem System gegenüber kritischer. Nach einigen rechtspolitischen Reden an Universitäten, wo Frank die Arbeit der Juristen und insbesondere der unabhängigen Richter für die Gemeinschaft hervorhob, forderte ihn Hitler im Sommer 1942 auf, seine politischen Ämter niederzulegen und erteilte ihm Redeverbot.[983] Am 17.08.1942 wurde Frank entlassen und Präsident der Akademie wurde der Reichsjustizminister Otto Thierack. Dieser war an den wissenschaftlichen Arbeiten der Akademie aber wenig interessiert. Die Wissenschaft war für ihn „kein Selbstzweck, sondern eine politische Führungs- und Ordnungsaufgabe.“[984] Dementsprechend spielte die richterliche Unabhängigkeit für Thierack keine Rolle.[985]
Nach einem Schreiben des Reichsjustizministers vom 12.08.1944 wurden dann die Arbeiten am Volksgesetzbuch, wie Hedemann den verschiedenen Ausschußmitgliedern mitteilte, „stillgelegt“.[986] Das verabschiedete Testamentsgesetz und die noch vorliegenden Teilentwürfe machen aber deutlich, welche Zielrichtung die Nationalsozialisten im Bereich des Erbrechts anstrebten und welchen Einfluß dies auch auf den Bereich des Erbrechts des Fiskus gehabt hätte.

D. Erbrechtsausschuß

Der für das Erbrecht des Fiskus entscheidende Teil des Volksgesetzbuchs wurde im Erbrechtsausschuß[987] beraten. Der Vorsitzende des Ausschusses Heinrich Lange hatte diesbezüglich im Jahre 1938 eine Denkschrift zur Ordnung der ge-

---

[983] Hattenhauer, Vom Reichsjustizamt zum Bundesministerium der Justiz, Seite 82 f.: Die Gewaltenteilung und damit die Unabhängigkeit der Richter wurde von Hitler von Anfang an bekämpft. Für ihn gingen die Gerichte allzuoft mit Landesverrätern zu milde um und waren zur Durchsetzung seiner Ziele sogar hinderlich. Für Hitler war das Festhalten an einem beständigen Normgefüge und der dazugehörigen Rechtsprechung unbegreifbar. Aufgrunddessen hatte selbst das Reichsjustizministerium häufig mit dem Mißtrauen Hitlers zu kämpfen, was in noch weit höherem Maß für die Akademie für Deutsches Recht zu gelten hatte.

[984] Hattenhauer, JuS 1986, Seite 680(684).

[985] Hattenhauer, JuS 1986, Seite 680(684).

[986] Schubert, ADR 1933 - 1945, Band III, 1, Volksgesetzbuch, Seite 14.

[987] Die Zusammensetzung des Ausschusses ist in der Anlage 3 dokumentiert.

setzlichen Erbfolge verfaßt.[988] Auch Gustav Boehmer lieferte mit seinen Anregungen zur Änderung der gesetzlichen Erbfolge entscheidende Anhaltspunkte.[989] Hedemann stellte in seiner Schrift aus dem Jahr 1941 das Erbrecht als drittes Buch des Volksgesetzbuchs vor und verwies auf die enge Beziehung zum Familienrecht, welches im zweiten Buch niedergelegt werden solle.[990]
Bedeutsam für das Erbrecht des Staates waren neben der gesetzlichen Erbfolge auch die vorgenommenen und geplanten Veränderungen im Bereich der Testierfreiheit und der Testamentsformen, da bisher auch die umfassend gewährte Freiheit im Bereich der letztwilligen Verfügung eine Ausdehnung des Erbrechts des Staates verhindert hatte. Die bis zu diesem Zeitpunkt selbst von der überwiegenden Zahl der Befürworter einer Begrenzung der Verwandtenerbfolge verteidigte Testierfreiheit wurde bei den Nationalsozialisten zumindest von Einigen in Frage gestellt[991] und durch Einzelgesetze wie oben dargestellt in bestimmten Bereichen eingeschränkt.[992]

I. Erbrechtsreformbestrebungen und deren Auswirkungen auf das Erbrecht des Staates

Neben den beschlossenen Einschränkungen durch die Einzelgesetze wurde im Erbrechtsausschuß über weitere Möglichkeiten zur Beschränkung der Testierfreiheit und über die Begrenzung der gesetzlichen Erbfolge und die daraus folgende Ausdehnung des Erbrechts des Staates diskutiert. Gleichsam als Begleitung der Ausschusssitzungen wurden von einigen Mitgliedern der Akademie Referate über Teilbereiche der zu behandelnden Fragen gefertigt.[993]
Insgesamt sollte durch die gesetzlichen Änderungen kein völlig neues Recht, sondern nur ein mehr am „Pflichtgedanken" orientiertes System geschaffen werden, welches die durch das BGB hervorgehobene Figur des subjektiven Rechts zurückdrängen würde.[994] Als Grundregel für das Volksgesetzbuch wurde

---

[988] Lange, 2. Denkschrift des Erbrechtsausschusses der Akademie für Deutsches Recht, „Die Ordnung der gesetzlichen Erbfolge".

[989] Boehmer, „Zur Entwicklung und Reform des Deutschen Familien- und Erbrechts"; derselbe, „Vorschläge zur Neuordnung der gesetzlichen Erbfolge (§§ 1924 – 1936)".

[990] Hedemann, Volksgesetzbuch der Deutschen, Seite 6.

[991] Palandt, DGWR 1936, Seite 33 (37 ff).

[992] So beispielsweise im Reichserbhofgesetz, im Gesetz über erbrechtliche Beschränkungen wegen gemeinschaftswidrigen Verhaltens, im Testamentsgesetz oder durch die Erbregelungsverordnung.

[993] So beispielsweise von Boehmer im Jahr 1935 und 1936 in: Schubert, ADR 1933 - 1945, Band III, 8, Erbrechtsausschuß, Seite 530 ff; von Karl Höfer zur Feststellung des Erbrechts des Fiskus durch das Nachlaßgericht in: Schubert, ADR 1933 - 1945, Band III, 8, Erbrechtsausschuß, Seite 691 ff.; von Heinrich Lange im Jahr 1935 in: Schubert, ADR 1933 - 1945, Band III, 8, Erbrechtsausschuß, Seite 726 ff. und letztlich in der 2. Denkschrift des Ausschusses von Heinrich Lange im Jahr 1938.

[994] Hedemann, Volksgesetzbuch der Deutschen, Seite 13.

für das Erbrecht folgender Gedanke entworfen: „Das Erbrecht wahrt zum Wohl der Sippe und des Volkes die vom Erblasser erarbeiteten und ihm überkommenen Güter. Verfügung von Todes wegen genießen Schutz, soweit sie mit diesem Ziele vereinbar sind.“[995] Aus dem letzten Halbsatz wurde deutlich, welche Form von Änderungen im Erbrecht geplant waren.

1. Sitzung vom 03. – 05.05.1935 in Berlin

Bereits im Rahmen der ersten Sitzung des Erbrechtsausschusses vom 03. – 05.05.1935 in Berlin wurde fast einhellig die Auffassung vertreten, daß gegenüber der „übersteigerten Bedeutung der Willensherrschaft des Erblassers“ dem Gedanken der „Pflicht und der Bindung an Familie und Gemeinschaft“ mehr Aufmerksamkeit geschenkt werden müsse.[996] Andererseits sei darauf zu achten, daß nicht durch eine zu große Ausdehnung des Erbrechts des Staates oder der Erbschaftsteuer die private Initiative zur Bildung von Privateigentum gefährdet werde.[997] Auch sei weder der Eigennutz des Fiskus oder der Eigennutz des Einzelnen bei einer Neuregelung beachtlich, sondern allein der Gemeinnutz des Volkes.[998] Insbesondere die Erbschaftsteuer solle eher in dem Bereich für Ausgleich sorgen, „wo Ausländer mit Inländern, Deutschstämmige mit Rassefremden als Erben zusammentreffen“.[999]

a) Testamentsformen

Die bedeutsamen Fragen in diesem Zusammenhang bezogen sich auf die Begrenzung der gesetzlichen Erbfolge und die Beseitigung der eigenhändigen Testamente, die von vielen Nationalsozialisten bezeichnenderweise „heimliche Testamente“ genannt wurden.[1000] Durch die bisherige Möglichkeit des eigen-

---

[995] Hedemann, Volksgesetzbuch der Deutschen, Seite 31.

[996] Schubert, ADR 1933 - 1945, Band III, 8, Erbrechtsausschuß, Seite 1; so auch Lange in seinem Referat zur Beschränkung des Verwandtenerbrechts im Juli 1935 in: Schubert, ADR 1933 - 1945, Band III, 8, Erbrechtsausschuß, Seite 726 ff..

[997] Reichsminister Frank in der Sitzung vom 03.05.1935: in Schubert, ADR 1933 - 1945, Band III, 8, Erbrechtsausschuß, Seite 13.

[998] Lange in einer Rede anläßlich des Deutschen Juristentages 1936, 5. Reichstagung des Bundes National-Sozialistischer Deutscher Juristen, Seite 116.

[999] Lange in seinem Referat zur Beschränkung des Verwandtenerbrechts im Juli 1935 in: Schubert, ADR 1933 - 1945, Band III, 8, Erbrechtsausschuß, Seite 737; im Bereich des Ehegatten- und Kindererbrechts wurden Erleichterungen durch die Erhöhung der Freibeträge erreicht – Erbschaftsteuergesetz vom 16.10.1934 (RGBl. I, 1056): §§ 17 a und b enthielten die Festsetzung eines Freibetrags von 30.000 RM für den Ehegatten und 10.000 RM je Kind, der Ehegatte war beim Vorhandensein von Abkömmlingen sogar völlig von der Steuer befreit: Strunck, Der Gedanke der Erbrechtsreform seit dem 18. Jahrhundert, Seite 41.

[1000] Schubert, ADR 1933 - 1945, Band III, 8, Erbrechtsausschuß, Seite 16; Lange, ZADR 1934/35, Seite 357 (358).

händigen Testaments könne auf die letztwillige Entscheidung des Erblassers kein Einfluß im Sinne der Politik genommen werden.[1001] Zudem kritisierte man, daß für eine so wichtige Entscheidung höhere formale Hürden geschaffen werden müßten, wie dies etwa bei Grundstücksgeschäften üblich sei.[1002] Letztlich sei durch das „heimliche Testament“ die Gefahr geschaffen, daß der Erblasser gegen den Pflicht- und Gemeinschaftsgedanken handele[1003], was durch ein öffentliches Testament verhindert werden könne.[1004] Auch seien durch eigenhändige Testamente häufig Rechtsstreitigkeiten wegen der Unkenntnis des Erblassers von der Rechtslage ausgegangen.[1005]

In der Literatur waren die Stimmen zur Veränderung der Formvorschriften zwar nicht so einheitlich, dennoch aber überwiegend gegen eine Beibehaltung der bisherigen Formvorschriften gerichtet.[1006]

Rechtsanwalt Bosch, Nachlaßrichter Weyer und Notar Genrich setzten sich für die Abschaffung des eigenhändigen Testaments ein, weil hier ihrer Erfahrung nach häufig Formfehler zur Unwirksamkeit führen würden und damit dem Erblasser am wenigsten gedient sei.[1007]

Als direkte Replik auf den Aufsatz von Bosch schlug Justizinspektor Klaus hingegen vor, eher die Formvorschriften für die Errichtung der letztwilligen Verfügung zu erleichtern, als das eigenhändige Testament wegen der häufigen Formfehler abzuschaffen.[1008] Diese Meinung vertrat auch Vogels, der als Ministerialrat im Reichsjustizministerium und Mitglied des Erbrechtsausschusses sicherlich großen Einfluß auf die Entwicklung in diesem Bereich hatte.[1009] Vogels gab zu bedenken, daß das eigenhändige Testament fast in allen Kulturstaaten der Erde anerkannt sei und eine Abschaffung wegen der bei einer öffentlichen Testamentserrichtung anfallenden Kosten vor allem die schwächeren Schichten des

---

[1001] Schmitz, Das Problem der Beschränkung der Testierfreiheit, Seite 87.

[1002] Schubert, ADR 1933 - 1945, Band III, 8, Erbrechtsausschuß, Seite 2.

[1003] So auch Lange in seinem Referat zur Beschränkung des Verwandtenerbrechts im Juli 1935 in: Schubert, ADR 1933 - 1945, Band III, 8, Erbrechtsausschuß, Seite 731.

[1004] Schmitz, Das Problem der Beschränkung der Testierfreiheit, Seite 88; Schubert, ADR 1933 - 1945, Band III, 8, Erbrechtsausschuß, Seite 16; falls Verfügungen hier dem „gesunden Volksempfinden“ widersprechen sollten, könnte dem Richter der Meinung Langes nach „eine vorsichtige richterliche Gestaltung“ eingeräumt werden: Lange, ZADR 1934/35, 357 (358).

[1005] So Landgerichtsdirektor Gfrörer in der Sitzung vom 03.05.1935; Schubert, ADR 1933 - 1945, Band III, 8, Erbrechtsausschuß, Seite 37.

[1006] Singer, DNotZ 1934, 482 (482); Höver, ZADR 1934/35, Seite 226 (227); Weyer, DNotZ 1935, Seite 348 (351); Hawlitzky, DNotZ 1935, Seite 715 (719); Palandt, DGWR 1936, Seite 33 (37); Lange, DNotZ 1934, Seite 891 (898); Kübler, ZADR 1936, Seite 89 (91).

[1007] Bosch, DJ 1935, 781 (781); Weyer, DNotZ 1935, 348 (348); Genrich, DJ 1935, Seite 1410 (1411).

[1008] Klaus, DJ 1935, Seite 1412 (1412).

[1009] Vogels, ZADR 1934/35, Seite 635 (636).

Volkes treffe.[1010] Zu einer Entscheidung in diesem Bereich kam es im Ausschuß vorerst nicht, wohl auch deshalb, weil die Bürger sich seit dem Bestehen des BGB an diese Testamentsform gewöhnt hatten und sich eine Änderung dementsprechend schwierig gestaltet hätte.[1011] Zudem gab Lange zu bedenken, daß nach dem Rechtssatz „locus regit actum“ dem Erblasser auch letztlich die Möglichkeit offenstehe, im Ausland eigenhändig zu testieren.[1012] Die beste Möglichkeit zur Einwirkung auf den Erblasserwillen bestehe im übrigen durch die Ausdehnung der Vernichtung letztwilliger Verfügungen wegen pflichtwidriger Erbeinsetzung.[1013]

b) Gesetzliche Erbfolge und Erbrecht des Reiches

Bei der Begrenzung der gesetzlichen Erbfolge hatten die Nationalsozialisten weniger finanzpolitische Ziele vor Augen, wie dies noch bei den Entwürfen zur Reform des Erbrechts des Staates in den Jahren 1908 und 1913 der Fall war, als vielmehr die Schaffung einer „billigen und gerechten Ordnung“, die die gewillkürte Verfügung zurückdrängen sollte.[1014] Die gesetzliche Erbfolge sollte dafür sorgen, daß „das Erbgut sowohl vor unnötiger Abwanderung in andere Sippen, wie vor sozialisierender und bürokratisierender Aufsaugung durch die öffentliche Hand bewahrt wird“[1015]. Dabei müsse sie dem mutmaßlichen Willen des Erblassers entsprechen und als Folge dessen nicht mehr nur „Nothelfer und Lückenbüßer“, sondern Vorbild sein und dementsprechend Vorrang vor der gewillkürten Erbfolge genießen.[1016]

Gegen eine Begrenzung gab es überhaupt nur eine Gegenstimme im Erbrechtsausschuß, obwohl die vermehrten Erbschaften des Reiches auch als Verwaltungsproblem erachtet wurden, welche letztlich keinen großen finanziellen Gewinn des Reiches erwarten ließen und zudem eine Einmischung des Fiskus ins Privatrecht darstellen würden.[1017] Die Änderung in diesem Bereich wurde aber dennoch von vielen unterstützt, weil die bisherigen Argumente der Befürworter

---

[1010] Vogels, ZADR 1934/35, Seite 635 (636).

[1011] So Sieber in der Sitzung vom 03.05.1935 in: Schubert, ADR 1933 - 1945, Band III, 8, Erbrechtsausschuß, Seite 36.

[1012] So Lange in der Sitzung vom 03.05.1935 in: Schubert, ADR 1933 - 1945, Band III, 8, Erbrechtsausschuß, Seite 35; diese Möglichkeit würde gemäß Artikel 26 Abs. 1, Nr. 2 EGBGB zwar bestehen, hätte auf die Masse der Verfügungen aber wahrscheinlich keinen Einfluß gehabt.

[1013] So Lange in seinem Referat zur Beschränkung des Verwandtenerbrechts im Juli 1935 in: Schubert, ADR 1933 - 1945, Band III, 8, Erbrechtsausschuß, Seite 732.

[1014] Schubert, ADR 1933 - 1945, Band III, 8, Erbrechtsausschuß, Seite 3.

[1015] Boehmer, Vorschläge zur Neuordnung der gesetzlichen Erbfolge, Seite 10.

[1016] Lange, Die Ordnung der gesetzlichen Erbfolge, 2. Denkschrift des Erbrechtsausschusses der Akademie für Deutsches Recht, Seite 2; Schubert, ADR 1933 - 1945, Band III, 8, Erbrechtsausschuß, Seite 20.

[1017] Schubert, ADR 1933 - 1945, Band III, 8, Erbrechtsausschuß, Seite 56 ff.

in Beziehung auf die herausragende Stellung des Staates gegenüber dem Erblasser in das Weltbild der neuen Politik paßten. „Daß an die Stelle entfernterer Verwandter der Staat als Form der Gemeinschaft tritt, rechtfertigt sich nicht nur aus der Zugehörigkeit des Erblassers zu dieser und dem Vorrange der Volksgemeinschaft vor allen niedrigeren Gemeinschaften in und unter ihr, sondern vor allem daraus, daß der Staat dem Erblasser Schutz und Förderung angedeihen lassen, ihm so Wirkungsmöglichkeit und Erfolg gewährt hat und daß er einen großen Teil der Lasten für Erziehung, Betreuung und Versorgung seiner Angehörigen zu tragen hat, die ehemals der Sippe zu Last fielen."[1018] „Die Pflege des Sippengedankens durch den Individualismus und den Materialismus ist Reflexwirkung der Abneigung gegen den „habgierigen" Fiskus", und habe so zu Unrecht zu einer unbegrenzten Verwandtenerbfolge geführt.[1019] Mit einer solchen Argumentation versuchte man jedoch die gesetzliche Erbfolge auf der einen Seite mit der Familien- und Gemeinschaftszusammengehörigkeit zu rechtfertigen[1020], auf der anderen Seite wurde aber die Blutszusammengehörigkeit[1021] auch im Hinblick auf die Rassenideologie besonders betont.[1022] Es sollte sogar als zweite Grundregel an die Spitze des Volksgesetzbuches der Satz gestellt werden: „Deutsches Blut, deutsche Ehre und Erbgesundheit sind rein zu halten und zu wahren. Sie sind die Grundlage des deutschen Volksrechts."[1023] Gerade die Blutszusammengehörigkeit war bei den Entwürfen des BGB aber zu Recht ein Argument gegen die willkürliche Begrenzung der Verwandtenerbfolge.[1024] Bei der Stärkung der Stellung des unehelichen Kindes hinsichtlich des Erbrechts

---

[1018] Schubert, ADR 1933 - 1945, Band III, 8, Erbrechtsausschuß, Seite 4.

[1019] Lange, Die Ordnung der gesetzlichen Erbfolge, 2. Denkschrift des Erbrechtsausschusses der Akademie für Deutsches Recht, Seite 2.

[1020] Lange, Die Ordnung der gesetzlichen Erbfolge, 2. Denkschrift des Erbrechtsausschusses der Akademie für Deutsches Recht, Seite 3.

[1021] Schmitz, Das Problem der Beschränkung der Testierfreiheit, Seite 78; § 1 des BGB sollte diesbezüglich dem Punkt 4 des Parteiprogramms der NSDAP angepaßt werden: „Rechtsgenosse ist nur, wer Volksgenosse ist; Volksgenosse ist, wer deutschen Blutes ist.": Graue, Das Zivilrecht im Nationalsozialismus, in: Recht und Rechtslehre im Nationalsozialismus, Seite 118, 119.

[1022] Larenz, Deutsche Rechtserneuerung und Rechtsphilosophie, Seite 38: „Der Nationalsozialismus hat in Deutschland eine neue, die spezifisch deutsche Rechtsidee zur Geltung gebracht ... völkisch und blutsmäßig bedingt."; Seite 39, 40: „Für den Aufbau der Gemeinschaft ist im nationalsozialistischen Staat vor allem der Rassegedanke, die Einsicht in die blutsmäßige Bedingtheit des Volkstums, bestimmend"; Schubert, ADR 1933 - 1945, Band III, 8, Erbrechtsausschuß, Seite 20.

[1023] Hedemann, Volksgesetzbuch der Deutschen, Seite 30; Lange merkte diesbezüglich an: „Die Betonung des Blutgedankens ... durch die Nationalsozialisten darf nicht dazu führen, das gesetzliche Erbrecht der Blutsverwandten ohne jede Begrenzung aufrechtzuerhalten" so in: Lange, Die Ordnung der gesetzlichen Erbfolge, 2. Denkschrift des Erbrechtsausschusses der Akademie für Deutsches Recht, Seite 5.

[1024] Siehe oben Seite 22.

wurde ebenfalls auf die Blutszusammengehörigkeit von Vater und Kind hingewiesen.[1025]

Probleme bei der Argumentation gab es so auch im Bereich des Erbrechts der Ehefrau, deren Erbenstellung verstärkt werden sollte, obwohl keine Blutszusammengehörigkeit vorhanden war.[1026] Andererseits wurde beim Erbhofrecht wieder „Blut vor Ehe" gestellt.[1027]

Diesem Widerspruch wurde von Lange in der Weise begegnet, daß er das Erbhofrecht als Sondernachfolgeregelung in dem wichtigen Bereich der Landwirtschaft darstellte, welche höchsten Gemeinschaftswerten zu dienen habe. Deshalb könne hier nur der „Bauernfähige" Anerbe werden. „Was das Gemeinwohl ... aber für den Erbhof fordert, gebietet es nicht für weniger wichtiges Gut."[1028] Somit seien diese Regelungen auf das BGB nicht übertragbar.[1029]

Für Lange rechtfertigte sich die Einschränkung des Verwandtenerbrechts auch daraus, daß er den Familien- und Sippegedanken als Grundlage für das gesetzliche Erbrecht überhaupt begriff[1030], was insofern aber einen Widerspruch zur sonst so überbetonten Blutszusammengehörigkeit bedeuten mußte.[1031] Die Schranken des gesetzlichen Erbrechts ergaben sich für Lange letztlich somit aus dem Sippegedanken, welcher „seinen Schwerpunkt im Ideellen, nicht im Materiellen"[1032] habe und deshalb ebenfalls Grenzen durch die Gemeinschaft erfahre.[1033]

[1025] Lange, Die Ordnung der gesetzlichen Erbfolge, 2. Denkschrift des Erbrechtsausschusses der Akademie für Deutsches Recht, Seite 6.

[1026] Schubert, ADR 1933 - 1945, Band III, 8, Erbrechtsausschuß, Seite 10.

[1027] Schubert, ADR 1933 - 1945, Band III, 8, Erbrechtsausschuß, Seite 21.

[1028] So Lange in seinem Referat zur Beschränkung des Verwandtenerbrechts im Juli 1935 in: Schubert, ADR 1933 - 1945, Band III, 8, Erbrechtsausschuß, Seite 735.

[1029] So Lange in seinem Referat zur Beschränkung des Verwandtenerbrechts im Juli 1935 in: Schubert, ADR 1933 - 1945, Band III, 8, Erbrechtsausschuß, Seite 733, 735.

[1030] So Lange in seinem Referat zur Beschränkung des Verwandtenerbrechts im Juli 1935 in: Schubert, ADR 1933 - 1945, Band III, 8, Erbrechtsausschuß, Seite 733; Lange, Die Ordnung der gesetzlichen Erbfolge, 2. Denkschrift des Erbrechtsausschusses der Akademie für Deutsches Recht, Seite 6; Lange, Deutscher Juristentag 1936, 5. Reichstagung des Bundes National-Sozialistischer Deutscher Juristen, Seite 113, 116: „Der Familiengedanke setzt sich hier gegen den Blutgedanken durch".

[1031] Andere nationalsozialistische Autoren stützten ihre Argumentation einfach auf die familien- und blutsmäßige Zusammengehörigkeit, ohne zu bemerken, daß hinsichtlich der Beschränkung der Verwandtenerbfolge dann keine klare Argumentation mehr möglich erscheint : So beispielsweise Danielcik, DR 1936, Seite 291 (291, 292).

[1032] Lange, Die Ordnung der gesetzlichen Erbfolge, 2. Denkschrift des Erbrechtsausschusses der Akademie für Deutsches Recht, Seite 5.

[1033] Lange, Die Ordnung der gesetzlichen Erbfolge, 2. Denkschrift des Erbrechtsausschusses der Akademie für Deutsches Recht, Seite 5; in seinen ersten Ausführungen stellte Lange noch für sich klar, daß die Betonung des Blutgedankens durch den Nationalsozialismus nicht zur Aufrechterhaltung der unbegrenzten Verwandtenerbfolge führen dürfe, weil „Blut nicht vor Gemeinschaft" gehe: Lange, ZADR 1934/35, Seite 357 (358).

Boehmer, der den Widerspruch zwischen Blutsverwandtschaft und Eherecht ebenfalls erkannte, schlug in diesem Zusammenhang eine gesteigerte Nießbrauchsstellung in Form eines Vorerbrechts der Ehefrau vor.[1034] Im übrigen aber finde die rechtliche Anerkennung der Blutsgemeinschaft dort ihre Grenzen, wo „eine sozialpsychologische und sozialethische Gemeinschaft ... nicht mehr vorhanden“[1035] sei.

Palandt schrieb dazu, daß der nationalsozialistische Staat zwar mit Recht den Blutgedanken betone, ferneres Blut aber niemals der Volksgemeinschaft vorgehen dürfe. „Die Volksgemeinschaft ist das Höchste, dann kommt die Blutsgemeinschaft und dann erst der Einzelne.“[1036]

Eichler rechtfertigte in einem Aufsatz im „Deutschen Recht“ das gesetzliche Erbrecht aus „den Bindungen des Blutes und der Ehe“[1037], machte aber gleichzeitig deutlich, daß „der dünne Blutszusammenhang des Erblassers mit den entferntesten Verwandtschaftsgraden die Zuerkennung eines gesetzlichen Erbrechts nicht mehr zu rechtfertigen vermag...“ und demnach die Verwandtenerbberechtigung mit der dritten Ordnung abschließen müsse.[1038]

Hieraus wird deutlich, daß die Überbetonung der Blutszusammengehörigkeit Probleme bei der Bestimmung der Erbrechtsgrenze bereiten mußte, wie schon die Kritiker einer Erbrechtsgrenze bei der Schaffung des BGB richtig erkannt hatten.[1039]

Die Nationalsozialisten stellten dementsprechend im Bereich des Erbrechts nicht nur die Blutszusammengehörigkeit in den Vordergrund, sondern auch die „Gemeinschaft der Familie und des Volkes“.[1040] Nur diese Gradwanderung vermochte eine Veränderung bei der gesetzlichen Erbfolge und dem Erbrecht des Fiskus angebracht erscheinen lassen. In der Diskussion anläßlich der Sitzung des Erbrechtsausschusses im Mai 1935 wurde ferner die zu große Aufspaltung des Nachlasses bei der Erbberechtigung entfernter Verwandter in wirtschaftlicher Hinsicht für bedenklich erachtet.[1041] Deshalb wurde im großen und ganzen die Begrenzung des Verwandtenerbrechts auf die ersten drei Parentelen befürwor-

---

[1034] Boehmer in seinem Referat bezüglich der Vorschläge für die Gestaltung der gesetzlichen Erbfolgeordnung im Januar 1936 in: Schubert, ADR 1933 - 1945, Band III, 8, Erbrechtsausschuß, Seite 534.

[1035] Boehmer, Vorschläge zur Neuordnung der gesetzlichen Erbfolge, Seite 12.

[1036] Palandt, DGWR 1936, Seite 33 (35).

[1037] Eichler, DR 1936, Seite 270 (270).

[1038] Eichler, DR 1936, Seite 270 (270).

[1039] Siehe oben Seite 25.

[1040] Eichler, DR 1936, Seite 270 (270); Palandt, DGWR 1936, Seite 33 (35); Kübler, ZADR 1936, Seite 89 (92).

[1041] Schubert, ADR 1933 - 1945, Band III, 8, Erbrechtsausschuß, Seite 56; so auch Lange, Die Ordnung der gesetzlichen Erbfolge, 2. Denkschrift des Erbrechtsausschusses der Akademie für Deutsches Recht, Seite 10.

tet.[1042] Teilweise wurde wegen der schwierigen Nachlaßabwicklung im Falle des Erbrechts des Fiskus die Erbschaftsteuer als geeigneteres Mittel zur Erlangung wirtschaftlicher Vorteile für den Fiskus im Bereich des Erbrechts erachtet. In die gleiche Richtung gingen Forderungen, nach denen der Anspruch des Fiskus auf die Erbschaft auf einen Geldanspruch zu begrenzen sei und dadurch das Erbrecht des Staates ersetzt werden solle.[1043] Dieses wurde von der Mehrheit jedoch, anderes als noch beim Entwurf aus dem Jahr 1913, abgelehnt, weil ausdrücklich keine fiskalischen Interessen eine Rolle spielen sollten.[1044] Der Staat sei schon aus der Polizeifunktion heraus verpflichtet, keine bona vacantia entstehen zu lassen.[1045] Obwohl der Staat durch eine Ausdehnung des Erbrechts des Fiskus nicht zu einem „Warenhaus" oder zu einem „Reichströdelladen" werden dürfe[1046], solle nach der Ansicht Langes die Möglichkeit einer erschöpfenden Nachlaßsteuer oder ähnlichem nicht zur Verfügung stehen.[1047] Die Beschränkung der gesetzlichen Erbfolge solle sich allerdings Boehmer zufolge auf die ersten zwei Parentelen und die Großeltern beziehen.[1048] Eine solche Grenze wurde in der Sitzung aber noch nicht beschlossen.

c) Stellung des Richters

Der Richter sollte im Bereich der gesetzlichen Erbfolge eine größere Rolle spielen, insbesondere mehr Entscheidungsbefugnisse erhalten, die im Bereich der Einsetzung der Erben und der Aufteilung der Erbschaft liegen sollten.[1049] Professor Stoll zog diesbezüglich Vergleiche zur Einführung des Prätors bei den Römern, der auch entsprechend größere Entscheidungsbefugnisse innehatte als dies für den Richter im Bereich des BGB der Fall sei.[1050]

1042 Schubert, ADR 1933 - 1945, Band III, 8, Erbrechtsausschuß, Seite 58.

1043 Fischer in der Sitzung vom 03.05.1935 in: Schubert, ADR 1933 - 1945, Band III, 8, Erbrechtsausschuß, Seite 56.

1044 Lange, Die Ordnung der gesetzlichen Erbfolge, 2. Denkschrift des Erbrechtsausschusses der Akademie für Deutsches Recht, Seite 10.

1045 Schubert, ADR 1933 - 1945, Band III, 8, Erbrechtsausschuß, Seite 57, 60.

1046 Schubert, ADR 1933 - 1945, Band III, 8, Erbrechtsausschuß, Seite 28.

1047 Schubert, ADR 1933 - 1945, Band III, 8, Erbrechtsausschuß, Seite 20; so dann auch Lange, Die Ordnung der gesetzlichen Erbfolge, 2. Denkschrift des Erbrechtsausschusses der Akademie für Deutsches Recht, Seite 10.

1048 Boehmer im Referat zum Beratungsplan im September 1935 in: Schubert, ADR 1933 - 1945, Band III, 8, Erbrechtsausschuß, Seite 530; Palandt forderte in dieser Zeit zwar sogar eine Beschränkung auf die ersten beiden Ordnungen, wobei seiner Meinung nach allerdings nur „die dritte Ordnung, also die Urgroßeltern und deren Nachkommen" ausgeschlossen werden sollte – es war also eine Beschränkung auf die ersten drei Ordnungen gemeint: Palandt, DGWR 1936, Seite 33 (35).

1049 So auch später Boehmer in seinem Referat bezüglich der Vorschläge für die Gestaltung der gesetzlichen Erbfolgeordnung im Januar 1936 in: Schubert, ADR 1933 - 1945, Band III, 8, Erbrechtsausschuß, Seite 532; Höver, ZADR 1934/35, Seite 226 (228).

1050 Stoll in: Schubert, ADR 1933 - 1945, Band III, 8, Erbrechtsausschuß, Seite 35.

Tatsächlich ist den Stellungnahmen einiger Juristen in dieser Zeit eine Abneigung gegen die Bindung des Richters an die Regeln des Erbrechts zu entnehmen, welche ihrer Ansicht nach zu wenig Freiraum für eigene Entscheidungen des Richters offenlassen würden.[1051] Grundsätzlich war aber nicht von allen Seiten damit gemeint, daß der Richter auch eine größere persönliche Unabhängigkeit erlangen sollte. Es sollte nur die Bindung an das Gesetz gelockert, die Bindung an Partei und Führung aber eher verstärkt werden. Insbesondere Hitler akzeptierte die richterliche Unabhängigkeit in keiner Weise und wollte vielmehr die Richter als Instrumente der Durchsetzung seiner Vorstellungen nutzen.[1052] Diesbezüglich kam es zu einem regelrechten Kampf zwischen Partei und Justiz, welcher letztlich dadurch beendet wurde, daß Hitler vom Reichstag am 26.04.1942 zu einem gesetzesungebundenen obersten Richters ernannt wurde. Danach konnte er alle „Fehlurteile“ nach seinem Ansinnen ändern.[1053]

In der Diskussion der Akademie ging es aber nach wie vor eher um die Gestaltung des materiellen Rechts, welches von sich aus eine weite Gestaltungsmöglichkeit des Richters im Bereich des Erbrechts eröffnen sollte. Zunächst sollte der Richter mehr Einfluß auf die Teilung des Nachlasses haben, um möglicherweise wertvolle Einheiten erhalten zu können.[1054] Die Normierung einer besonderen Generalklausel zur Vernichtung und Veränderung der letztwilligen Verfügung neben § 138 BGB wurde ebenfalls angedacht[1055] und letztlich innerhalb der Erbregelungsverordnung[1056] aus dem Jahr 1944 auch verwirklicht. Die Schaffung der Möglichkeit, „eine letztwillige Verfügung, die den Interessen der

---

[1051] Immer wieder wurde um „Vertrauen zum Richter“ geworben und die starre Bindung an gesetzliche Regeln für schlecht befunden: Schubert, ADR 1933 - 1945, Band III, 8, Erbrechtsausschuß, Seite 35; Schmitz, Das Problem der Beschränkung der Testierfreiheit, Seite 89; Vogels, DR 1936, Seite 274 (275); so auch Lange, Die Ordnung der gesetzlichen Erbfolge, 2. Denkschrift des Erbrechtsausschusses der Akademie für Deutsches Recht, Seite 10; andererseits wurde an derartigen Forderungen kritisiert, daß dies gegen das „Führerprinzip“ verstoße, da die für das Verhalten der Geführten (hier der Richter) maßgebenden Entscheidungen allein von den Führern getroffen werden müßten: so Dölle, Schmollers Jahrbuch 1933, Seite 649 (654).

[1052] Hattenhauer, Vom Reichsjustizamt zum Bundesministerium der Justiz, Seite 86.

[1053] Hattenhauer, Vom Reichsjustizamt zum Bundesministerium der Justiz, Seite 89, 90.

[1054] Lange, ZADR 1934/35, Seite 357 (357): Die Notgemeinschaft der Miterben, die sich „von Anfang an im Liquidationszustand“ befinden würde, sei schon eine Ausprägung der materialistischen Haltung des BGB, die nur die Willensherrschaft des Einzelnen, nicht aber den Zusammenhalt der Gesamtheit im Auge habe; so auch Lange, Deutscher Juristentag 1936, 5. Reichstagung des Bundes National-Sozialistischer Deutscher Juristen, Seite 118; zur Stärkung der richterlichen Ermessensfreiheit auch von Filseck, Deutscher Juristentag 1936, 5. Reichstagung des Bundes National-Sozialistischer Deutscher Juristen, Seite 313, 316.

[1055] Boehmer in seinem Referat zum Beratungsplan im September 1935 in: Schubert, ADR 1933 - 1945, Band III, 8, Erbrechtsausschuß, Seite 530.

[1056] RGBl. I, 1944, Seite 242 - 243.

Volksgemeinschaft (etwa durch Vernichtung einer volkswirtschaftlichen wertvollen Einheit) widerstreitet, zu vernichten"[1057], konnte auch zu vermehrten Erbschaften des Fiskus führen, wenn der Richter davon ausging, daß die Erbschaft der letztwillig Bedachten dem „gesunden Volksempfinden" widerspreche und kein sonstiger Verwandter vorhanden sei.[1058] Wie viele solcher Fälle aufgrund derartiger Entscheidungen vorgekommen sind, läßt sich heute allerdings nicht mehr feststellen. Insbesondere Boehmer vertrat vehement die Einführung einer solchen clausula generalis, die es dem Richter ermöglichen solle, eine letztwillige Verfügung wegen des Bedenkens eines turpis persona zu vernichten.[1059]
Lange und Schmitz schlugen in diesem Zusammenhang eine „vorsichtig zu gewährende richterliche Gestaltungsmöglichkeit"[1060] vor. Aber auch die gesetzliche Erbfolge solle so gut ausgestaltet sein, daß die Rechtsprechung leichter die „Waffe der Nichtigkeit" verwenden könne.[1061]
Professor Schmidt-Rimpler forderte neben der Vernichtungsmöglichkeit die Normierung einer richterlichen Gestaltungsbefugnis, um zu einer „pflicht- und gemeinschaftsbetonten Regelung in den Fällen ... (zu kommen), in denen diese Regelung billiger erscheint als die Regelung der gesetzlichen Erbfolge."[1062]

2. Sitzung vom 01. - 06.10.1935 in Oberschreiberhau
In der Sitzung vom 01. – 06.10.1935 wurden erneut sowohl die Testamentsformen als auch die Veränderungen der gesetzlichen Erbfolge erörtert.

a) Handgeschriebenes Testament
Zunächst kam es zu einer einstimmigen Ablehnung der bestehenden Möglichkeit des handgeschriebenen Testaments, da man besonders in diesem Bereich von vielen „willkürlichen und gemeinschaftswidrigen" Testamenten ausging.[1063] Es solle vielmehr nur noch das öffentliche Testament zulässig sein, bei welchem der Notar oder Richter beratend tätig werden könne.[1064] Im übrigen Bereich der pflichtwidrigen Testamente im Sinne nationalsozialistischen Rechtsempfindens

---

[1057] Schmitz, Das Problem der Beschränkung der Testierfreiheit, Seite 90.
[1058] Von Filseck ging davon aus, daß in allen Bereichen des Gesetzes der Richter die Normen aus „der völkischen Sittenordnung heraus" auslegen müsse, um „Recht schaffen" zu können: von Filseck, Deutscher Juristentag 1936, 5. Reichstagung des Bundes National-Sozialistischer Deutscher Juristen, Seite 313.
[1059] Boehmer in seinem Referat zum Beratungsplan im September 1935 in: Schubert, ADR 1933 - 1945, Band III, 8, Erbrechtsausschuß, Seite 530.
[1060] Schmitz, Das Problem der Beschränkung der Testierfreiheit, Seite 92; Lange, Grundfragen der Erneuerung des Erbrechts, ZADR 1934/35, Seite 357 (358).
[1061] Lange, ZADR 1934/35, Seite 357 (358).
[1062] Schmidt-Rimpler in: ZADR 1934/35, Seite 883 (883).
[1063] Schubert, ADR 1933 - 1945, Band III, 8, Erbrechtsausschuß, Seite 6.
[1064] So in der Literatur auch Eichler, DR 1936, Seite 294 (295); derselbe, DR 1936, Seite 270 (273).

solle § 138 BGB zur Nichtigkeit führen.[1065] Diese Änderungen hätten im Falle des Inkrafttretens großen Einfluß auf die Menge der dem Fiskus anfallenden Erbschaften gehabt, da es zum einen Jahre in Anspruch genommen hätte, die Bürger in diesem Sinne zu unterrichten und zum anderen die Hürden, ein öffentliches Testament zu errichten, ungleich höher sind als für die Errichtung einer privatschriftlichen Verfügung.
Die Normierung in diesem Bereich bekam jedoch einen ganz anderen Inhalt, als dies von der Akademie vorgeschlagen wurde. So enthielt das Testamentsgesetz[1066] aus dem Jahr 1938 eine Erleichterung der eigenhändigen Errichtung in Bezug auf die Formerfordernisse.[1067] Dies war wohl darauf zurückzuführen, daß nur so eine wirklich volkstümlichere Handhabung im Bereich der Errichtung von Testamenten erreicht werden konnte. In der Literatur wurde bezüglich der Formerfordernisse ein solches desöfteren gefordert, wobei aber gleichzeitig in materieller Hinsicht stärkere Begrenzungen der Testierfreiheit angemahnt wurden.[1068]

b) Gesetzliche Erbfolge
Hinsichtlich der gesetzlichen Erbfolge einigte man sich auf eine Begrenzung auf die ersten drei Parentelen[1069], wobei noch umstritten war, ob die Urgroßeltern noch ein Unterhaltsrecht bzw. ein volles Erbrecht erhalten sollten.[1070]

c) Rechtsstellung des Fiskus
Erörtert wurde auch die Frage, ob ein echtes Erbrecht oder ein Okkupationsrecht in Form einer Einziehungsberechtigung oder einer Einziehungsverpflichtung für den Reichsfiskus die geeignete Rechtsstellung beim Erbrecht des Staates sei.[1071] Boehmer schlug diesbezüglich zunächst ein Heimfallsrecht des Reiches vor,

---

[1065] Schubert, ADR 1933 - 1945, Band III, 8, Erbrechtsausschuß, Seite 7.
[1066] RGBl. I 1938, Seite 973 – 980; § 21 Abs. des TestErrG erleichterte insoweit die Formvorschriften des eigenhändigen Testaments, als daß das Erfordernis der Orts- und Zeitangabe der Errichtung nur noch als Sollvorschriften gewertet werden sollte: „Es ist nicht notwendig, aber rätlich, daß der Erblasser in der Erklärung angibt, zu welcher Zeit, Tag, Monat und Jahr, und an welchem Ort er sie niedergeschrieben hat."
[1067] Siehe oben Seite 153.
[1068] Danielcik, DR 1936, Seite 291 (292); Klaus, DJ 1935, Seite 1411 (1411); Vogels, DR 1936, Seite 274 (274).
[1069] Boehmer in seinem Referat bezüglich der Vorschläge für die Gestaltung der gesetzlichen Erbfolgeordnung im Januar 1936 in: Schubert, ADR 1933 - 1945, Band III, 8, Erbrechtsausschuß, Seite 531 ff.
[1070] Schubert, ADR 1933 - 1945, Band III, 8, Erbrechtsausschuß, Seite 8.
[1071] Schubert, ADR 1933 - 1945, Band III, 8, Erbrechtsausschuß, Seite 62.

welches allerdings weiterhin wie ein Erbrecht zu behandeln sei.[1072] Hiergegen wurde eingewandt, daß besonders bei einem Heimfallsrecht im Bereich des internationalen Privatrechts das Ausland die Einziehung von Vermögen der im Ausland verstorbenen Erblasser in der Regel nicht gestatten würde, so daß hier ein echtes Erbrecht zweckmäßiger erscheinen müsse.[1073] Auch der zu beschreitende Verwaltungsrechtsweg im Falle von Rechtsstreitigkeiten über das Heimfallsrecht erschien nicht vorteilhaft zu sein.[1074] Eine private Erbenstellung des Fiskus habe aber den Nachteil, daß er so mit Vermächtnissen belastet werden könne, ihm eine Auflage erteilt oder Testamentsvollstreckung angeordnet werden könne.[1075] Boehmer wandte hiergegen ein, daß man notfalls derartige Rechte des Erblassers beim Erbrecht des Staates ausschließen könne und man deshalb nicht auf ein reines Okkupationsrecht ausweichen müsse.[1076] In der Abstimmung entschied man sich dann auch mit elf zu drei Stimmen für die Beibehaltung der Erbenstellung des Fiskus.[1077]

d) Testierfreiheit

Die Testierfreiheit so weit einzuschränken, daß entfernte Verwandte oder nicht Verwandte nicht mehr testamentarisch bedachten werden könnten, stieß auf Ablehnung, da dies als unbillig erachtet wurde.[1078] Allerdings sollte der Staat nicht mehr schon durch die Einsetzung „der Verwandten" von der Erbfolge verdrängt werden können, sondern es wurde angeregt, daß Vor- und Nachnamen der Verwandten angegeben werden müßten, um dem Fiskus die Ermittlungsmaßnahmen zu erleichtern.[1079]

3. Stellungnahme des Reichsfinanzministeriums vom 17.01.1936

Das Reichsfinanzministerium gab in einer Stellungnahme zum Erbrecht des Staates zunächst zu verstehen, daß der „Gedanke der Nützlichkeit für den Fiskus

---

1072 Boehmer in seinem Referat bezüglich der Vorschläge für die Gestaltung der gesetzlichen Erbfolgeordnung im Januar 1936 in: Schubert, ADR 1933 - 1945, Band III, 8, Erbrechtsausschuß, Seite 531; so auch Boehmer, Vorschläge zur Neuordnung der gesetzlichen Erbfolge, Seite 11.

1073 Von Caemmerer in: Schubert, ADR 1933 - 1945, Band III, 8, Erbrechtsausschuß, Seite 62; Lange, Die Ordnung der gesetzlichen Erbfolge, 2. Denkschrift des Erbrechtsausschusses der Akademie für Deutsches Recht, Seite 64.

1074 Lange, Die Ordnung der gesetzlichen Erbfolge, 2. Denkschrift des Erbrechtsausschusses der Akademie für Deutsches Recht, Seite 63.

1075 Schubert, ADR 1933 - 1945, Band III, 8, Erbrechtsausschuß, Seite 63.

1076 Schubert, ADR 1933 - 1945, Band III, 8, Erbrechtsausschuß, Seite 65.

1077 Schubert, ADR 1933 - 1945, Band III, 8, Erbrechtsausschuß, Seite 65.

1078 Boehmer in seinem Referat zum Beratungsplan im September 1935 in: Schubert, ADR 1933 - 1945, Band III, 8, Erbrechtsausschuß, Seite 530; Schubert, ADR 1933 - 1945, Band III, 8, Erbrechtsausschuß, Seite 9.

1079 Schubert, ADR 1933 - 1945, Band III, 8, Erbrechtsausschuß, Seite 9.

allein nicht entscheidend sein dürfe".[1080] Man ging aber davon aus, daß bei einer Begrenzung der Verwandtenerbfolge im Zusammenspiel mit der Verschärfung der Formvorschriften für letztwillige Verfügungen die Erbschaften des Reiches stark zunähmen, jedoch weiterhin viele geringwertige Erbschaften darunter seien könnten, bei denen eine letztwillige Verfügung die Mühe nicht wert gewesen sei.[1081]
Familiengegenstände sollten auch nach der vom Finanzministerium vorgeschlagenen Begrenzung der Verwandtenerbfolge auf die ersten drei Parentelen[1082] an die weiteren Verwandten des Erblassers fallen. Die Grenze wurde bewußt weit gezogen, da man zwar auch aus volksgemeinschaftlichen Gründen eine stärkere Beteiligung des Staates fördere, negative Folgen aber gleichsam vermieden werden sollten, welche wohl entstünden, wenn zu viele geringwertige Erbschaften dem Fiskus anfielen.[1083]

4. Sitzung vom 15. – 20.09.1936 in Tutzing
Im Rahmen der Erbschaftsteuerdebatte am 15.09.1936 wurde auch über das Erbrecht des Reiches erneut diskutiert.

a) Fiskalische Interessen
Der Landesfinanzamtspräsident Meyer ging hierbei genauso wie das Reichsfinanzministerium davon aus, daß auch eine starke Ausdehnung des gesetzlichen Erbrechts des Fiskus keine spürbaren finanziellen Vorteile für das Reich bringe, da der Verwaltungsaufwand in gleichem Maße zunehmen müsse und die Verwertung der Nachlässe ungleich schwieriger zu bewerkstelligen sei als der Einzug von Erbschaftsteuern.[1084] Auch Regierungsrat Wurzel verwies auf die bisher gemachten schlechten Erfahrungen des Reiches mit diesen Erbschaften.[1085]
Aus der Nachlaßpraxis lag ein Referat von Karl Höver aus Bremen vor, der ebenfalls einer Ausdehnung der Erbschaften des Reiches skeptisch gegenüberstand, da es sich meist um überschuldete und nicht sehr wertvolle Nachlässe handele, die bisher dem Fiskus zugefallen seien.[1086]

1080 Schubert, ADR 1933 - 1945, Band III, 8, Erbrechtsausschuß, Seite 75.
1081 Schubert, ADR 1933 - 1945, Band III, 8, Erbrechtsausschuß, Seite 76.
1082 Innerhalb der dritten Ordnung sollten allerdings auch nur die Großeltern erbberechtigt sein.
1083 Schubert, ADR 1933 - 1945, Band III, 8, Erbrechtsausschuß, Seite 77.
1084 Meyer am 15.09.1936 in: Schubert, ADR 1933 - 1945, Band III, 8, Erbrechtsausschuß, Seite 79.
1085 Wurzel (Reichsfinanzministerium) am 15.09.1936 in: Schubert, ADR 1933 - 1945, Band III, 8, Erbrechtsausschuß, Seite 80.
1086 Höver in einem Referat zur Fürsorge des Nachlaßgerichts in: Schubert, ADR 1933 - 1945, Band III, 8, Erbrechtsausschuß, Seite 698.

b) Das Reich als Erbe

Diskutiert wurde noch, welcher Fiskus nach der Änderung des Staatsangehörigkeitsstatus[1087] Erbe werde. De lege lata konnte dieses Problem jedoch nicht gelöst werden, so daß hier eine Formulierungsänderung des § 1936 BGB vorgeschlagen wurde.[1088] Aus der Nachlaßpraxis wurde vorgebracht, daß bei einer Alleinberechtigung des Reiches und der Beseitigung des Artikel 138 EGBGB eine spürbare Erleichterung hinsichtlich der Nachlaßabwicklung in diesem Bereich erfolgen könne.[1089]

c) Noterbrecht des Reiches

Ein Noterbrecht des Reiches, welches immer dann zum Tragen kommen solle, wenn keine gesetzlichen Erben des Erblassers vorhanden seien, aber durch eine testamentarische Erbeinsetzung das Reich nach bisherigem Recht keinen Anspruch auf das Erbe erhalte, wurde vom Landesfinanzamtspräsidenten Meyer ebenso scharf abgelehnt wie eine zu starke Ausdehnung des Erbrechts des Fiskus, da man bei einer derartigen Gesetzeslage in noch mehr Fällen an den Erbschaften beteiligt sei.[1090]

Bemerkenswert war, daß die Forderung nach einem Pflichtteilsrecht im Rahmen eines Noterbrechts des Reiches noch eine Steigerung dessen darstellte, was bereits von den Sozialdemokraten in der Weimarer Zeit gefordert wurde, wobei insbesondere der Abgeordnete Keil[1091] in seiner Rede vom 08.07.1919 in diesem Sinne die Testierfreiheit des Erblassers einschränken wollte. Auch Heim hatte einen solchen Pflichtteil im Rahmen der Kritik am Gesetzentwurf aus dem Jahr 1913 gefordert.[1092] Damals aber wurden derartige Vorstöße in den Bereich der Einschränkung der Testierfreiheit noch von den meisten vehement abgelehnt.

In der Sitzung des Erbrechtsausschusses vom 15.09.1936 machte sich besonders Gustav Boehmer aber für eine solches Noterbrecht stark. Das gesetzliche Erbrecht des Fiskus nach den Verwandten der ersten drei Parentelen solle nicht mehr durch jede letztwillige Verfügung verhindert werden können. Ein solches Noterbrecht solle durch eine Generalklausel garantiert werden, die dem Reich ermöglichen müsse, bei einer Verfügung an eine „turpis persona" Alleinerbe

---

[1087] Siehe oben Seite 44.

[1088] Schubert, ADR 1933 - 1945, Band III, 8, Erbrechtsausschuß, Seite 81.

[1089] Höver in einem Referat zur Fürsorge des Nachlaßgerichts in: Schubert, ADR 1933 - 1945, Band III, 8, Erbrechtsausschuß, Seite 698.

[1090] Meyer am 15.09.1936 in: Schubert, ADR 1933 - 1945, Band III, 8, Erbrechtsausschuß, Seite 82.

[1091] Stenographische Berichte über die Verhandlungen der verfassungsgebenden Deutschen Nationalversammlung, Band 327, Seite 1390.

[1092] Heim, DJZ 1916, Seite 296 ff.

durch die Vernichtung dieser Verfügung zu werden.[1093] Diesbezüglich verwies Boehmer darauf, daß nur noch „wenige islamistische (und) semitische ... Rechte noch (die) unbegrenzte Verwandtenerbfolge“ kennen würden und man sich schließlich in einer „Gesellschaft der semitischen und islamistischen Rechte“ nicht „wohlfühlen“ könne.[1094] Das Reich solle nun also sagen können: „Diese Einsetzung entfernterer Verwandter oder das Bedenken der öffentlichen Hand, des Wohlfahrtsinstituts ist mir gegenüber ein Unrecht, gemeinschaftswidrig. Wenn das Reich kein Interesse daran hat, wird es das nicht tun.“[1095]
Diese Argumentation stellte in der Diskussion über das Erbrecht des Fiskus den Gipfel dumpfer nationalsozialistischer Argumentation eines Rechtswissenschaftsprofessors dar, da hier keinerlei juristische Denkansätze mehr vorhanden waren, sondern nur der Versuch unternommen wurde, das Recht im Sinne nationalsozialistischer Ideologie zu verbiegen. In Wahrheit hätte sich das Reich damit die Erbschaften aussuchen können, die durch letztwillige Verfügungen eigentlich den „turpis personae“ anfallen sollten. Dieses sollten dabei natürlich nicht, wie in den Beispielen von Boehmer erwähnt, Wohlfahrtsverbände oder die öffentliche Hand sein, sondern Regimegegner, Ausländer und „Rassefremde“. Zudem würde sich das Reich die solventen Erbschaften aussuchen und bei den Notleidenden auch über die Gemeinschaftswidrigkeit hinwegsehen können. Auch daß eine derartige Einschränkung der Testierfreiheit in keinem anderen Recht außer in Sowjetrußland[1096] Bestand hatte, schreckte Boehmer, der sonst seine eigene Argumentation sehr wohl mit rechtsvergleichenden Tatsachen unterlegte[1097], nicht von derartigen Forderungen ab.
Hier bewahrheitete sich deutlich der vom Kieler Rechtsprofessor Graue zum Verhalten einiger Rechtsgelehrter im Nationalsozialismus aufgestellte Satz: „Mochten auch Studium und Ausbildung der damals Tätigen schon vor 1933 beendet gewesen sein, mochten sie sich auch in harten Prüfungen als fachlich hochbefähigt erwiesen haben, nichts von dem Gelernten hinderte sie, diensteif-

[1093] Boehmer am 15.09.1936 in: Schubert, ADR 1933 - 1945, Band III, 8, Erbrechtsausschuß, Seite 83.
[1094] Boehmer am 15.09.1936 in: Schubert, ADR 1933 - 1945, Band III, 8, Erbrechtsausschuß, Seite 83.
[1095] Boehmer am 15.09.1936 in: Schubert, ADR 1933 - 1945, Band III, 8, Erbrechtsausschuß, Seite 83.
[1096] Schubert, ADR 1933 - 1945, Band III, 8, Erbrechtsausschuß, Seite 83; nach eigenen Angaben waren die sozialpolitischen Beweggründe aber dort ausschließlich in der grundsätzlichen Feindschaft gegen alles Privateigentum und die Familienbindung zu sehen: Boehmer, Festgabe für Jung, Beiträge zur Neugestaltung des Deutschen Rechts, Seite 47; als warnendes Beispiel darauf hinweisend bereits: Matzner, DR 1933, Seite 139 (140); Bonfils, Gesetzliche Erbfolge, Erbrecht des Staates und Testierfreiheit im Erbrecht der Sowjetunion, der osteuropäischen Länder und der DDR, Seite 245.
[1097] Boehmer, Festgabe für Jung, Beiträge zur Neugestaltung des Deutschen Rechts, Seite 46.

rig am Tempel des Unrechts mitzubauen."[1098]
Auch in der Diskussion in Tutzing wollte sich die Mehrheit nicht der Argumentation Boehmers anschließen[1099], da zum einen die Erbschaftsteuer und eine derartige Ausdehnung des Erbrechts des Reiches zusammen für übertrieben gehalten wurde[1100], andererseits praktische Schwierigkeiten in der Durchführung gesehen wurden.[1101] Zudem könne eine solche Regelung zur Minderung der Erwerbsfreude und der Disponierfähigkeit und schließlich auch zu Ungerechtigkeiten bei einer Letztentscheidung des Richters führen.[1102]

d) Begrenzung der Verwandtenerbfolge

Als Erbrechtsgrenze bei der gesetzlichen Erbfolge einigte man sich schließlich auf ein Erbrecht der ersten drei Ordnungen und einer Unterhaltsberechtigung der Urgroßeltern im Falle der Bedürftigkeit.[1103] Eine solche Grenze, die weiter gezogen war als noch in den Gesetzentwürfen aus den Jahren 1908 und 1913, zeigte deutlich, daß es nicht nur um eine finanzielle Besserstellung des Reiches ging, sondern auch das Prinzip der römisch-rechtlich verankerten unbegrenzten Verwandtenerbfolge beseitigt werden sollte, da der Staat als Fürsorgetragender zumindest entferntesten Verwandten bei der Erbberechtigung vorgehen müsse. Auch praktische Gesichtspunkte hatten bei dieser Entscheidung eine Rolle gespielt, da mit einer festen Erbrechtsgrenze zumindest die Suche der Nachlaßgerichte nach weiteren Verwandten des Erblassers an einem bestimmten Punkt beendet werden konnte.[1104]
Da zumindest im Erbrechtsausschuß keine Änderungen im Bereich der Testierfreiheit beschlossen wurden, hätte die angedachte Änderung der gesetzlichen Erbfolge sicherlich zu keiner enormen Steigerung der Erbschaften des Fiskus

---

[1098] Graue, Das Zivilrecht im Nationalsozialismus in: Recht und Rechtslehre im Nationalsozialismus, Seite 124.

[1099] Nur Stoll, Söhngen und Boehmer votierten für einen solchen Vorschlag in: Schubert, ADR 1933 - 1945, Band III, 8, Erbrechtsausschuß, Seite 86.

[1100] Lange am 15.09.1936 in: Schubert, ADR 1933 - 1945, Band III, 8, Erbrechtsausschuß, Seite 84.

[1101] Lange, Die Ordnung der gesetzlichen Erbfolge, 2. Denkschrift des Erbrechtsausschusses der Akademie für Deutsches Recht, Seite 69.

[1102] Professor Fischer / Regierungsrat Wurzel am 15.09.1936 in: Schubert, ADR 1933 - 1945, Band III, 8, Erbrechtsausschuß, Seite 85.

[1103] Bericht von Richard Wurzel an das Reichsfinanzministerium in: Schubert, ADR 1933 - 1945, Band III, 8, Erbrechtsausschuß, Seite 166 ff; In der 2. Denkschrift des Erbrechtsausschusses wurde ein Unterhaltsanspruch der Urgroßeltern und fernerer Verwandter nicht mehr verlangt, da dieses wegen der Seltenheit der Fälle nicht für nötig erachtet wurde. Statt dessen sollte nur eine Verwaltungsvorschrift erlassen werden, die eine Unterstützung ermöglichen würde: Lange, Die Ordnung der gesetzlichen Erbfolge, 2. Denkschrift des Erbrechtsausschusses der Akademie für Deutsches Recht, Seite 59.

[1104] Lange, Die Ordnung der gesetzlichen Erbfolge, 2. Denkschrift des Erbrechtsausschusses der Akademie für Deutsches Recht, Seite 57; Höver, ZADR 1934/35, Seite 226 (228).

geführt. Dieses war nach Aussage der Sprecher des Reichsfinanzministeriums aber auch nicht beabsichtigt.[1105] Der 2. Denkschrift des Erbrechtsausschusses zufolge, solle der Staat auch „an dem wirtschaftlichen Nachlaßwert weniger interessiert“[1106] sein, da die Veränderungen „vorwiegend ideell begründet“[1107] seien.

5. Sitzung vom 21.01.1938

In der Sitzung vom 21.01.1938 wurde bekundet, daß grundsätzliche Änderungen im Bereich des Erbrechts des Fiskus im Vergleich zu den vorherigen Sitzungen nicht angedacht seien.[1108] In einem von Boehmer veröffentlichten Gesetzesvorschlag sollten allerdings nur die ersten drei Ordnungen bis zu den Cousins und Cousinen erbberechtigt sein, was eine stärkere Einschränkung im Vergleich zu den bisher beschlossenen Veränderungen bedeutet hätte.[1109]

a) Rechtsstellung des Reiches als Erbe

Lange referierte erneut zur Beibehaltung der Rechtsstellung des Reiches als wirklichem Erbe, da ein Okkupationsrecht im internationalen Privatrecht sicherlich dazu führen würde, daß ausländische Staaten sich selbst für einzugsberechtigt im Hinblick auf das Vermögen von Deutschen im Ausland hielten.[1110]
Die Erbberechtigung der Gemeinden wurde mit den gleichen Gründen abgelehnt, die schon bei der Schaffung des BGB diesbezüglich eingewandt wurden, nämlich daß Zufälligkeiten den Anfall bestimmen würden[1111] und die unterschiedliche Finanzkraft der Gemeinden die Abwicklung beeinflussen könne.[1112]
Letztlich sei die Stimmung im Volk derart gewachsen, daß das Reich als „Verkörperung des Volksganzen“ eher als Erbe berechtigt sei als die Gemeinden oder die Länder.[1113]

1105 Schubert, ADR 1933 - 1945, Band III, 8, Erbrechtsausschuß, Seite 82.

1106 Lange, Die Ordnung der gesetzlichen Erbfolge, 2. Denkschrift des Erbrechtsausschusses der Akademie für Deutsches Recht, Seite 59.

1107 Lange, Die Ordnung der gesetzlichen Erbfolge, 2. Denkschrift des Erbrechtsausschusses der Akademie für Deutsches Recht, Seite 59.

1108 So der Vorsitzende des Erbrechtsausschusses Lange am 21.01.1938 in: Schubert, ADR 1933 - 1945, Band III, 8, Erbrechtsausschuß, Seite 447.

1109 Boehmer in: Schubert, ADR 1933 - 1945, Band III, 1, Volksgesetzbuch, Seite 81 ff; Boehmer, Festgabe für Jung, Beiträge zur Neugestaltung des Deutschen Rechts, Seite 61.

1110 Lange am 21.01.1938 in: Schubert, ADR 1933 - 1945, Band III, 8, Erbrechtsausschuß, Seite 448.

1111 Lange, Die Ordnung der gesetzlichen Erbfolge, 2. Denkschrift des Erbrechtsausschusses der Akademie für Deutsches Recht, Seite 70.

1112 Schubert, ADR 1933 - 1945, Band III, 8, Erbrechtsausschuß, Seite 449 ff.

1113 Vogels am 21.01.1938 in: Schubert, ADR 1933 - 1945, Band III, 8, Erbrechtsausschuß, Seite 450.

b) § 2067 BGB

Die Auslegungsregel des § 2067 BGB solle nach der Meinung einiger Ausschußmitglieder verändert werden, da dem Wortlaut nach unklar sei, ob bei einer letztwilligen Einsetzung „der Verwandten“ alle Blutsverwandten oder nur die gesetzlichen Erben nach der neu zu fassenden gesetzlichen Erbfolge gemeint seien.[1114] Diese Auslegungsprobleme stellten sich gleichermaßen bei den Gesetzentwürfen aus den Jahren 1908 und 1913, wobei der erste Entwurf sich der einen Variante, der zweite Entwurf der anderen zugewandt hatte. Man einigte sich schließlich darauf, keinen Änderungsvorschlag zu unterbreiten, da man es der Auslegung des Nachlaßrichters überlassen wollte, ob bestimmte Verwandte eingesetzt worden seien, wobei im Zweifel mit „den Verwandten“ aber nur die gesetzlichen Erben gemeint seien.[1115]

6. Sonstige Änderungsvorschläge aus der Literatur

Angeregt wurde, wie schon in der Vergangenheit namentlich durch von Blume[1116], daß eine Aufspaltung des Nachlasses in verschiedene Vermögensmassen erfolgen sollte, wobei der Erblasser nur in bestimmter Art und Weise über jeden einzelnen Erbschaftsbestandteil völlig frei verfügen könnte.[1117] Die Verwirklichung solcher Gedanken hätte auch Auswirkungen auf den Anfall bestimmter Vermögensmassen an den Fiskus gehabt, wenn nämlich über Grundvermögen oder Gewinnvermögen[1118] nicht mehr ohne weiteres verfügt hätte werden können. Das Reichserbhofrecht hatte diesbezüglich ja schon für Veränderung im Bereich der Vererbung von landwirtschaftlichen Gütern gesorgt.[1119]
Lange hatte bereits 1935 in einem Aufsatz angedacht, den Nachlaß in Familiengut und Zugewinn aufzuteilen.[1120] Eine generelle Vererbungsmöglichkeit von Boden nur im Mannesstamm lehnte Lange hingegen ab.[1121]
Durch die alleinige Erbenstellung des Reiches sollte im Zuge der Erbrechtsreform auch die Berechtigung der Körperschaften, Anstalten und Stiftungen gemäß Artikel 138 EGBGB beseitigt werden.[1122] Ebenso wurde über eine Strei-

[1114] Schubert, ADR 1933 - 1945, Band III, 8, Erbrechtsausschuß, Seite 448 ff.

[1115] Lange, Die Ordnung der gesetzlichen Erbfolge, 2. Denkschrift des Erbrechtsausschusses der Akademie für Deutsches Recht, Seite 69; Schubert, ADR 1933 - 1945, Band III, 8, Erbrechtsausschuß, Seite 448.

[1116] Siehe oben Seite 126.

[1117] Eichler, DR 1936, Seite 270 (271).

[1118] So in von Blumes Vorschlag, Seite 126.

[1119] Siehe oben Seite 151.

[1120] Lange in seinem Referat zur Beschränkung des Verwandtenerbrechts im Juli 1935 in: Schubert, ADR 1933 - 1945, Band III, 8, Erbrechtsausschuß, Seite 734.

[1121] Lange in seinem Referat zur Beschränkung des Verwandtenerbrechts im Juli 1935 in: Schubert, ADR 1933 - 1945, Band III, 8, Erbrechtsausschuß, Seite 736.

[1122] Lange, Die Ordnung der gesetzlichen Erbfolge, 2. Denkschrift des Erbrechtsausschusses der Akademie für Deutsches Recht, Seite 70.

chung des Artikel 139 EGBGB nachgedacht, da diese Vorschrift Regelungen der Fürsorgegesetzgebung betreffe, welche gesondert normiert seien.[1123]

II. Zusammenfassung der Arbeiten des Erbrechtsausschusses im Hinblick auf das Erbrecht des Fiskus

Heinrich Lange faßte die Arbeiten des Erbrechtsausschusses im Dezember 1942 in einem Aufsatz im „Deutschen Recht" zusammen, wobei man der zeitlichen Abfolge nach davon ausgehen kann, daß hier der Endstand der Arbeiten des Erbrechtsausschusses referiert wurde, da die Arbeiten in den Ausschüssen Ende 1942 nahezu zum Erliegen gekommen waren.[1124] Festzustellen ist zunächst, daß es keine Änderungsvorschläge in formeller Hinsicht gab, also etwa bezüglich der Ersetzung des Erbscheins durch den Feststellungsbeschluß.[1125] Die anfangs angedachten Formerschwerungen bei der Errichtung des Testaments in „heimlicher Form" wurden letztlich von der Akademie für Deutsches Recht abgelehnt und es wurde beim Testamentsgesetz einer Formerleichterung zugestimmt, um dem natürlichen Handeln und Empfinden des Volksgenossen zu entsprechen.[1126] Tatsächlich hätten weitere Formerfordernisse nicht dem Ansinnen der Verfasser eines Volksgesetzbuches entsprochen, dieses möglichst leicht verständlich und nachvollziehbar zu halten. Im übrigen hätte es im Zusammenspiel mit der geplanten Begrenzung der Verwandtenerbfolge aus der Unwissenheit der Bevölkerung heraus eine starke Vermehrung der Erbschaften des Fiskus gegeben, die von vielen wegen des großen Verwaltungsaufwandes und der geringen erwarteten Erträge gar nicht beabsichtigt wurde.

Bei der Verwandtenerbfolge sollte nur aus Prinzip eine Grenze bei den Urgroßeltern gezogen werden, nachdem man sich im Ausschuß eigentlich auf die Begrenzung auf die ersten drei Parentelen geeinigt hatte.[1127] Da kaum Erbfälle vorhanden waren, bei denen die Urgroßeltern überhaupt zur Erbfolge gelangten[1128] oder meist noch Verwandte zumindest aus der dritten Parentel aufzufinden sein würden, konnte die Begrenzung der Verwandtenerbfolge hier nur als Zeichensetzung zur Orientierung des Erbrechts auf „Familie, Blut, Ehe und Volksge-

[1123] Lange, Die Ordnung der gesetzlichen Erbfolge, 2. Denkschrift des Erbrechtsausschusses der Akademie für Deutsches Recht, Seite 71.

[1124] Schubert, ADR 1933 - 1945, Band III, 1, Volksgesetzbuch, Seite 14.

[1125] Diese Empfehlung wurde auch vom Praktiker Karl Höver gegeben in: Schubert, ADR 1933 - 1945, Band III, 8, Erbrechtsausschuß, Seite 699, 700.

[1126] Lange, Die Neugestaltung des Erbrechts, DR 1942, Seite 1713 (1714).

[1127] Lange, Die Neugestaltung des Erbrechts, DR 1942, Seite 1713 (1715).

[1128] So Höver aus seiner Nachlaßpraxis in: Schubert, ADR 1933 - 1945, Band III, 8, Erbrechtsausschuß, Seite 699.

meinschaft“[1129] verstanden werden[1130], da eine wirkliche Ausdehnung der Erbschaften des Fiskus damit nicht erreicht werden konnte und auch nicht erreicht werden sollte. Das Interesse an der Familienforschung und die Verordnung über standesamtliche Hinweise aus dem Jahr 1935 trugen sicherlich auch zu einer effektiveren Erbenforschung und somit zu einer Verringerung der Anzahl der Erbschaften des Fiskus bei.[1131] Eine bloße Vermehrung der Einnahmen des Fiskus wurde ohnehin auch von Lange von Anfang an abgelehnt, da ein solches „den Sieg der Fiskalität über die Gemeinschaftspflicht bedeuten“ würde, was „aus dem heutigen Rechtsempfinden heraus abzulehnen“ sei.[1132] Der Vorteil der geplanten Änderungen im Bereich des Erbrechts des Fiskus wäre gewesen, daß das Suchen nach weiter entfernten Verwandten entfallen und die unverständliche Situation beseitigt worden wäre, daß ein weit entfernter Verwandter vor der Volksgemeinschaft berufen ist, der den Erbanfall nur als Glücksfall für sich persönlich verstehen kann.

Auch im Bereich der Testierfreiheit wurden nur einige Veränderung durchgesetzt, diese aber eher auf dem Gebiet der Nichtigkeit letztwilliger Verfügungen wegen eines Verstoßes gegen § 138 BGB oder § 48 Abs. 2 TestG[1133] und im Rahmen der Erbunwürdigkeit von Ausgebürgerten und Juden.[1134] Daß die gesetzliche Erbfolge nun im 2. Abschnitt des Erbgesetzes und die gewillkürte erst im 3. Abschnitt geregelt worden wäre, hätte bloß symbolischen Wert und demnach keine vorher im Erbrechtsausschuß diskutierten Folgen hinsichtlich der Freiheit der letztwilligen Verfügung gehabt.[1135]

Falls also das Volksgesetzbuch nach den Vorstellungen der Akademie für Deutsches Recht fertiggestellt worden wäre, hätte es zwar Veränderungen des Erbrechts des Fiskus gegeben, diese wären aber nicht so gravierend gewesen, wie man noch nach den Beratungen des Ausschusses aus den Jahren 1935/36 und einigen Literaturstimmen zufolge hätte vermuten können.[1136]

[1129] Lange, Die Neugestaltung des Erbrechts, DR 1942, Seite 1713 (1715).

[1130] Dölle forderte nur irgendeine Grenze ab der dritten oder vierten Parentel: Dölle, Schmollers Jahrbuch 1933, Seite 649 (674).

[1131] So Höver in: Schubert, ADR 1933 - 1945, Band III, 8, Erbrechtsausschuß, Seite 698.

[1132] So Lange in seinem Referat zur Beschränkung des Verwandtenerbrechts im Juli 1935 in: Schubert, ADR 1933 - 1945, Band III, 8, Erbrechtsausschuß, Seite 733.

[1133] Boehmer, Festgabe für Jung, Beiträge zur Neugestaltung des Deutschen Rechts, Seite 51.

[1134] Lange, Die Neugestaltung des Erbrechts, DR 1942, Seite 1713 (1714, 1715).

[1135] Lange, Die Neugestaltung des Erbrechts, DR 1942, Seite 1713 (1714).

[1136] Von der Beurteilung der quantitativen Vermehrungen der Erbschaften des Fiskus durch den Holocaust im Zusammenwirken mit den DVO zum Reichsbürgergesetz wird hier abgesehen, da dieses mit den Veränderungen der rechtlichen Ausgestaltung des Erbrechts des Fiskus nicht im Zusammenhang gesehen werden konnte.

III. Entwurf des Reichsjustizministeriums zu einer Erbrechtsverordnung im Mai 1940

Im Mai 1940 legte das Reichsjustizministerium den Entwurf einer Erbrechtsverordnung[1137] vor, die im Bereich des Erbrechts des Staates im wesentlichen den von der Akademie für Deutsches Recht gemachten Vorschlägen folgte. Die gesetzliche Erbfolge würde demnach gemäß § 4 auf die ersten drei Ordnungen begrenzt werden, wobei die Urgroßeltern nach diesem Entwurf keinerlei Erbrechte erhalten sollten.[1138] Diesbezüglich lag eine leichte Abweichung zu den Vorschlägen der Akademie vor, wobei bei der geringen Zahl der Fälle von Erbschaften der Urgroßeltern dies sicherlich vernachlässigt werden konnte. Zur Begründung wurde angegeben, daß den Nachlaßgerichten die Ermittlung weiter entfernter Verwandter erspart werden solle und zudem die Beziehungen zwischen den Verwandten eine weitergehende Ausdehnung der Erbberechtigung nicht rechtfertige.[1139]

Erbberechtigt sollte gemäß § 19 das Deutsche Reich sein, womit die Auslegungsschwierigkeiten des § 1936 BGB nach der Änderung der Staatsangehörigkeitsregelungen beseitigt worden wären.[1140] Weder ein Noterbrecht des Reiches, nicht einmal der näheren Verwandten[1141], noch Regelungen über die Verteilung oder Überlassung von Familien- und Haushaltsgegenständen, wie noch in den Entwürfen aus den Jahren 1908 und 1913, waren in dem Entwurf des Reichsjustizministeriums vorhanden, wobei bei einer insofern weiter gezogenen Erbrechtsgrenze Ausnahmeregelungen hinsichtlich der Familiengegenstände teilweise ihre Berechtigung verloren haben werden.

IV. Zusammenfassung

Zwar erschien es auch im Rückblick in rechtlicher Hinsicht vorteilhaft, daß für die Nationalsozialisten nicht nur Reformen innerhalb des BGB möglich erschienen, sondern auch eine völlige Umgestaltung des bürgerlichen Rechts angedacht wurde und somit alle seit Inkrafttreten des BGB aufgetretenen Probleme angesprochen werden konnten. Jedoch war es anscheinend letztlich nicht möglich, wie in diesem Bereich erkennbar, alle Rechtsprobleme durch die politische Idee dieser Zeit zu lösen. Wie Wieacker zu Recht feststellte, führten die „rücksichtslosen Mißachtungen des Rechts, ideologische Vorurteile und machttechnische

---

[1137] Auszüge im Anhang 4; im übrigen abgedruckt in: Schubert, ADR 1933 - 1945, Band III, 1, Volksgesetzbuch, Seite 235 ff.

[1138] Schubert, ADR 1933 - 1945, Band III, 1, Volksgesetzbuch, Seite 236; Schubert, FamRZ 1984, Seite 1 (4).

[1139] Schubert, FamRZ 1984, Seite 1 (14).

[1140] Schubert, ADR 1933 - 1945, Band III, 1, Volksgesetzbuch, Seite 239.

[1141] Ein solches wurde in der 2. Denkschrift des Erbrechtsausschusses zumindest von Lange gefordert: Lange, Die Ordnung der gesetzlichen Erbfolge, 2. Denkschrift des Erbrechtsausschusses der Akademie für Deutsches Recht, Seite 15.

Zweckerwägungen“[1142] zu einer Überlagerung der gesellschaftlichen Selbstkritik dieser Zeit.
Es wurde deutlich, daß auch die Nationalsozialisten von 1933 – 1945 nicht in der Lage waren, in dieser kurzen Zeit eine komplett neue Gesetzesordnung zu schaffen. Dies lag sicherlich nicht nur an der rechtsfeindlichen Überzeugung der Führer der Bewegung[1143], sondern auch an der Komplexität des rechtlichen Gesamtsystems. So wurden auch im Bereich des Erbrechts des Staates keine durchgreifenden Änderungen vollzogen, da diesbezüglich eine Veränderung der gesetzlichen Erbfolge, der Verwaltung der Nachlässe und möglicherweise der Testierbefugnis angestanden hätte, was nur in einem Gesamtsystem zu regeln gewesen wäre.
Nur die prinzipielle Einschränkung des Verwandtenerbrechts und die Veränderungen im Bereich der Testierfreiheit und der Rechtsstellung des Reiches hätten Einfluß auf das Erbrecht des Reiches gehabt[1144], wobei zumindest im Bereich der Verwandtenerbfolge so eine gesellschaftlich gewollte und daher volkstümlichere Regelung geschaffen hätte werden können, die der Idee des Nationalsozialismus insoweit entsprochen hätte, als daß der Fiskus als Teil des Volkes vor allzu entfernten Verwandten erbberechtigt gewesen wäre. Obwohl hierin auch Widersprüche zur ansonsten hervorgehobenen Blutsgemeinschaft der Verwandten entdeckt werden konnten, die argumentativ gegen eine Begrenzung der Verwandtenerbfolge sprachen, mußte die Beschränkung für die Nationalsozialisten doch konsequent wirken, da auch die Blutszusammengehörigkeit nur einen Grundpfeiler der Gemeinschaft und des Volkes darstellte, welcher eigentlich nur zur Ausgrenzung Art- und „Rassefremder“ diente und somit nicht Ziel, sondern das Mittel zum Zweck darstellte. Daß nicht die finanzielle Einnahmenverbesserung des Fiskus Hintergrund für derartige Forderungen war, wie dies noch in den vorhergehenden Gesetzentwürfen zur Reform des Erbrechts des Fiskus der Fall gewesen war, wurde einerseits von den Befürwortern immer wieder hervorgehoben und andererseits auch durch die vorgeschlagene Begrenzung der gesetzlichen Erbfolge deutlich, die keine wirklich starke Ausdehnung des Erbrechts des Fiskus zur Folge gehabt hätte. Auch die im Bereich der Erbschaftssteuer eingeführten Freibeträge für Kinder und Ehegatten und die völlige Befreiung des Ehegatten von der Steuerpflicht im Falle des Vorhandenseins von Abkömmlingen[1145] spricht für eine nicht fiskalisch orientierte Erbrechtspolitik.
Zwar waren die Einzelregelungen im Bereich der Testierfreiheit und der Erbenstellung von „Rassefremden“ und Juden geeignet, die Anzahl der Erbschaften

---

[1142] Wieacker, Privatrechtsgeschichte der Neuzeit, Seite 514 ff.
[1143] Rüthers in: Recht und Rechtslehre im Nationalsozialismus, Seite 19.
[1144] Auf die Einwirkungen durch den Holocaust wird hier aus den oben beschriebenen Gründen nicht eingegangen.
[1145] § 17 a ErbStG 1934.

des Fiskus zu steigern und diese führten in einzelnen Bereichen auch zu einer solchen Steigerung.[1146] Derartige Regelungen hatten mit dem Institut des Erbrechts des Fiskus dem Grunde nach aber nichts zu tun, da hier Konfiskationen von Vermögensgütern bei bestimmten Personengruppen geplant waren und das Erbrecht nur ein Mittel zur Zweckerfüllung darstellte.[1147]

9. Kapitel: Veränderungen von 1945-1949

Die von den Nationalsozialisten geschaffenen Rechtsnormen im Bereich des Erbrechts wurden zum größten Teil direkt nach dem Krieg von den Besatzermächten wieder beseitigt.[1148] Die Reichsbürgergesetze, das Reichserbhofgesetz, das Gesetz über erbrechtliche Beschränkungen wegen gemeinschaftswidrigen Verhaltens, das TestG in weiten Teilen und Gesetze, die dem Gleichheitssatz besonders durch die Ausrichtung auf nationalsozialistisches Gedankengut widersprachen, wurden entweder ausdrücklich aufgehoben oder gegenstandslos.[1149] Auslegungsgrundsätze, wie z.B. der Vorspruch im TestG, sollten zudem nicht mehr angewandt und Gesetze, die nach dem 30.01.1933 ergangen waren, nur noch nach ihrem Wortlaut ausgelegt werden.[1150]

Die in der britischen und amerikanischen Zone gültigen Rückerstattungsgesetze machten zudem Ausschlüsse von der Erbfolge oder den Verfall der Erbberechtigung unwirksam, wenn diese zwischen 1933 und 1945 aus Gründen der Rasse, Religion, Nationalität oder Weltanschauung erfolgt waren.[1151] Erbverträge oder Testamente, die nahe Verwandte von der Erbfolge ausschlossen oder Ausschlagungen der Erbschaft aufgrund nationalsozialistischer Neuregelungen waren bis zum 31.12.1948 beziehungsweise bis zum 30.06.1950 anfechtbar.[1152]

Artikel II KRG führte das allgemeine Erbrecht des BGB wieder ein. Die Veränderungsmöglichkeiten, die den Zonenbefehlshabern durch Artikel XI KRG eingeräumt wurden, hatten im Bereich des Erbrechts nur leichte Änderungen im

---

[1146] Die 11. DVO zum Reichsbürgergesetz von 1941 sah in § 4 für im Ausland lebende Juden vor, daß diese ihre deutsche Staatsangehörigkeit verlieren und ihr Vermögen verfallen solle; zudem konnten sie nicht mehr Erben eines deutschen Staatsangehörigen werden; die 13. DVO von 1943 sah dann vor, daß beim Tod eines Juden sein Vermögen dem Reich anfällt.

[1147] Wacker, Der Erbrechtsausschuß der Akademie für Deutsches Recht und dessen Entwurf eines Erbgesetzes, Seite 135, 136.

[1148] KRG Nr. 1 vom 20.09.1945, Artikel I, Ziffer 1.

[1149] Für weitere Nachweise siehe Lange/Kuchinke, Erbrecht, Seite 18; das bisher im Reichserbhofrecht verankerte Anerbenrecht fand seine Ausgestaltung in der Höfeordnung.

[1150] Lange/Kuchinke, Erbrecht, Seite 18.

[1151] Amerikanisches MRG 59 vom 10.11.1947, Artikel 78 – 80; britisches MRG 59 vom 12.05.1949, Artikel 65 – 67; nach Artikel 10 AmREG war Erbe eines nach dem Rückerstattungsgesetz Verfolgten zudem nicht der Fiskus gemäß § 1936 BGB, sondern eine von der Militärregierung bestimmte Nachfolgeorganisation.

[1152] Lange/Kuchinke, Erbrecht, Seite 37.

Höferecht zunächst in der britischen Zone zur Folge.[1153] Eine Verschärfung der Erbschaftsteuer ergab sich aus KRG Nr. 17 im Jahr 1946, wobei demnach zwar der Ehegatte und die Abkömmlinge einen Freibetrag in Höhe von 10.000 Reichsmark in Anspruch nehmen konnten, die Steuerpflicht sich danach aber grundsätzlich nach Klasse V bemessen lassen mußte, also der höchsten Stufe, welche bei 14 % begann. Der Hausrat wurde ebenfalls ab einem Wert von 5.000 Reichsmark besteuert.[1154]

10. Kapitel: Veränderungen ab 1949 in der Bundesrepublik

Die Veränderungen im Bereich des Erbrechts ab 1949 waren durch den Gedanken der Erblasserfreiheit bestimmt[1155], welcher im Gegensatz zur vorher aus ideologischen Gründen propagierten Pflichtgebundenheit des Erblassers stehen sollte. Hieraus konnte sich für das Erbrecht des Fiskus nur ergeben, daß ein solches möglichst zurückgedrängt werden, also eine Beschränkung der Verwandtenerbfolge oder eine Einschränkung der Testierfreiheit nicht erfolgen sollte und somit eine Rückbesinnung auf römisch-rechtliche Grundsätze stattzufinden hätte.

A. Beseitigung nationalsozialistischer Normen

Zunächst wurden die wirksamen Reste der von den Nationalsozialisten errichteten Normierungen durch das Gesetzeseinheitsgesetz vom 05.03.1953 größtenteils beseitigt. § 51 TestG ist dabei beispielsweise nicht beseitigt worden, der Übergangsvorschriften für die Geltung des TestG enthielt.[1156] Die das Erbrecht des Fiskus betreffenden Normen im Bereich der Testierfreiheit und der Nichtigkeit von Verfügungen von Todes wegen aufgrund nationalsozialistischen Gedankenguts wurden jedoch restlos aufgehoben.[1157]

B. Grundgesetz vom 23.05.1949

Entscheidende Bedeutung für das gesamte Rechtssystem der Bundesrepublik hatte das Grundgesetz vom 23.05.1949. Die darin enthaltenen Grundrechte stellen gemäß Artikel 1 Abs. 3 GG unmittelbar geltendes Recht, aber zum anderen auch eine Werteordnung für das gesellschaftliche Zusammenleben dar. Somit gelten die Grundrechte auch als Leitbild für das Erbrecht.[1158] In Artikel 14 GG werden Eigentum und Erbrecht gewährleistet, wobei „Inhalt und Schranken

[1153] Lange/Kuchinke, Erbrecht, Seite 18, 19.
[1154] Lange/Kuchinke, Erbrecht, Seite 19.
[1155] Lange/Kuchinke, Erbrecht, Seite 19.
[1156] Lange/Kuchinke, Erbrecht, Seite 38.
[1157] Lange/Kuchinke, Erbrecht, Seite 18.
[1158] Lange/Kuchinke, Erbrecht, Seite 23.

durch die Gesetze" bestimmt werden sollen. Die verfassungsrechtliche Gewährleistung besteht dabei in Form einer Institutsgarantie und in Form eines Individualgrundrechts des Einzelnen.[1159]
Man kehrte im Bereich des Erbrechts so zwar einerseits zu den in der Weimarer Zeit gewonnenen Rechtsauffassungen zurück, daß das Eigentum verpflichten solle und dem Wohle der Allgemeinheit zu dienen habe.[1160] Zudem sichert die Klausel in Artikel 79 Abs. 3 GG die in Artikel 20 Abs. 1 GG normierte Sozialstaatsfunktion der Bundesrepublik und somit eine soziale Komponente auch im Erbrecht.[1161] Andererseits wurde eine explizite Einschränkung, wie dies von der KPD-Fraktion 1948 vorgeschlagen wurde, nicht in das Grundgesetz aufgenommen.[1162] Der vorhandene Gesetzesvorbehalt muß demnach nicht zu einer stärkeren Beteiligung des Staates im Bereich des Erbrechts führen, sondern kann im Gegenteil zu einer freiheitlicheren Betrachtung von Eigentum und Erbrecht genutzt werden, was auch durch Artikel 2 Abs. 1 GG betont wird.[1163] Dieses wird im Gegensatz zur Weimarer Reichsverfassung auch dadurch hervorgehoben, daß Eigentum und Erbrecht gleichermaßen als Institut geschützt werden und nicht bloß nach Maßgabe des bürgerlichen Rechts.[1164] Der Erwerb der Erbschaft durch Familienmitglieder und somit der gesetzlichen Erben ist zudem durch Artikel 6 GG geschützt.[1165]

[1159] Lutter, FamRZ 1967, Seite 65 (68): Daß eine Verfassungsnorm somit gleichzeitig eine objektive und eine subjektive Komponente haben kann, unterliegt heute keinen Zweifeln mehr; Lange/Kuchinke, Erbrecht, Seite 25; Stöcker, WM 1979, Seite 214 (215); Bleckmann, Staatsrecht II / Die Grundrechte, Seite 1097; Alternativkommentar-Rittstieg, Artikel 14/15 GG, Rdnr. 138.

[1160] Lange/Kuchinke, Erbrecht, Seite 19; daß das Erbrecht hingegen seine besondere Erwähnung nur der Tradition aus Weimarer Zeit verdankt, wie dies bei Pieroth/Schlink, Grundrechte / Staatsrecht II, Seite 253 behauptet wird, ist falsch. Da ohne ein Erbrecht das Eigentum nicht lange bestehen könnte, ist die Gewährleistung beider Institute geradezu Voraussetzung für die Aufrechterhaltung der bestehenden Verhältnisse.

[1161] Lutter, FamRZ 1967, Seite 65 (71).

[1162] Staudinger/Boehmer, Erbrecht, 11. Auflage, Einleitung, Rechtspolitische Grundlagen des Erbrechts, Seite 45: Der parlamentarische Rat der KPD habe gefordert, „den Anteil der öffentlichen Hand nach Maßgabe der Gesetze" im Grundgesetz zu verankern; Rauscher, Reformfragen des gesetzlichen Erb- und Pflichtteilsrechts, Seite 17.

[1163] Rauscher, Reformfragen des gesetzlichen Erb- und Pflichtteilsrechts, Band I, Seite 17: „Freiheit zu erben bedeutet im Grundrechtssinne Freiheit, vom Staat nicht in seinem Erbrecht beschränkt zu werden, ..."; Lange/Kuchinke, Erbrecht, Seite 19.

[1164] Lange/Kuchinke, Erbrecht, Seite 24; Alternativkommentar-Rittstieg, Artikel 14/15 GG, Rdnr. 134 hält es allerdings für fraglich, ob damit eine andere Akzentuierung als im Bereich der Weimarer Reichsverfassung beabsichtigt war.

[1165] Lutter, FamRZ 1969, Seite 65 (68); Lange/Kuchinke, Erbrecht, Seite 24.

I. Einschränkbarkeit des Erbrechts

Nach Schaffung des Grundgesetzes müssen sich eventuell anstehende Änderungen in allen Bereichen des Rechts an der Verfassung messen lassen. Demnach ist für Änderungen im Bereich des Erbrechts des Fiskus beachtlich, ob und in welchem Umfang solche überhaupt im Lichte der Verfassung möglich sind.

1. Flankierende Grundrechte

Das Erbrecht wird am stärksten durch Artikel 2, 6 und 14 GG flankiert, wobei die maßgeblichen Artikel 2 und 14 einem Gesetzesvorbehalt unterliegen. Von der überwiegenden Zahl der Autoren und vom Bundesverfassungsgericht wird daraus ein subjektiv-öffentliches Erbrechtsfreiheitsrecht gegen den Staat abgeleitet[1166] und nicht bloß ein subjektives Privatrecht[1167]. Jedenfalls darf gemäß Artikel 19 Abs. 2 GG das durch Artikel 14 GG geschützte Erbrecht nicht in seinem Wesensgehalt angetastet werden.[1168]

In erster Linie wird so die Testierfreiheit des Erblassers geschützt und das sich daraus ergebende Recht des Erben.[1169] Totale Entziehungen des Rechts zu testieren oder Erbe zu werden, wie dies im Bereich der von den Nationalsozialisten erlassenen Einzelgesetzen[1170] im Bereich des Erbrechts möglich gewesen war, womit auch eine stärkere Beteiligung des Fiskus an den Erbschaften erreicht wurde, können so schon durch die Verfassung verhindert werden.[1171] Der Ausschluß bestimmter Personengruppen von der Erbfolge wäre nur beim Vorliegen sachlicher Gründe gerechtfertigt. Jedenfalls wäre es mit dem GG nicht vereinbar, wenn Verbrecher oder Staatsfeinde von der Erbfolge aufgrund ihrer Taten ausgeschlossen würden.[1172] Auch eine Verwirkung gemäß Artikel 18 GG ist nicht möglich.[1173]

Der Grundsatz des sich aus Artikel 14 GG ergebenden Erbrechts ist zudem die

---

[1166] BonnerK-Kimminich, Artikel 14, Rdnr. 95; MD-Dürig, Artikel 14, Rdnr. 239, 241 f; BVerfGE 67, 329 (340, 341): „Die Erbrechtsgarantie ... gewährleistet das Erbrecht als Rechtsinstitut und als Individualrecht...“; „Sie (die Erbrechtsgarantie) ... genießt ... als Element der Sicherung der persönlichen Freiheit des Einzelnen von Verfassungs wegen besonders ausgeprägten Schutz.“; BVerfG FamRZ 1995, 405 (408); Lutter, FamRZ 1967, Seite 65 (68).

[1167] Stöcker, WM 1979, Seite 214 (215).

[1168] Staudinger/Boehmer, Erbrecht, 11. Auflage, Einleitung, Rechtspolitische Grundlagen des Erbrechts, Seite 45; Lutter, FamRZ 1967, Seite 65 (68); Schmidt-Bleibtreu/Klein, Artikel 14 GG, Rdnr. 6.

[1169] BVerfGE 67, Seite 329 (341); BVerfGE 58, Seite 377 (398); Bleckmann, Staatrecht II / Die Grundrechte, Seite 1097.

[1170] Siehe oben Seite 151.

[1171] Rauscher, Reformfragen des gesetzlichen Erb- und Pflichtteilsrechts, Band I, Seite 86.

[1172] Lange/Kuchinke, Erbrecht, Seite 27.

[1173] Schmidt-Bleibtreu/Klein, Artikel 14 GG, Rdnr. 5.

Privaterbfolge.[1174] Demnach wäre es unzulässig, den Staat erben zu lassen und den Erben nur einen Nießbrauch einzuräumen.[1175] Somit wäre ein reines Staatserbrecht, wie es in der Zeit der Weimarer Republik von den Gewerkschaften oder den Sozialdemokraten vorgeschlagen wurde[1176], nicht möglich. Auch eine Erbschaftsteuer in Form einer Erdrosselungssteuer wäre somit unzulässig.[1177]

2. Einschränkungsmöglichkeiten

Der Gesetzesvorbehalt in Artikel 14 GG läßt jedoch eine einfachgesetzliche Einschränkung des Grundrechts zu.[1178] Bei der Gestaltung von Inhalt und Schranken muß der Gesetzgeber allerdings die übrigen Wertentscheidungen des Grundgesetzes berücksichtigen, insbesondere Artikel 3 GG, das Prinzip der Rechts- und Sozialstaatlichkeit und das Prinzip der Verhältnismäßigkeit.[1179] Zudem darf der Kern der Erbrechtsgarantie nicht betroffen sein.[1180] Stöcker geht davon aus, daß die vorkonstitutionelle Ausgestaltung des Erbrechts dem Institut an sich eine feste Kontur verleihe, welche bei Veränderungsvorschlägen Beachtung finden müsse.[1181]

a) Erbschaftsteuer

So ist eine in Stufen erhobene Erbschaftsteuer als Einschränkung des Rechts der Erben möglich.[1182] Selbst eine in Notzeiten bereits bei den Angehörigen erhobene Erbschaftsteuer in Höhe des größeren Teils der Erbschaft wäre demnach möglich.[1183] Da im Rahmen des aus Artikel 20 GG abzuleitenden Verhältnismäßigkeitsgrundsatzes eine Abwägung der unterschiedlichen Interessen der beteiligten Gruppen zu erfolgen hat, erscheint ein Zugriff auf die Erbschaft zugunsten der Allgemeinheit bei weiter entfernten Verwandten oder Fremden in höherem Maße gerechtfertigt zu sein als bei näheren Verwandten.[1184] Daraus ergibt sich unter anderem die Rechtfertigung des heutigen Steuerklassensystems, welches höhere Besteuerungsmöglichkeiten bei größerer verwandtschaftlicher Entfernung zum Erblasser eröffnet.

In Bezug auf die Ausweitung des Staatserbrechts wurde die Erbschaftsteuer von

---

[1174] BVerfGE 67, Seite 329 (340); Schmidt-Bleibtreu/Klein, Artikel 14 GG, Rdnr. 5, Alternativkommentar-Rittstieg, Artikel 14/15 GG, Rdnr. 147.

[1175] Lutter, FamRZ 1967, Seite 65 (68).

[1176] Siehe oben Seite 141.

[1177] Lutter, FamRZ 1967, Seite 65 (68).

[1178] BVerfGE 44, Seite 1 (17).

[1179] BVerfGE 67, Seite 329 (340); Jung, FamRZ 1976, Seite 134 (135).

[1180] BVerfGE 19, Seite 202 (206); Stöcker, WM 1979, Seite 214 (216).

[1181] Stöcker, WM 1979, Seite 214 (222).

[1182] Lange/Kuchinke, Erbrecht, Seite 25.

[1183] Lange/Kuchinke, Erbrecht, Seite 26.

[1184] Lange/Kuchinke, Erbrecht, Seite 26.

vielen Politikern in der Vergangenheit als günstigere und einfachere Alternative der Einnahmenverbesserung auf Seiten des Fiskus angesehen. Die Einnahmen aus der Erbschaftsteuer haben sich deshalb beispielsweise zwischen 1974 und 1985 auch wegen der Erhöhung der Steuersätze mehr als verdreifacht.[1185] Aufgrund der massiv gestiegenen Einnahmen in diesem Bereich wurde die Abwehr aller Angriffe auf das Verwandten- und Familienerbrecht von Leipold in einem Aufsatz aus dem Jahr 1980 als Pyrrussieg bezeichnet und die verfassungsrechtliche Zulässigkeit derartig hoher Steuersätze in Frage gestellt.[1186] Einer Befürwortung der Ausweitung des Erbrechts des Fiskus nur aus finanziellen Erwägungen heraus kann aus diesen Gründen also nicht mehr gefolgt werden, wobei die rein finanziellen Erwägungen auch nur bei den Vorschlägen aus den Jahren 1908 und 1913 die zentrale Rolle gespielt haben.

b) Beschränkung des Verwandtenerbrechts

Im Sinne einer verhältnismäßigen Einschränkung des Erbrechts besteht auch die Möglichkeit, daß der Fiskus gesetzlich als wirtschaftlicher Vertreter der Allgemeinheit vor ganz entfernten Verwandten berufen wird.[1187] Das für das bestehende Erbrecht des Fiskus entscheidende Kriterium der Reichweite der gesetzlichen Erbfolge ist durch die Verfassung allerdings nicht vorgegeben[1188], d.h. der Kreis der Erben ist verfassungsmäßig nicht garantiert.[1189] Der Ehegatte und die nächsten Verwandten sind zwar schon im Rahmen des Artikel 6 GG insofern geschützt, als ihnen das Erbrecht an sich erhalten bleiben soll.[1190] Eine bestimmte Rangordnung zwischen Abstammung und Familienzugehörigkeit oder ein bestimmtes Verhältnis zwischen dem Ehegatten und den Abkömmlingen des Erblassers ist dem Grundgesetz aber nicht zu entnehmen.[1191] Teilweise wird sogar vertreten, daß Artikel 14 GG nur die Testierfreiheit gewährleiste und eine gesetzliche Erbfolgeordnung nicht zwingend gegeben sein müsse.[1192]

[1185] Zawar, DNotZ 1989, Seite 116 (117); das Erbschaftsteuergesetz aus dem Jahr 1974 diente selbst nach amtlicher Begründung auch der Umverteilung von Vermögen, um „die Lebenschancen breiter, noch nicht vermögender Schichten verbessern zu helfen“: Drucksachen des Bundestags 1974, VI/3418, Seite 49.

[1186] Leipold, AcP 180, Seite 160 ff.

[1187] Lange/Kuchinke, Erbrecht, Seite 26; Staudinger/Boehmer, Erbrecht, 11. Auflage, Einleitung, Rechtspolitische Grundlagen des Erbrechts, Seite 23, 46; Stöcker, WM 1979, Seite 214 (222); Steffen, DRiZ 1972, Seite 263 (266); Staudinger-Otte, 13. Auflage, Einleitung zu §§ 1922, Rdnr. 70; von Lübtow, Erbrecht, Seite 20; Alternativkommentar-Rittstieg, Artikel 14/15 GG, Rdnr. 147.

[1188] Steffen, DRiZ 1972, Seite 263 (264).

[1189] Lutter, FamRZ 1967, Seite 65 (68).

[1190] Stöcker, WM 1979, 214 (214); Lange/Kuchinke, Erbrecht, Seite 26; Alternativkommentar-Rittstieg, Artikel 14/15 GG, Rdnr. 148.

[1191] BVerGE 11, 64 (69).

[1192] 49. Deutscher Juristentag, Diskussion, Bundesrichter Johannsen, K 41.

Beim nichtehelichen Kind, welches zumindest als Blutsverwandter gegenüber dem Vater ein Erbrecht haben müßte, ist ein echtes Erbrecht erst ab 01.04.1998 in das BGB aufgenommen worden. Wessen Erbrecht also durch die Verfassung garantiert wird unterliegt auch gesellschaftspolitischen Wandlungen und Anschauungen.

II. Interessenabwägung

Wie weit also eine Einschränkung gehen dürfte, müßte durch eine Abwägung der unterschiedlichen Interessen im Lichte des Artikel 14 GG entschieden werden.

Jung stellte in einem Aufsatz aus dem Jahr 1976[1193] die generellen Einschätzungsvarianten zum Erbrecht passend dar, wobei die Gesamtschau auch Rückschlüsse auf die Einstellung zum Erbrecht des Fiskus zulassen sollte. Wegen der Veränderung der wirtschaftlichen und sozialen Verhältnisse wurde das Erbrecht zum Teil als arbeitsloser und deshalb verabscheuungswürdiger Erwerb dargestellt[1194], als Perpetuierung wirtschaftlicher Machtstellung, der einen Verstoß gegen die Chancengleichheit zur Folge habe.[1195] Zum anderen habe das Erbrecht schon immer eine Stärkung des Einzelnen gegenüber kollektiven Mächten, eine Erhöhung der Selbstverantwortung und gesteigerten Fleiß und Sparsinn zur Folge gehabt.[1196] Die Gewichtung der unterschiedlichen Argumente müßte auch im Bereich einer Ausweitung des Erbrechts des Fiskus erfolgen, wobei zentrales Argument speziell für die Einschränkung der Verwandtenerbfolge auch nach 1945 die Veränderung der Familienstruktur seit Schaffung des BGB gewesen ist. War damals noch die Großfamilie eine wirtschaftliche Zwangsgemeinschaft und die Blutsverbindung die Rechtfertigung für den Übergang des Vermögens in einer Produktionsgemeinschaft[1197], so ist die heutige Großfamilie zumindest in wirtschaftlicher Hinsicht voneinander so unabhängig wie nie zuvor.[1198] Eine wirtschaftliche Unterstützung gibt es häufig nur noch in der Kernfamilie und selbst dort sind die Beziehungen eher von Sympathie und affektiver Bindung als von wirtschaftlicher Abhängigkeit geprägt.[1199]

Vertreten wird deshalb, daß das Erbrecht seine Rechtfertigung nicht mehr in der Blutsverbindung der Verwandten, sondern entweder in den familienrechtlichen

---

1193 Jung, FamRZ 1976, Seite 134 ff.

1194 Stöcker kritisiert im Ergebnis schon den Begriff des „arbeitslosen Erwerbs", da das Erben keiner „Produktionsweise", sondern einer „Naturtatsache" entspreche – gleichgültig ob die Erbschaft einem Verwandten oder dem Staat anfalle: Stöcker, WM 1979, Seite 214 (221).

1195 Jung, FamRZ 1976, Seite 134 (134, 135).

1196 Jung, FamRZ 1976, Seite 134 (135).

1197 Zawar, DNotZ 1989, Seite 116 (118).

1198 Lutter, FamRZ 1967, Seite 65 (71).

1199 Buchholz, FamRZ 1985, Seite 872 (879).

Bindungen[1200] oder in der Verwirklichung des mutmaßlichen Willens des Erblassers finde. Die gesellschaftlichen Veränderungen haben sich auch in der Normgebung des BGB im Rahmen des Familienrechts gezeigt.[1201] So läßt die stärkere erbrechtliche Beteiligung des Ehegatten durch § 1371 BGB und die Regeln der Zugewinngemeinschaft[1202] auf eine engere Bindung der Eheleute schließen, im Vergleich zu einer gelockerten Verbindung zu entfernteren Verwandten.[1203] Die genannten Argumente spiegeln aber nur eine grundsätzliche Haltung zum Erbrecht wieder, die dementsprechend entweder nur eine starke Einschränkung des Verwandtenerbrechts oder die weiterhin unbeschränkte Verwandtenerbfolge zur Folge haben kann.[1204]

C. Erbschaftsteuergesetzgebung

Nach den Verschärfungen durch KRG Nr. 17 erfolgte bereits 1948 das Gesetz Nr. 64[1205] zur vorläufigen Neuordnung der Steuern für das vereinigte Wirtschaftsgebiet. Die auch nach dem Grundgesetz zulässige Möglichkeit der Besteuerung nach Verwandtschaftsklassen wurde wieder eingeführt, wobei allerdings die Höhe der Steuersätze von 4 – 80 % reichte. Freibeträge bestanden für Ehegatten in Höhe von DM 500.000, für Abkömmlinge und sonstige Verwandte zwischen DM 500 und DM 20.000.[1206]

Die Erbschaftsteuer wurde seit 1949 häufig geändert[1207] und den allgemeinen wirtschaftlichen Gegebenheiten angepaßt, wobei allerdings ersichtlich wird, daß fiskalische Interessen des Staates viel eher befriedigt werden konnten als dies durch eine Ausweitung der Erbschaften des Fiskus möglich gewesen wäre.[1208] Zudem ist der Verwaltungsaufwand zur Einnahme dieser Steuer ungleich geringer als bei einer Steigerung der staatlichen Erbschaften. Die verfassungsrechtliche Legitimation einer mehr als 50 % betragenden Steuer wurde dabei allerdings

[1200] Lutter, FamRZ 1967, Seite 65 (71).

[1201] Die soziale Wirklichkeit der Familie habe schon immer die rechtlichen Regelungen beeinflußt: Klippel, FamRZ 1985, Seite 444 (455).

[1202] §§ 1370 – 1374 wurden in das BGB neueingefügt durch Gesetz vom 18.06.1957, BGBl. I, Seite 609.

[1203] Lutter, FamRZ 1967, Seite 65 (71).

[1204] Gerade der Begriff des „arbeitslosen Erwerbs“ spielte in sozialistischen Ländern eine Rolle, was tatsächlich zu einer starken Einschränkung des gesamten Erbrechts führte, aber bemerkenswerterweise nicht zu einer Abschaffung des Privaterbrechts.

[1205] StZBl 1948, 123 vom 22.06.1948.

[1206] Lange/Kuchinke, Erbrecht, Seite 20.

[1207] Änderungen erfolgten 1959 (BGBl. I, 187, 667); 1962 (BGBl. I, 22); 1970 (BGBl. I, 1856); 1974 (BGBl. I, 933); 1992 (BGBl. I, 297) und 1997.

[1208] Die von Leiopold in AcP 180, Seite 160 ff. gefertigten Statistiken über das Erbschaftsteueraufkommen von 1950 – 1978 lassen bereits erkennen, daß die Einnahmen des Staates aus diesen Steuerinstitut enorm im Steigen befindlich sind.

teilweise in Frage gestellt.[1209]

D. Reformbewegung im Bereich des Erbrechts des Staates

Grundsätzlich waren die Reformbestrebungen im Bereich des Erbrechts des Fiskus nach 1949 eher gering. Dieses mag zum einen an den gescheiterten Reformen bis zum Jahr 1945 und den daraus gewonnenen Erfahrungen liegen. Zum anderen konnten fiskalische Interessen im Bereich des Erbrechts, wie oben beschrieben, besser durch Veränderungen der Erbschaftsteuer befriedigt werden als durch eine Vermehrung der Erbschaften des Fiskus. Ob eine Veränderung aber aus gesellschaftspolitischen Gründen noch durchzuführen wäre, wurde zumindest in den Gründerjahren der Bundesrepublik Deutschland wenig diskutiert.

I. Erfolgte Veränderungen

Außer den im steuerlichen Bereich liegenden Veränderungen hat es im Erbrecht nur wenige Änderungen seit 1945 gegeben, was für die Ausgewogenheit und die Akzeptanz der Materie spricht.

1. Ehegattenerbrecht und Erbrecht nichtehelicher Kinder

Nur im Rahmen des Ehegattenerbrechts und des Erbrechts nichtehelicher Kinder hat es gravierendere Veränderungen gegeben.[1210] Im Bereich des Erbrechts des Fiskus gab es hingegen keine Gesetzesänderungen, dafür aber stetig Vorschläge für eine Neuordnung.

2. Internationales Privatrecht

Im Bereich des internationalen Privatrechts gab es Vorschläge hinsichtlich einer Reform des deutschen internationalen Erbrechts.[1211] Die Bundesregierung legte diesbezüglich am 20.10.1983 dem Bundestag den Entwurf eines Gesetzes zur Neuregelung des IPR vor, welcher nach lebhafter Diskussion in Wissenschaft und Praxis erst in veränderter Form am 25.07.1986 in Kraft trat.[1212] Die Artikel 25 und 26 EGBGB ersetzten dabei die vorher im Erbrecht maßgeblichen Artikel 24 und 25 EGBG a.F. Dabei wurden die kasuistischen Durchbrechungen der Erbstatutsanknüpfung an die Staatsangehörigkeit des Erblassers in Artikel 24

[1209] Siehe oben Seite 185.

[1210] Gleichberechtigungsgesetz vom 18.06.1957: Im gesetzlichen Güterstand wurde das Erbrecht des überlebenden Ehegatten und dessen Vorauszuteilung geändert; Nichtehelichengesetz vom 19.08.1969; Eherechtsgesetz vom 14.06.1976; Adoptionsgesetz vom 02.07.1976: Nach § 1755 n.F. erlöschen mit der Annahme die bisherigen Verwandtschaftsverhältnisse des Kindes und seiner Abkömmlinge zu den bisherigen Verwandten.

[1211] Reformvorschlag bei: Lauterbach, Vorschläge und Gutachten zur Reform des deutschen internationalen Erbrechts, Seite 1 – 19.

[1212] Palandt/Heldrich, Einleitung von EGBGB 3 (IPR), Rdnr. 15.

Abs. 2 a.F. und 25 S. 2 a.F. nicht übernommen.[1213]
Hinsichtlich des Erbrechts des Staates ergaben sich nach der Neuregelung aber keine Veränderungen.

II. Reformvorschläge
Das Erbrecht des Fiskus war aber im Rahmen der Diskussion um die Begrenzung der Verwandtenerbfolge des öfteren ein Thema.

1. Erbrechtsreformgesetz
In der 235. Sitzung des deutschen Bundestags vom 14.05.1969 wurde die Bundesregierung durch den Bundestag bei der Verabschiedung des Nichtehelichengesetzes durch einstimmigen Beschluß dazu aufgefordert, „in der nächsten Legislaturperiode einen Entwurf für eine Reform des Erbrechts des Bürgerlichen Gesetzbuchs, insbesondere des Erbrechts der Ehegatten und der Kinder vorzulegen".[1214] Der Beschluß wurde vielfach in der Literatur kritisiert, da der vorgesehene Zeitraum für eine derartige „Jahrhundertaufgabe" nach Meinung der meisten Autoren zu kurz bemessen war.[1215]

2. Meinungsumfragen
Das Bundesministerium der Justiz ließ anläßlich dieses Reformvorhabens im März 1970 und März 1971 Meinungsumfragen zu bestimmten Bereichen des Erbrechts durch das EMNID-Institut durchführen, um unter anderem auch Aufschluß über die Testierbereitschaft der Bevölkerung und deren Auffassung zur Ausgestaltung der gesetzlichen Erbfolge zu erhalten.[1216] Ergebnis dieser repräsentativen Umfragen war unter anderem, daß nur 20 % der Befragten eine Verfügung von Todes wegen errichtet hatten. Weitere 21 % hätte zudem geplant, eine solche noch zu errichten. 42 % waren hingegen desinteressiert.[1217] Im Rentenalter hatten aber auch nur 39 % aller Befragten ein Testament errichtet, so daß wohl davon auszugehen ist, daß bei nahezu 2/3 aller Erbfälle die gesetzliche Erbfolge eintritt, da einige Menschen schon vor dem Eintritt in das Rentenalter versterben.[1218]
Stöcker ging dabei allerdings davon aus, daß dies nicht mit der stillschweigenden Duldung der gesetzlichen Erbfolge zusammenhänge, sondern vielfach mit

[1213] Palandt/Heldrich, Artikel 25 EGBGB, Rdnr. 1.
[1214] Protokolle des Bundestags vom 14.05.1969, Seite 13018 A und Seite 13025 C.
[1215] Stöcker, FamRZ 1971, Seite 609 (609); Bosch, FamRZ 1969, 505 (507).
[1216] Stöcker, FamRZ 1971, Seite 609 (609).
[1217] Stöcker, FamRZ 1971, Seite 609 (610).
[1218] Zu gleichen Erbgebnissen kam auch Leipold in seiner Untersuchung über die Verfügungshäufigkeit in bestimmten Amtsgerichtsbezirken: Leipold, AcP 180, Seite 160 (193); Stöcker, FamRZ 1971, Seite 609 (610).

der Angst vor der Auseinandersetzung mit dem eigenen Tod.[1219] Dieses zeige sich auch durch das starke Interesse an der Ausgestaltung der gesetzlichen Erbfolge, mit der die Bevölkerung in Teilen nicht einverstanden sei.
Zu 57 % waren die Befragten der Ansicht, daß die gesetzliche Erbfolge nach dem mutmaßlichen Willen des Erblassers ausgeformt sein müsse und nur 38 % waren der Auffassung, daß durch die Erbfolge das Familienvermögen beisammen gehalten werden müsse. Bei Landwirten war hier allerdings eine deutliche Mehrheit von 70 % für letzteres.[1220] Dennoch solle nach Auffassung der Mehrheit das Erbrecht seinen Schwerpunkt im Familien- und nicht im Vermögensrecht haben, wobei die Familie aber nur noch in der Gestalt einer Kleinfamilie in der Vorstellung der Bevölkerung vorhanden sei.[1221] Direkte Fragen zum Erbrecht des Fiskus wurden in diesem Zusammenhang allerdings nicht gestellt. Deutlich wurde aber die große Bedeutung der gesetzlichen Erbfolge und die Beschränkung der verwandtschaftlichen Beziehungen auf die Kernfamilie, wobei wiederum nicht davon ausgegangen werden kann, daß diese Stellungnahmen in Bezug auf das Erbrecht des Fiskus genauso ausgefallen wären, da hier vornehmlich Fragen hinsichtlich des Erbrechts der Ehefrau und der Abkömmlinge im Verhältnis zu weiteren Verwandten gestellt wurden.[1222]

3. Zivilrechtsvergleichung im Jahr 1969
Im Jahr 1969 war das gesetzliche Erbrecht der Familienangehörigen Thema der Fachgruppe für Zivilrechtsvergleichung in Regensburg.[1223] Grundsätzlich wurde festgestellt, daß die soziologischen Grundlagen des Erbrechts in Bewegung geraten waren, sich aber gleichzeitig die Bedingungen in den westlichen Industriestaaten angeglichen hatten.[1224] Bemerkenswert war auch, daß im Jahr 1965 eine breite erbrechtspolitische Umfrage in Frankreich zu sehr ähnlichen Ergebnissen geführt hatte wie die Umfragen aus den Jahren 1970 und 1971 in Deutschland.[1225] Falls also Veränderungen im deutschen Erbrecht angedacht werden, so muß schon wegen der Ähnlichkeit der Lebensverhältnisse ein Blick auf die Nachbargesetzgebungen erfolgen.[1226] In diesem Sinne lohnt aber auch die Rechtsvergleichung mit Ländern des Ostens, die aus ideologischen Gründen Eigentum und Erbrecht zum Teil ablehnten und demzufolge ein Erbrecht nur an

---

[1219] Stöcker, FamRZ 1971, Seite 609 (610).
[1220] Stöcker, FamRZ 1971, Seite 609 (611).
[1221] Stöcker, FamRZ 1971, Seite 609 (614).
[1222] Stöcker, FamRZ 1971, Seite 609 (612, 613).
[1223] Die Ergebnisse wurden veröffentlicht im 50. Band der Schriftenreihe der Gesellschaft für Rechtsvergleichung: Das Erbrecht von Familienangehörigen in positiv-rechtlicher und rechtspolitischer Sicht, im folgenden: Länderberichte und Rechtsvergleichung.
[1224] Firsching, JZ 1972, Seite 449 (451).
[1225] Stöcker, FamRZ 1971, Seite 609 (618).
[1226] Jung, FamRZ 1976, Seite 134 (137); Firsching, JZ 1972, Seite 449 (451).

kleinen Produktionsmitteln und persönlichem Eigentum erlaubten.[1227]
Den nordischen Rechten, welche zu damaliger Zeit gerade Veränderungen erfahren hatten, ist im Bereich des Erbrechts des Fiskus eigentümlich, daß ein Erbrecht der Verwandten nur bis zur dritten Parentel[1228] und danach der Anfall an staatliche Wohlfahrtsfonds vorgesehen ist.[1229] Im italienischen codice civile von 1942 ist eine Erbrechtsgrenze ab dem sechsten Verwandtschaftsgrad vorgesehen.[1230] Das französische Recht kennt ebenfalls eine Erbrechtsgrenze, welche aber erst bei Erben der vierten Klasse nach den Seitenverwandten sechsten Grades einsetzt.[1231] Der spanische Codigo Civil von 1888, der aber nur subsidiäre Anwendung findet, begrenzt in Artikel 954 die Erbfolge bei Seitenverwandten auf den vierten Grad. Gleichzeitig ist aber gemäß Artikel 956 der begünstigte Staat verpflichtet, die Erbschaften an Wohltätigkeitsanstalten und unentgeltliche Lehranstalten zu verteilen.[1232] Das niederländische Burgerlijk Wetboek in der Fassung vom 17.02.1923 enthält in Artikel 908 eine Begrenzung der Verwandtenerbfolge der Seitenlinie auf den sechsten Grad.[1233] Das schweizerische ZGB begrenzt in Artikel 459 die Erbfolge auf die ersten drei Parentelen. Den Urgroßeltern und deren Abkömmlingen steht allerdings ein Nießbrauchsrecht an dem Erbteil zu, der ihnen nach der vorherigen Parentelordnung zugefallen wäre.[1234]
In den §§ 741, 751 des österreichischen ABGB ist eine Erbrechtsgrenze ab der fünften Parentel vorgesehen, wobei innerhalb der vierten Parentel nur die Urgroßeltern berufen sind.[1235] Im englischen Recht hat man besonders auf die Ausgestaltung der Erbfolge in der Art Wert gelegt, wie sie „a reasonable person" in ihrem Testament niedergelegt hätte. Somit ist also der mutmaßliche Wille des Erblassers für die gesetzliche Erbfolge von besonderer Bedeutung. Dafür hat man die Testamente des letzten Jahrzehnts ausgewertet und ist zu dem Schluß gekommen, daß eine Erbrechtsgrenze ab der vierten Parentel zu ziehen sei, die dritte Parentel also voll erbberechtigt sein müsse.[1236]
Letztlich sind die Veränderungen in den 51 US-Staaten für die europäische Entwicklung besonders lehrreich, da hier 51 miteinander geographisch und wirtschaftlich verbundene Flächenländer Veränderungen ihrer letztlich aus dem alten englischen Recht geschaffenen Rechtssysteme entwickelten.[1237] Daß die

[1227] Knapp in: Länderberichte und Rechtsvergleichung, Seite 24 ff.
[1228] In der dritten Parentel noch mit weiteren länderspezifischen Einschränkungen.
[1229] Sundberg in: Länderberichte und Rechtsvergleichung, Seite 31 ff.
[1230] Firsching, JZ 1972, Seite 449 (451).
[1231] Firsching, JZ 1972, Seite 449 (451).
[1232] Firsching, JZ 1972, Seite 449 (451, 452).
[1233] Firsching, JZ 1972, Seite 449 (452).
[1234] Firsching, JZ 1972, Seite 449 (452).
[1235] Firsching, JZ 1972, Seite 449 (452).
[1236] Firsching, JZ 1972, Seite 449 (452).
[1237] Firsching, JZ 1972, Seite 449 (453).

meisten US-Staaten bis ca. 1960 keine Begrenzung der Verwandtenerbfolge normiert hatten, wurde von Rheinstein auf das Interesse von Unternehmen zurückgeführt, die sich mit der Suche nach Erben beschäftigten.[1238] Nach 1960 begannen jedoch einige Staaten bei der Neuordnung der Erbfolge mit der Schaffung einer Grenze, die meist bei der vierten Parentel gezogen wurde, wobei also die dritte Parentel voll erbberechtigt bleiben sollte.[1239] Seit der 1969 erfolgten Schaffung des Uniform Probate Code, der eine Erbrechtsgrenze nach der Großelternparentel vorsieht, haben bereits 14 Bundesstaaten eine Begrenzung der Verwandtenerbfolge übernommen.[1240] Begünstigt durch diese Neuregelungen soll allerdings nicht der Fiskus des jeweiligen Bundesstaates sein, sondern in der Regel Schulfonds oder andere Wohlfahrtseinrichtungen.[1241]

Resümierend ist bemerkenswert, daß ein Trend zur Begrenzung der gesetzlichen Erbfolge in den westlichen Industrieländern auszumachen ist[1242], wobei aber gleichzeitig keine direkte Einnahmenverbesserung für den Fiskus ermöglicht wurde, sondern wohltätige Fonds oder sonstige Einrichtungen von den Erbschaften profitieren.

Firsching, der sich besonders mit der Rechtsvergleichung im erbrechtlichen Bereich beschäftigte, statuierte diesbezüglich, daß zwar eine Begrenzung „ein Kind unserer Zeit" sei, die „amputation of the blood line" aber besonders in den nordischen Staaten auf die Abneigung der Bevölkerung gestoßen sei. Die Schaffung von Trust Fonds sollte diesbezüglich den Menschen das üble Gefühl des Zugriffs des „Vetter Jedermanns" nehmen.[1243] Zwar spreche die Vereinfachung des Ermittlungsverfahrens in jedem Fall für eine Begrenzung, die auch durch die vermehrten Aufgaben des Fiskus im sozialen Bereich gerechtfertigt werden könne. Es sollten vor einer Änderung nach Meinung Firschings aber Untersuchungen über die wirtschaftlichen Auswirkungen einer etwaigen Erbrechtsbegrenzung auf die ersten drei Ordnungen erfolgen.[1244] Derartige Untersuchungen sind allerdings bis zum heutigen Tag in Deutschland nicht durchgeführt worden.

[1238] Rheinstein in: Länderberichte und Rechtsvergleichung, Seite 10.

[1239] So beispielsweise im Staat New York, in Arkansas, Idaho, Oregon: Firsching, JZ 1972, Seite 449 (453); anders aber beispielsweise in New Hampshire.

[1240] Rauscher, Reformfragen des gesetzlichen Erb- und Pflichtteilsrechts, Band II, 1. Teilband, Seite 132.

[1241] Firsching, JZ 1972, Seite 449 (453).

[1242] Rauscher, Reformfragen des gesetzlichen Erb- und Pflichtteilsrechts, Band II, 1. Teilband, Seite 132.

[1243] Firsching, JZ 1972, Seite 449 (454).

[1244] Firsching, JZ 1972, Seite 449 (454).

4. 49. Deutscher Juristentag

Die Reform des Erbrechts war 1972 generelles Thema der zivilrechtlichen Abteilung des 49. Deutschen Juristentages in Düsseldorf.[1245] Von vielen Autoren wurde im Vorfeld des Juristentags eine Neuordnung als „Jahrhundertaufgabe" bezeichnet und eine „Gesamtneuordnung aus einem Guß" statt kleiner Teilreformen gefordert.[1246] Unter anderem wurde hier auch über eine Begrenzung des Verwandtenerbrechts und eine differenziertere Beteiligung des Fiskus an der Erbschaft nachgedacht.

a) Gutachten Coings

Dementsprechend führte Professor Helmut Coing in seinem Gutachten aus, daß sich die Diskussion um eine Reform des Erbrechts auf die tatsächlichen Veränderungen innerhalb der Gesellschaft seit dem Inkrafttreten des BGB, die Regelungen in anderen Ländern und die praktischen Erfahrungen mit der vorhandenen Materie beziehen müsse.[1247]

aa) Gesellschaftspolitische Erwägungen

In tatsächlicher Hinsicht seien vor allem die gestiegenen Vermögen der Bürger in Form von Spareinlagen, Grundvermögen und Rentenanwartschaften zu beachten. Dies führe zu einer stärkeren Unabhängigkeit des Einzelnen von seiner Elterngeneration und letztlich zu einer Entlastung des Erbrechts von seiner Versorgungsfunktion.[1248] Dennoch folge aus den gesteigerten Vermögenswerten eine größere Bedeutung des Privaterbrechts[1249] und gleichzeitig auch die Gefahr einer Perpetuierung der Vermögensverteilung[1250]. Da die im BGB vorgesehene Verwandtenerbfolge zumindest zum Teil mit dem Zusammengehörigkeitsgefühl der Familie begründet wurde, seien auch die veränderten sozialen Verhältnisse in den Familien zu beachten.[1251] Die Besinnung auf die „Kernfamilie"[1252] oder sogar die „Gattenfamilie"[1253] in der Industriegesellschaft sei auch durch die Übernahme der sozialen Absicherung durch den Staat möglich geworden, was im Umkehrschluß eine stärkere finanzielle Beteiligung des Fiskus an den Erbschaften zur Folge haben könne.[1254] Diese könne in Form von Erbschaftsteuern

---

1245 Verhandlungen des 49. Deutschen Juristentages, Düsseldorf 1977, Band 1: Gutachten, Band II, Sitzungsberichte.

1246 Bosch, FamRZ 1972, Seite 417 (418) m.w.N.; Ruthe, FamRZ 1972, Seite 626 (626).

1247 49. Deutscher Juristentag, Coing, Einleitung.

1248 49. Deutscher Juristentag, Coing, A 15.

1249 49. Deutscher Juristentag, Coing, A 17.

1250 So auch schon von Schmitt, Erbrecht, Seite 150; 49. Deutscher Juristentag, Coing, A 19.

1251 49. Deutscher Juristentag, Coing, A 19.

1252 Strätz, FamRZ 1998, Seite 1553 (1555).

1253 Buchholz, FamRZ 1985, Seite 872 (880).

1254 49. Deutscher Juristentag, Coing, A 14.

erfolgen, welche seit 1945 bereits mehrfach erhöht wurden. Denkbar sei aber auch eine frühere Beteiligung des Fiskus an der Gesamterbschaft.
Coing vertrat hier aber ausdrücklich die Auffassung, daß eine vorschnelle Begrenzung der Verwandtenerbfolge nicht anstehe, da zwar keine wirtschaftliche Zwangsgemeinschaft der Familienmitglieder mehr bestehe, die Familie als Solidaritätsgruppe aber nach wie vor bestehe und somit auch ein „Geflecht gegenseitiger Hilfeleistung existiere", welches gleichermaßen als Rechtfertigung der Erbberechtigung dienen könne.[1255]

bb) Rechtsvergleichende Untersuchungen
Als Vergleichsobjekte wurden vor allem veränderte Erbrechtsnormierungen der letzten Jahrzehnte herangezogen, welche in den nordischen Ländern, den sozialistischen Staaten und zum Teil auch in England, Frankreich und der Schweiz in Kraft getreten waren.[1256] Einen rechtsvergleichenden Überblick lieferten die Ausführungen von Professor Reichert-Facilides anläßlich des 49. Juristentags.[1257]

α) Begrenzung der Verwandtenerbfolge
Obwohl überall das gesetzliche Erbrecht auf der Basis der Verwandtschaft gewährt werde, gibt es in der Regel eine Begrenzung der Verwandtenerbfolge auf die ersten drei Parentelen. Ausnahmen bilden insofern die meisten Staaten in den USA, Norwegen und Deutschland.
Im schweizerischen Zivilgesetzbuch wird den Urgroßeltern nur noch ein Nießbrauch am Nachlaß eingeräumt, in Israel endet die Erbberechtigung generell mit der dritten Parentel. In den nordischen Gesetzen, mit Ausnahme von Norwegen, wurden sogar innerhalb der dritten Parentel Grenzen bei den Vettern und Cousinen ersten Grades gezogen.[1258] In Frankreich gibt es eine Begrenzung des Aszendentenerbrechts auf den sechsten Grad, in England wurden nur die halbbürtigen Tanten und Onkel noch miteingeschlossen.[1259]
Am weitesten gingen die Beschränkungen in den sozialistischen Ländern, wo meist nur die Abkömmlinge, die Eltern und der Ehegatte erbberechtigt waren. Dieses lag auch an der grundsätzlichen Ablehnung des Erbrechts durch die sozialistischen Programme.[1260] Zwar war es auch dort nicht zu einer generellen Negierung des Erbrechts gekommen, was innerhalb der sozialistischen Rechtstheo-

---

[1255] 49. Deutscher Juristentag, Coing, A 23.
[1256] Zu den rechtsvergleichenden Ergebnissen kann auf das in diesem Abschnitt unter 3. Gesagte verwiesen werden.
[1257] 49. Deutscher Juristentag, Referat Reichert-Facilides, A 57 ff.
[1258] 49. Deutscher Juristentag, Coing, A 26 ff. m.w.N.
[1259] 49. Deutscher Juristentag, Referat Reichert-Facilides, A 61.
[1260] 49. Deutscher Juristentag, Coing, A 27.

rie durchaus Probleme bereitet hatte. Dennoch konnte man sich zumindest beim Erbrecht des Fiskus so zu einer stärkeren Begrenzung des Verwandtenerbrechts entschließen.[1261] In Polen etwa haben die Großeltern kein Erbrecht, wohl aber einen Unterhaltsanspruch im Falle der Bedürftigkeit.[1262] In der Sowjetunion waren nur die Abkömmlinge, die Eltern und der Ehegatte erbberechtigt[1263], zudem wurden innerhalb der gesetzlichen Erbfolge die arbeitsunfähigen Erben vor den arbeitsfähigen bevorzugt, um durch die Erbfolge auch die soziale Fürsorge zu gewährleisten.[1264] In der Tschechoslowakei wurden darüber hinaus nur noch die Geschwister als erbberechtigt angesehen.[1265]
Aus der Abstufung dieser Einschränkungen muß somit auch die Schlußfolgerung zu ziehen sein, daß die wirtschaftliche Ausrichtung einer Gesellschaft eine Beschränkung der Verwandtenerbfolge und somit eine frühere Erbberechtigung des Fiskus begünstigt oder verhindert hatte. Zumindest waren die Veränderungen in einigen westlichen Ländern auch ideologisch geprägt und teilweise nur gegen gesellschaftlichen Widerstand durchsetzbar gewesen.[1266]

β) Verwendung der Erbschaften

Neben den tatsächlichen Begrenzungen sind aber auch die Anfallsberechtigten beziehungsweise die Verwendungen der Erbschaften anders als im BGB geregelt. In Schweden wurden Erbfonds[1267] gegründet, die sich die Förderung von Jugendlichen zum Zweck gesetzt haben. Daneben fließt ein Drittel der Einnahmen in eine Kapitalreserve.[1268] In Island erhält ein solcher Fund sogar die gesamte Erbschaftsteuer.[1269]
In einigen Staaten der USA gibt es gemeindlich organisierte Community Trusts, die in der Rechtsform einer privaten Stiftung Sammelstellen für Vermächtnisse, Schenkungen und Erbschaften aus dem gemeindlichen Bereich darstellen und

1261 49. Deutscher Juristentag, Referat Reichert-Facilides, A 59.
1262 49. Deutscher Juristentag, Coing, A 32.
1263 Dieses aber auch erst nach dem Erlaß „Über die gesetzlichen und testamentarischen Erben" vom 14.03.1945. Davor galt das Erbrecht grundsätzlich nach dem Dekret „Über die Abschaffung des Erbrechts" aus dem Jahr 1918 für abgeschafft.: Bonfils, Gesetzliche Erbfolge, Erbrecht des Staates und Testierfreiheit im Erbrecht der Sowjetunion, der osteuropäischen Länder und der DDR, Seite 256.
1264 Bonfils, Gesetzliche Erbfolge, Erbrecht des Staates und Testierfreiheit im Erbrecht der Sowjetunion, der osteuropäischen Länder und der DDR, Seite 257: Dadurch wurde auch die öffentliche soziale Verpflichtung zum Teil auf das Erbrecht abgewälzt.
1265 49. Deutscher Juristentag, Referat Reichert-Facilides, A 61.
1266 49. Deutscher Juristentag, Referat Reichert-Facilides, A 62.
1267 Der sog. Government Trust Fund soll diesbezüglich ausschließlich karitative und kulturelle Zwecke verfolgen, die möglichst noch dem Erblasserwillen entsprechen.
1268 49. Deutscher Juristentag, Coing, A 27.
1269 49. Deutscher Juristentag, Referat Reichert-Facilides, A 62.

die erhaltenen Mittel für Projekte innerhalb der Gemeinde nutzen.[1270]
In Norwegen, Dänemark, Finnland und auch in der Schweiz ist vorgesehen, daß die Einnahmen aus den Erbschaften des Fiskus auch an die Gemeinden oder andere Organisationen weitergeleitet werden können, wenn dies im Einzelfall geboten erscheint.[1271]
Das israelische Recht schreibt sogar in Artikel 17 Erbgesetz vor, daß die Einnahmen zum Zwecke der Erziehung, der Wissenschaft, der Gesundheitspflege und der Wohlfahrtspflege verwendet werden müssen, beziehungsweise wiederkehrende Leistungen an Personen oder Körperschaften erfolgen sollen, die den Erblasser unterhalten oder vom Erblasser Unterstützung erhalten haben.[1272]
Ersichtlich ist so zumindest, daß die Einschränkungen der Verwandtenerbfolge in den westlichen Demokratien nicht nur zu einer Steigerung der fiskalischen Einnahmen führen, sondern vielmehr sozialen Zwecken dienen sollen, was sicherlich eine höhere Akzeptanz solcher Regelungen in der Bevölkerung zur Folge hat.

cc) Praktische Erfahrungen mit der vorhandenen Normierung
In praktischer Hinsicht stellt sich durch die unbegrenzte Verwandtenerbfolge die Suche nach den entfernteren Verwandten für die Nachlaßgerichte häufig als Problem dar.[1273] Nur die zeitliche Schranke innerhalb des § 1965 BGB stellt im Hinblick auf die Suche ein rechtliches Ende dar.[1274] Somit könnte durch eine Begrenzung zumindest die Suche der Nachlaßgerichte erleichtert werden.

dd) Stellungnahme Coings
Coing schlug schließlich vor, eine Begrenzung der Verwandtenerbfolge nach schweizerischem Vorbild ab der dritten Parentel durchzuführen, wobei wegen der geringen praktischen Relevanz keine Ausnahmeregelungen für die Urgroßeltern geschaffen werden sollten.[1275] Wegen der nach wie vor bestehenden Abneigung gegen den Fiskus und der verschiedenen Größe und Leistungsfähigkeit der Gemeinden sollten die Erbschaften zwar nach wie vor dem Fiskus zufallen, dieser solle die Überschüsse aber an eine private Stiftung von lokaler Bedeutung oder an die Gemeinde direkt für gemeinnützige Zwecke abführen.[1276] In dieser Hinsicht sei eine Zweckbindung wie in Artikel 17 des israelischen Erbgesetzes

[1270] 49. Deutscher Juristentag, Coing, A 40.
[1271] 49. Deutscher Juristentag, Coing, A 27.
[1272] 49. Deutscher Juristentag, Coing, A 27.
[1273] Auch die Aufforderungen gemäß § 1953 Abs. 3 BGB können zu erheblichen Verwaltungsaufwendungen führen.
[1274] 49. Deutscher Juristentag, Referat Reichert-Facilides, A 61.
[1275] 49. Deutscher Juristentag, Coing, A 39.
[1276] 49. Deutscher Juristentag, Coing, A 40.

ratsam.[1277]

b) Referat Dieckmanns

Dieckmann machte in seinem einführenden Referat deutlich, daß er eine Begrenzung der Verwandtenerbfolge auf die ersten drei Ordnungen für richtig hält. Der Einnahmenzuwachs für den Fiskus halte sich aber seiner Meinung nach in Grenzen, was auch die Erfahrungen in den anderen Ländern bewiesen hätten. Wegen der geringen Auswirkungen seien die Änderungen auch ohne soziologische Untersuchungen durchführbar.[1278] Ziel jeder Neuordnung des Staatserbrechts müsse es aber sein, keine weitere Umverteilung hervorzurufen, die durch die Erbschaftsteuer hinreichend gewährleistet sei, sondern eine Förderung gemeinnütziger Aufgaben im Bereich der Wohnsitzgemeinde des Erblassers zu ermöglichen.[1279]

c) Diskussionsbeiträge im Rahmen des 49. Deutschen Juristentags

Der Bundesrichter Johannsen vertrat die Auffassung, daß das Kriterium der Blutsbindung für die Begründung der gesetzlichen Erbfolge ausgedient habe und heutzutage entweder auf die Familie als Solidaritätsgruppe oder auf den mutmaßlichen Willen der Erblassers abzustellen sei.[1280] Diesbezüglich sei die gesetzliche Erbfolge mit der dritten Parentel und dem vierten Grad abzuschließen, wobei Abkömmlinge von Cousinen und Cousins des Erblassers nicht mehr zu den gesetzlichen Erben gehören sollten.[1281] Begründet wurde diese weitere Einschränkung innerhalb der dritten Ordnung damit, daß andernfalls eine zu große Zersplitterung des Nachlasses[1282] möglich sei, der nur die Zuführung der Erbmasse zum Konsum zur Folge habe.[1283] Angeregt wurde im Rahmen der Begrenzung der Verwandtenerbfolge auch eine Billigkeitsregelung, die den Anfall der Erbschaft an solche Personen regeln solle, die den Erblasser bis zum Tod betreut haben, da dies in der Regel dem mutmaßlichen Willen des Erblassers entspreche.[1284]

[1277] 49. Deutscher Juristentag, Coing, A 40.

[1278] 49. Deutscher Juristentag, Referat Dieckmann, K 11.

[1279] 49. Deutscher Juristentag, Referat Dieckmann, K 28.

[1280] 49. Deutscher Juristentag, Diskussion, Johannsen, K 41.

[1281] 49. Deutscher Juristentag, Diskussion, Johannsen, K 42; für die Begrenzung auf die ersten drei Ordnungen in Gänze sprach sich hingegen Professor Reichert-Facilides aus: 49. Deutscher Juristentag, Diskussion, K 140.

[1282] So auch schon Boehmer, Vorschläge zur Neuordnung der gesetzlichen Erbfolge, Seite 59.

[1283] 49. Deutscher Juristentag, Diskussion, Johannsen, K 42; bemerkenswert bei einer solchen Argumentation ist, daß früher dem Erbrecht häufig Gegenteiliges vorgeworfen worden ist, nämlich daß es zur Vermögenskonzentration beitrage und somit Chancengleichheit verhindere.

[1284] 49. Deutscher Juristentag, Diskussion, Schippel, K 57.

Vertreten wurden im Rahmen der Diskussion aber auch extremere Forderungen bezüglich des Staatserbrechts. Ein Richter Rohrbeck forderte die Begrenzung auf die Eltern und die Kinder und Geschwister, da für ihn das Erbrecht seine einzige Legitimation durch die private Daseinsvorsorge erhalte und der Staat, der die Vermögensbildung bei Unternehmen und Privatpersonen erst ermögliche, ein Anrecht auf den Rückfluß des gebildeten Vermögens habe, wenn engste Verwandte nicht mehr vorhanden seien.[1285] Hierbei handelt es sich um einen Gedankengang, der sich so auch in den Äußerungen von Sozialdemokraten, Nationalliberalen und Gewerkschaften im Rahmen der Diskussion der Reform des Staatserbrechts von 1908 und 1913 wiederfindet und seine Ausprägung im sowjetischen Recht gefunden hatte.[1286] Entgegengesetze Forderungen nach einem vom Fiskus möglichst unabhängigen Erbrecht und damit einer Aufrechterhaltung der unbegrenzten Erbfolge wurden jedoch ebenso vorgebracht.[1287]
Coing machte in diesem Zusammenhang noch einmal sein Bekenntnis zur privaten Erbfolge deutlich und stellte klar, daß Eigentum in keinem Fall durch einen Anspruch gegen den Staat ersetzt werden könne.[1288] Interessanterweise äußerte sich Rohrbeck nach diesem Beitrag Coings erneut, um seine grundsätzliche Infragestellung des Privateigentums zu untermauern.[1289]
Von Referenten des Finanzministeriums wurden die Ausführungen Coings und Dieckmanns zur Begrenzung des Verwandtenerbrechts auf die ersten drei Parentelen begrüßt und die „Aschenbrödelrolle“ des Staates im Rahmen des Erbrechts des Fiskus bedauert.[1290]

d) Beschlußfassung des Juristentags

Die Beschlußfassung zur Begrenzung des Verwandtenerbrechts auf die ersten drei Ordnungen und höchstens bis zum vierten Grad innerhalb der dritten Ordnung fand bei der Abstimmung am 21.09.1972 eine denkbar knappe Mehrheit von 24 zu 21 Stimmen bei zwei Enthaltungen.[1291] Dieses sei auch auf ein gewisses Unbehagen des Forums zurückzuführen gewesen, das im Hinblick auf eine

[1285] 49. Deutscher Juristentag, Diskussion, Rohrbeck, K 77.
[1286] Siehe oben Seite 141.
[1287] 49. Deutscher Juristentag, Diskussion, Helms, K 84.
[1288] 49. Deutscher Juristentag, Diskussion, Coing, K 92.
[1289] 49. Deutscher Juristentag, Diskussion, Rohrbeck, K 106:
"Sie alle kennen es – das Geschrei von anderer Seite her: Eigentum ist Macht, die es zu zerschlagen gelte. Das Eigentum ist in unserer heutigen Gesellschaftsordnung nicht mehr als Faktum unangefochten..."; an dieser Stelle wurden die Parallelen zur Argumentation der Sozialdemokraten in der Weimarer Republik offenbar: siehe oben Seite 141.
[1290] So der vortragende Ministerialrat Bauer, der die Ausführungen des parlamentarischen Staatssekretärs Offergeld vortrug. Den Ausführungen zufolge gab es 1970 nur 50 Erbanfälle für den Fiskus im Gesamtwert von 5 Millionen DM bei einer Gesamtbesteuerungsmasse von ca. 4,3 Milliarden DM: 49. Deutscher Juristentag, Diskussion, K 128.
[1291] 49. Deutscher Juristentag, Beschlußfassung.

Ausweitung der Erbschaften des Fiskus bestanden habe.[1292]
Deutlicher fiel die Zustimmung für die These „Der Fiskus als gesetzlicher Erbe hat den Nachlaß möglichst im Sinne des Erblassers, hilfsweise für gemeinnützige Zwecke zu verwenden, vorzugsweise in der Gemeinde des letzten Wohnsitzes des Erblassers“ mit 21 zu sechs Stimmen bei drei Enthaltungen aus.[1293]

5. Beitritt der ehemaligen DDR

Beim Beitritt der ehemaligen DDR zur Bundesrepublik war die Begrenzung des Verwandtenerbrechts erneut zum Thema geworden, da in der DDR seit der Einführung des ZGB am 01.01.1976 eine Begrenzung der gesetzlichen Verwandtenerbfolge normiert worden war. [1294]

a) Überblick über das Erbrecht der DDR

Besonders im Wege der deutschen Einheit konnte über die Rechtsentwicklung im Rahmen einer Rechtsvereinheitlichung beider deutscher Staaten nachgedacht werden. Hierbei waren im Bereich des Erbrechts des Fiskus die Veränderungen beachtlich, die besonders im ZGB ab 1976 gegenüber dem BGB vorgenommen wurden.[1295] Das Erbrecht der DDR war schon aus ideologischen Gründen einigen gesellschaftspolitischen Anpassungen seit 1945 unterworfen, wobei auch das gesetzliche Erbrecht des BGB abgeändert wurde. Die DDR-Verfassung vom 07.10.1949 bestimmte in Artikel 22:
„Das Eigentum wird von der Verfassung gewährleistet. Sein Inhalt und seine Schranken ergeben sich aus den Gesetzen und den sozialen Pflichten gegenüber der Gemeinschaft. Das Erbrecht wird nach Maßgabe des bürgerlichen Rechts gewährleistet. Der Anteil des Staates am Erbe wird durch Gesetz bestimmt.“
Der das Erbrecht betreffende Satz erinnert an die Formulierung der Weimarer Reichsverfassung, der damals als Zugeständnis an sozialistische Forderungen gewertet wurde[1296], wobei die leichtere Einschränkbarkeit des Erbrechts in der DDR sicherlich beabsichtigt war.
Bosch ging in einem Aufsatz aus dem Jahr 1992 sogar davon aus, daß den Sozialisten die von den Nationalsozialisten geschaffenen Normen zur eigenen Gestaltung des Erbrechts gefallen haben müßten, da insbesondere das TestG und die ErbRVO unbestimmte Rechtsbegriffe wie das „gesunde Volksempfinden“ oder das „pflichtgemäße Ermessen“ enthielten, die im Sinne der sozialistischen Ideo-

[1292] Ruthe, FamRZ 1972, Seite 626 (627).
[1293] 49. Deutscher Juristentag, Beschlußfassung.
[1294] Zur Entstehungsgeschichte siehe Eckert/Hattenhauer-Eckert, Einleitende Bemerkungen zur Entstehungsgeschichte des ZGB der DDR, Seite 231 ff..
[1295] Siehe dazu insbesondere Eckert/Hattenhauer-Lingelbach, Das Erbrecht im ZGB, Seite 161, 162.
[1296] Siehe oben Seite 144.

logie weiterverwandt hätten werden können.[1297] Die anfängliche Forderung der Akademie für Deutsches Recht, das eigenhändige Testament als Testamentsform abzuschaffen, wurde beispielsweise im sowjetischen Recht verwirklicht.[1298] Die entscheidenden Normen des TestG und der ErbRVO nebst Durchführungsverordnung wurden jedoch auch in der Sowjetzone per Kontrollratsgesetz Nr. 37 vom 30.10.1946 aufgehoben.
Bemerkenswert ist aber, daß mit § 373 ZGB im Jahr 1976 eine dem § 48 Abs. 2 TestG zumindest ähnliche Vorschrift eingeführt wurde, die bestimmte, daß eine testamentarische Verfügung von Todes wegen dann als nichtig anzusehen sei, „soweit sie mit den Grundsätzen der sozialistischen Moral unvereinbar ist.“. Von Autoren in der DDR ist dabei ganz im Sinne des propagierten Gedankenguts eine Anpassung des Erbrechts an die „sozialistische Gesellschaft“ gefordert worden, wobei die „gesellschaftliche Funktion des Erbrecht in den Ausbeuterordnungen“ kritisiert wurde.[1299] Gleichzeitig wurde klargestellt, daß „die bürgerlichen Erbrechtsprinzipien und damit auch die hierauf beruhenden Bestimmungen des BGB“ der „weiteren sozialistischen Entwicklung hemmend im Wege“ stünden.[1300]
Das V. Buch des BGB galt mit leichten Modifizierungen etwa durch das Familiengesetzbuch vom 20.12.1965[1301] in der DDR aber zunächst bis zur Verabschiedung des ZGB fort, welches erst am 01.01.1976 in Kraft trat.[1302] Artikel 11 der Verfassung von 1968/74 bestimmte: „Die erbrechtlichen Bestimmungen ... die-

---

1297 Bosch, FamRZ 1992, Seite 869 (876).

1298 Bonfils, Gesetzliche Erbfolge, Erbrecht des Staates und Testierfreiheit im Erbrecht der Sowjetunion, der osteuropäischen Länder und der DDR, Seite 265.

1299 So zitiert von Bosch, FamRZ 1992, Seite 869 (875).

1300 AaO.

1301 Darüber hinaus war die AdoptionsVO vom 29.11.1956 von Bedeutung – hier wurde die Volladoption geregelt, die den völligen Abbruch der Verwandtschaft zu den bisherigen Verwandten und den gleichwertigen Aufbau der Verwandtschaft zu den annehmenden Personen zur Folge hatte – in das BGB wurde eine ähnliche Regelung 1976/77 in Form des § 1755 BGB eingeführt;
das FGB enthielt dabei in erbrechtlicher Sicht vor allem die Gleichstellung von minderjährigen nichtehelichen Kindern mit ehelichen Abkömmlingen.

1302 Wie im rechtsvergleichenden Überblick für die Sowjetunion geschildert, befand man sich hier wohl im gleichen Dilemma, das Erbrecht eigentlich bekämpfen zu wollen, aber im Sinne menschlicher Bedürfnisse und Forderungen nicht ganz abschaffen zu können. Mit Dekret vom 27.04.1918 „Über die Abschaffung des Erbrechts“ wurde das Erbrecht offiziell vom sowjetrussischen Gesetzgeber bereits abgeschafft, man mußte sich in der Folgezeit aber den Forderungen der Bevölkerung beugen und das Erbrecht zum Teil wieder einführen: Bonfils, Gesetzliche Erbfolge, Erbrecht des Staates und Testierfreiheit im Erbrecht der Sowjetunion, der osteuropäischen Länder und der DDR, Seite 1, 9; Staudinger/Boehmer, Erbrecht, 11. Auflage, Einleitung, Rechtspolitische Grundlagen des Erbrechts, Seite 29, 30.

nen der Gewährleistung des persönlichen Eigentums und des Erbrechts."[1303] Das „persönliche Eigentum"[1304] ließ, wie sich aus Äußerungen namhafter Juristen der DDR aus dem Jahr 1974 ergibt, nicht etwa auf eine besonders große Beziehung des Erbrechts zum Privatrecht schließen, sondern stelle vielmehr eine Einschränkung des bisherigen Eigentumsbegriffs und damit auch des Erbrechts dar. „Sie (die erbrechtlichen Bestimmungen) unterscheiden sich als sozialistisches Recht, das die Macht und die Anschauung der Arbeiterklasse zum Ausdruck bringt, prinzipiell in Zielsetzung und Funktion nicht nur vom bürgerlichen Recht, sondern vom Erbrecht aller auf dem Privateigentum an den Produktionsmitteln beruhenden Gesellschaftsordnungen. In der DDR ist die Ausbeutung des Menschen durch den Menschen für immer beseitigt... . Alle entscheidenden Produktionsmittel sind sozialistisches Eigentum. ...Gegenstand des Erbrechts ist deshalb grundsätzlich das persönliche Eigentum der Bürger. ..."[1305] Das unvererbliche sozialistische Eigentum wurde deshalb auch getrennt vom persönlichen Eigentum gemäß §§ 17 – 21 ZGB geregelt. Es sollte aber auch weiterhin in bestimmten Bereichen, insbesondere in Teilen der Landwirtschaft, Privateigentum geben, damit es der sozialistischen Produktion erhalten blieb.[1306] Schon aufgrund dieser Konstellation verlor das Erbrecht des Fiskus zumindest wirtschaftlich in der DDR an Bedeutung, da die großen Werte an Produktionsgütern ohnehin in sozialistischem Eigentum standen. Aus diesem Grunde ging der Fiskus auch relativ zurückhaltend mit der Erhebung von Erbschaftsteuern um.[1307] Rechtlich fand in den die gesetzliche Erbfolge regelnden §§ 362 – 427 ZGB aber eine Begrenzung des Verwandtenerbrechts auf die ersten drei Ordnungen und somit eine Ausweitung des gesetzlichen Erbrechts des Fiskus statt.[1308] § 369 Abs. 1 ZGB stellte insoweit klar: „Sind keine Erben bis zur 3. Ordnung vorhanden, ist der Staat gesetzlicher Erbe." § 369 Abs. 2, S. 1 ZGB: „Der Nachlaß geht in Volkseigentum über." Gemäß § 409 ZGB war für den Fiskus wie für alle anderen Erben auch eine Beschränkung der Haftung auf den vorhandenen Nachlaß

[1303] So entnommen bei Bosch, FamRZ 1992, Seite 869 (870); daraus war eine Institutsgarantie abzuleiten und somit zumindest eine Abkehr von der sozialistischen Ideologie, das Erbrecht abschaffen zu wollen, zu verzeichnen.: Mampel, FamRZ 1976, Seite 593 (594).

[1304] Bonfils, Gesetzliche Erbfolge, Erbrecht des Staates und Testierfreiheit im Erbrecht der Sowjetunion, der osteuropäischen Länder und der DDR, Seite 254.

[1305] So entnommen bei Bosch, FamRZ 1992, Seite 869 (870).

[1306] Eckert/Hattenhauer-Lingelbach, Das Erbrecht im ZGB, Seite 164: „Es entspricht dem Schutze aller Rechte der Bürger durch den sozialistischen Staat, daß neben dem Erbrecht am persönlichen Eigentum auch das Erbrecht an dem in der Übergangsperiode vom Kapitalismus zum Sozialismus in unserer Republik vorhandenen Privateigentum gewährleistet wird." (Material zur Begründung des Erbrechts im ZGB-Entwurf 1965).

[1307] Eckert/Hattenhauer-Lingelbach, Das Erbrecht im ZGB, Seite 163; anders bei Kulturgütern und Erben, die ihren Wohnsitz außerhalb der DDR hatten.

[1308] Brunner, JuS 1975, Seite 744 (747); Jung, FamRZ 1976, Seite 134 (137).

vorgesehen.[1309]
Die Testierfreiheit wurde nur gemäß § 396 ZGB durch die Erhöhung des Pflichtteils des Ehegatten und der unterhaltsberechtigten Kinder, Eltern und Enkel auf 2/3 der Erbschaft weiter eingeschränkt.[1310] Das nichteheliche Kind wurde dabei wie das eheliche behandelt.[1311] Die Einsetzung von Wohltätigkeitsorganisationen oder ähnlichem wurde hier offensichtlich wegen der sozialistischen Fürsorge durch den Staat nicht erwogen.[1312]

b) Anpassung ab 1990
Es wurde im Zuge der Einheit jedoch keine Anpassung des BGB an die durch das ZGB vorgesehene Erbfolge vorgenommen, obwohl dies vielfach gefordert[1313] und die Beibehaltung der Beschränkung der Erbfolge als „bewahrenswerte Position" bezeichnet wurde.[1314]
Kollisionsrechtlich fand gemäß Artikel 25 EGBGB analog[1315] und § 25 RAG-DDR bis zum 02.10.1990 das Erbrecht desjenigen Staates Anwendung, in welchem sich der gewöhnliche Aufenthaltsort des Erblassers befand.[1316] Für einen im Ausland lebenden Deutschen war demgegenüber nach der größten Bindung zu entscheiden.[1317]
Für das Erbrecht des nichtehelichen Kindes fand insofern allerdings gemäß Artikel 235, § 1 Abs. 2 EGBGB eine Anpassung an das ZGB statt, indem auf die bereits geborenen nichtehelichen Kinder das Erbrecht des BGB der ehelichen Kinder angewandt werden sollte. Für Immobiliarvermögen galt gemäß Artikel 3 EGBGB i.V.m. § 25 Abs. 2 RAG-DDR zudem die lex rei sitae, so daß auf dem Gebiet der DDR belegenes Grundvermögen nur nach dem Recht der DDR vererbt werden konnte.[1318] Gemäß Artikel 230 Abs. 2 EGBGB gilt ab dem Wirksamwerden des Beitritts auf dem Gebiet der ehemaligen DDR heute das BGB

[1309] Brunner, JuS 1975, Seite 744 (747).
[1310] Brunner, JuS 1975, Seite 744 (747).
[1311] Eckert/Hattenhauer-Lingelbach, Das Erbrecht im ZGB, Seite 160.
[1312] Rauscher, Reformfragen des gesetzlichen Erb- und Pflichtteilsrechts, Band II, 1. Teilband, Seite 140.
[1313] Berger/Marko/Orth, NJW 1990, Seite 384 (385) m.w.N.; Mampel, FamRZ 1976, Seite 593 (604).
[1314] Berger/Marko/Orth, NJW 1990, Seite 384 (386); etwas befremdlich mag in diesem Zusammenhang nur sein, daß die durch das ZGB gewährleistete „Garantie des Eigentums und des Eigentümerwillens durch das Erbrecht" in gleichem Maße für die Autoren bewahrenswert schien.
[1315] Die Analogie war nötig, da die DDR der Bundesrepublik gegenüber nicht als Ausland galt.
[1316] Mampel, FamRZ 1976, Seite 593 (593); Bosch, FamRZ 1992, Seite 869 (872ff.).
[1317] Bosch, FamRZ 1992, Seite 993 (995).
[1318] Bosch, FamRZ 1992, Seite 869 (874).

und das EGBGB.[1319]

6. Diskussion in der aktuellen Literatur

Die überwiegende Anzahl der Autoren in der juristischen Literatur treten für eine Begrenzung der Verwandtenerbfolge und somit für eine Ausweitung der Erbschaften des Fiskus ein.[1320] Mit gewissen Modifikationen halten dabei viele eine Begrenzung ab der dritten Parentel für sinnvoll[1321], wobei teilweise innerhalb der dritten Ordnung die Cousins und Cousinen oder sogar schon die Onkel und Tanten nicht mehr erbberechtigt sein sollen.[1322]

Bosch hält sogar eine Begrenzung ab der zweiten Ordnung für denkbar, wenn die Großeltern im Falle der Bedürftigkeit einen Unterhaltsanspruch erhielten.[1323]

Die Einnahmenverbesserung auf Seiten des Fiskus soll dabei Nachlaßfonds beziehungesweise Wohltätigkeitseinrichtungen zufließen, wie dies in vielen ausländischen Normierungen vorgesehen ist.[1324] Zur Begründung wird überwiegend auf die veränderte Familien- und Vermögensstruktur[1325], aber auch die stärkere Involvierung des Fiskus bei allen Versorgungsangelegenheiten verwiesen.[1326]

In formeller Hinsicht gibt es nahezu keine Diskussion. Es bleibt letztlich festzustellen, daß sich die Argumente für eine Begrenzung seit 1900 kaum vermehrt, geschweige denn verändert haben.

III. Zusammenfassung und Schlußbemerkungen zu zukünftigen Entwicklungsmöglichkeiten

Däubler postulierte für die Entwicklung des Staatserbrechts bezüglich § 1922 BGB folgendes:

„Mit dem Tode einer Person geht deren Vermögen als Ganzes auf eine oder mehrere andere Personen über – mit diesen Worten umschreibt § 1922 I die Grundentscheidung des BGB zugunsten der Beerbung natürlicher Personen durch andere Privatrechtssubjekte. Privates Gut soll in Privathand bleiben; der Staat tritt nur in letzter Instanz, d.h. als „Lückenbüßer“ zur Vermeidung herren-

---

1319 Bosch, FamRZ 1992, Seite 993 (993).

1320 Steffen, DRiZ 1972, Seite 263 (266); Kühne, JR 1972, Seite 221 (224); Däubler, ZRP 1975, Seite 136 (143); Freytag, ZRP 1991, Seite 106 (109); Bosch, FamRZ 1992, Seite 993 (997); Strätz, FamRZ 1998, Seite 1553 (1567); a.A. mit überzeugenden Argumenten Rauscher, Reformfragen des gesetzlichen Erb- und Pflichtteilsrechts, Band I, Seite 14 ff, 83 ff; Band II, 1. Teilband, Seite 131 ff.

1321 Kühne wollte innerhalb der vierten Parentel allenfalls noch die Urgroßeltern zu Erben berufen: Kühne, JR 1972, Seite 221 (224).

1322 Steffen, DRiZ 1972, Seite 263 (266).

1323 Bosch, FamRZ 1992, Seite 993 (997).

1324 Kühne, JR 1972, Seite 221 (224); Steffen, DRiZ 1972, Seite 263 (266); Bosch, FamRZ 1992, Seite 993 (997).

1325 Zawar, DNotZ 1989, Seite 116 (118, 119).

1326 Steffen, DRiZ 1972, Seite 263 (266).

loser Nachlässe ein."[1327]
Diese vom Autor durchaus negativ gemeinte Einschätzung des bisherigen Erbrechts des Staates – er selbst trat grundsätzlich für eine Begrenzung der Verwandtenerbfolge ein[1328] – trifft aber im Grunde die bisherige gesellschaftspolitische Einordnung des Staatserbrechts. Der Staat hat als „Nothelfer"[1329] dafür zu sorgen, daß keine herrenlosen Nachlässe entstehen, da dies, wie schon die Römer bemerkten, weder für die Nachlaßgläubiger noch für die Schuldner oder die Rechtssicherheit im allgemeinen förderlich ist. Diese Ordnungsfunktion[1330] mag in der heutigen komplexeren Welt noch eine größere Bedeutung haben als damals bei den Römern.
Daß dies als „Lückenbüßerschaft" von den Befürwortern einer Begrenzung der Verwandtenerbfolge dargestellt wird oder von den Gegnern einer solchen Begrenzung die Entstehung eines „Reichströdelladens" vorhergesagt wird, mag plakativ oder metaphorisch einleuchtend sein, für eine rechtliche oder gesellschaftspolitische Einordnung gibt es m.E. aber nicht viel her. Richtig ist zumindest, daß der auch durch Artikel 14 GG vorgegebene Grundsatz – Privates Gut soll in Privathand bleiben – durch eine Ausdehnung der Erbschaften des Fiskus ein Stück weit verlassen werden könnte, ohne daß dadurch bereits ein Verstoß gegen Artikel 14 GG festzustellen sei.[1331] Für eine Ausdehnung des Erbrechts des Staates sind allerdings keinerlei sachlichen Gründe festzustellen, wie Rauscher in seiner 1993 veröffentlichten Habilitation überzeugend darstellt.[1332]
Wenn Strätz und andere in jüngster Zeit behaupten, daß für eine Beibehaltung keine Gründe mehr vorhanden seien[1333], dann wird die vom BGB und dem Grundgesetz vorgegebene Ausgangsbasis verkannt, daß privates Gut wieder in private Hand fallen soll[1334] und jede Abweichung von diesem Grundsatz begründet werden muß. Sowohl gesellschaftspolitische als auch kulturelle oder gar finanzielle Argumente für eine Ausdehnung konnten insbesondere von Hauptvogel in der Weimarer Zeit sowie vor kurzem von Rauscher insgesamt widerlegt werden. Zudem stellt Däubler zutreffenderweise klar:

[1327] Däubler, ZRP 1975, 136 (136).
[1328] Däubler, ZRP 1975, Seite 136 (143).
[1329] Firsching, JZ 1972, Seite 449 (449).
[1330] Leipold, Erbrecht, Seite 27; MüKo/Leipold, § 1936, Rdnr. 1; Rauscher, Reformfragen des gesetzlichen Erb- und Pflichtteilsrechts, Band II, 1. Teilband, Seite 157.
[1331] Stöcker vertritt die Auffassung, daß die Diskussionen um die Ausweitung des Staatserbrechts 1908 und 1913 mit dazu geführt hätten, in Artikel 154 WRV das Erbrecht als Grundrecht besonders vor Eingriffen zu schützen, da Angriffe auf das Erbrecht insbesondere in der Sowjetunion erfolgt seien: Stöcker, WM 1979, Seite 214 (218).
[1332] Rauscher, Reformfragen des gesetzlichen Erb- und Pflichtteilsrechts.
[1333] Strätz, FamRZ 1998, Seite 1553 (1560).
[1334] Rauscher, Reformfragen des gesetzlichen Erb- und Pflichtteilsrechts, Band II, 1. Teilband, Seite 160.

„Gäbe es kein Erbrecht, so wäre nicht nur das Recht des einzelnen zu einem lebenslänglichen Nießbrauch degradiert, sondern auch die Selbstaufhebung der Privateigentumsordnung insgesamt mit einprogrammiert, da nach einer Generation automatisch ein staatliches Eigentumsmonopol bestünde.“[1335]
In praktischer Hinsicht könnte eine marktwirtschaftlich ausgerichtete Gesellschaftsform so gewissermaßen ausgetrocknet werden, ohne das Vermögen enteignen zu müssen.[1336] Eben dieses wurde in der Weimarer Zeit von den Sozialdemokraten und den Gewerkschaften gefordert und durch die konfiskatorischen Erbschaftsteuersätze beinahe verwirklicht. Auch von vielen extremen Befürwortern einer drastischeren Einschränkung der Verwandtenerbfolge wurde die erstmalige Einschränkung nur als Symbol für ein fortschreitend stärkeres Erbrecht des Staates und den Aufbruch in eine andere Gesellschaftsform gewertet, wobei derartige Forderungen nicht nur von Kommunisten und Sozialdemokraten anläßlich der Reformvorschläge im Jahr 1913 aufgestellt wurden. Auch auf dem 49. Deutschen Juristentag wurden ganz vereinzelt derartige Gedankenspiele präsentiert.[1337] Daß eine derartige Einordnung der Reform für das Ziel der Anpassung nicht förderlich war, beweist die Abstimmung über den Gesetzesvorschlag aus dem Jahr 1908.[1338] Da immer auch gesellschaftspolitische Erwägungen bei einer Veränderung der Privaterbfolge eine Rolle spielen werden, muß auch heute bei einem Reformvorschlag die davon ausgehende Signalwirkung Beachtung finden.

1. Verwandtenerbfolge
Die immer wieder vorgebrachte These, die unbegrenzte Verwandtenerbfolge sei Ausprägung einer Abneigung gegen den „habgierigen Fiskus“[1339] ist an sich wenig aussagekräftig, da so jedem Argument gegen den steigenden Einnahmedrang des Fiskus begegnet werden könnte. Wenn richtigerweise schon anläßlich der Vorschläge aus den Jahren 1908 und 1913 auf die durch den Staat größtenteils übernommene soziale Fürsorge[1340] und die so zum Teil weggefallene Versor-

---

[1335] Däubler, ZRP 1975, 136 (137).
[1336] Aus diesem Grund ist auch eine konfiskatorische Erbschaftsteuer unzulässig: Schmidt-Bleibtreu/Klein, Artikel 14 GG, Rdnr. 5.
[1337] Allerdings nur ganz am Rande und ohne Zustimmung der ganz überwiegenden Mehrheit der Teilnehmer: Siehe oben Seite 198.
[1338] Siehe oben Seite 112.
[1339] Stellvertretend für viele Befürworter einer Begrenzung des Verwandtenerbrechts hier Firsching, JZ 1972, Seite 449 (449); diese These wurde insbesondere auch bei der Regelung des § 2149 S. 2 BGB (die gesetzlichen Erben sind Vermächtnisnehmer – nicht aber der Fiskus) und des § 2104 S. 2 BGB (der Fiskus kann nicht gesetzlicher Nacherbe werden) vorgebracht.
[1340] Staudinger/Boehmer, Erbrecht, 11. Auflage, Einleitung, Rechtspolitische Grundlagen des Erbrechts, Seite 33, 34.

gungsfunktion des Erbrechts[1341] verwiesen wurde, so kann doch heute wie damals nicht übersehen werden, daß sich in gleichem Maße die Einnahmen des Staates vermehrt haben und die Erbschaften zumindest in der Relation um diesen Teil bereits geringer geworden sein müssen.[1342] Auch wurde die Erbschaftsteuer Mitte der Siebziger Jahre bereits als Mittel zur Umverteilung genutzt, wobei die Steuersätze die Grenzen des systemverträglichen nach Meinung Leipolds bereits überschreiten.[1343] Selbst wenn letztlich wegen des Wegfalls der Versorgungsfunktion ein Anrecht entfernterer Verwandter auf die Erbschaft in dieser Hinsicht nicht mehr besteht, so bleibt festzustellen, daß ein Anrecht des Fiskus auf diese Hinterlassenschaften schon wegen der insoweit veränderten Einnahmeverhältnisse gleichermaßen abzulehnen ist.[1344] Im übrigen bleibt es bei der von Hauptvogel vorgebrachten Tatsache, daß der Staat zumindest finanziell bei einer Ausdehnung der Erbschaften gemäß § 1936 BGB von den Erbschaften derjenigen profitiere, die die Versorgungsfunktion des Staates am wenigsten in Anspruch genommen hätten.[1345]
In gleicher Art und Weise ist Autoren zu begegnen, die ein erweitertes Staatserbrecht daraus begründen möchten, daß der Staat an der Vermögensbildung und am Vermögensschutz entscheidend beteiligt sei[1346], denn dieses rechtfertigt möglicherweise eine Beteiligung in Form von Steuern, nicht aber in der Form eines Erbrechts. Zudem stellt Rauscher richtigerweise fest, daß der Sozialstaat durch die Wahrnehmung seiner Aufgaben nicht zum Ersatzverwandten erhoben

---

[1341] Zawar spricht in diesem Zusammenhang vom Funktionsverlust oder der Kontraktion der Kleinfamilie, welche die Erblegitimation der entfernten Verwandten schwäche: Zawar, DNotZ 1989, Seite 116 (118); um eine Überleitung von Vermögenswerten rechtzeitiger zu gewährleisten, forderte Bosch 1993 Regelungen für frühzeitigere Vermögensübertragungen von der älteren auf die jüngere Generation zu schaffen: Bosch, FamRZ 1993, Seite 1257 (1260); Gerken, ZRP 1991, Seite 426 (427).

[1342] Leipolds Untersuchungen hinsichtlich der Erbschaftsteuern ergibt ein solches Bild bereits bezüglich der Einnahmen in diesem Bereich: Leipold, AcP Seite 180 (160 ff).

[1343] Das Erbschaftsteuergesetz aus dem Jahr 1974 diente selbst nach amtlicher Begründung auch der Umverteilung von Vermögen, um „die Lebenschancen breiter, noch nicht vermögender Schichten verbessern zu helfen.“: Drucksachen des Bundestags 1974, VI/3418, Seite 49; Leipold, AcP 180, Seite 160 (169).

[1344] Rauscher, Reformfragen des gesetzlichen Erb- und Pflichtteilsrechts, Band II, 1. Teilband, Seite 159.

[1345] Siehe oben Seite 142; so auch Rauscher, Reformfragen des gesetzlichen Erb- und Pflichtteilsrechts, Band II, 1. Teilband, Seite 162.

[1346] Staudinger/Boehmer, Erbrecht, 11. Auflage, Einleitung, Rechtspolitische Grundlagen des Erbrechts, Seite 33 m.w.N..

werde und deshalb keine Belohnung in Form einer Erbbeteiligung verdiene.[1347] Letztlich führt der Weg zu einer Begrenzung der Verwandtenerbfolge und somit zu einer Ausdehnung der Erbschaften des Fiskus nicht in die Richtung einer freiheitlicheren Einstellung zum Privateigentum, wie dies im Erbrecht ab 1949 eigentlich angedacht war, sondern zu einer Einengung und Reglementierung.[1348] Auch die Einsetzung von Stiftungen oder sonstigen gemeindlichen Einrichtungen[1349] kann nicht darüber hinwegtäuschen, daß so Vermögen dem privaten Geldkreislauf entzogen wird, welches im Falle der gemeindlichen Einrichtung sogar letztlich auch durch den Staat wieder verteilt wird. Eine wirkliche Stärkung der Heimatgemeinde des Erblassers wäre wegen der finanziellen Verflechtung von Bund, Ländern und Gemeinden auch nicht nachprüfbar. Wenn eine zu große Vermögenszersplitterung beim Anfall an entferntere Erbrechtsordnungen wegen der dann einsetzenden Konsumzuführung der Erbschaft kritisiert wurde[1350], so kann gleichermaßen beim Vermögensanfall an den Fiskus bei der heutigen Staatsquote von einer zu großen Vermögenskonzentration in einer Hand gesprochen werden, wobei die Konzentration von Vermögen im Rahmen der Erbrechtsreformen gerade von den Befürwortern einer Begrenzung der Verwandtenerbfolge kritisiert wurde.

Festzustellen bleibt daher zu diesem Punkt, daß bei vielen Erben dem Wirtschaftskreislauf Geld in nicht konzentrierter Form zugeführt wird[1351], welches der Staat nicht ohne großen Verwaltungsaufwand in ähnlicher Weise verteilen könnte. Finanzielle Erwägungen sollten demnach bei einer Neuordnung der gesetzlichen Erbfolge keine Rolle spielen.

2. Finanzieller Ertrag

Der mögliche finanzielle Ertrag aus einer Veränderung der Erbrechtsgrenze ist schwierig vorherzusagen, da es keine detailierten Statistiken über den Anfall der Erbschaft an entfernte Verwandte gibt. Rückschlüsse könnten aus der Erbschaftsteuer gezogen werden, wobei eine neue detaillierte Statistik im Jahr 2001 erwartet wird. Auch hieraus können aber nur grobe Anhaltspunkte für die zu er-

---

[1347] Rauscher, Reformfragen des gesetzlichen Erb- und Pflichtteilsrechts, Band II, 1. Teilband, Seite 161: Der Staat nimmt nur seine ihm zugewiesenen Aufgaben im Interesse der Menschenwürde und der Ordnung der Gesellschaft wahr. Diese Aufgaben werden im übrigen bereits durch lebzeitig abgeführte Steuern und Abgaben finanziert und sind demzufolge keine Almosen.

[1348] Boehmer ist nicht darin zuzustimmen, daß eine Einschränkung der Verwandtenerbfolge „dem Prinzip einer individualistischen Weltanschauung" noch gerecht werde: Staudinger/Boehmer, Erbrecht, 11. Auflage, Einleitung, Rechtspolitische Grundlagen des Erbrechts, Seite 34.

[1349] Strätz, FamRZ 1998, Seite 1553 (1563).

[1350] Boehmer, Vorschläge zur Neuordnung der gesetzlichen Erbfolge, Seite 59.

[1351] Stöcker, WM 1979, Seite 214 (219).

wartenden finanziellen Veränderungen gezogen werden, da wegen der Freibeträge nicht alle Erbschaften aufgeführt sein werden und bisher alle Verwandten ab der dritten Parentel in einer Klasse zusammengefaßt sind. Zudem kann die durch eine derartige Veränderung hervorgerufene Steigerung der Testamente nicht vorhergesagt werden.[1352]

Da es nach der Einnahmenverbesserung im Erbschaftsteuerbereich aber selbst nach Meinung der meisten Befürworter einer Begrenzung nicht mehr um die finanzielle Situation des Fiskus geht, sondern nur noch um rein gesellschaftspolitisch erforderliche Veränderungen des Erbrechts[1353], sollen fiktive Ertragsberechnungen hier nicht vorgenommen werden. Vielmehr soll auf die jetzige Einnahmensituation eingegangen werden, letztlich auch, um die Bedeutung des Erbrechts des Fiskus in finanzieller Hinsicht darzulegen. Hierfür wurden beispielhaft die Landeshaushaltspläne des Landes Schleswig-Holstein für die Jahre 1947 – 1998 ausgewertet und die Einnahmen graphisch in der Anlage 5 dargestellt. Hieraus wird ersichtlich, daß die Einnahmen des Landes Schleswig-Holstein in diesem Bereich stetig im Steigen begriffen sind, was zum einen sicherlich auf die veränderten Vermögensverhältnisse der Bevölkerung zurückzuführen ist. Durch Auskunft der Oberfinanzdirektion Kiel[1354] konnte jedoch ebenfalls eine Statistik[1355] über die Anzahl der Erbschaften des Fiskus gefertigt werden, welche ebenfalls eine starke Steigerung erkennen läßt.

Der Anteil Schleswig-Holsteins an der Gesamtbevölkerung beträgt ungefähr 3,3 %[1356], so daß für alle Landesfiski zusammen im Jahr 1996 von Einnahmen in Höhe von circa 30 – 35 Mio. DM auszugehen ist. Dieser hochgerechnete Wert wird eher noch höher ausfallen, da Schleswig-Holsteins Erbschaftsteueranteil mit circa 2,2 % im Jahr 1997[1357] und circa 2,7 % im Jahr 1996[1358] unterdurchschnittlich ist und somit in anderen Ländern von durschnittlich größeren Nach-

---

[1352] Eine solche Steigerung ist von allen Autoren vorhergesagt worden, die sich mit einer fiktiven Berechnung beschäftigt haben und war auch Teil der Ertragsrechnung bei den Entwürfen aus den Jahren 1908 und 1913 – daß es überhaupt zu Veränderungen in der Testierbereitschaft kommen würde, so begrüßenswert dies auch sein mag, läßt Rückschlüsse auf die Akzeptanz bei den künftigen Erblassern zu, die offenbar mit einer solchen Verteilung ihres Vermögens nicht einverstanden sein würden.

[1353] Stöcker, WM 1970, Seite 774 (776); anders wohl Staudinger/Boehmer, Erbrecht, 11. Auflage, Einleitung, Rechtspolitische Grundlagen des Erbrechts, Seite 44, der den Anteil der Erbschaften derartiger Verwandter bei bis zu 20 % sieht und dies für beachtenswert hält und auch Strätz, der meint, daß eine Reform wegen der „fiskalischen Bedrängnis“ möglicherweise eher Gehör finden dürfte: Strätz, FamRZ 1998, Seite 1553 (1567).

[1354] An dieser Stelle möchte ich Herrn Hildebrandt von der Oberfinanzdirektion Kiel für seine Hilfe bei der Erstellung der entsprechenden Statistiken danken.

[1355] Siehe Anlage 6.

[1356] Statistisches Jahrbuch 1998 für die Bundesrepublik Deutschland, Seite 58.

[1357] Statistisches Jahrbuch 1998 für die Bundesrepublik Deutschland, Seite 510 – 511.

[1358] Statistisches Jahrbuch 1997 für die Bundesrepublik Deutschland, Seite 526 – 527.

lässen ausgegangen werden kann.
Die Bedeutung des Erbrechts des Fiskus in seiner jetzigen Form ist demnach nicht gering und wird voraussichtlich noch steigen, was auf weiterhin sinkende Geburtenraten und steigende Nachlaßwerte zurückzuführen ist.[1359]

3. Der „lachende Erbe"
Der „lachende Erbe", der unverhofft Universalnachfolger eines ihm unbekannten Erblassers wird, weil ihm vom Nachlaßgericht oder von anderer Stelle Nachricht über seine Verwandtschaft erteilt wird, war für die Befürworter einer Begrenzung immer ein stimmungsmachendes Argument innerhalb der Debatte um das Erbrecht. Nur so kann wohl auch die breite Zustimmung zu einer Begrenzung innerhalb der Presse und der juristischen Literatur anläßlich der Reformvorschläge der Jahre 1908 und 1913 erklärt werden. Daß ein solcher Erbfall teilweise einem Lotteriegewinn gleichkommen kann, muß jedoch eingeräumt werden, wobei eine Debatte über das Glücksspiel juristisch wohl wenig ergiebig sein dürfte. Auch der hohe Verwaltungsaufwand bei der Suche der Erben, die in einem solchen Fall offensichtlich lange Zeit keine Kenntnis vom Versterben des Verwandten genommen und somit wohl überwiegend auch kein besonders nahes familiäres Verhältnis zum Erblasser unterhalten hatten, wurde in dieser Diskussion häufig erwähnt, wobei der Verwaltungsaufwand entweder wegen der Unzulänglichkeit der Erbmasse überflüssig erscheinen muß, oder aber wegen der Größe des Vermögens als zusätzliche Begünstigung des ohnehin „lachenden Erben" erscheint.[1360]
Tatsächlich ermöglicht die gesetzliche Vermutung des § 1964 Abs. 2 BGB sogar die gewerbsmäßige Suche nach Erben durch darauf spezialisierte Unternehmen, die offenbar eine professionellere Suche nach weiteren Verwandten eines Erblassers durchführen können als die Nachlaßgerichte. Diese Unternehmen suchen in den entsprechenden Veröffentlichungsblättern nach lukrativen Erbschaften, deren Erben von den Nachlaßgerichten ausfindig gemacht werden sollen.[1361] Beim Auffinden von Verwandten bieten diese Unternehmen den potentiellen Erben gegen eine Beteiligung die Informationen über den Erbfall an und organisieren bei Vertragsschluß den Nachweis beim Nachlaßgericht. Die professionelle Erbenermittlung ist dabei kein neues Phänomen. Von einer solchen berufsmä-

---

[1359] Das Erbrecht des Staates ist demnach keineswegs volkswirtschaftlich bedeutungslos, wie dies bei Soergel/Stein, § 1936, Rdnr. 1 behauptet wird.

[1360] Staudinger/Boehmer, Erbrecht, 11. Auflage, Einleitung, Rechtspolitische Grundlagen des Erbrechts, Seite 43: die „Furcht vor weiteren formellen und verwaltungstechnischen Schwierigkeiten und Unzuträglichkeiten" habe dazu geführt, daß eine Reform nicht in Angriff genommen worden sei.

[1361] Ein Bericht der Vorgehensweise findet sich in: Deutsche Erbrechtszeitschrift 3/99, Seite 16 – 18, „Erbensuche als Detektivarbeit".

ßigen Ermittlung wurde schon zur Zeit des Dritten Reichs berichtet.[1362] Anläßlich der steigenden Zahl von Erbfällen des Fiskus[1363] und der gestiegenen Nachlaßwerte wird sicherlich auch eine Steigerung der Tätigkeit derartiger Unternehmungen zu verzeichnen sein. Ohne den unternehmerischen Ideenreichtum und die zweifellos bessere Erbenforschung dieser Unternehmen kritisieren zu wollen, stellen derartige Modelle jedoch eine Pervertierung der unbegrenzten Verwandtenerbfolge des BGB dar. Waren es früher nur die „lachenden Erben“, so sind es heute „lachende Erben und Erbenforscher“. Daß die Bedeutung dieser späteren Geltendmachung von Erbansprüchen, also der Anmeldung nach dem Zeitpunkt der Feststellung des Erbrechts des Fiskus, zugenommen hat, ist schon der Tatsache zu entnehmen, daß die Rückstellungen für derartige Forderungen im Landeshaushaltsplan Schleswig-Holsteins seit 1986 einen eigenen Titel bekommen haben. Die gefertigte Statistik[1364] läßt auch in diesem Bereich eine Steigerung erkennen.
Gerade das Bestehen von Erbenforschungsunternehmen veranlaßte Rheinstein in seinem Länderbericht über die Verhältnisse in den USA sogar zu der Vermutung, daß diese die Einführung einer Erbrechtsgrenze zu verhindern suchten.[1365] Ob dies wirklich jemals der Fall war, kann wegen der erfolgten Veränderungen in vielen US-Staaten dahingestellt bleiben. Das Problem des Verwaltungsaufwandes bleibt aber genauso bestehen wie die Möglichkeit der gewerblichen Erbensuche durch darauf spezialisierte Unternehmen.

4. Lösungsvorschlag

Das wirkliche Problem der gesetzlichen Erbfolge ist demnach, keine Einzelfallregelung treffen zu können, sondern eine abstrakte Regelung für alle Erbfälle finden zu müssen, bei welcher die individuellen Verhältnisse des Erblassers und der Erben keine Beachtung finden.[1366] Die stärkere Einflußmöglichkeit des Nachlaßrichters, welche von den Nationalsozialisten gefordert wurde[1367], übersteigt in dieser Hinsicht jedoch die Möglichkeiten der Gerichte und die Einführung derartiger Gestaltungsmöglichkeiten hatte bei den Nationalsozialisten zweifellos auch andere Gründe.
Wenn aber eine individuelle Regelung ausscheidet, muß eine abstrakte Normierung möglichst in der überwiegenden Zahl der Fälle zu gerechten Ergebnisse führen.

1362 So Höver in seiner Funktion als Nachlaßrichter in: Schubert, ADR 1933 - 1945, Band III, 8, Erbrechtsausschuß, Seite 698.
1363 Siehe Anlage 6.
1364 Siehe Anlage 7.
1365 Rheinstein, Länderberichte und Rechtsvergleichung, Seite 10.
1366 Stöcker, WM 1970, Seite 774 (781).
1367 Siehe oben Seite 166.

a) Die Grundlagen des Erbrechts

Ohne die philosophischen Grundlagen des Übergangs von Vermögen auf die nächste Generation diskutieren zu wollen[1368] fußt das Verwandtenerbrecht des BGB rechtlich nach den Vorstellungen der Schöpfer des Gesetzes auf der Blutsbindung und nach heutiger Auffassung in zunehmendem Maße auch auf der Familienbindung der Verwandten. Der mutmaßliche Wille des Erblassers bildet aber zumindest nach Auffassung der Mehrheit der Bevölkerung[1369] hierbei das Ideal, welches die gesetzliche Erbfolge erfüllen sollte und stellt in diesem Sinn eine Verbindung von testamentarischer und gesetzlicher Erbfolge dar.

b) Berücksichtigung des mutmaßlichen Erblasserwillens

Den Befürwortern einer Begrenzung ist in dem Punkt zuzustimmen, daß die familiären Abhängigkeiten in modernen Gesellschaften wegen der finanziellen Unabhängigkeit sicherlich nachlassen, ohne daß sich daraus zwangsläufig ergibt, daß der mutmaßliche Wille, seine Blutsverwandten zu bedenken, damit negiert würden müßte. Wenn die Basis der gesetzlichen Erbfolge also heute eher eine familien- und nicht eine blutsverbindungsbezogene ist, dann wäre in dieser Hinsicht an eine Anpassung des Erbrechts des Fiskus zu denken.

Dabei sollte der Blick aber nicht auf eine unbedingte Begrenzung der Verwandtenerbfolge gerichtet werden, obwohl dies nach den Vorbildern ausländischer Gesetzgebungen sicherlich das einfachste wäre, sondern die Regelung sollte möglichst den mutmaßlichen Erblasserwillen beachten. Besonders die Härtefälle nach einer Begrenzung des Verwandtenerbrechts bewogen die Schöpfer der Änderungsvorschläge aus den Jahren 1908 und 1913 dazu, Ausnahmevorschriften und Härteklauseln in das System einzuflechten, die den anfallsberechtigten Fiskus dazu verpflichten sollten, Teile der Erbschaft oder eine entsprechende Unterhaltsleistung an solche Personen auszukehren, die sich bis zu dessen Tod um den Erblasser gekümmert haben. Da derartige Ausnahmevorschriften gerade im

---

[1368] Auch in der Rechtsphilosophie gibt es unterschiedliche Begründungsvarianten für das Erbrecht: So basiert für die Naturrechtslehre das Erbrecht auf dem Eigentum und dem daraus folgenden Recht zur Errichtung eines Testaments. Andere meinen, das Erbrecht basiere auf dem Wesen der Familie, wobei das Vermögen des Erblassers auf diejenigen überzugehen habe, welche zu Lebzeiten Alimentation und Dotation geleistet hätten, nämlich die Familienangehörigen. Zum Teil wird auch vertreten, daß das Erbrecht seine Grundlage im Zusammenhang der menschlichen Gattung als solcher habe und der Erblasser als Teil eines organischen Ganzen seine Vermögenswerte nach seinem Tode auf die fortlebenden Teile des sozialen Organismus übergehen lassen können müsse.: Paul Meyer, Das Erbrecht des Bürgerlichen Gesetzbuchs für das Deutsche Reich, Seite 8 – 13; aus den unterschiedlichen Begründungsmöglichkeiten ergeben sich auch verschiedene Blickwinkel auf das Erbrecht des Staates.

[1369] So nach Umfragen aus den Jahren 1970, 1971 zu 57 %: Stöcker, FamRZ 1971, Seite 609 (611).

Zuge der Begrenzung des Verwandtenerbrechts für nötig erachtet wurden, ist anzunehmen, daß damals davon ausgegangen wurde, daß häufig die Verwandten eine derartige Betreuung übernehmen. Davon ausgehend entspräche es sicherlich auch aus heutiger Sicht nicht dem mutmaßlichen Willen des Erblassers, diese Personen, seien sie auch nur entfernte Verwandte, von der Erbschaft zugunsten des Fiskus oder einer sonstigen Einrichtung auszuschließen.
Im übrigen steht wahrscheinlich der entfernteste bekannte Blutsverwandte dem Erblasser emotional näher als die Allgemeinheit.

c) Ermittlungsmöglichkeit

Die Ermittlung derartiger Verhältnisse ist aber aufwendig und diese sollten auch m.E. nicht die unbedingte Voraussetzung für eine Erbberechtigung bilden. Richtig ist aber, daß mit zunehmender verwandtschaftlicher Entfernung die Berechtigung sogar aus blutsmäßiger Bindung schwindet und mehr auf den zumeist schwierig festzustellenden familiären Bindungen basieren sollte. Je größer die eigene verwandtschaftliche Entfernung zum Erblasser also ist, desto mehr muß der Einzelne zur Rechtfertigung seines ihm eingeräumten Erbrechts tun. Eine derartige Leistung ist zumindest in den Fällen nicht vorhanden, bei denen weit entfernte Verwandte erst durch das Nachlaßgericht oder Erbenforschungsunternehmen auf den Erbfall aufmerksam gemacht werden müssen. Gerade diese Fälle sind es aber, die das unbeschränkte Verwandtenerbrecht in Mißkredit gebracht haben.
Die Erbberechtigung ab einer bestimmten Parentel abzuschneiden ist sicherlich die einfachste Lösung, wenn man darauf vertrauen könnte, daß der Erblasser selbst diejenigen testamentarisch bedenken würde, die ihn bis zu seinem Tod betreut haben. Da dies aber überwiegend nicht der Fall ist, könnte zumindest der entgegengesetzte Fall, daß keinerlei Kontakt der Verwandten zum Erblasser mehr bestanden hat, bei einer Neuordnung Beachtung finden. Eine formelle Änderung in diesem Bereich könnte zum Ausscheiden solcher Erbberechtigten führen, die lange Zeit den Tod ihres Verwandten gar nicht wahrgenommen und somit in keinem Fall ein besonders nahes verwandtschaftliches Verhältnis zu diesem unterhalten haben. Da ein solches Verhältnis aber zumindest bei den ersten beiden Ordnungen vermutet wird und eine Änderung in diesem Bereich auch zu Unbilligkeiten führen könnte, sollte deshalb ab einschließlich der dritten Ordnung die gesetzliche Vermutung innerhalb des § 1964 Abs. 2 BGB aufgehoben

und in ein feststehendes Erbrecht des Fiskus übergeleitet werden.[1370]
Zudem sollte gesetzlich normiert werden, wie dies auch am Anfang des Jahrhunderts wiederholt gefordert wurde, daß der Feststellungsbeschluß schon dann erfolgen kann, wenn sich innerhalb der Anmeldungsfrist keine Erbanwärter gemeldet haben.[1371] Nur falls sich vor dem Feststellungsbeschluß Erbprätendenten melden würden, müßte die Dreimonatsfrist des § 1965 Abs. 2 BGB eingehalten werden. Für Erben der ersten beiden Ordnungen sollte aber weiterhin die Möglichkeit bestehen, sich bis zur gesetzlichen Verjährung von 30 Jahren nach dem Erbfall zu melden und die Erbschaft für sich zu beanspruchen.
Durch eine solche Regelung wäre gewährleistet, daß ein entfernterer Verwandter sein Erbrecht verlieren würde, wenn er sich nicht innerhalb der gegebenen Frist beim Nachlaßgericht gemeldet hätte. Da dieser Fristsetzung immer auch eine eigene Ermittlungstätigkeit des Nachlaßgerichts vorausgehen muß, würde zumindest keine unverhältnismäßig kurze Zeitspanne für die Anmeldung entstehen. Sie wäre aber wohl so kurz, daß Erbenforschungsunternehmen keine Möglichkeit mehr erhielten, irgendwelche ganz entfernten Verwandten des Erblassers aufzuspüren.
In formeller Hinsicht sollte zur Erleichterung des Verfahrens neben dem Feststellungsbeschluß für den Fiskus kein zusätzlicher Erbschein mehr nötig sein. Die Erbfolge sollte darüber hinaus aber nicht begrenzt werden. Hierfür besteht zum einen kein praktisches Bedürfnis, da durch die veränderte Regelung die extremen Erbfälle der „lachenden Erben" verhindert werden könnten. Zum anderen steht es für eine Rechtsordnung, die sich ab 1949 für ein freiheitlicheres und liberaleres Erbrecht einsetzen wollte, nicht an, Beschränkungen der Erbberechtigung von natürlichen Personen zugunsten des Staates einzuführen. Dieses

---

[1370] Im Bereich des sächsischen BGB galt eben dieses, da auch dort der Feststellungsbeschluß eine abschließende Wirkung entfaltete und nicht bloß eine gesetzliche Vermutung wie durch § 1964 Abs. 2 BGB beinhaltete. Ähnliches hatte auch eine Verordnung der Stadt Danzig vom 25.09.1935 vorgesehen: DJ 1935, Seite 1780 (1780). Der Feststellungsbeschluß sollte in Danzig das andere Erbberechtigte ausschließende Erbrecht des Fiskus begründen. Eine solche Regelung wäre zumindest ab der dritten Ordnung der Verwandten auch für das BGB anzuraten. Für die gesamten Erben wurde dieser Vorschlag zu Recht kritisiert: Hupp, Das Erbrecht des Staates, seine Rechtsnatur und seine Verwirklichung in einigen europäischen Rechten, Seite 315.
[1371] So die wohl gängige Praxis nach dem KG Urteil aus dem Jahr 1908, siehe oben Seite 32.

wäre ein Schritt in die falsche Richtung[1372], dem weitere auf dem Weg zu einem nach politischen und gesellschaftlichen Gegebenheiten ausgeformten und somit beliebigen Erbrecht folgen könnten. Die entsprechenden historischen Beispiele aus der deutschen Vergangenheit sollten in diesem Sinne lehrreich sein.
- Principiis obsta! -

d) Normierungsvorschlag

§ 1936 BGB:

(I) Ist ein gesetzlicher Erbe nicht ermittelbar, so ist der Landesfiskus gesetzlicher Erbe, in dessen Gebiet sich der Erblasser zur Zeit seines Todes niedergelassen hat. Hatte der Erblasser in mehreren Ländern seine Niederlassung, so sind die Länder zu gleichen Teilen berechtigt.

(II) War der Erblasser Deutscher, ohne seine Niederlassung im Inland gehabt zu haben, so ist der Bundesfiskus gesetzlicher Erbe.

§ 1964 BGB:

(II) Die Feststellung begründet hinsichtlich der Erben der ersten und zweiten Ordnung nur die Vermutung, daß der Fiskus gesetzlicher Erbe sei.

(III) Der Feststellungsbeschluß gilt als Erbschein.

[1372] Bemerkenswert muß auch sein, daß sich selbst in der Sowjetunion und anderen sozialistischen Ländern der Trend zu einer liberaleren Einstellung zum Erbrecht am Ende abgezeichnet hatte. Nachdem 1918 das Erbrecht durch das Dekret „Über die Abschaffung des Erbrechts" völlig abgeschafft wurde, mußte unter dem Druck der Bevölkerung bereits 1922 im ZGB die gesetzliche Erbfolge zum Teil wieder zugelassen werden. 1945 wurde dann der Erlaß „Über die gesetzlichen und testamentarischen Erben" verabschiedet. Durch die im Jahr 1962 in Kraft getretenen „Grundlagen des Zivilrechts der UdSSR und der Unionsrepubliken" beseitigte der sowjetische Gesetzgeber dann die letzten großen Schranken des Erbrechts, indem sogar die Großeltern in den Kreis der gesetzlichen Erben einbezogen wurden.: Bonfils, Gesetzliche Erbfolge, Erbrecht des Staates und Testierfreiheit im Erbrecht der Sowjetunion, der osteuropäischen Länder und der DDR, Seite 264, 265; Hupp, Das Erbrecht des Staates, seine Rechtsnatur und seine Verwirklichung in einigen europäischen Rechten, Seite 181; auch der Trend zur Beschränkung der Erbfolge in westlichen Industrieländern hat zum einen in letzter Zeit nachgelassen und war zum anderen nie von einer guten und aktuellen Motivation begleitet: Rauscher, Reformfragen des gesetzlichen Erb- und Pflichtteilsrechts, Band II, 1. Teilband, Seite 138.

Anlage 1 : Entwurf eines Gesetzes über das Erbrecht des Staates vom 03.11.1908

Artikel I:
Das BGB wird dahin geändert:
1. Der § 1926 erhält folgende Fassung:
Gesetzliche Erben der Dritten Ordnung sind die Großeltern des Erblassers.
Leben zur Zeit des Erbfalls alle Großeltern, so erben sie zu gleichen Teilen.
Lebt zur Zeit des Erbfalls von den väterlichen oder von den mütterlichen Großeltern der Großvater oder die Großmutter nicht mehr, so fällt der Anteil des Verstorbenen dem anderen Teile des Großelternpaars zu.
Leben zur Zeit des Erbfalls die väterlichen oder die mütterlichen Großeltern nicht mehr, so erben die anderen Großeltern allein.
Die Großeltern haben bis zu ihrem Tode die rechtliche Stellung von Vorerben.

2. In § 1927 werden die Worte „der zweiten oder der dritten" ersetzt durch „oder der zweiten".

3. Die §§ 1928, 1929 werden gestrichen.

4. Der § 1931 erhält folgende Fassung:
Der überlebende Ehegatte des Erblassers ist neben den Verwandten der ersten Ordnung zu einem Vierteile, neben den Verwandten der zweiten oder dritten Ordnung zur Hälfte der Erbschaft als gesetzlicher Erbe berufen. Leben zur Zeit des Erbfalls nicht mehr alle Großeltern, so erhält der Ehegatte auch von den anderen Hälfte den Anteil, der den verstorbenen Großeltern zugefallen wäre, wenn sie zur Zeit des Erbfalls gelebt hätten.
Sind Verwandte der ersten, zweiten und dritten Ordnung nicht vorhanden, so erhält der überlebende Ehegatte die ganze Erbschaft.

5. Im § 1932 werden die Worte „der zweiten Ordnung oder neben Großeltern" ersetzt durch die Worte „der zweiten oder der dritten Ordnung".

6. Der § 1936 erhält folgende Fassung:
Ist zur Zeit des Erbfalls weder ein erbberechtigter Verwandter noch ein Ehegatte des Erblassers vorhanden, so ist der Fiskus gesetzlicher Erbe.
Gesetzlicher Erbe ist der Fiskus des Bundesstaates oder des Schutzgebietes, in welchem der Erblasser zur Zeit seines Todes seinen letzten Wohnsitz gehabt hat. Hatte der Erblasser in mehreren Bundesstaaten oder hatte er in einem Bundesstaat und in einem Schutzgebiet seinen Wohnsitz, so ist der Staat oder das Schutzgebiet gesetzlicher Erbe, in welchem der Wohnsitz liegt, an dem er sich

zuletzt aufgehalten hat.
Hatte der Erblasser seinen Wohnsitz in einem Bundesstaat oder in einem Schutzgebiet, so ist, wenn er zur Zeit seines Todes ein Deutscher war und zu diesem Zeitpunkt einem Bundesstaat angehörte, der Fiskus dieses Bundesstaats, wenn er mehreren Bundesstaaten angehörte, sowie in den übrigen Fällen der Reichsfiskus gesetzlicher Erbe.
Bestehen Meinungsverschiedenheiten darüber, welcher Fiskus gesetzlicher Erbe ist, so entscheidet auf Anrufen eines der beteiligten Bundesstaaten oder sofern der Reichsfiskus oder der Fiskus eines Schutzgebiets beteiligt ist, auf Anrufen des Reichskanzlers der Bundesrat.

7. Als § 1936 a werden folgende Vorschriften eingestellt:
In den Fällen des § 1926 sind als Nacherben in der nachstehenden Reihenfolge berufen:

1. die anderen Großeltern; die Vorschriften des § 1926 Abs. 3, 4 finden entsprechende Anwendung;
2. der Ehegatte;
3. der Fiskus.

Die unter Nr. 1, 2 bezeichneten Nacherben haben bis zu ihrem Tode die rechtliche Stellung von Vorerben. Auf die Nacherbenfolge finden die Vorschriften des Abs. 1 entsprechende Anwendung

8. Der § 1964 erhält folgende Fassung:
Wird nicht innerhalb einer den Umständen entsprechenden Frist ermittelt, daß ein anderer Erbe als der Fiskus vorhanden ist, so hat das Nachlaßgericht das Erbrecht des Fiskus festzustellen.

9. Im § 1965 Abs. 1 werden am Schluß die Worte hinzugefügt:
„oder das Nachlaßgericht das Erbrecht des Fiskus als nachgewiesen erachtet."

10. Der § 1966 erhält folgenden Abs. 1:
Mit der Feststellung treten für den Fiskus die Rechtsfolgen ein, die sich für einen anderen Erben an die Annahme der Erbschaft knüpfen.
In dem bisherigen § 1966, künftig § 1966 Abs. 2, werden die Schlußworte „nachdem von dem Nachlaßgerichte festgestellt worden ist, daß ein anderer Erbe nicht vorhanden ist", ersetzt durch die Worte: „nachdem das Erbrecht des Fiskus vom Nachlaßgerichte festgestellt worden ist."

11. Der § 2067 erhält folgende Fassung:
Hat der Erblasser seine Verwandten oder seine nächsten Verwandten ohne nähere Bestimmung bedacht, so sind im Zweifel in nachstehender Reihenfolge als

bedacht anzusehen:

1. diejenigen Verwandten des Erblassers, welche zur Zeit des Erbfalls seine gesetzlichen Erben der ersten oder der zweiten Ordnung sein würden, nach dem Verhältnisse ihrer gesetzlichen Erbteile;
2. die Großeltern des Erblassers zu gleichen Teilen; sind Großeltern verstorben, so treten an die Stelle des Verstorbenen nacheinander seine Abkömmlinge, der andere Teil desselben Großelternpaars, dessen Abkömmlinge, das andere Großelternpaar und an Stelle eines verstorbenen Teiles dieses Paares dessen Abkömmlinge; Abkömmlinge, die an die Stelle ihrer Eltern treten, gelten als nach dem Verhältnisse der Erbteile bedacht, zu denen sie als gesetzliche Erben der ersten Ordnung berufen sein würden;
3. andere Voreltern des Erblassers zu gleichen Teilen und nach ihnen ihre mit dem Erblasser dem Grade nach am nächsten verwandten Abkömmlinge zu gleichen Teilen; Voreltern und deren Abkömmlinge gelten nur als bedacht, wenn weder andere mit dem Erblasser dem Grade nach näher verwandte Voreltern noch Abkömmlinge von solchen vorhanden sind.

Die Vorschriften des § 2066 S. 2 finden entsprechende Anwendung.

12. Der § 2303 Abs. 2 erhält folgenden Zusatz.:
Bei der Feststellung des Erbteils des Ehegatten bleibt das im § 1936 a bestimmte Recht außer Betracht.

Artikel II.

§ 1

Die Verwaltung und Verwertung der dem Fiskus eines Bundesstaats als gesetzlichem Erben nach Artikel I angefallenen Nachlässe und die Wahrnehmung der ihm als Nacherben gegenüber den im Artikel I Nr. 1, 7 bezeichneten Vorerben zustehenden Rechte erfolgt durch die von der Landesregierung hierzu bestimmten Amtsstellen (Erbschaftsämter). Diese unterstehen anderen, gleichfalls von der Landesregierung zu bestimmenden Behörden (Oberbehörden) und letztere der obersten Landesfinanzbehörde.
Ist der Nachlaß dem Reichsfiskus als gesetzlichem Erben angefallen, so bestimmt der Bundesrat das zuständige Erbschaftsamt.
Die Verwaltung und Verwertung des im Inland eröffneten Nachlasses und des

aus einem im Ausland eröffneten Nachlaß ins Inland gelangenden Vermögens kann statt durch das Erbschaftsamt unmittelbar auch unter seiner Aufsicht durch einen von der Oberbehörde für den einzelnen Nachlaß bestellten Verwalter erfolgen.

§ 2
Die Landesregierung kann die Verwaltung und Verwertung der in § 1 bezeichneten Nachlässe den Gemeinden gegen Vergütung übertragen. Sie erläßt, soweit die Gemeindebehörde nicht selbst zum Erbschaftsamt bestellt wird, die zur Regelung des Geschäftsverkehrs mit der Gemeindebehörde und dem Erbschaftsamt erforderlichen besonderen Bestimmungen.

§ 3
Die Reichsbevollmächtigten für Zölle und Steuern üben in Ansehung der Ausführungen dieses Gesetzes dieselben Rechte und Pflichten aus, welche ihnen bezüglich der Zölle und Verbrauchssteuern beigelegt sind.
Unter Zustimmung des Bundesrats kann der Reichskanzler die Wahrnehmung der Geschäfte der Reichsbevollmächtigten, soweit die Ausführung dieses Gesetzes in Betracht kommt, anderen Beamten übertragen.

§ 4
Die Behörden verschiedener Bundesstaaten sowie die Behörden in den Schutzgebieten haben einander auf Ersuchen in den das gesetzliche Erbrecht des Fiskus betreffenden Angelegenheiten (§ 1) Beistand zu leisten. Den vorbezeichneten Behörden sind auch die bei der Ausübung der Konsulargerichtsbarkeit mitwirkenden Behörden zur Beistandsleistung verpflichtet. Das Gleiche gilt von den anderen Konsularbehörden, soweit nicht Staatsverträge oder ausländische Gesetze entgegenstehen.
Auf die Beistandsleistung finden die Vorschriften des Reichsgesetzes über den Beistand bei Einziehung von Abgaben und Vollstreckung von Vermögensstrafen vom 09.07.1895 (RGBl. Seite 256) entsprechende Anwendung.

§ 5
Den Erbschaftsämtern ist nach näherer Bestimmung des Bundesrats Mitteilung zu machen

1. seitens der Standesämter von den eingetragenen Sterbefällen
2. seitens der Erbschaftsteuerämter, soweit diese nicht selbst zu Erbschaftsämtern bestellt sind, von den ihnen nach § 40 des Erbschaftsteuergesetzes zugegangenen Todeserklärungen und Verfügungen von Todes wegen.

§ 6
Die Gericht und Notare haben den Erbschaftsteuerämtern auf Verlangen die Einsicht in die den Nachlaß betreffenden Verhandlungen zu gewähren.

§ 7
Das Erbschaftsamt hat die den Nachlaß betreffenden laufenden Geschäfte zu beendigen, die zum Nachlaß gehörigen Forderungen einzuziehen, das übrige Nachlaßvermögen, soweit es nicht in barem Gelde besteht, in Geld umzusetzen und die Nachlaßverbindlichkeiten aus dem Nachlaß zu berichtigen. Es ist berechtigt, zur Beendigung schwebender Geschäfte neue Verbindlichkeiten einzugehen.

§ 8
Zum Nachlasse gehörige Haushaltsgegenstände und Gegenstände des persönlichen Gebrauchs sind den Abkömmlingen der Großeltern des Erblassers auf Antrag käuflich zu überlassen. Der Kaufpreis ist insoweit, als hierdurch die Befriedigung der Nachlaßgläubiger nicht gefährdet wird, auf die Hälfte des im Verwaltungswege festzustellenden Wertes der Gegenstände zu ermäßigen.
Schriftstücke, die sich auf die persönlichen Verhältnisse des Erblassers oder dessen Familie beziehen, sind den genannten Personen auf Antrag unentgeltlich zu überlassen.
Zum Nachlasse gehörige bewegliche Sachen und Grundstücke, welche in ihrem wesentlichen Bestande von einem Großvater oder einer Großmutter des Erblassers herrühren, sind den Abkömmlingen dieser Personen auf Antrag zu dem im Verwaltungswege festzustellenden Werte zu überlassen. Soweit die antragsberechtigten Personen dem Erbschaftsamt innerhalb der Antragsfrist (Abs. 6) bekannt geworden sind, sollen ihnen die Grundstücke vom Erbschaftsamte zum Kauf angeboten werden.
Sind die Grundstücke dauernd land- oder forstwirtschaftlichen Zwecken zu dienen bestimmt, so ist der Kaufpreis, sofern hierdurch die Befriedigung der Nachlaßgläubiger nicht gefährdet wird, auf 90 Hundertteile des Ertragswerts zu bemessen. Als Ertragswert gilt das Fünfundzwanzigfache des Reinertrags, den die Grundstücke nach ihrer bisherigen wirtschaftlichen Bestimmung bei ordnungsgemäßer Bewirtschaftung nachhaltig gewähren können.
Unter mehreren Berechtigten hat der dem Grade nach nähere, unter mehreren dem Grade nach gleichnahen Verwandten der ältere den Vorzug.
Der Antrag muß binnen einer Frist von zwei Monaten beim Erbschaftsamte gestellt werden. Die Frist beginnt mit dem Tage, an welchem das Nachlaßgericht das Erbrecht des Fiskus festgestellt hat, im Falle des Abs. 3, S. 2 mit dem Tage, an welchem das Anbieten des Erbschaftsamts an die antragsberechtigten Perso-

nen gelangt ist. Das Erbschaftsamt kann den bekannten Antragsberechtigten eine kürzere Frist bestimmen.

§ 9
Solche Personen, welchem vom Erblasser bis zu dessen Tod dauernd unterstützt worden sind oder zur Zeit des Todes des Erblassers zu dessen Hausstand gehört und von ihm Unterhalt bezogen haben, können nach näherer Bestimmung des Bundesrats auch außer dem Falle einer gesetzlichen Verpflichtung bei vorhandener Bedürftigkeit aus den Mitteln des dem Fiskus als gesetzlichem Erben angefallenen Nachlasses Zuwendungen zum Zwecke des Unterhalts oder der Ausbildung bewilligt werden.
Nach näherer Bestimmung des Bundesrats kann ferner in Fällen, in denen eine Verfügung von Todes wegen infolge Mangels der Form nichtig ist, in denen aber gleichwohl anzunehmen ist, daß die Verfügung dem letzten Willen des Erblassers tatsächlich entspricht, der infolge der Nichtigkeit dem Fiskus als gesetzlichem Erben zugefallene Erwerb ganz oder teilweise denjenigen zugewendet werden, an die er im Falle der Gültigkeit der Verfügung gelangt sein würde.
Nach näherer Bestimmung des Bundesrats kann ferner der Nachlaß eines Erblassers, der nicht fähig war, ein Testament zu errichten, denjenigen Verwandten ganz oder teilweise zugewendet werden, die den Erblasser bis zu seinem Tod erzogen, gepflegt oder in ihrer häusliche Gemeinschaft aufgenommen haben.
Von den Zuwendungen ist die Erbschaftsteuer in gleicher Weise zu entrichten, wie wenn die Zuwendung aus dem Nachlaß angefallen wäre.

§ 10
Von der Reineinnahme aus den in § 1 bezeichneten Nachlässen erhält das Reich drei Vierteile, der für die Regelung des Nachlasses zuständige Bundesstaat ein Vierteil. Gehörte der Erblasser mehreren Bundesstaaten an, so bestimmt der Bundesrat, in welchem Umfang diesen Bundesstaaten ein Anteil an der Reineinnahme zu gewähren ist.
Unter der Reineinnahme ist der Ertrag der Nutzungen des Nachlaßvermögens, der Barbestand des Nachlasses, der Betrag der eingezogenen Forderungen und der Erlös aus der Verwertung des übrigen Nachlaßvermögens nach Abzug der Nachlaßverbindlichkeiten, der Ausgaben der Verwaltung und der auf Grund dieses Gesetzes an Dritte gewährte Zuwendungen zu verstehen. Die Kosten der allgemeinen Verwaltung dürfen bei Berechnung der Reineinnahme nicht in Abzug gebracht werden. Die den Gemeinden nach § 2 zu gewährende Vergütung ist aus dem dem Bundesstaate verbleibenden Anteile zu bestreiten.
Als Nachlaßverbindlichkeiten kommen insbesondere auch in Abzug die zur Beendigung schwebender Geschäfte neu eingegangenen Verbindlichkeiten (§ 7,

Seite 2), die Kosten der Bestattung des Erblassers einschließlich der Kosten der landesüblichen kirchlichen und bürgerlichen Leichenfeierlichkeiten und der Kosten eines angemessenen Grabdenkmals, sowie der Kosten der für den Nachlaß geführten Rechtsstreite und eine im Auslande gezahlte Nachlaß- oder Erbschaftsteuer.

§ 11
Das während der Liquidation des Nachlasses entbehrliche Geld ist der Reichskasse mit dem Ablaufe des Rechnungsmonats, in dem es eingenommen worden oder entbehrlich geworden ist, der Restbetrag mit dem Ablaufe des dem Bundesstaate gebührenden Anteils zur Verfügung zu stellen. Zur Deckung noch nicht fälliger oder streitiger Verbindlichkeiten ist das Erforderliche zurückzubehalten.
Ausfälle an den Einnahmen, die durch Dienstuntreue eines Beamten oder Verwalters oder aus der Entwendung bereits eingenommener Gelder entstehen, fallen dem Bundesstaate zu Last, der den Beamten angestellt oder den Verwalter bestellt hat oder zu dessen Kasse die Gelder eingezahlt worden sind.
Im Falle des § 2 hat der Bundesstaat im Verhältnisse zum Reiche auch die Einnahmeausfälle zu vertreten, die durch die Dienstuntreue eines Gemeindebeamten oder aus der Entwendung an die Gemeindeverwaltung bereits eingezahlter Gelder entstehen.

§ 12
Auf die Abrechnung mit dem Reiche finden die für die Zölle und gemeinschaftlichen Steuern geltenden Vorschriften entsprechende Anwendung.

§ 13
Der Fiskus als gesetzlicher Erbe nach Maßgabe dieses Gesetzes ist von der Entrichtung von Erbschaftsteuer, Besitzveränderungsabgaben, Stempelabgaben und Gebühren jeder Art befreit.

§ 14
Der Artikel 138 des EGBGB wird aufgehoben.

Artikel III
Dieses Gesetz tritt mit dem 01.07.1909 in Kraft. Ist der Erblasser vor diesem Tage verstorben, so bleiben die bisherigen Gesetze maßgebend.

Anlage 2: Entwurf eines Gesetzes über das Erbrecht des Staates vom 28.02.1913

§ 1

Sind nach den Vorschriften des BGB Abkömmlinge von Großeltern des Erblassers in der Seitenlinie oder Verwandte der vierten Erbrechtsordnung oder der ferneren Ordnungen zur gesetzlichen Erbfolge berufen, so tritt an ihre Stelle als gesetzlicher Erbe der Fiskus. Der Fiskus ist ferner gesetzlicher Erbe, wenn zur Zeit des Erbfalls weder ein Verwandter noch ein Ehegatte des Erblassers vorhanden ist. Er gehört nicht zu den gesetzlichen Erbe im Sinne des § 2066 des BGB.

Gesetzlicher Erbe ist der Fiskus des Bundesstaats oder des Schutzgebiets, in welchem der Erblasser zur Zeit seines Todes seinen Wohnsitz hat. Hatte der Erblasser in mehreren Bundesstaaten oder hatte er in einem Bundesstaat und in einem Schutzgebiet einen Wohnsitz, so ist der Staat oder das Schutzgebiet gesetzlicher Erbe, in welchem der Wohnsitz liegt, an dem er sich zuletzt aufgehalten hat.

Hatte der Erblasser seinen Wohnsitz in einem Bundesstaat oder in einem Schutzgebiete, so ist, wenn er zur Zeit seines Todes ein Deutscher war und zu diesem Zeitpunkt einem Bundesstaat angehörte, der Fiskus dieses Bundesstaats, wenn er mehreren Bundesstaaten angehörte sowie in den übrigen Fällen der Reichsfiskus gesetzlicher Erbe.

Bestehen Meinungsverschiedenheiten darüber, welcher Fiskus gesetzlicher Erbe ist, so entscheidet auf Anrufen eines der beteiligten Bundesstaaten oder sofern der Reichsfiskus oder der Fiskus eines Schutzgebiets beteiligt ist, auf Anrufen des Reichskanzlers der Bundesrat.

§ 2

Das Nachlaßgericht hat das Erbrecht des Fiskus festzustellen.

Der Feststellungsbeschluß gilt als Erbschein.

Für die Feststellung gelten die Vorschriften des § 1965 des BGB. Die öffentliche Aufforderung zur Anmeldung der Erbrechte darf auch dann unterbleiben, wenn das Nachlaßgericht das Erbrecht des Fiskus als nachgewiesen erachtet.

§ 3

Mit der Feststellung treten für den Fiskus die Rechtsfolgen ein, die sich für andere Erben an die Annahme der Erbschaft knüpfen.

Von dem Fiskus als gesetzlichem Erben und gegen den Fiskus als gesetzlichen Erben kann ein Recht erst geltend gemacht werden, nachdem das Erbrecht des Fiskus vom Nachlaßgerichte festgestellt worden ist.

§ 4
Ist der Fiskus neben Großeltern des Erblassers gesetzlicher Erbe, so hat er ihnen bei der Erbauseinandersetzung Haushaltsgegenstände, soweit sie nicht Zubehör eines Grundstücks sind, sowie Gegenstände des persönlichen Gebrauchs auf Antrag unentgeltlich zu überlassen. Das gleiche gilt von Schriftstücken, die sich auf die persönlichen Verhältnisse des Erblassers oder auf dessen Familie beziehen, sowie von Familienbildern. Mehrere Miterben sind nach Verhältnis ihrer Erbteile berechtigt.
Bei der Auseinandersetzung in Ansehung des übrigen Nachlasses muß sich der Fiskus die Abfindung für seinen Erbteil in Geld gefallen lassen. Der Wert der dauernd land- und forstwirtschaftlichen Zwecken dienenden Grundstücke ist hierbei auf 90 Hundertteile des Ertragswertes anzunehmen. Als Ertragswert gilt das Fünfundzwanzigfache des Reinertrags, den die Grundstücke nach ihrer bisherigen wirtschaftlichen Bestimmung bei ordnungsgemäßer Bewirtschaftung nachhaltig gewähren können.

§ 5
Sind Verwandte der dritten Erbrechtsordnung durch den Fiskus als Alleinerben von ihrem gesetzlichen Erbrecht ausgeschlossen, so sind ihnen die in § 4 Abs. 1 bezeichneten Gegenstände auf Antrag unentgeltlich zu überlassen.
Zum Nachlaß gehörige bewegliche Sachen und Grundstücke, welche in ihrem wesentlichen Bestand von einem Großvater oder einer Großmutter des Erblassers herrühren, sind deren Abkömmlingen auf Antrag käuflich zu dem im Verwaltungswege festzustellenden Werte zu überlassen. Soweit die antragsberechtigten Personen dem Erbschaftsamte (§ 8) innerhalb der Antragsfrist (Abs. 4) bekanntgeworden sind, sollen ihnen die Grundstücke vom Erbschaftsamte zum Kaufe angeboten werden. Der Kaufpreis für Grundstücke, die dauernd land- oder forstwirtschaftlichen Zwecken zu dienen bestimmt sind, ist nach dem in § 4 Abs. 2 bezeichneten Werte zu bemessen.
Unter mehreren Berechtigten hat der dem Grade nach nähere, unter mehreren dem Grade nach gleichnahen Verwandten der ältere den Vorzug.
Der Antrag muß binnen einer Frist von sechs Monaten beim Erbschaftsamte gestellt werden. Die Frist beginnt mit dem Tage, an welchem das Nachlaßgericht das Erbrecht des Fiskus festgestellt hat, im Falle des Abs. 2, Satz 2 mit dem Tage, an welchem das Anerbieten des Erbschaftsamts an die antragsberechtigten Personen gelangt ist. Das Erbschaftsamt kann den bekannten Antragsberechtigten eine kürzere Frist, jedoch nicht unter drei Monaten, bestimmen.
Die Vorschriften der Absätze 1, 2 finden keine Anwendung, soweit die Befriedung der Nachlaßgläubiger gefährdet ist.

§ 6
Solchen Personen, welche vom Erblasser bis zu dessen Tode dauernd unterstützt worden sind oder zur Zeit des Todes des Erblassers zu dessen Hausstand gehört und von ihm Unterhalt bezogen haben, können nach näherer Bestimmung des Bundesrats auch außer im Falle einer gesetzlichen Verpflichtung bei vorhandener Bedürftigkeit aus den Mitteln des dem Fiskus als gesetzlichem Erben angefallenen Nachlasses Zuwendungen zum Zwecke des Unterhalts oder der Ausbildung bewilligt werden.
Ist in Fällen, in denen eine Verfügung von Todes wegen infolge Mangels der Form nichtig ist, anzunehmen, daß die Verfügung dem letzten Willen des Erblassers tatsächlich entspricht, so ist ferner nach näherer Bestimmung des Bundesrats der infolge der Nichtigkeit dem Fiskus als gesetzlichem Erben zugefallene Erwerb ganz oder teilweise denjenigen zuzuwenden, an die er im Falle der Gültigkeit der Verfügung gelangt sein würde.
Der Bundesrat trifft nähere Bestimmungen darüber, inwieweit der Nachlaß eines Erblassers, die nicht fähig war, ein Testament zu errichten, den durch dieses Gesetz von der Erbfolge ausgeschlossenen Erben zuzuwenden ist.

§ 7
Von den in §§ 4 bis 6 bezeichneten Gegenständen ist, soweit sie unentgeltlich oder unter dem Werte überlassen worden sind, die Erbschaftsteuer in gleicher Weise zu entrichten, wie wenn die Zuwendung aus dem Nachlaß angefallen wäre.

§ 8
Die Verwaltung und Verwertung der dem Fiskus eines Bundesstaats als gesetzlichem Erben nach § 1 angefallenen Erbschaft und die Wahrnehmung der ihm als solchem obliegenden sonstigen Geschäfte erfolgt durch die von der Landesregierung hierzu bestimmte Amtsstelle (Erbschaftsamt).
Ist der Reichsfiskus gesetzlicher Erbe, so bestimmt der Bundesrat das zuständige Erbschaftsamt.
Die Verwaltung und Verwertung des im Inland eröffneten Nachlasses und des aus einem im Ausland eröffneten Nachlaß ins Inland gelangenden Vermögens kann, sofern der Fiskus Alleinerbe ist, statt durch das Erbschaftsamt unmittelbar auch unter seiner Aufsicht durch einen für den einzelnen Nachlaß bestellten Verwalter erfolgen.

§ 9
Die Landesregierung kann die in § 8 bezeichneten Obliegenheiten
der Gemeinde gegen Vergütung übertragen.
Sie erläßt, soweit die Gemeindebehörde nicht selbst zum Erbschaftsamt bestellt

wird, die zur Regelung des Geschäftsverkehrs mit der Gemeindebehörde und dem Erbschaftsamt erforderlichen besonderen Bestimmungen.

§ 10

Die Reichsbevollmächtigten für Zölle und Steuern üben in Ansehung der Ausführungen dieses Gesetzes dieselben Rechte und Pflichten aus, welche ihnen bezüglich der Zölle und Verbrauchssteuern beigelegt sind.
Der Umfang und die Art der Tätigkeit der Reichsbevollmächtigten werden vom Reichskanzler im Einvernehmen mit den Bundesregierungen geregelt.
Unter Zustimmung des Bundesrats kann der Reichskanzler die Wahrnehmung der Geschäfte der Reichsbevollmächtigten, soweit die Ausführung dieses Gesetzes in Betracht kommt, anderen Beamten übertragen.

§ 11

Die Behörden verschiedener Bundesstaaten sowie die Behörden in den Schutzgebieten haben einander auf Ersuchen in den das gesetzliche Erbrecht des Fiskus betreffenden Angelegenheiten Beistand zu leisten. Den vorbezeichneten Behörden sind auch die bei der Ausübung der Konsulargerichtsbarkeit mitwirkenden Behörden zur Beistandsleistung verpflichtet. Das Gleiche gilt von den anderen Konsularbehörden, soweit nicht Staatsverträge oder ausländische Gesetze entgegenstehen.
Auf die Beistandsleistung finden die Vorschriften des Reichsgesetzes über den Beistand bei Einziehung von Abgaben und Vollstreckung von Vermögensstrafen vom 09.07.1895 (RGBl. Seite 256) entsprechende Anwendung.

§ 12

Den Erbschaftsämtern ist nach näherer Bestimmung des Bundesrats Mitteilung zu machen

1. seitens der Standesämter von den eingetragenen Sterbefällen
2. seitens der Erbschaftsteuerämter, soweit diese nicht selbst zu Erbschaftsämtern bestellt sind, von den ihnen nach § 40 des Erbschaftsteuergesetzes zugegangenen Todeserklärungen und Verfügungen von Todes wegen.

§ 13

Die Gerichte und Notare haben den Erbschaftsteuerämtern auf Verlangen die Einsicht in die den Nachlaß betreffenden Verhandlungen zu gewähren.

§ 14

Das Erbschaftsamt hat, soweit sich nicht aus den Vorschriften dieses Gesetzes etwas anders ergibt, die Erbschaft oder den Erbteil zu Geld zu machen. Es hat, wenn der Fiskus Alleinerbe ist, insbesondere die den Nachlaß betreffenden laufenden Geschäfte zu beendigen, die zum Nachlaß gehörigen Forderungen einzuziehen, das übrige Nachlaßvermögen, soweit es nicht in barem Gelde besteht, in Geld umzusetzen und die Nachlaßverbindlichkeiten aus dem Nachlaß zu berichtigen. Es ist berechtigt, zur Beendigung schwebender Geschäfte neue Verbindlichkeiten einzugehen.

§ 15
Von der aus dem Erbrecht des Fiskus erzielten Reineinnahme erhält das Reich 75 von Hundert, der Bundesstaat, dessen Fiskus Erbe ist, oder dem das nach § 8 Abs. 2 bestimmte Erbschaftsamt angehört, als Vergütung für die Kosten der allgemeinen Verwaltung 25 von Hundert. Die den Gemeinde nach § 9 zu gewährende Vergütung ist aus der dem Bundesstaate zukommenden Verwaltungskostenvergütung zu bestreiten.
Was als Reineinnahme anzusehen ist, bestimmt der Bundesrat.

§ 16
Aus der Verwertung der Erbschaft eingehendes Geld, das für die Führung der Verwaltung entbehrlich ist, ist der Reichskasse mit dem Ablaufe des Rechnungsmonats, in dem es eingenommen worden oder entbehrlich geworden ist, der Restbetrag mit dem Ablaufe des Rechnungsmonats, in dem die Schlußrechnung erfolgt ist, unter Abzug der dem Bundesstaate nach § 15 zustehenden Verwaltungskostenvergütung zur Verfügung zu stellen. Zur Deckung noch nicht fälliger oder streitiger Verbindlichkeiten ist das Erforderliche zurückzubehalten.

§ 17
Auf die Abrechnung mit dem Reiche finden die für die Zölle und gemeinschaftlichen Steuern geltenden Vorschriften entsprechende Anwendung.

§ 18
Der Fiskus als gesetzlicher Erbe nach Maßgabe dieses Gesetzes ist von der Entrichtung von Erbschaftsteuer, Besitzveränderungsabgaben, Stempelabgaben und Gebühren jeder Art befreit.

§ 14
Der Artikel 138 des EGBGB wird aufgehoben. Im übrigen gelten die Vorschriften des EGBGB auch gegenüber den Vorschriften dieses Gesetzes.

§ 20
Dieses Gesetz tritt mit dem 01.10.1913 in Kraft. Ist der Erblasser vor diesem Tage verstorben, so bleiben die bisherigen Gesetze maßgebend.

Anlage 3: Zusammensetzung des Erbrechtsausschusses der Akademie für Deutsches Recht

1. Professor Dr. Heinrich Lange, Breslau, Vorsitzender
2. Professor Dr. Gustav Boehmer, Marburg
3. Senatspräsident Dr. Brandis, Leipzig
4. Assessor Dr. Ernst v. Caemmerer, Berlin
5. Professor Dr. Hans Albrecht Fischer, Breslau
6. Senatspräsident Dr. Flad, Leipzig
7. Rechtsanwalt und Notar Dr. Willy Gaertner, Breslau
8. Landgerichtsdirektor Dr. Gförer, Berlin
9. Professor Dr. Justus Wilhelm Hedemann
10. Kammergerichtsrat Dr. K. Höver, Berlin
11. Landgerichtsdirektor Kaempf, Breslau
12. Ministerialrat Dr. Kühne, Berlin
13. Rechtsanwalt Dr. Ferdinant Mößmer, München
14. Professor Dr. Walter Schmidt-Rimpler, Berlin
15. Justizamtmann Scholz, Breslau
16. Professor Dr. Heinrich Siber, Leipzig
17. Notar Georg Smolla, Breslau
18. Landgerichtspräsident Dr. Soehngen, Breslau
19. Professor Dr. Heinrich Stoll, Tübingen
20. Ministerialrat Dr. W. Vogels, Berlin
21. Professor Dr. H. Würdinger, Breslau
22. Regierungsrat Wurzel, Berlin
23. Landgerichtsrat Dr. Bartholomeyczik, Breslau

Anlage 4: Auszüge aus dem Entwurf des Reichsjustizministeriums zu einer Erbrechtsverordnung im Mai 1940

§ 1 Voraussetzungen der gesetzlichen Erbfolge

Der Nachlaß vererbt sich nach der gesetzlichen Erbfolge,

1. soweit der Erblasser nicht durch letztwillige Verfügung von Todes wegen über ihn verfügt hat,
2. soweit die eingesetzten Erben die Erbschaft ausgeschlagen haben, oder
3. soweit die eingesetzten Erben für erbunwürdig erklärt oder erbunfähig sind.

....

§ 4 Gesetzliche Erben der dritten Ordnung

(I) Gesetzliche Erben des Erblassers sind dessen Großeltern und deren Nachkommen.

...

(V) Urgroßeltern und entferntere Voreltern des Erlassers sowie deren Nachkommen gehören nicht mehr zu den gesetzlichen Erben.

§ 19 Gesetzliches Erbrecht des Reiches

(I) Ist zur Zeit des Erbfalls weder ein erbberechtigter Verwandter noch ein erbberechtigter Ehegatte des Erblassers vorhanden, so ist das Deutsche Reich gesetzlicher Erbe.

(II) Der Reichsminister der Finanzen kann im Einvernehmen mit dem Reichsminister der Justiz Vorschriften über die Verwertung der dem Reich angefallenen Nachlaßgegenstände erlassen und hierbei von allgemeinen haushaltsrechtlichen Vorschriften abweichen.

Anlage 5: Erbschaften des Landes Schleswig-Holstein gemäß § 1936 BGB in den Jahren 1947 – 1998

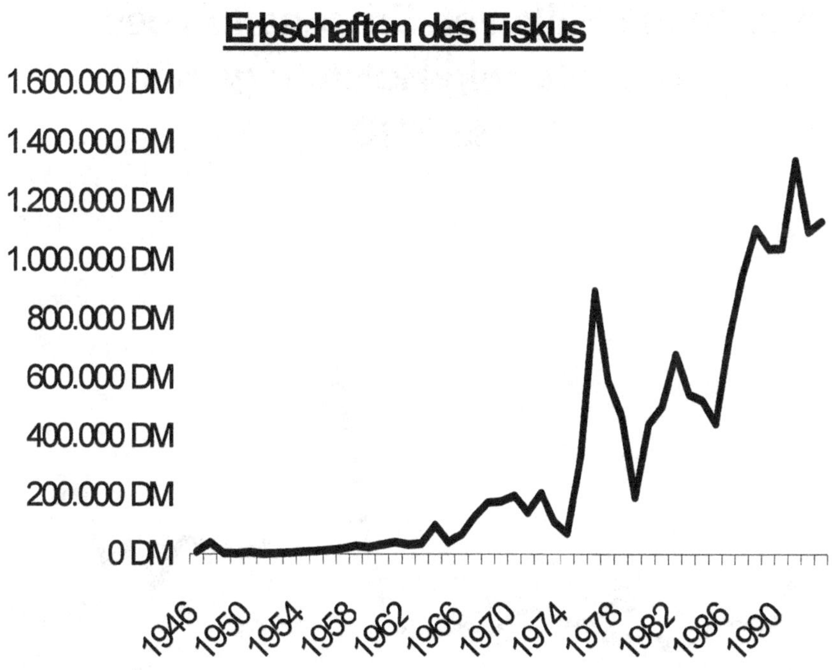

Anlage 6: Erstattungen wegen der Widerlegung der gesetzlichen Vermutung des § 1965 BGB

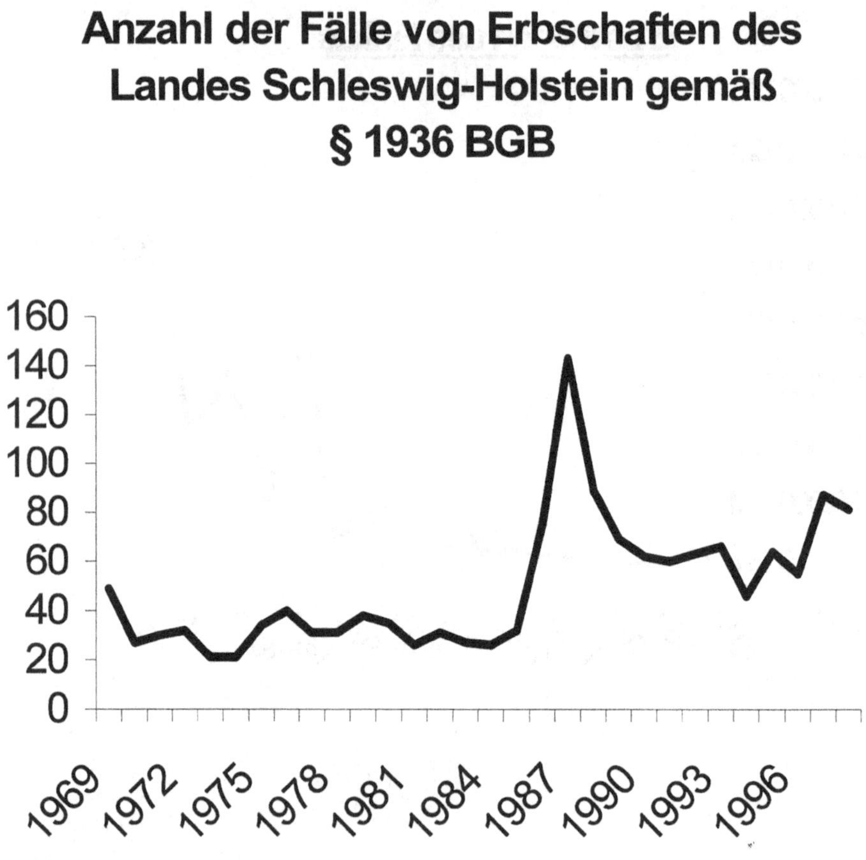

Anlage 7: Anzahl der Fälle von Erbschaften des Landes Schleswig-Holstein von 1969 - 1998

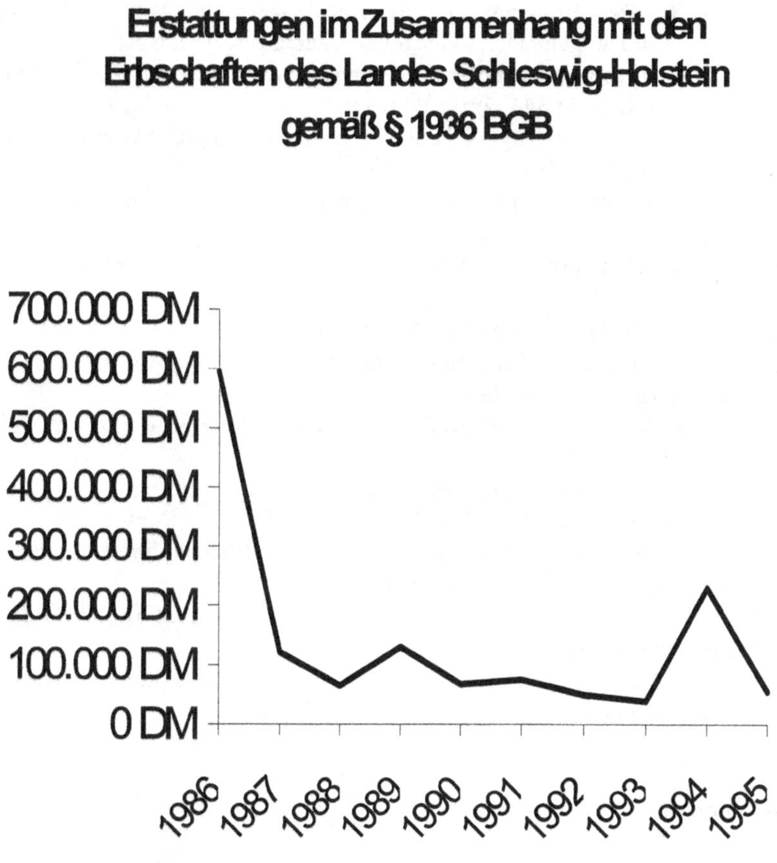

Quellen- und Literaturverzeichnis

I. Lehrbücher

Bleckmann, Albert, Staatsrecht II, Die Grundrechte, 4. Auflage, Köln, Berlin, Bonn, München 1996

Borcherdt, H., Das Erbrecht und die Nachlaßbehandlung nach den vom 01.01.1900 an geltenden Reichs- und Landesgesetzen, Breslau 1900

Blume, Wilhelm von, Recht des bürgerlichen Gesetzbuches, Fünftes Buch, Erbrecht, Berlin und Leipzig 1913

Dernburg, Heinrich, Das bürgerliche Recht des Deutschen Reichs und Preußens 3.Auflage, Halle 1911

Endemann, Friedrich, Lehrbuch des bürgerlichen Rechts, 8. Auflage, Berlin 1919

Grützmann, Paul, Lehrbuch des königlich sächsischen Privatrechts, Leipzig 1889

Kaser, Max, Römisches Privatrecht, 16. Auflage, 1992

Kipp, Theodor / Coing, Helmut, Herausgeber: Helmut Coing, Erbrecht, 14. Bearbeitung, Tübingen 1990

Lange, Heinrich / Kuchinke, Kurt, Lehrbuch des Erbrechts, 4. Auflage, München 1995

Leipold, Dieter, Erbrecht, 12. Auflage, 1998

Lübtow, Ulrich von, Erbrecht, 1. Halbband, Berlin 1968

Meyer, Paul, Das Erbrecht des Bürgerlichen Gesetzbuchs für das Deutsche Reich, Lieferung 1 – 4, Marburg 1904

Pieroth, Bode / Schlink, Bernhard, Grundrechte, Staatsrecht II, 12. Auflage, Heidelberg 1996

Strohal, Emil, Das deutsche Erbrecht nach dem Bürgerlichen Gesetzbuche vom 18.08.1896 in kurzgefaßter Darstellung, Berlin 1896

II. Kommentare

Alternativkommentar, Herausgeber: Rudolf Wasserman, Kommentar zum Grundgesetz für die Bundesrepublik Deutschland, Band 1: Artikel 1 –20 GG, Neuwied, Darmstadt 1984, zitiert: Alternativkommentar/Bearbeiter

Bonner Kommentar zum Grundgesetz, Das Bonner Grundgesetz: Kommentar, Herausgeber: Christian Starck, Band II, Artikel 6 – 14 GG, 66. Lieferung 1992, zitiert: BonnerK/Bearbeiter

Keller / Trautmann, Herausgeber: F. von Keller und P. Trautmann, Kommentar zum Reichs- und Staatsangehörigengesetz, München 1914

Leonhard, Franz, Bürgerliches Gesetzbuch, Fünftes Buch: Erbrecht, 2. Auflage, Berlin 1912

Maunz, Theodor / Dürig, Günter, Grundgesetz Kommentar, Band II, Art. 12 a – 37, Lieferungen 1 bis 32, München 1996, zitiert: MD-Bearbeiter

Münchener Kommentar, Herausgeber: Kurt Rebmann und Franz Jürgen Säcker, Kommentar zum Bürgerlichen Gesetzbuch, Band 9: Erbrecht, §§ 1922 – 2385; §§ 27 – 35 BeurkG, 3. Auflage, München 1997, zitiert: MüKo/Bearbeiter

Oertmann, Paul, Kommentar zum Bürgerlichen Gesetzbuch und seinen Nebengesetzen, Erstes Buch: Allgemeiner Teil, 2. Auflage, Berlin 1908

Palandt, Otto, Bürgerliches Gesetzbuch, 59. Auflage, München 2000, zitiert: Palandt/Bearbeiter

Plancks Kommentar zum BGB nebst Einführungsgesetz, Herausgeber: Emil Strohal, I. Band: Allgemeiner Teil, 4. Auflage, Berlin 1913, V. Band: Erbrecht, 4. Auflage, Berlin und Leipzig 1930

Reichsgerichtsrätekommentar – RGRK, Das Bürgerliche Gesetzbuch mit besonderer Berücksichtigung der Rechtsprechung des Reichsgerichts und des Bundesgerichtshofs, Herausgeber: Mitglieder des Bundesgerichtshofs, Band V, 1. Teil, §§ 1922 – 2146, 12. Auflage, Berlin, New York 1974, zitiert: RGRK/Bearbeiter

Rosenthal, Heinrich, BGB, 15. Auflage, Köln, Berlin, Bonn, München 1965

Schmidt-Bleibtreu, Bruno / Klein, Franz, Kommentar zum Grundgesetz, 8. Auflage, Bonn, München, Neuwied 1994

Soergel, Hans Theodor, Herausgeber: Wolfgang Siebert, Bürgerliches Gesetzbuch mit Einführungsgesetzen und Nebengesetzen, Band 9: Erbrecht (§§ 1922 – 2385 BGB), 12. Auflage 1992, zitiert: Soergel/Bearbeiter

Staudinger, Julius von, Kommentar zum BGB mit Einführungsgesetzen und Nebengesetzen,

V. Band: Erbrecht, 1. Teil, 11. Auflage, Berlin 1954, Fünftes Buch: Erbrecht, Redaktor: Gerhard Otte, Einleitung, §§ 1922 – 1966, 13. Bearbeitung, Berlin 1994

Fünftes Buch: Erbrecht, Redaktor: Gerhard Otte, §§ 1967 – 2086, 13. Bearbeitung, Berlin 1996

EGBGB, Teil 1: Art. 1 – 6 und 32 – 218, 10./11. Auflage 1973

EGBGB, Redaktor: Peter Rawert, Art. 1, 2, 50 – 218 EGBGB, 13. Auflage, Berlin 1998

zitiert: Staudinger/Bearbeiter, Auflage

III. Monographien und Aufsätze

Bamberger, Georg, Erbrechtsreform, Ein sozialpolitischer Vorschlag zur Befestigung der Reichsfinanzen, Berlin 1908

Bamberger, Georg, Für das Erbrecht des Reiches, Berlin 1912

Bamberger, Georg, Vom Recht der lachenden Erben, in: Deutsche Juristenzeitung 1907, Seite 632 – 636

Bar, von, Das gesetzliche Erbrecht des Staates, in: Das Recht 1909, Seite 377 – 378

Baron, Julius, Angriffe auf das Erbrecht, Mit einer Nachschrift über die sozialdemokratischen Wahlen, Berlin 1877

Berger, Uwe / Marko, Achim / Orth, Klauspeter, Modernes Erbrecht in einem vereinigten Deutschland, in: Neue Justiz 1990, Seite 384 – 387

Blume, von, Über das Erbrecht des Fiskus an erblosen und konfiscierten Gütern, in: Rheinisches Museum für Jurisprudenz, 4. Jahrgang, 1833, Seite 212 - 224

Blume, Wilhelm von, Umbau und Ausbau des deutschen Erbrechts, Tübingen 1913

Blume, Wilhelm von, Ein deutscher Vorschlag zum Reichserbrecht, Schriftenfolge der Deutschen Gesellschaft für Reichserbrecht, in: Was ist Staatserbrecht?, Seite 11 – 12, Stuttgart 1922

Boehmer, Gustav, Einführung in das Bürgerliche Recht, Leipzig 1932

Boehmer, Gustav, Beiträge zur Neugestaltung des Deutschen Rechts, in: Festgabe der Rechts- und Staatswissenschaftlichen Fakultät Marburg zum 70. Geburtstag des ord. Prof. Erich Jung, Marburg 1937

Boehmer, Gustav, Vorschläge zur Neuordnung der gesetzlichen Erbfolge (BGB §§ 1924 – 1936), Berlin 1938

Boehmer, Gustav, Zur Entwicklung und Reform des Deutschen Familien- und Erbrechts, Tübingen 1970

Bonfils, Dieter, Gesetzliche Erbfolge, Erbrecht des Staates und Testierfreiheit im Erbrecht der Sowjetunion, der osteuropäischen Länder und der DDR Göttingen 1969

Boschan, Die Nachlaßsachen in der gerichtlichen Praxis, Zwei Bände, Berlin 1903, 1905

Bosch, Friedrich Wilhelm, Gedanken zur Rechtserneuerung im Erbrecht, in: Deutsche Justiz 1935, Seite 781 – 783

Bosch, Friedrich Wilhelm, Einführung in das „Nichtehelichenrecht“, in: Zeitschrift für das gesamte Familienrecht 1969, Seite 505 – 512

Bosch, Friedrich Wilhelm, Empfiehlt es sich, das gesetzliche Erbrecht und Pflichtteilsrecht neu zu regeln?, in: Zeitschrift für das gesamte Familienrecht 1972, Seite 417 – 418

Bosch, Friedrich Wilhelm, Familien- und Erbrecht als Themen der Rechtsangleichung nach dem Beitritt der DDR zur Bundesrepublik Deutschland - verbunden mit einem Vergleich zweier deutscher Familien- und Erbrechtordnungen, in: Zeitschrift für das gesamte Familienrecht 1992, Seite 869 – 885 und 993 – 1000

Bosch, Friedrich Wilhelm, Zum Erbrecht nichtehelicher Kinder: Ein verfehlter Gesetzesvorschlag, in: Zeitschrift für das gesamte Familienrecht 1993, Seite 1257 – 1260

Brunner, Georg, Das neue Zivilrecht der DDR, in: Juristische Schulung 1975, Seite 744 – 747

Buchholz, Stephan, Berliner Testament (§ 2269 BGB) und Pflichtteilsrecht der Abkömmlinge – Überlegungen zum Ehegattenerbrecht, in: Zeitschrift für das gesamte Familienrecht 1985, Seite 872 – 883

Buck, Erbe sei das Vaterland, in: Deutsche Juristenzeitung 1915, Seite 225 – 227

Danielcik, Hans Peter, ohne Titel, in: Deutsches Recht 1936, Seite 291 – 292

Däubler, Wolfgang, Entwicklungstendenzen im Erbrecht, in: Zeitschrift für Rechtspolitik 1975, Seite 136 - 146

Dillner, Franz Georg, Das gesetzliche Erbrecht des Fiskus nach geltendem Reichsrechte, Dissertation, Leipzig 1908

Dölle, Hans, Das bürgerliche Recht im nationalsozialistischen deutschen Staat, Ein Vortrag von Dr. Hans Dölle am 02.09.1933, abgedruckt in: Schmollers Jahrbuch für Gesetzgebung 1933, Seite 649 - 676

Eckert, Jörn / Hattenhauer, Hans (Hrsg.), Das Zivilgesetzbuch der DDR vom 19.06.1975, Rechtswissenschaftliches Kolloquium der Juristischen Fakultät der Universität Potsdam, Goldach 1995

Eichler, Hermann, Vom alten zum neuen Erbrecht, in: Deutsches Recht 1936, Seite 270 - 273

Eichler, Hermann, ohne Titel, in: Deutsches Recht 1936, Seite 294 – 295

Filseck, Moser von, Die Unabhängigkeit des Richters und seine Bindung an das Gesetz, in: Deutscher Juristentag 1936, Seite 306 – 317, Berlin 1936

Firsching, Karl, Zur Reform des deutschen Erbrechts, in: Juristenzeitung 1972, Seite 449 – 456

Firsching, Karl, Das Erbrecht des Fiskus im deutschen und österreichischen internationalen Privatrecht, in: Festschrift für Winfried Kralik zum 65. Geburtstag, Verfahrensrecht – Privatrecht, Wien 1986

Fitting, Zum Entwurf eines Gesetzes über das Erbrecht des Staates, in: Deutsche Juristenzeitung 1913, Seite 796 - 797

Freytag, Alexander, Neuordnung des gesetzlichen Erbrechts, in: Zeitschrift für Rechtspolitik 1991, Seite 106 - 110

Frohn, Peter, Feststellung des Fiskalerbrechts und „Erbenaufgebot“, in: Der Deutsche Rechtspfleger 1986, Seite 37 – 44

Fromm, Friedrich Karl, Die neue Erbrechtsregelung im Urheberrecht, in: Neue Juristische Wochenschrift 1966, Seite 1244 – 1247

Genrich, Hans, ohne Titel, in: Deutsche Justiz 1935, Seite 1410 - 1412

Gerken, Ulrich, Zur Familien- und Lebenssituation alter Menschen – Wandel in den Grundlagen des Erbrechts, in: Zeitschrift für Rechtspolitik 1991, Seite 426 - 430

Gernhuber, Joachim, Testierfreiheit, Sittenordnung und Familie, in: Zeitschrift für das gesamte Familienrecht 1960, Seite 326 - 335

Gierke, Otto Friedrich von, Der Entwurf eines bürgerlichen Gesetzbuchs und das deutsche Recht, Leipzig 1889

Giese, Erich, Begriff und Recht des Reichsfiskus, Dissertation, Greifswald 1900

Graue Eugen, Das Zivilrecht im Nationalsozialismus, in: Recht und Rechtslehre im Nationalsozialismus, Seite 103 – 124, Ringvorlesung der Rechtswissenschaftlichen Fakultät der Christian-Albrechts-Universität zu Kiel, Herausgeber: Franz Jürgen Säcker, Baden-Baden 1992

Hassenpflug, Helwig, Zur Reform des gesetzlichen Erb- und Pflichtteilsrechts in: Juristische Rundschau 1972, Seite 221 – 226

Hattenhauer, Hans, Vom Reichsjustizamt zum Bundesministerium der Justiz, Zum 100-jährigen Gründungstag des Reichsjustizamtes, Köln 1977

Hattenhauer, Hans, Das NS-Volksgesetzbuch, in: Festschrift für Rudolf Gmür zum 70. Geburtstag am 28.07.1983, Seite 255 – 280, Bielefeld 1983

Hattenhauer, Hans, Grundbegriffe des Bürgerlichen Rechts, München 1982

Hattenhauer, Hans, Die Akademie für Deutsches Recht (1933 – 1944), in: Juristische Schulung 1986, Seite 680 - 684

Hauptvogel, Ehregott Franz, Das Erbrecht des Staates, in: Zentralblatt für freiwillige Gerichtsbarkeit, Notariat und Zwangsversteigerung (ZBlFG), 1921, Seite 161 - 167

Hawlitzky, Werner, Das eigenhändige Testament, in: Deutsche Notar-Zeitschrift 1935, Seite 715 – 719

Hedemann, Justus Wilhelm, Das Volksgesetzbuch der Deutschen, München und Berlin 1941

Heim, Zur Reform des Erbrechts, in: Deutsche Juristenzeitung 1916, Seite 296 – 302

Heinitz, Ernst, Der Entwurf eines Gesetzes über das Erbrecht des Staates, in: Deutsche Juristenzeitung 1913, Seite 559 – 564

Heinsheimer, Die Ausdehnung des staatlichen Erbrechts nach der Reichsfinanzreform, in: Deutsche Juristenzeitung 1909, Seite 114 –118

Hellfritz, Hans, Die Rechtsprechung des preußischen Oberverwaltungsgerichts, in: Deutsche Juristenzeitung 1931, Seite 794 – 800

Hemeling, Zur lex Bamberger, in: Deutsche Juristenzeitung 1909, Seite 258 – 260

Hermes, Justus, Der Gesetzentwurf über das Erbrecht des Staates, in: Finanzwirtschaftliche Zeitfragen 1913, Seite 1 – 32

Heymann, Ernst, Die Grundzüge des gesetzlichen Verwandten-Erbrechts nach dem Bürgerlichen Gesetzbuch für das Deutsche Reich, Jena 1896

Höver, Karl, Unzuträglichkeiten im geltenden Erbrecht und Nachlassverfahren, in: Zeitschrift der Akademie für Deutsches Recht 1934/35, Seite 226 – 228

Holtze, Das Recht der Stadt Berlin auf erblose Verlassenschaften, in: Beiträge zur Erläuterung des Deutschen Rechts (Gruchots Beiträge), Band 37, Seite 323 - 334

Hölder. E., Der allgemeine Theil des deutschen Civilgesetzentwurfs in zweiter Lesung, in: Archiv für die civilistische Praxis Band 80, Seite 1 – 63

Hörle, Erbrecht des Fiskus und der an dessen Stelle tretende Persönlichkeiten des öffentlichen Rechts, in: Das Recht 1904, Seite 369 – 377

Hupp, Arno, Das Erbrecht des Staates, seine Rechtsnatur und seine Verwirklichung in einigen europäischen Rechten, Würzburg 1957

Husmann, Hermann, Die Testierfreiheit im Lichte der Grundrechte und des Sittengesetzes, in: Neue Juristische Wochenschrift 1971, Seite 404 – 410

Jacoby, Sigrid, Allgemeine Rechtsgrundsätze: Begriffsentwicklung und Funktion in der Europäischen Rechtsgeschichte, Dissertation, Trier 1996

Jung, Eberhard, Reformbestrebungen im Erbrecht, in: Zeitschrift für das gesamte Familienrecht 1976, Seite 134 – 137

Jungmichel, Jochen, Unzulässige Beschränkung der Testierfreiheit durch die Annahme einer Teilnichtigkeit sittenwidriger letztwilliger Verfügungen, Dissertation, Berlin 1981

Kähler, Karl, Das Heimfallsrecht des Fiskus und anderer juristischer Personen nach lübischem Rechte und BGB, Dissertation, Lübeck 1902

Kahn, Franz, Gesetzeskollision – Ein Beitrag zur Lehre des internationalen Privatrechts, in: Iherings Jahrbücher, Band 30, Seite 1 – 143

Klaus, Oskar, Aufsatz in der Deutschen Justiz, in: Deutsche Justiz 1935, Seite 1412

Klippel, Diethelm, Neue Literatur zur Sozialgeschichte der Familie, in: Neue Zeitschrift für das gesamte Familienrecht 1985, Seite 444 – 455

Kohler, Josef, Urheberrecht an Schriftwerken und Verlagsrecht, Stuttgart 1907

Kraus, Emil, Die Bedeutung des Staatserbrecht-Systems für das gegenwärtige Deutschland, Heidelberg 1921

Kuczynski, K., Ein deutscher Vorschlag zum Reichserbrecht, Schriftenfolge der Deutschen Gesellschaft für Reichserbrecht, in: Was ist Staatserbrecht?, Seite 10 – 11, Stuttgart 1922

Kübler, Berhard, Erbrechtliche Betrachtungen, in: Zeitschrift der Akademie für Deutsches Recht 1936, Seite 89 – 92

Kühne, Gunther, Zur Reform des gesetzlichen Erb- und Pflichtteilsrechts, in: Juristische Rundschau 1972, Seite 221 – 226

Küntzel, Strohals kritische Bemerkungen über das Erbrecht des Bürgerlichen Gesetzbuchs, in: Beiträge zur Erläuterung des Deutschen Rechts, Erster Jahrgang 1897, Seite 583 – 638

Lange, Heinrich, Zur Vergangenheit und Zukunft der Formen im Vermögensrecht, in: Deutsche Notar-Zeitschrift 1934, Seite 891 – 901

Lange, Heinrich, Grundfragen der Erneuerung des Erbrechts, in: Zeitschrift der Akademie für Deutsches Recht 1934/35, Seite 357 – 359

Lange, Heinrich, Rasse und Erbe, in: Deutscher Juristentag 1936, Seite 109 – 120

Lange, Heinrich, Die Ordnung der gesetzlichen Erbfolge, 2. Denkschrift des Erbrechtsausschusses der Akademie für Deutsches Recht, Tübingen 1938

Lange, Heinrich, Einzelgesetze oder Gesetzeseinheit auf dem Gebiet des völkischen Rechtslebens?, in: Deutsche Rechtswissenschaft 1939, Seite 222 – 240

Lange, Heinrich, Die Neugestaltung des Deutschen Erbrechts, in: Deutsches Recht 1942, Seite 1713 – 1719

Larenz, Karl, Deutsche Rechtserneuerung und Rechtsphilosophie, Tübingen 1934

Lauterbach, Wolfgang, Vorschläge und Gutachten zur Reform des deutschen internationalen Erbrechts, Berlin, Tübingen 1969

Leipold, Dieter, Wandlungen in den Grundlagen des Erbrechts, in: Archiv für die civilistische Praxis Band 180, Seite 160 – 211

Leo, M., Die Gesetzesvorlage betr. Das Erbrecht des Staates, in: Deutsche Juristenzeitung 1914, Seite 155 – 156

Levis, Anfall herrenloser Vermögen an das Reich, in: Deutsche Juristenzeitung 1915, Seite 406 – 407

Lutter, Marcus, Das Erbrecht des nichtehelichen Kindes, in: Zeitschrift für das gesamte Familienrecht 1967, Seite 65 – 78

Mampel, Siegfried, Das Erbrecht im neuen Zivilrecht der DDR, in: Zeitschrift für das gesamte Familienrecht 1976, Seite 593 – 604

Maresch, Paul, Das Erbrecht des Fiskus, Dissertation, Greifswald 1900

Martens, Gunter, ohne Titel, in: Deutsches Recht 1936, Seite 293 – 294

Matzner, Gedanken zur Abänderung des Erbrechts, in: Deutsches Recht 1933, Seite 139 – 141

Mayer, Hermann, Das Erbrecht des Fiskus, Dissertation, Tübingen 1908

Mayer, Hermann, Das Erbrecht des Fiskus nach dem Bürgerlichen Gesetzbuch, in: Juristenwelt, Band 3, 1907, Seite 137 – 142

Meister, Der Erwerb von Immaterialgüterrechten durch den Fiskus, Dissertation, Marburg 1905

Menger, Anton, Das bürgerliche Recht und die besitzlosen Volksklassen: Eine Kritik des Entwurfs des Bürgerlichen Gesetzbuchs für das Deutsche Reich, Tübingen 1890

Mertens, Hans-Georg, Die Entstehung der Vorschriften des BGB über die gesetzliche Erbfolge und das Pflichtteilsrecht, Berlin 1970

Neumeyer, Das Reich als Erbe, in: Seuferts Blätter für Rechtsanwendung, Band 73, 1908, Seite 157 – 162

Palandt, Otto, Das deutsche Erbrecht und seine Entwicklungstendenzen, in: Deutsches Gemein- und Wirtschaftsrecht (DGWR) 1935, Seite 33 – 38 und 49 – 54

Pappenheim, Max, Begrenzung des gesetzlichen Verwandtenerbrechts, in: Deutsche Juristenzeitung 1908, Seite 509 – 514

Pfützner, Martin, Der Fiskus als gesetzlicher Erbe, Dissertation, Leipzig 1905

Planken, Hanns-Josef, Gesetzliches Erbrecht des Fiskus und anderer juristischer Personen nach Landesrecht, Dissertation, Köln 1954

Ramfeld, Kurt, Das gesetzliche Erbrecht des Fiskus nach geltendem Reichsrechte, Dissertation, Leipzig 1910

Rauscher, Thomas, Reformfragen des gesetzlichen Erb- und Pflichtteilsrechts, Habilitation in zwei Bänden, Regensburg 1993

Rentner, Das Verfahren bei Feststellung des Erbrechts des Fiskus nebst Kritik des Regierungsentwurfs eines Gesetzes über das Erbrecht des Fiskus, Beiträge zur Erläuterung des Deutschen Rechts 1915, Seite 675 – 742

Romberg, Zur Feststellung des fiskalischen Erbrechts nach § 1964 BGB, in: Deutsche Juristenzeitung 1909, Seite 1143 – 1144

Ruthe, Rangar, Erbrechts-Reform?, in: Zeitschrift für das gesamte Familienrecht 1972, Seite 626 – 630

Rüthers, Bernd, Die Ideologie des Nationalsozialismus in der Entwicklung des deutschen Rechts von 1933 bis 1945, in: Recht und Rechtslehre im Nationalsozialismus, Seite 17 – 36, Ringvorlesung der Rechtswissenschaftlichen Fakultät der Christian-Albrechts-Universität zu Kiel, Herausgeber: Franz Jürgen Säcker, Baden-Baden 1992

Rummel, Carl von, Das Verhältnis des Fiscus zu den bona vacantia, Dorpat 1840

Scheel, Hans von, Erbschaftsteuer und Erbrechtsreform, 2. Auflage, Jena 1877

Schierlinger, Erbrechtsreform, in: Deutsche Juristenzeitung 1916, Seite 588 – 591

Schmitt, Gottfried von, Erbrecht, Teil 1: Testament, Erbeinsetzungsvertrag, Gesetzeserben, Pflichtteilsberechtigte, Vorlage von G. v. Schmitt 1876, 1877, bearbeitet von Werner Schubert, Berlin, New York 1984

Schmitz, Wilhelm, Das Problem der Beschränkung der Testierfreiheit, Dissertation, Berlin 1936

Schneble, Horst, Von den Grenzen der Testierfreiheit nach der Höfeordnung, Dissertation, Kiel 1950

Schöler, Hermann, Erbschaftssteuerfragen, in: Deutsche Juristenzeitung 1916, Seite 646 – 651

Schröter, von, Zu der Lehre von den bona vacantia, in: Zeitschrift für Civilrecht und Prozeß, Band X, Giesen 1837

Schubert, Werner, Der Entwurf eines Nichtehelichengesetzes vom Juli 1941 und seine Ablehnung durch Hitler, in: Zeitschrift für das gesamte Familienrecht 1984, Seite 1 – 10

Schubert, Werner, Das Familien- und Erbrecht unter dem Nationalsozialismus Paderborn, München, Wien, Zürich 1993

Schulze-Arning, August, Die Haupteigentümlichkeiten der Grundrechte der Weimarer Reichsverfassung, Dissertation, Tübingen 1933

Siegel, Heinrich, Das deutsche Erbrecht nach den Rechtsquellen des Mittelalters Heidelberg 1953

Singer, Abschaffung des eigenhändigen Testaments, in: Deutsche Notar-Zeitschrift 1934, Seite 482 – 484

Sinning, Wilhelm, Der Fiskus als gesetzlicher Erbe, Marburg 1914

Steffen, Erich, Empfiehlt es sich, das gesetzliche Erb- und Pflichtteilsrecht neu zu regeln?, in: Deutsche Richterzeitschrift 1972, Seite 263 – 267

Stobbe, Otto, Handbuch des deutschen Privatrechts, 5. Band, Erste und Zweite Auflage, Berlin 1885

Stöcker, Hans A., Grenzen der Erbrechtsreform, in: Wertpapiermitteilungen 1970, Seite 774 – 782

Stöcker, Hans A., Die Neuordnung der gesetzlichen Erbfolge im Spiegel des mutmaßlichen Erblasserwillens, in: Zeitschrift für das gesamte Familienrecht 1971, Seite 609 – 618

Stöcker, Hans A., Das Grundrecht zu erben, in: Zeitschrift für Wirtschafts- und Bankenrecht 1979, Seite 214 – 223

Stoll, Die nationale Revolution und das bürgerliche Recht, in: Deutsche Juristenzeitung 1933, Seite 1229 – 1235

Strätz, Hans-Wolfgang, Rechtspolitische Gesichtspunkte des gesetzlichen Erbrechts und Pflichtteilsrechts nach 100 Jahren BGB, in: Zeitschrift für das gesamte Familienrecht 1998, Seite 1553 – 1567

Strunck, Wolfgang, Der Gedanke der Erbrechtsreform seit dem 18. Jahrhundert Leipzig 1935

Tissot, Paul, Die Schweizer Vorschläge, Schriftenfolge der Deutschen Gesellschaft für Reichserbrecht, in: Was ist Staatserbrecht?, Seite 16 – 21, Stuttgart 1922

Thöl, Hans Heinrich, Das Erbrecht der an Stelle des Fiskus nach Landesrecht, erbberechtigten juristischen Personen, Heidelberg 1913

Vogels, W., Inwieweit sind die Testamentsformen des Bürgerlichen Gesetzbuchs reformbedürftig, in: Zeitschrift der Akademie für Deutsches Recht 1934/35, Seite 635 - 637

Vogels, W., Die Rechtserneuerung im Erbrecht, in: Deutsches Recht 1936, Seite 274 - 275

Vogt, Paul R., Das gesetzliche Erbrecht des Fiskus, Dissertation, Leipzig 1906

Voigt, Heinz, Das gesetzliche Erbrecht des Fiskus unter besonderer Berücksichtigung der Verordnung über die deutsche Staatsangehörigkeit vom 5. Februar 1934, Dissertation, Altenburg, Thüringen 1935

Wacker, Gerd, Der Erbrechtsentwurf der Akademie für Deutsches Recht und dessen Entwurf eines Erbgesetzes, Dissertation, Berlin 1996

Wartenburg, Yorck Graf von, Der Entwurf eines Gesetzes über das Erbrecht des Staates, Breslau 1909

Weißler, Adolf, Das Deutsche Nachlassverfahren, Berlin 1900

Weyer, Das eigenhändige Testament – Gedanken und Erfahrungen eines Nachlassrichters, in: Deutsche Notar-Zeitschrift 1935, Seite 348 – 353

Weyl, Richard, Der Fiskus im gegenwärtigen deutschen Privatrecht, in: Festgabe der Kieler Juristen-Fakultät ihrem hochverehrten Senior Dr. Albert Hänel zum fünfzigjährigen Doktor-Jubiläum, Kiel und Leipzig 1907

Wieacker, Franz, Privatrechtsgeschichte der Neuzeit, Göttingen 1967

Wissel, R., Geleitwort, Schriftenfolge der Deutschen Gesellschaft für Reichserbrecht, in: Was ist Staatserbrecht?, Stuttgart 1922

Wolf, Martin, Das Erbrecht des Fiskus und das Urheberrecht, in: Iherings Jahrbücher 1902, Seite 331 – 362

Zawar, Rolf Dieter, Notarielle Rechtsgestaltung: Das Erbrecht im sozialen Wandel, in: Deutsche Notar-Zeitschrift 1989, Seite 116 - 127

IV. Quellen

Deutscher Juristentag 1936, 5. Reichstagung des Bundes National-Sozialistischer Juristen, Berlin 1936

Drucksachen zu den Verhandlungen des Deutschen Bundestages

Drucksachen zu den Verhandlungen des Bundesrats des Deutschen Reichs

Drucksachen zu den Verhandlungen des Reichstags

Landeshaushaltspläne des Landes Schleswig-Holstein, (bzw. des früheren preußischen Staates) 1947 – 1998

Mugdan, Benno, Die gesamten Materialien zum bürgerlichen Gesetzbuch für das deutsche Reich, herausgegeben und bearbeitet

Band 1: Einführungsgesetz und allgemeiner Teil

Band 5: Erbrecht

Aalen 1979

Motive zu dem Entwurfe eines Bürgerlichen Gesetzbuches für das Deutsche Reich

Band I: Allgemeiner Teil

Band IV: Familienrecht

Band V: Erbrecht

Berlin und Leipzig 1888

Oberfinanzdirektion Kiel, Abteilung für die Verwaltung der Erbschaften des Landes Schleswig-Holstein aus § 1936 BGB

Protokolle über die Verhandlungen des Bundesrats des Deutschen Reichs

Protokolle der Kommission für die zweite Lesung des Entwurfs des Bürgerlichen Gesetzbuchs,

Band I: Allgemeiner Teil und Recht der Schuldverhältnisse Abschnitt I, Abschnitt II, Titel 1

Band IV: Familienrecht

Band V: Erbrecht

Band VI: Anwendung ausländischer Gesetze – Entwurf II des bürgerliche Gesetzbuchs; Revision – Entwurf des Einführungsgesetzes – Entwurf eines Gesetzes betr. Änderungen des Gerichtsverfassungsgesetzes, Berlin 1897, 1899

Rheinstein, Max, Das Erbrecht in positiv-rechtlicher und rechtspolitischer Sicht, 50. Band der Schriftenreihe der Gesellschaft für Rechtsvergleichung, Frankfurt am Main, Berlin 1971

Schubert, Werner / Schmidt, Werner / Regge, Jürgen, Akademie für Deutsches Recht 1933-1945, Protokolle der Ausschüsse

Band III, 1, Volksgesetzbuch (Schubert), Berlin, New York 1988

Band III, 8, Erbrechtsausschuß und Ausschuß für Schadensersatzrecht – Nachtrag (Schubert), Berlin, New York 1996

Staatsarchiv Hamburg, Akte zu den Gesetzentwürfen aus den Jahren 1908 und 1913

Statistische Jahrbücher für die Bundesrepublik Deutschland

Stenographische Berichte zu den Verhandlungen des Bundestags

Stenographsiche Berichte zu den Verhandlungen des Reichstags

Verhandlungen des 49. Deutschen Juristentages, Herausgegeben von der ständigen Deputation des Deutschen Juristentages
Band 1: Gutachten
Band 2: Sitzungsberichte
München 1972

Warneyers Jahrbuch der Entscheidungen

Lebenslauf:

Ich wurde am 12.08.1974 als Sohn des Betriebwirts Manfred Maletzky und der Prokuristin Irmtraut Maletzky, geb. Dreilich in Hamburg geboren.
Meine Grundschulzeit absolvierte ich in Henstedt-Ulzburg, wo ich auch bis einschließlich der 9. Klasse das örtliche Gymnasium besuchte. Das zehnte bis dreizehnte Schuljahr absolvierte ich dann auf der Holstenschule in Neumünster, wo ich 1994 das Abitur ablegte.
Vom Wintersemester 1994 an studierte ich an der Christian-Albrechts-Universität zu Kiel Rechtswissenschaften und legte im Januar 1999 meine Erste Juristische Staatsprüfung vor dem Oberlandesgericht in Schleswig ab.
Meine Dissertation schrieb ich von Februar 1999 bis Juni 2000 während meiner Zeit als wissenschaftlicher Mitarbeiter in der Anwaltskanzlei Dr. Dörfelt, Schumacher und Grützner in Henstedt-Ulzburg.
Seit April 2000 bin ich als Rechtsreferendar im Landgerichtsbezirk Itzehoe in Schleswig-Holstein beschäftigt.